서 론

　안녕하세요. 기품있는 서울 심층면접 저자 이성진, 최재영, 박소영입니다.
　풍부한 담임경력과 학교의 주요 업무를 맡고 있는 세 명의 중등 교사가 오직 **중등 심층면접**만을 위한 심층면접 교재를 예비 선생님들께 처음 선보이게 되었습니다.

　서울 중등 면접은 초등 면접과 테마는 유사하지만 초등 면접에서 요구하는 내용보다 더 깊고 디테일한 부분들이 많습니다. 기품있는 서울 심층면접 교재는 예비 선생님들께서 서울시 교육방향과 정책, 다양한 면접 테마를 깊고 디테일하게 공부하여 실제 면접장에서 쉽게 답변하실 수 있도록 내용을 구성하였습니다. 또한, '서울 시책'이라 불리는 '2025 서울교육 주요업무' 정책을 소개하는 책의 내용을 따로 출력하여 공부할 필요 없이 관련된 모든 파트에 서울교육 주요업무 내용을 쉽게 풀어 설명하였고 2022 개정 교육과정에서 면접 문항으로 출제될 수 있는 부분들을 요약하여 정리했습니다.

　저희 3명의 저자는 서울시교육청 심층면접 출제자인 장학관, 장학사님들의 출제 의도를 파악하기 위해 기출을 복원하여 철저하게 분석하였습니다. 또한, 경기도와 평가원, 그 이외 지역의 기출을 모두 분석하여 서울에서 출제되었던 테마가 다른 지역에서는 어떻게 출제되었는지 분석하였습니다. 서울에서는 아직 출제가 되지 않았지만 다른 지역에서 출제된 내용 중 서울에서도 출제될 수 있는 내용은 무엇이 있는지 분석하여 책의 내용을 구성했고, 모의고사로 짚고 갈 수 있도록 준비했습니다.

　철저한 기출 분석을 통해 면접 문항으로 출제될 수 있는 모든 내용을 선별하였고 서울시교육청이 나아가고자 하는 4차 산업혁명 시대의 교육 방향과 이슈, 예비 교사의 인성을 알아보기 위한 교직관이 어떻게 출제될 수 있을지 고민하고 또 고민하며 이 책을 집필하였습니다.

　기품있는 서울 심층면접 교재는 10개의 파트 목차로 구성되어 있고 각 파트별 테마를 대표하는 서울과 다른 지역의 기출을 제시하여 공부의 방향을 잡을 수 있도록 구성하였습니다. 추상적인 교육의 방향과 흐름, 중요한 내용은 **[기품 포인트]**와 **[저자의 한마디]**를 통해 실제 학교 현장의 목소리로 구현하여 공부하는 예비 선생님께 도움이 될 수 있도록 작성했습니다. 이론을 공부한 후에 서울시교육청에서 출제되었던 역대 기출문제를 답변할 수 있는지 점검해 보시고 그 후에 기출로 출제될 수 있는 가능성이 높은 심층면접 영역별 모의고사와 실전 모의고사를 통해 면접을 연습하면 심층 면접 준비는 마무리가 됩니다. 그리고 기출과 모의고사의 예시 답안도 섬세하게 작성하였습니다. 답안을 확인하면서 공부하신다면 많은 도움이 될 것이라 확신합니다.

　기품있는 서울 심층면접으로 공부하신다면 면접에서 만점 또는 만점에 가까운 고득점을 받아 반드시 합격하실 수 있습니다. 대한민국의 수도 서울특별시에서 서울의 인프라를 누리며 사랑스러운 학생들과 행복한 교직생활 하시기를 바랍니다.
　　　　　　　　　선생님의 합격을 미리 축하드립니다.

　　　　　　　　　　　　　　　　　　　　　　　　　　2025년 10월 17일
　　　　　　　　　　　　　　　　　　　　　　저자 이성진, 최재영, 박소영 드림

목 차

PART 0. 서울특별시 중등학교교사 심층면접 준비하기
- Ⅰ 서울특별시교육청 2차 심층면접 시험 안내 ········· 10
- Ⅱ 서울특별시교육청 심층면접 준비방법 ············· 13

PART 1. 교육 철학
- Ⅰ 2022 개정 교육과정 ························ 20
- Ⅱ 교직관, 교사의 의무 ······················· 23
- Ⅲ 교사의 역량, 전문성 개발, 권위 ··············· 25
- Ⅳ 동료 교사 관계 형성 ······················ 30
- Ⅴ 교육 복지 ····························· 32

PART 2. 디지털 교수·학습
- Ⅰ 디지털 리터러시 ························· 36
- Ⅱ 에듀테크 ······························ 38
- Ⅲ AI 교육 ······························ 43
- Ⅳ 그린스마트 미래학교 ······················ 47

PART 3. 교육정책
- Ⅰ 자유학기제 ···························· 52
- Ⅱ 고교학점제 ···························· 55
- Ⅲ 혁신미래학교 ··························· 57
- Ⅳ 시민교육(민주시민, 세계시민) ················· 59
- Ⅴ 다문화교육 ···························· 62
- Ⅵ 독서교육(문해력 향상 교육) ·················· 64
- Ⅶ 생태전환교육 ··························· 67

PART 4. 교과수업
- Ⅰ 서론 : 2022 개정 교육과정 총론(요약) 훑어보기 ····· 72
- Ⅱ 과정중심평가 ·························· 78
- Ⅲ 학생 중심 수업과 학생 맞춤형 수업·평가 ········· 91
- Ⅳ 기초학력 향상 지원 ······················ 96
- Ⅴ 교수학습 및 평가 관련 정책·프로그램 ··········· 104

Ⅵ 다양한 종류의 교수학습 방법 ·· 112
Ⅶ 수업 중 문제행동 발생 상황 ·· 121

PART 5. 학급경영

Ⅰ 학급자치활동 ··· 138
Ⅱ 학급 운영 ·· 142
Ⅲ 학생 및 학부모 상담 ·· 150
Ⅳ 통합교육 ·· 155
Ⅴ 서울인성교육 ··· 157

PART 6. 생활지도

Ⅰ 학교폭력 ·· 162
Ⅱ 교육활동 침해행위 보호 ··· 172
Ⅲ 교원의 학생생활지도에 관한 고시 ··· 176
Ⅳ 학생생활규정 ··· 179
Ⅴ 범죄예방 교육 ··· 183
Ⅵ 성평등 교육 ·· 188
Ⅶ 생명존중 및 자살예방 교육 ·· 191
Ⅷ 7대 안전교육 ·· 194

PART 7. 창의적 체험활동과 학교 교육 공동체

Ⅰ 서론 : 창의적 체험활동 영역의 구성 ···································· 200
Ⅱ 학생 자치 활동 ··· 201
Ⅲ 동아리 활동 ·· 206
Ⅳ 전환기 교육 및 진로교육 ··· 209
Ⅴ 예술교육 ·· 214
Ⅵ 민주적 학교문화 ··· 218
Ⅶ 지역사회연계 및 마을교육공동체 ··· 224

PART 8. 서울특별시교육청 심층면접 기출문제(2025~2016)

Ⅰ 기출문제
1. 2025학년도 ·· 232
2. 2024학년도 ·· 235
3. 2023학년도 ·· 238

4. 2022학년도 …………………………………………………………………………… 241
5. 2021학년도 …………………………………………………………………………… 244
6. 2020학년도 …………………………………………………………………………… 247
7. 2019학년도 …………………………………………………………………………… 250
8. 2018학년도 …………………………………………………………………………… 253
9. 2017학년도 …………………………………………………………………………… 255
10. 2016학년도 ………………………………………………………………………… 257
Ⅱ 정답 해설(예시답안)
1. 2025학년도 …………………………………………………………………………… 259
2. 2024학년도 …………………………………………………………………………… 266
3. 2023학년도 …………………………………………………………………………… 270
4. 2022학년도 …………………………………………………………………………… 274
5. 2021학년도 …………………………………………………………………………… 278
6. 2020학년도 …………………………………………………………………………… 283
7. 2019학년도 …………………………………………………………………………… 288
8. 2018학년도 …………………………………………………………………………… 291
9. 2017학년도 …………………………………………………………………………… 294
10. 2016학년도 ………………………………………………………………………… 298

PART 9. 기품있는 심층면접(IN SEOUL) 영역별 모의고사

Ⅰ 문제
1회 영역별 모의고사 - 교육 철학 ……………………………………………………302
2회 영역별 모의고사 - 디지털 교수·학습 …………………………………………… 304
3회 영역별 모의고사 - 교육 정책 …………………………………………………… 307
4회 영역별 모의고사 - 교과수업 ………………………………………………………310
5회 영역별 모의고사 - 학급경영 ………………………………………………………313
6회 영역별 모의고사 - 생활지도 ………………………………………………………316
7회 영역별 모의고사 - 창의적 체험활동과 학교 교육 공동체 ……………………………319
Ⅱ 정답 해설(예시답안)
1회 영역별 모의고사 - 교육 철학 정답 해설(예시답안) ……………………………322
2회 영역별 모의고사 - 디지털 교수·학습 정답 해설(예시답안) …………………… 327
3회 영역별 모의고사 - 교육 정책 정답 해설(예시답안) ……………………………331
4회 영역별 모의고사 - 교과수업 정답 해설(예시답안) ……………………………… 336
5회 영역별 모의고사 - 학급경영 정답 해설(예시답안) ……………………………… 342
6회 영역별 모의고사 - 생활지도 정답 해설(예시답안) ……………………………… 346
7회 영역별 모의고사 - 창의적 체험활동과 학교 교육 공동체 정답 해설(예시답안)… 350

PART 10. 기품있는 심층면접(IN SEOUL) 실전 모의고사

Ⅰ 문제
1회 심층면접 실전 모의고사 ·· 356
2회 심층면접 실전 모의고사 ·· 359
3회 심층면접 실전 모의고사 ·· 362
4회 심층면접 실전 모의고사 ·· 365
5회 심층면접 실전 모의고사 ·· 368
6회 심층면접 실전 모의고사 ·· 371

Ⅱ 정답 해설(예시답안)
1회 심층면접 실전 모의고사 정답 해설(예시답안) ································ 374
2회 심층면접 실전 모의고사 정답 해설(예시답안) ································ 379
3회 심층면접 실전 모의고사 정답 해설(예시답안) ································ 386
4회 심층면접 실전 모의고사 정답 해설(예시답안) ································ 391
5회 심층면접 실전 모의고사 정답 해설(예시답안) ································ 395
6회 심층면접 실전 모의고사 정답 해설(예시답안) ································ 401

참고 문헌 ·· 405

PART 0.
서울특별시 중등학교교사 심층면접 준비하기

Ⅰ 서울특별시교육청 2차 심층면접 시험 안내
Ⅱ 서울특별시교육청 심층면접 준비방법

PART 0. 서울특별시 중등학교교사 심층면접 준비하기

Ⅰ 서울특별시 교육청 2차 심층면접 시험 안내

교직적성 심층면접 (40점)	구상형	2문항	구상 시간 : 15분 시험 시간 : 15분
	즉답형	1문항	
	추가질문	2문항 • 구상형 2번 다음에 추가질문 1문항 • 즉답형 다음에 추가질문 1문항	
	평가요소	• 교사로서의 적성, 교직관, 인격 및 소양, 서울교육정책 • 외국어과목은 일정 부분 해당 외국어로 실시	

1 서울특별시 교육청 2차 심층면접 진행 절차

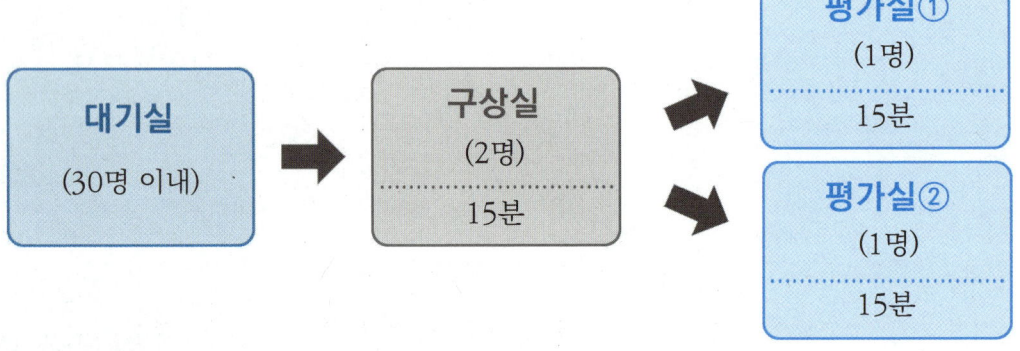

(1) 대기실
  ① 수험번호 순서로 관리번호를 뽑아 2개의 평가실로 나누게 됩니다.
  ② 한 대기실에 30명인 경우 1번~15번을 뽑은 수험생은 1번 평가실에서, 16번~30번을 뽑은 수험생은 2번 평가실에서 심층면접이 진행됩니다.
  ③ 관리번호 추첨 후 나누어진 관리번호 라벨지를 왼쪽 가슴에 부착하게 됩니다.
  ④ 관리번호를 뽑은 후 모든 자료는 열람할 수 없으며 화장실은 1명씩 갔다올 수 있습니다.
  ⑤ 대기실에서 간단한 음식물을 먹을 수 있습니다.

> **※ 대기실 TIP**
> 심층면접과 수업실연을 할 때 관리번호를 잘못 뽑으면 오후 4시가 넘어 평가실에 들어가게 됩니다. 따라서 불편한 정장을 입고 시험장으로 오는 것 보다는 편한 트레이닝복을 입고 시험장에 오셔서 관리번호를 뽑은 후 두 번째 앞 사람이 구상실로 이동할 때 화장실에 가서 정장으로 갈아입는 것이 좋습니다. 저자 역시 면접과 수업실연 때 트레이닝복을 입고 시험장에 가서 구상실 입실 전 정장으로 환복했습니다. 만약, 관리번호 1번을 뽑으시면 곧바로 화장실에 가겠다고 말하시고 환복하시면 됩니다. 관리번호를 뽑고 1번이 구상실로 들어가기까지 시간이 넉넉하게 있습니다. 또한, 배고픔에 대비하여 이온음료, 물, 바나나 등 간식을 충분히 챙겨오셔야 합니다. 입실시간은 오전 8시 20분까지입니다. 마지막 관리번호를 뽑는다면 약 8시간 동안 대기실에서 있어야 합니다. 최상의 컨디션을 위해 여러 가지 편의 물품을 챙겨오시면 좋습니다.

(2) **구상실**
① 감독관이 책상 위에 볼펜을 주고 문제지를 엎어서 제공합니다.
② 감독관의 "시작" 소리와 함께 15분의 구상시간이 주어집니다. 15분 동안 제공된 볼펜으로 구상형 1번과 2번 문항에 대한 답변을 키워드 위주로 작성하면서 답변 내용을 구상해야 합니다.
③ 구상형 질문을 구상지에 아래의 예시처럼 간략하게 쓰고 시작하는 습관을 들여야 합니다. 답변은 개조식으로 핵심 키워드를 포함하여 작성합니다. 구상형 문제가 묻고 있는 질문에 대한 답변을 빠트리지 않는 것이 가장 중요합니다.

> **※ 예시)**
> [가]와 [나]에서 문제점을 각각 1가지씩 말하고 이를 통합적으로 해결할 수 있는 방안 3가지를 구체적으로 말하시오.
> [가] 문제점 :
> [나] 문제점 :
> 통합 해결 방안 1 :
> 통합 해결 방안 2 :
> 통합 해결 방안 3 :

(3) **평가실**
① 평가실에 입실한 후 평가관 3명을 향해 인사 후 "관리번호 00번입니다." 라고 말합니다. 그 후 응시자 좌석에 앉아 구상지를 책상 위에 두면 평가관이 "면접 시작하겠습니다."라고 말을 하며 동시에 15분으로 세팅된 타이머가 작동합니다.
② "구상형 1번 답변드리겠습니다." 답변을 시작하고 답변을 마친 후 "이상입니다."라고 말하여 문항에 대한 답변이 끝났음을 알립니다.(답변 시 문제는 말하지 않고 답변만 말해야 합니다.)

③ 구상형 답변이 끝나고, 평가관이 직접 구두로 추가질문을 합니다.
   ※ 만약 추가질문을 잘 듣지 못하였을 경우 "죄송하지만 한 번 다시 말씀해주시겠습니까." 라고 말하고 추가질문을 다시 들은 뒤 1문항에 대해 답변을 합니다.
④ 구상형 추가 질문에 대한 답변이 끝나고, 평가관의 안내에 따라 즉답형 1문항에 대한 답변을 합니다.
⑤ 즉답형 답변이 끝나고, 평가관의 추가 질문 1문항에 대한 답변을 합니다.

> ### ※ 평가관은 누구인가?
> 심층면접 평가는 교장, 교감, 수석교사, 장학관, 장학사 직급의 평가관 3명으로 구성되어 진행됩니다. 교장, 교감의 평가관도 장학사, 장학관 출신입니다. 서울시교육청과 교육청 산하 교육지원청에서 서울시 교육과 관련된 다양한 정책·실무를 최소 6년, 최대 10년 넘게 지휘했던 분들입니다. 따라서 서울시교육청에서 사용하는 정확한 용어와 알맞은 내용을 자신의 교직관과 연계하여 논리적이며 자신감 있게 답변하는 연습을 하셔야 합니다.

(4) 서울시 교육청이 제시한 15분의 답변시간 시간분배
① 구상형 2개 문항에 대한 답변은 6분 이내(1개 문항에 3분 이내)
② 평가관의 추가 질문에 대한 답변은 3분 이내
③ 즉답형 1문항에 대한 답변은 3분 이내
④ 추가 질문 1문항에 대한 답변은 3분 이내
   ※ 구상형의 추가질문과 즉답형, 추가 질문의 3분이라는 시간이 있을 때 1분 동안은 답변 방향에 대해 충분히 고민하시고 2분이라는 시간 이내에 답변을 하시면 됩니다.
   시간 관리는 응시자 본인의 책임이므로 평소 연습을 통해 시간관리 연습을 철저하게 하시기 바랍니다.
⑤ 15분에서 12분이 지나면 면접관이 팻말을 들어 3분이 남았다는 것을 안내합니다.
⑥ 15분이 모두 지나면 답변을 할 수 없으며 15분 후에 답변한 내용에 대해서는 평가하지 않습니다.

> ### ※ 시간이 남으면?
> 시간이 1분 이상 남았을 때는 가만히 있기보다는 자신의 포부나 추가 멘트를 하는 것이 좋습니다. 저자의 경우 면접 당시 마지막 추가 질문에서 요구하는 가짓수가 2가지였고, 대답 후 1분 이상의 시간이 남았습니다. 그래서 "시간이 남았기 때문에 한 가지 더 말씀드리겠습니다."라고 하고 3가지를 답변했는데 그때 평가관들이 일제히 고개를 들며 미소로 긍정적인 반응을 보였고 면접 또한 고득점을 받았습니다.
> 실제 교사가 된 후 수업 시간이 남기도 하고, 학부모총회나 상담 때도 예상보다 시간이 남기도 합니다. 따라서 면접도 다양한 상황에서 유연하게 대처할 수 있는 교사의 자질을 보여줄 수 있는 기회입니다. 면접은 비슷한 내용의 답변이어도 사소한 수험자들의 태도나 말투, 전달력 등에서 점수가 달라지기도 합니다. 따라서 모르는 내용이 나오거나 시간이 남는 등 예상치 못한 상황이 발생하더라도 당황하지 말고 자신감 있게 말씀하고 나오시기를 바랍니다.

Ⅱ 서울특별시교육청 심층면접 준비방법

1 스터디 구성 및 방향 설정
(1) **스터디 구성 및 운영**
① 1차 시험이 끝난 직후 스터디원을 잘 구성하는 것은 매우 중요합니다. 서울 지원자 중 같은 교과의 스터디원을 구하는 것 보다 생각의 관점을 넓히기 위해 타 과목 지원자와 스터디를 구성하는 것을 추천합니다. 스터디원은 4명을 넘기지 않도록 합니다.
② 1차 시험 합격자 발표 하루 전까지 스터디 계획을 수립합니다. 스터디는 일주일에 2회, 3회 정도가 적당합니다. 스터디를 하지 않는 날에는 심층면접 이론 공부를 하고 집중이 잘 안될 때에는 EBS 다큐프라임에서 학교 교육과 관련된 영상을 시청하시면 좋습니다.

(2) **스터디 방법**
① 스터디는 서울 기출문제를 답변하거나 기품있는 심층면접 모의고사 문제를 답변하는 형식의 스터디를 해야 합니다. 실제 시험처럼 답변을 하면서 본인의 부족한 부분을 보완할 수 있고 스터디원으로부터 다양한 관점의 피드백을 받을 수 있습니다.
② 심층면접 답변을 할 때 **자신의 모습을 핸드폰 동영상으로 촬영**하여 스스로 피드백을 해야 합니다. 답변할 때 제스쳐 하는 손짓, 표정, 입모양, 발음, 성량, 말의 빠르기, 눈 깜빡임의 정도와 응시 방향이 바뀌는지 등을 세심하게 체크하고 보완해야 합니다. 그 후에 다음번 면접 연습을 할 때에도 자신의 모습을 동영상으로 촬영하고 보완해야 할 점들이 보완 되었는지 끊임없이 확인하면서 스터디를 진행합니다.
③ 동영상으로 촬영된 면접 영상에서 답변 시간과 내용을 확인합니다. 특정 문항에서 시간을 너무 소요하지 않았는지, 답변 내용이 적절했는지, 답변에서 요구하는 가짓수를 충족했는지 등을 확인합니다. 답변 내용이 부족했다면 부족한 부분을 채우며 답변하는 연습을 해야 합니다.
④ 만약, 3명이 스터디를 한다면 3명 모두 1회 모의고사에 대한 답변을 해도 됩니다. 그러면 1회 모의고사 4문제에 대한 모범답안과 함께 다양한 관점의 답변을 들으며 생각의 폭을 넓힐 수 있습니다. 다른 방법으로는 1명은 모의고사 1회를, 1명은 2회, 1명은 3회로 면접 답변을 진행한다면 하루에 다양한 영역 12문제를 폭넓게 공부하게 됩니다. 두 가지 방법 중 스터디원과 상의하여 맞는 방법을 찾아 진행하시면 됩니다.

(3) **스터디 우선순위**
① **1순위는 서울시 중등면접 기출문제**를 풀어보며 서울시 면접 스타일에 익숙해져야 합니다. 기출문제를 풀며 관련 내용을 이론 파트에서 확인하시어 1순위로 공부하시기 바랍니다.
(초등면접 기출문제는 관련 내용에 대한 키워드를 도출해내고 이론 파트에서 공부해야 합니다. 서울 초등면접 기출문제 중 중등면접에 출제가능성이 높은 주제는 '중등화'하여 모의고사로 출제하였습니다.)

② **2순위는 서울 이외의 지역에서 최근 3년 이내에 기출된 주제**를 공부하는 것입니다. 기품있는 서울 심층면접 교재는 서울 이외의 지역에서 나온 기출문제의 주제들을 이론 파트에 모두 반영했습니다. 그리고 모의고사도 서울 이외의 지역 기출을 변형하여 '서울화' 하여 문제를 가공하여 출제했습니다. 다른 지역에서 나왔던 문제의 주제가 다음 해에 서울시 면접 기출로 출제되는 경향이 있습니다. 각 파트가 시작될 때 서울 이외의 지역에서 파트 이론이 어떻게 기출되었는지 파악하시고 이론 공부를 철저히 해주시기 바랍니다.

2 심층면접 준비를 위한 추천 영상 및 자료

(1) **영상**
① EBS 다큐프라임 - [교육 대기획] 다시, 학교.
② EBS 다큐프라임 - 4차 산업혁명 시대 교육대혁명

(2) **사이트**
① 서울교육 - [교과교육], [정책연구], [교육정보]
② You Tube - 서울특별시교육청TV

3 서울특별시교육청 심층면접 10개년 기출 주제 분석

(1) **중등**

학년도	유형	기출문제 주제
2025	구상형 1번	2022 교육과정의 깊이있는 학습과 교수·학습 방법
	구상형 2번	고교학점제의 문제점과 해결방안
	추가질문	고교학점제 학급반 원하는 과목 개설하지 못하는 문제점과 해결방안
	즉답형	교사의 긍지를 높이는 방안
	추가질문	2022 교육과정 총론의 인간상
2024	구상형 1번	AI를 활용한 프로젝트 수업활동의 문제점과 교사의 지도방안
	구상형 2번	학급자치회의와 학생생활규정 개정
	추가질문	수업 중 휴대폰 사용
	즉답형	교사 간 갈등상황 중재
	추가질문	교사의 권위를 신장시키기 위한 방법
2023	구상형 1번	디벗을 활용한 교수·학습 및 평가의 교육적 효과, 디벗 수업 시 유의사항
	구상형 2번	교사 간 협업과 소통을 통한 수업, 평가, 생활지도 문제 해결

연도	유형	내용
2023	추가질문	담임반 학생들이 동료교사 수업 중 방해행동
	즉답형	교직관, 교사가 스스로 성찰하고 성장과 발전을 위한 이유
	추가질문	학교 내부 유휴 시설과 공간 개선 방법을 교직관과 연계
2022	구상형 1번	생태전환교육 프로그램의 문제점과 개선방안
	구상형 2번	교사 간 수업방법(융합수업, 블렌디드 수업) 갈등 해결방법
	추가질문	운영하고 싶은 교원학습 공동체의 영역과 주제, 활동방안
	즉답형	공교육이 앞으로 나아가야 할 방향
	추가질문	학생이 성장하기 바라는 모습과 이를 위해 필요한 교사의 자질
2021	구상형 1번	학교폭력과 긍정적 관계 회복
	구상형 2번	원격수업의 문제점과 해결방안
	추가질문	신학기 3월 첫째주에 하고 싶은 학급활동
	즉답형	기초학력 책임지도제, 교직관을 토대로 기초학력 성장 지원의 필요성
	추가질문	기초학력 책임지도제를 거부하는 학생을 독려하는 방법
2020	구상형 1번	백혈병 투병 후 원 소속교로 돌아온 학생의 적응방안, 협력종합예술활동
	구상형 2번	서울인성교육의 구체적인 교육방법
	추가질문	서울인성교육을 위해 교사에게 필요한 자질
	즉답형	자신의 교직관에 근거하여 도움을 주고 싶은 학생을 선택하여 이유를 설명
	추가질문	선택하지 않은 학생에게 자신의 교육관에 근거한 조언
2019	구상형 1번	보이텔스바흐 합의의 관점을 바탕으로 토론수업의 문제점과 지도방안 설명
	구상형 2번	학급에 있는 진로 불분명, 무기력, 정서문제, 특수교육대상학생 지도방법
	추가질문	학급 학생 모두가 참여할 수 있는 프로그램의 교육적 효과 설명
	즉답형	기능론, 갈등론의 교육관 설명 후 자신이 선호하는 교육관의 한계점 설명
	추가질문	서울시교육청에서 추구하는 정의로운 차등 정책의 필요성
2018	구상형 1번	통합학급 운영방안
	구상형 2번	평화로운 학급을 만들기 위한 생활지도 방안, 상벌점 규정
	즉답형	자신이 생각하는 바람직한 교육관과 경계해야 할 교육관 설명

2018	추가질문	경계해야 할 교육관의 장점과 활용 방안
2017	구상형 1번	교원평가에서 낮은 점수를 받은 교사의 수업 혁신을 위한 방안
	구상형 2번	복장의 자율성과 미래핵심역량을 길러주기 위한 생활지도 방안
	즉답형	자신이 원하는 교사상과 교과지도 방안, 창의적 체험활동 지도방안
	추가질문	즉답형에서 선택한 교사상에 의해 발생할 수 있는 문제점과 해결방안
2016	구상형 1번	인성교육을 위한 수업방법과 평가방법
	구상형 2번	평가문항 개발 중 교사 간 갈등상황(사고력과 창의성 vs 단편적인 지식)
	즉답형 1번	학생자치활동의 필요성과 구체적인 방안, 교사의 지도방법
	즉답형 2번	교사 직무만족도가 낮아진 이유, 자신에게 부족한 교사의 자질과 극복방법

(2) 초등

학년도	유형	기출문제 주제
2025	구상형	미래를 여는 협력교육 등장 배경과 정책별 실천하고 싶은 교육활동
	즉답형 1번	문제행동 학생의 학부모와 전화상담 시연
	즉답형 2번	젊은 교사들의 사직 원인과 극복 방법
2024	구상형	AI 교육에 대한 시사점과 교사의 역할
	즉답형 1번	기후위기를 주제로 한 학생주도·협력형 프로젝트 수업
	즉답형 2번	본인의 교육철학
2023	구상형	교사의 생애주기별 성장 모습 실현 방안(전문성, 교육공동체, 자아실현 관점)
	즉답형 1번	본인의 학생관·교사관·지식관 지도방안(교사가 가르친 내용과 인터넷 내용 상이)
	즉답형 2번	서울시 교육감 신년사, 서울시교육청 정책 중 활용하고싶은 3가지 | 기초학력 점프업 | 서울형 토의·토론 | 독서토론 프로젝트 학습 | | 국제공동수업 | 기후행동 365 | 농촌유학 | | 키다리샘 | 서울희망교실 | 협력종합예술활동 | | 서울학생 건강더하기 | 서울형 메타버스 | 자타공인 자전거 문화 |
2022	구상형	신학기 집중 준비기간의 필요성, 하고 싶은 학급특색활동 주제와 이유, 방안
	즉답형 1번	신규교사의 어려움 해결방안(생활지도, 학부모 상담주간, 학생들의 기대에 찬 눈빛)

2022	즉답형 2번	교사는 '살아있는 교육과정'에 대한 생각과 갖추고 싶은 교사의 자질
2021	구상형	코로나19시대 교사에게 요구되는 역할과 실천 방안
	즉답형 1번	본인의 학생관에 가까운 문장을 고르고 이유를 자신의 경험과 연관지어 설명
	즉답형 2번	교원학습공동체 활성화를 위한 신규교사로서의 역할
2020	구상형	수업 집중력과 기초학력 저하, 자기중심적 행동 학생의 해결방안
	즉답형 1번	동료교사를 통해 배우고 싶은 실천적 지식과 이유
	즉답형 2번	(중등 해당×) 중간놀이시간을 안전하고 교육적으로 운영할 수 있는 방안
	추가질문	자신이 동료들에게 공유하고싶은 실천적 지식
2019	구상형	민주시민역량과 심미적 감성역량을 함양할 수 있는 프로젝트 수업 계획
	즉답형 1번	삶에서 어려움을 겪었던 경험을 인성 덕목과 관련, 교직에서의 극복방안
	추가질문	학생들에게 길러주고 싶은 인성 덕목과 이를 기르기 위한 교육활동 방안
	즉답형 2번	학생들이 자기 자신을 사랑하게 하는 교육활동 방안
2018	구상형	생활지도에 어려움이 있는 학생의 학부모에게 협조를 이끌어내는 방안
	즉답형 1번	자신이 만들고 싶은 교원학습공동체의 주제와 운영 방법
	추가질문	조직한 교원학습공동체의 참여율이 낮아질 경우 활성화 시킬 수 있는 방안
	즉답형 2번	자신의 교육관을 구현한 학급 경영
2017	구상형	제시문의 교육적 가치와 교육활동 방법
	즉답형 1번	학부모 총회에서 1년간 학급 경영 방침 설명
	추가질문	10년 뒤 본인에게 전하고 싶은 미래 교육에 대한 조언
	즉답형 2번	교육실습에서 인상 깊었던 학생과의 경험을 교육적으로 활용할 수 있는 방법
2016	구상형 1번	"숙제를 베끼는 것은 상관이 없다."는 학생에 대한 지도방안
	구상형 2번	바람직한 교사관과 교사가 지녀야 할 자질
	즉답형 1번	삶을 가꾸는 측면에서 문화 예술적 경험이 학생들에게 중요한 이유 제시
	즉답형 2번	교사가( ) 하면 학생은( ) 한다. 자신의 교육관으로 채우고 교육활동 제시

PART 1.

교육 철학

Ⅰ 2022 개정 교육과정
Ⅱ 교직관, 교사의 의무
Ⅲ 교사의 역량, 전문성 개발, 권위
Ⅳ 동료 교사 관계 형성
Ⅴ 교육 복지

PART 1. 교육 철학

Ⅰ 2022 개정 교육과정

25 서울 (2022 개정 교육과정이 추구하는 인간상 하나씩 제시) 이 중 자신이 가장 중요하게 여기는 2가지를 고르고, 그에 대한 교육 방안을 2가지씩 말하시오.

> **※ 기품 포인트**
> 2022 개정 교육과정은 우리나라에서, 서울교육방향은 서울시에서 추구하는 교육의 방향입니다. 이는 학생뿐만 아니라 교사에게도 적용될 수 있음을 기억하고, 모든 면접 답변의 바탕이 될 수 있음을 알고 계시면 좋습니다. 나 자신은 교사로서 어떻게 이러한 인간상이 되고 이러한 역량을 키울 것이며, 학생들에게는 담임으로서 또는 교과 교사로서 어떻게 이를 교육하고 실천할 것인지를 고민해 보세요. 또한 현재 서울시교육청이 추구하는 '협력'은 모든 답변의 키워드가 될 수 있음을 기억합시다.

1 2022 개정 교육과정

(1) **추구하는 인간상 : 바른 인성을 갖춘 창의·융합형 인재**
  ① **자기주도적인 사람** : 전인적 성장을 바탕으로 자아정체성을 확립하고 자신의 진로와 삶을 스스로 개척하는 자기주도적인 사람
  ② **교양 있는 사람** : 문화적 소양과 다원적 가치에 대한 이해를 바탕으로 인류 문화를 향유하고 발전시키는 교양 있는 사람
  ③ **창의적인 사람** : 폭넓은 기초 능력을 바탕으로 진취적 발상과 도전을 통해 새로운 가치를 창출하는 창의적인 사람
  ④ **더불어 사는 사람** : 공동체 의식을 바탕으로 다양성을 이해하고 서로 존중하며 세계와 소통하는 민주시민으로서 배려와 나눔, 협력을 실천하는 더불어 사는 사람

> **※ 교육 방향**
> - 학교교육 전 과정에서 학생들에게 중점적으로 길러주고자 하는 **핵심역량** 설정
> - 통합사회·통합과학 등 문·이과 공통 과목 신설, 연극·소프트웨어 교육 등 **인문·사회·과학 기술에 대한 기초 소양 교육 강화**
> - 교과별 **핵심 개념과 원리**를 중심으로 학습내용 적정화, 교실 수업을 교사 중심에서 **학생 활동 중심**으로 전환하기 위한 교수·학습 및 평가 방법 제시

(2) **핵심역량**
  ① **자기관리 역량** : 자아정체성과 자신감을 가지고 자신의 삶과 진로를 스스로 설계하며 이에 필요한 기초 능력과 자질을 갖추어 자기주도적으로 살아갈 수 있는 역량
  ② **지식정보처리 역량** : 문제를 합리적으로 해결하기 위하여 다양한 영역의 지식과 정보를 깊이 있게 이해하고 비판적으로 탐구하며 활용할 수 있는 역량

③ **창의적 사고 역량** : 폭넓은 기초 지식을 바탕으로 다양한 전문 분야의 지식, 기술, 경험을 융합적으로 활용하여 새로운 것을 창출하는 역량
④ **심미적 감성 역량** : 인간에 대한 공감적 이해와 문화적 감수성을 바탕으로 삶의 의미와 가치를 성찰하고 향유하는 역량
⑤ **협력적 소통 역량** : 다른 사람의 관점을 존중하고 경청하는 가운데 자신의 생각과 감정을 효과적으로 표현하며 상호협력적인 관계에서 공동의 목적을 구현하는 역량
⑥ **공동체 역량** : 지역・국가・세계 공동체의 구성원에게 요구되는 개방적・포용적 가치와 태도로 지속 가능한 인류 공동체 발전에 적극적이고 책임감 있게 참여하는 역량

(3) 주요 개정 방향 (총론)

① 미래 사회에 대응할 수 있는 능력과 기초 소양 및 자신의 학습과 삶에 대한 주도성을 강화한다.
  ㉮ 학습의 기반이 되는 언어, 수리, 디지털 소양 등을 기초소양으로 하여 교육 전반에서 강조한다.
  ㉯ 디지털 문해력(리터러시) 및 논리력, 절차적 문제 해결력 등 함양을 위해 다양한 교과 특성에 맞게 디지털 기초소양을 반영하고 선택 과목을 신설하며, 정보교과교육을 확대한다.
② 학생들의 개개인의 인격적 성장 지원 및 구성원 모두의 행복을 위한 공동체 의식을 강화한다.
  ㉮ 기후・생태환경 변화 등에 대한 대응 능력 및 지속가능성 등 공동체적 가치를 함양하는 교육을 강조한다.
  ㉯ 다양한 특성을 가진 학생이 차별받지 않도록 지원하고, 지역・학교 간 교육 격차를 완화할 수 있는 지원 체제를 마련한다.
③ 학생들이 자신의 진로와 학습을 주도적으로 설계하고, 적절한 시기에 학습할 수 있도록 학습자 맞춤형 교육과정을 마련한다.
  ㉮ 지역 연계 및 학생의 필요를 고려한 선택 과목을 개발・운영할 수 있도록 학교자율시간을 도입한다.
  ㉯ 학교급 간 교과 교육과정 연계, 진로 설계 및 탐색 기회 제공, 학교생활 적응을 지원하는 진로연계교육의 운영 근거를 마련한다.
④ 학생이 주도성을 기초로 역량을 기를 수 있도록 교과 교육과정을 마련한다.
  ㉮ 교과별로 꼭 배워야 할 핵심 아이디어 중심으로 학습량을 적정화하고, 학생들이 경험해야 할 사고, 탐구, 문제해결 등의 과정을 학습 내용으로 명료화하여 교수・학습 및 평가 방법을 개선한다.

> ※ **저자의 한마디**
> 2022 개정 교육과정이 추구하는 인간상, 강조하는 핵심역량, 그리고 주요 개정 방향을 살펴봄으로써 어떠한 교육을 실천해야 하는지, 면접의 답변은 어떠한 방향성을 지녀야 하는지 파악하시기 바랍니다. 2022 개정 교육과정을 구체적으로 어떻게 수업에 적용할 수 있는지는 PART 4에서 다시 살펴보도록 하겠습니다.

2 서울교육방향 알아보기(「2025 서울교육 주요업무」)

교육비전

미래를 여는 협력교육

학생들이 스스로 미래를 열어가는 역량을 갖출 수 있도록 교육공동체 모든 구성원들과 시민들이 공동의 책무성 아래 참여와 소통, 자치와 협력, 협력적 문제 해결 등을 통해 교육을 실천해 나가는 서울교육을 의미합니다.

교육지표

학생의 꿈
학생들은 창의적인 교육을 통해 자신만의 특별한 꿈을 꾸고 또 꿈을 현실로 만들어가며 희망의 미래를 열어감

교사의 긍지
학교자치의 실현을 통해 교사들은 긍지를 가지고 학생 성장을 위한 다양한 교육활동을 실천하며 당당한 교육 주체가 됨

부모의 신뢰
부모를 포함한 시민사회의 교육에 대한 굳건한 신뢰는 교육 공동체 회복의 핵심으로 협력 교육의 든든한 기반임

정책방향

모두를 위한 맞춤형 교육	창의와 상생의 미래역량 교육	자치와 참여의 교육공동체	안전하고 행복한 학교	공감과 소통의 찾아가는 행정
평등하고 포용적인 맞춤형 교육으로 모든 학생들이 기초적 학업역량을 갖춰 교육 격차를 극복하고 자신의 꿈을 실현하는 교육	미래사회에 필요한 창의와 협력의 역량을 학생들이 키워 상생과 포용의 미래사회를 열어갈 주체로 성장하도록 하는 교육	문제를 교육적 방법으로 해결하기 위해 구성원들의 협력과 책임감을 바탕으로 자치와 참여가 실질적으로 실천되는 교육공동체	안전한 교육환경 속에서 학생들의 몸과 마음이 건강하게 성장할 수 있도록 지원하는 행복한 교육공간	소통을 통해 교육 현장의 의견을 적극 반영하여 협력교육이 사회적 기반을 바탕으로 실현될 수 있도록 지원하는 교육행정

Ⅱ 교직관, 교사의 의무

24 서울 다음 대화를 읽고 A교사와 B교사 중 자신은 어떤 교사의 입장과 가까운지 선택하고 그 이유를 말하시오. 그리고 C교사의 입장에서 자신이 선택하지 않은 교사에게 어떻게 조언할지 제시하시오.

22 서울 자신이 교사가 되어 학생들을 가르칠 때, 학생들이 어떤 모습으로 성장하기를 바라는지 말하고 학생의 성장을 위해 교사에게 필요한 자질 2가지를 말하시오.

21 서울 새 학기 담임교사를 하게 되었다. 신학기 3월에 첫째 주에 하고 싶은 온라인 학급 활동의 내용과 방법을 자신의 교직관과 관련지어 설명하시오.

> **※ 기품 포인트**
> 1차 시험이 수험자의 지식을 측정하는 데 중점을 둔다면, 2차 시험은 수험자가 학교 현장에서 좋은 교사가 될 수 있는지, 올바른 인성과 교직관을 가진 사람인지를 보는 측면도 있습니다. 따라서 어떤 교직관을 갖고 교사가 되고자 하는지 묻는 문제는 빈출 문제입니다. 특히 즉답 문항 또는 추가 질문으로 거의 매년 출제되었습니다. 선택지를 주고 자신에게 더 가까운 교직관을 물을 때도 있고, 다른 파트와 함께 묶어서 출제되기도 합니다. 서울시교육청이 추구하는 교사상을 파악하고, 자신의 교직관을 고민하고 정리해 보는 작업이 필요합니다.

1 교직관

(1) **교직관** : 학생을 가르치는 직무에 대한 견해나 입장

(2) **교사의 역할** : 교사의 역할은 고정된 것이 아니라, 시대와 상황에 따라서 변화하는 속성이 있다.
① 형식적 역할 : 교수자, 상담자, 행정가, 전문성 개발자의 역할 등
② 비형식적 역할 : 사회대표자, 판단자, 지식의 자원, 학습조력자, 심판관, 훈육자, 동일시 대상자, 불안 제거자, 자아옹호자, 집단지도자, 부모 대리자, 친구 등 주로 심리적 역할
③ 정보화 사회에서의 역할 : 지식경영의 관리자, 학습 촉진자, 학습 조정자, 의사결정자, 현장 상담자, 평생학습자로서의 역할 등 (→ PART2-Ⅱ-2-(4) AI 시대 교사의 역할 참고)

(3) **교사의 임무** : 교육과정 재구성, 교수-학습 지도, 생활 지도, 학급 경영, 학교 행정

> **※ 저자의 한마디**
> 교직관은 일반적으로 교육철학에서 성직관, 노동직관, 전문직관으로 나누지만, 면접에서는 '교사라는 직업'과 '교사의 역할'을 어떻게 생각하는지 자신의 생각을 풀어서 말한다고 생각하면 됩니다. 위의 여러 가지 역할을 참고하여 아래의 질문에 대한 답을 써보고 나의 교직관을 고민하고 정리해 봅시다.
> – 내가 생각하는 좋은 교사란?
> _____
> (나의 학창 시절을 떠올려 봅시다. 어떤 선생님이 기억에 남거나 좋았나요? 친구 같은 선생님, 솔선수범하는 선생님, 친절한 선생님, 조언을 잘해주는 선생님, 경청해 주는 선생님 등.)
> – 내가 생각하는 미래 교사의 역할은? 학교에서 무엇을 가르쳐야 할까?
> _____

2 교사의 의무

> ※ **저자의 한마디**
> 교사에게는 여러 역할과 임무 외에도 법적인 필수 의무들도 있습니다. 교사들은 아래와 같은 법적 의무교육을 매년 온라인 연수로 수강하여 이수증을 제출하고, 학교는 그 결과를 각 기관에 보고합니다. 경기도 기출로도 출제됐던 개인정보보호법은 갈수록 강조되고 있어서 학교 현장에서도 학생, 학부모, 동료 교사의 개인정보를 함부로 전달하거나 유출하지 않도록 주의를 기울이고 있습니다. 타 지역의 기출이 서울에서도 출제될 수 있으니, 아래의 표를 한번 읽어보시기 바랍니다.

(1) 긴급복지 신고 의무	• 신고의무자는 직무 수행 과정에서 긴급지원대상자가 있음을 알게 된 경우에는 관할 시·군·구청장에게 이를 신고하고, 신속하게 지원받을 수 있도록 노력하여야 한다(「긴급복지지원법」제7조). • "긴급지원"이란 생계곤란 등의 위기상황에 처하여 도움이 필요한 사람 또는 그와 생계 및 주거를 같이 하고 있는 가구 구성원에게 「긴급복지지원법」에 따라 일시적으로 신속하게 지원하는 것을 말한다(「긴급복지지원법」제1조).
(2) 아동학대 신고 의무	• 목적 : 학대피해아동의 조기 발견 및 보호를 위해 아동학대 신고의무자 직군에게 아동학대 예방 교육을 실시하여 아동학대에 대한 인식 제고 및 아동학대 의심 신고 독려 • 교육 내용 : ①아동학대 예방 및 신고의무에 관한 법령, ②아동학대발견 시 신고 방법, ③피해아동 보호 절차 등(「아동복지법 시행령」제26조제1항).
(3) 개인정보보호법 준수	[개인정보 보호의 원칙(법 제3조)] • 명확한 목적으로 적법하고 정당하게 최소 수집 • 처리 목적 내에서 적합하게 처리, 목적 외 활용 금지 • 처리 목적 내에서 정확성·완전성·최신성 보장 • 정보 주체의 권리침해 가능성 등을 고려하여 안전하게 관리 • 개인정보 처리사항 공개 및 열람청구권 등 정보 주체의 권리보장 • 정보 주체의 사생활 침해 최소화 방법으로 처리 • 익명 처리가 가능한 경우에는 익명으로, 익명 처리로 목적을 달성할 수 없는 경우에는 가명으로 처리 • 개인정보처리자의 책임과 의무 준수, 정보 주체의 신뢰성 확보

Ⅲ 교사의 역량, 전문성 개발, 권위

25 서울 (MZ교사들이 떠난다는 기사 등 교사 소진, 교권 하락 내용) 글을 읽고 교사의 긍지를 높이기 위해 본인이 교사가 되어 할 수 있는 실천 방안 3가지를 말하시오.

24 서울 (최근의 교권 하락 기사들) 교사의 권위는 어디에서 오는지 우선순위 3가지와 이유를 말하시오.

23 서울 다음 밑줄 친 내용에 대한 실현 방안과 이유를 하나씩 이야기하시오.
('교사가 된 후에도 꾸준히 발전하고 성장하기 위해 노력과 공부를 해야 한다.' '수업 외 교직 전반에 대해 성찰해야 한다.')

> ※ **기품 포인트**
> 앞의 단원에서 교직관과 교사의 역할이 무엇인지 살펴보았다면, 이제 구체적으로 교사로서 어떠한 역량과 자질을 갖추어야 하며, 어떻게 전문성을 개발할 것인지에 대한 고민이 필요합니다. 기출에 거의 매년 나오는 파트이며, 특히 기출에서는 교사가 된 후에도 꾸준히 전문성을 개발하고 노력하는 자세를 강조하고 있습니다. 여러분도 교사로서 갖고 있는 자신의 강점과 단점에 대해 생각해 보시고 어떻게 필요한 전문성을 개발할 것인지 고민해 보시기 바랍니다.

1 교사의 역량
(1) 교사에게 필요한 역량
① **교육과정 재구성 능력** : 교육과정의 핵심역량, 성취기준, 교과서 등을 분석하여 성취기준과 핵심역량 신장에 적합한 목표를 설정하고 알맞은 수업계획 및 평가계획을 수립하는 능력
② **전문성 신장 능력** : 다른 교사들과 공동으로 교육과정을 연구, 개발하여 실행하고 그 결과에 대해 함께 성찰하여 교육과정을 개선하기 위한 노력을 지속적으로 할 수 있는 능력
③ **비판적 사고 능력**
  ㉮ 학생의 학습 수준과 정의적 특성을 관찰하여 장점과 단점을 파악하고 장점을 더 강화하고 단점을 보완할 수 있는 방안을 제시할 수 있는 능력
  ㉯ 자신의 교육과 수업을 성찰하여 강점과 약점을 파악하고 약점을 보완하기 위한 방안을 수립하고 실천할 수 있는 능력
④ **공감적 이해 능력** : 학생, 동료 교사, 학부모의 이야기를 경청하고 그들의 입장과 감정을 이해하고 공감하며, 그들의 상황과 특성을 존중하고 배려할 수 있는 능력
⑤ **의사소통 능력** : 다양한 상황에서 자신의 생각과 감정을 효과적으로 표현하고 다른 사람의 의견을 경청하며 존중할 수 있는 능력
⑥ **협력적 문제해결 능력** : 학생, 동료교사, 학부모, 지역사회와 함께 협력하여 문제를 해결할 수 있는 능력
⑦ **창의적 사고 능력** : 폭넓은 기초 지식을 바탕으로 다양한 분야의 지식·기술·경험을 융합하거나 활용하여 새롭고 의미 있는 것을 창출하는 사고 능력
⑧ **문화적 소양 능력** : 다양한 삶의 가치와 문화·예술을 편견 없이 이해하고 수용하며 행복한 삶을 향유하는 능력

(2) **역량 개발 방법**
　① 장학 활동 : 자기 장학, 동료 장학, 컨설팅 장학 등을 활용한다.
　② 학생과의 상호 작용 : 설문지, 상담 등을 통한 학생의 피드백 및 의견을 수렴한다.
　③ 교원학습공동체에 참여한다. (→ Ⅲ-3 참고)
　④ 수업·평가나눔 교사단에 참여한다. (→ Ⅲ-4 참고)

> ※ **저자의 한마디**
> 교사가 전문성을 개발하기 위해서는 개인적인 연구분만 아니라 위에 제시된 것처럼 학생이나 동료 교사들과의 상호 작용도 중요합니다. 교사가 된 후에 어떻게 꾸준히 전문성을 기를 것인지 고민해 보시기 바랍니다. 교원학습공동체는 동료 교사들과 협력하여 성장하는 대표적인 방법으로 단독 문제로도 출제된 적이 있으며, 전문성 신장과 관련하여 면접 답변으로 자주 활용할 수 있으므로 아래에 자세히 다루고 있습니다. 수업·평가나눔 교사단은 학교 간 교원학습공동체 중 하나로 서울시교육청에서 운영하는 사업입니다.

(3) **기출에서 부정적으로 언급된 교사의 자세나 태도**
　① 소극적이고 소심한 교사
　② 후배 교사들에게 위압적이고 권위적인 교사
　③ 학생과 소통하지 않고 교사 중심의 수업과 생활 지도를 하는 교사
　④ 수업 개선을 하지 않고 기존의 수업자료와 방법을 반복하는 교사
　⑤ 이기적이고 자기중심적인 교사 (단체 활동과 행사에 참여하지 않고 다른 교사와 협력하지 않는 태도)

> ※ **저자의 한마디**
> 기출에서 지향하는 바람직한 교사의 모습은 위의 모습과 전부 반대로 생각하시면 됩니다. 학교 일에 적극적으로 참여하고, 학생 및 동료 교사들과 소통하고 협력하며, 교사로서 꾸준히 전문성을 개발하는 자세가 필요합니다.

2 교원 학습공동체

(1) **개념** : 교원의 '전문적 학습공동체(Professional Learning Community, PLC)'를 서울특별시교육청에서 정책적으로 사용하는 용어이며, 학교 공동체의 행복한 성장을 위하여 공동의 가치와 비전을 갖고 **함께 연구·실천·성찰**을 하면서 **전문성을 신장**시켜 나가는 교원들의 **자발적·협력적 학습공동체**를 의미한다.

(2) **목적**
　① 학생의 전인적 성장을 위해 기여한다.
　② 전문적 교원으로서 정체성을 새롭게 한다.
　③ 교육활동 중심의 학교문화로 바꾸어 나간다.

④ 교원학습공동체는 개방과 공유를 지향한다.

(3) 유형
① **학교 안 교원학습공동체** : 학교 안의 교원들이 학년, 교과, 주제 등을 중심으로 전문적 학습 공동체를 구성하여 운영한다.
  ㉮ 장점 : 함께 학습과 실천뿐 아니라 종종 학교 및 학년의 현안도 협의할 수 있고, 학교 전체의 변화가 필요한 것은 '토론이 있는 교직원 회의'을 통해 제안도 가능하다.
② **학교 간 교원학습공동체** : 여러 학교 교원들이 모여 학습하는 모임으로 특정 주제를 집중적으로 탐구하거나 여러 교육 정책을 모니터링하고 제안하며, 각 학교의 혁신 사례를 공유하는 등 학교 안 교원학습공동체와 다른 범위의 활동을 한다.
  ㉮ 장점 : 참여 범위를 넓혀 마을 연계 학습 공동체 등으로 발전할 수 있고, 직위별 학습 공동체를 통해 교감, 교장, 전문직 등이 교육과 변화를 추진할 수 있는 변혁적 리더십으로 혁신해 나가는 계기로 작용할 수 있다.

(4) 운영 방법

계획	실행	마무리
· 구성원 모으기, 주제 및 역할 정하기, 예산 계획 세우기 · 운영 계획서 작성	· 공동 연구 · 공동 실천(수업공개 및 참관) · 공동 성찰(배운 점 나누기)	· 운영 결과 나눔 · 협의록 제출

(5) 교원학습공동체 주제 예시
① 교육과정 영역 : 효과적인 전환기 교육과정, 고교학점제 운영, 진로진학, 주제 융합 수업 등
② 수업·평가 영역 : 디벗 활용 배움, 활동중심 수업, 에듀테크 기반 수업·평가, 자유 학기제, 기초학력을 높이는 교수학습방법, 텃밭가꾸기를 통한 생태·환경교육
③ 생활교육 영역 : 위기 학생 지원 방안, 회복적 생활교육 연구, 존중과 돌봄의 학급 운영

> ※ **저자의 한마디**
> 위에 유형에서도 언급됐지만, 학교 안 교원학습공동체는 반드시 '주제'를 중심으로만 구성될 필요는 없습니다. 같은 교과 교사끼리 모여서 수업 연구를 할 수도 있고, 같은 학년 담당 교사들이 모여서 함께 해당 학년 학생들의 특성에 따라 융합 수업이나 생활 지도 등을 연구할 수도 있습니다.

3 수업·평가 나눔 교사단
(1) 개념
① 동료 교원과 함께 협력하여 연구하고 실천하는 학교 간 교사 공동체다.
② 학교 안에서는 교원학습공동체를 운영하며 단위학교 수업혁신 씨앗교사로서의 역할을 수행한다.

> ※ **저자의 한마디**
> 대표적인 학교 간 교원학습공동체입니다. 수업·평가 나눔 교사단에서 배운 것을 학교 안 교원학습공동체에 공유하고 확산하는 것을 지향합니다.

(2) **목적**
　① 교원의 자발적이고 협력적인 수업 연구·실천을 통해 교실 수업 혁신을 추진한다.
　② 수업에 열정을 가진 교사들이 연대하고 동반 성장할 수 있는 교류의 장을 제공하여 교사학습공동체의 자생적 성장을 촉진한다.

(3) **교사단 분임 구성**
　① 공동 연구·실천 활동을 함께 하는 학교 간 교원 10명 내외로 분임 구성한다.
　② 분임 구성의 예시
　　㉮ 교과형 : 국어, 수학, 영어, 사회, 과학, 예체능 교과(군) 등
　　㉯ 주제형 : 융합수업, 과정중심평가, 독서토론, 생태전환, 기초학력 등
　③ 분임 구성 후 분임별 대표, 총무, 연락자, 기록자 등 역할을 분배·지정한다.
　④ 분임 대표 모임 정례화 : 분임 활동 성과 및 운영 지원 사항을 논의한다.

(4) **교사단 역할**
　① 자발적이고 협력적인 수업나눔으로 함께 성장하는 수업나눔 문화를 견인한다.
　② 소속교의 교원학습공동체 운영 및 신학년 집중 준비기간 지원으로 수업혁신을 선도한다.
　③ 저경력(신규)교사의 성장 네트워크 및 멘토링을 지원한다.
　④ 교육과정-수업-평가 연계성 강화를 위한 단위 학교 연수·컨설팅을 지원한다.

(5) **교사단 활동**
　① 공동연구·공동실천 : 월 1회 이상 정기적 연구 활동 및 일상적인 수업 나눔을 실천한다.
　② 수업 나눔·성찰 : 수업 나눔 3단계를 활용하여 관내 수업 공개 및 수업 나눔을 실천한다.

〈수업 나눔 3단계란?〉

1단계 : 수업 소개	2단계 : 수업 공개/참관	3단계 : 수업 나눔
• 수업에 담은 의도와 고민 공유하기 • 수업 관찰 시 함께 생각할 점 공유하기 • 수업 교사의 철학과 목표 확인하기	• 수업 관찰 및 참관 일지 작성하기	• 해당 수업 구성과 진행에 대한 생각 공유 • 수업 관찰과 평가회를 활용한 수업 개선 아이디어 나누기

4 교사의 권위

(1) **개념** : '권위'란 광범위한 경험, 폭넓은 통찰력, 특별한 업적 혹은 전통이나 지위에 근거하여 타인을 지도, 안내, 권고하는 힘을 의미한다.

(2) **교사의 권위**
① 직위상의 권위(제도적 권위) : 교사가 학생들을 가르치기 위해 학교생활을 통제할 수 있도록 부여된 권위
② 전문지식의 권위(전문가적 권위) : 교사가 자신이 가르치는 교과목의 지식과 가르치는 방법에 관한 전문가로 인정받을 때 획득하는 권위

(3) **권위를 인정받는 방법**
① 제도적 권위 : 학생들에게 학교 규칙에 대한 이해와 동의 확보, 공정하고 일관된 태도로 공정성 인정받기, 학부모에게 자신의 교육관과 교육철학을 설명하며 신뢰 얻기 등
② 전문가적 권위 : 충실하게 수업을 준비하고, 학생들의 학습 의욕과 능력을 신뢰하면서 수업 진행, 학생들에게 미래 사회에 필요한 역량을 길러주기, 수업 전문성 향상을 위해 자기 계발에 힘쓰기 등. (→ Ⅲ-1-(2) 역량 개발 방법 참고)

> ※ **저자의 한마디**
> 교권 하락과 관련하여 교사의 권위는 어디에서 오는지, 교사의 긍지는 어떻게 올리는지 묻는 기출들이 출제되었습니다. 교사의 권위와 관련된 문제는 교사의 역량 개발이나 전문성 신장 관련 내용들을 유연하게 활용하여 답할 수 있지만, 권위는 학생이나 학부모 등 타인과의 관계에서 오는 것임을 기억하며 답해야 합니다.

Ⅳ 동료 교사 관계 형성

25 평가원 (행정업무 잘하는 A교사가 이제 학생지도 업무를 하고 싶다는 글) (1) A교사라면 어떻게 행동할 것인지와 이유 (2) 업무 분장 담당 교사라면 A교사에게 어떤 업무를 맡길 것 인지와 이유를 말하시오.

22 서울 A, B의 공통된 문제점을 학교문화와 교사 개인 차원에서 말하고, 각각의 해결방안을 제시하시오. (A : 교과간융합교육 하고 싶은데 대부분의 교사가 거절함. B : 블렌디드수업 연구하자고 제안했으나, 코로나 끝나면 어차피 안 한다며 거절하고 대부분의 교사가 대면수업 방식대로 하자고 함.)

> ※ **기품 포인트**
> 학교도 여러 사람이 함께 일하는 직장이기 때문에, 부서 간, 교사 간 갈등이 생기기 마련입니다. 그럴 때 잘 대처할 수 있는 사람인지, 어떻게 다른 사람들과 협력하며 지낼 수 있는지를 보는 문제들입니다. 실제로 현장에서는 학생들보다 동료 교사들과의 관계로 힘들어하는 선생님들도 많기 때문에 자주 출제되는 파트입니다. 따라서 어떻게 갈등 상황에서 유연하게 대처하고 사람들과 원만한 관계를 유지할 수 있을지 고민해 보시기 바랍니다.

1. 긍정적 관계 형성
(1) **기본 마음가짐** : 서로 이해하고 공감하며 배려하면서, 함께 배우고 성장하기 위해 노력하는 협력적 공동체를 형성하고자 한다.

(2) **대화의 자세**
① 적극적으로 경청한다.
② 공감하고 수용한다.
③ 긍정적인 면을 찾는다.
④ 함께 성장하기 위한 방안을 제안한다.

> ※ 저자의 한마디
> 동료 교사뿐만 아니라 학생 또는 학부모 상담 등 모든 대화 및 갈등 상황에 적용할 수 있는 자세이니 잘 기억해 두시면 여러 답변에 활용할 수 있습니다.
> **예 : 우리 반 학생 때문에 힘들다는 교과 선생님과의 대화(23년 기출)**
> "① 선생님, ○○이가 지속적으로 수업을 방해하고, 다른 학생들까지 방해한다는 말씀이시군요.
> ② 저희 반 들어가실 때 많이 힘들고 속상하셨겠어요. 저도 ○○이가 제 시간에 수업 흐름을 끊을 때 당황스럽더라고요.
> ③ 제가 ○○이를 추가적으로 지도할 수 있게 알려주셔서 감사합니다. 선생님 덕분에 다른 시간에도 그런 문제가 있다는 걸 알게 되었어요. 저희 반 면학 분위기 개선에 도움을 주셔서 감사합니다.
> ④ ○○이랑 개별 상담하고, 원인을 찾아 개선 방법을 찾아보겠습니다. ○○이 부모님과도 통화해서 이전에도 수업 시간에 어려움이 있었는지 여쭤볼게요. 제가 ○○이랑 상담 후, 선생님과 저도 같이 이야기 나누고 방법을 찾아보는 건 어떠세요? 저도 열심히 고민해 가겠습니다."

2. 교사 문화
(1) 교사 문화는 교사들의 총체적인 학교생활이 조직이며, 교사의 일상 세계 속에서 명시적·묵시적으로 존재하기 때문에, 교사 문화의 규명은 매우 어려운 측면이 있다.

> ※ 저자의 한마디
> 교사 문화와 학교 문화는 지역교육청 및 학교에 따라 매우 다릅니다. 궁극적으로 추구해야 할 방향은 '협력'임을 기억하며 아래의 자료를 참고 차 읽어보시기 바랍니다.

(2) 하그리브스는 캐나다의 학교 현실을 연구·조사하여, 교사 문화를 다음과 같이 분류하였다.
  ① 개인주의(individualism) : 보수주의의 온상이 되는 문화
  ② 집단분할주의(balkanization) : 동료 간의 의사전달을 빈약하게 만들어 대립·갈등을 발생시키는 교사 소집단 간의 경쟁 문화
  ③ 협동문화(collaborative culture) : 동료 간이 상호 개방성, 신뢰성, 지원성을 동반하는 따뜻한 동료관계의 문화 (예 : 동료 코칭)
  ④ 책정된 동료 간의 연대(contrived collegiality) : 개인주의와 집단분할주의 문화를 협동문화로 전환시키는 과도기적 장치이다.

(3) 관료 체제의 학교에서 **협동문화**를 뿌리내리기 위해서는 책정된 동료 간의 연대와 같은 적극적인 변화를 일으키는 것에 전념할 필요가 있다.

(4) 교사 간 협동의 구체적인 방법 : 동료 장학, 공동 수업 설계 및 운영, 교원학습공동체, 수업·평가 나눔 교사단 등

V 교육 복지

19 서울 '정의로운 차등' 정책의 필요성을 말하고, 이를 실현하기 위한 방안 2가지를 말하시오.

18 서울 (토끼와 거북이의 출발선/결승선 위치가 다른 4개의 그림) 다음 그림을 보고 자신이 생각하는 바람직한 교육관과 경계해야 할 교육관을 선택하고 이유를 설명하시오.

> ※ **기품 포인트**
> '정의로운 차등'은 제20-22대(2014.7.-2024.8.) 서울특별시교육청 교육감이 강조한 교육복지였기 때문에 10년간 자주 출제되었습니다. 지금은 서울시의 교육감이 바뀌었지만, 여전히 중요한 파트이므로 개념과 실현 방안 등 고민해 보시기 바랍니다. 2019년에는 기능론과 갈등론을 묻기도 했으니 1차 교육학 자료 중 '교육사회' 내용도 다시 한번 읽어보시길 추천합니다.

1. 개념

(1) 교육의 기회균등
① 교육기본법 제4조(교육의 기회균등 등) : 모든 국민은 성별, 종교, 신념, 인종, 사회적 신분, 경제적 지위 또는 신체적 조건 등을 이유로 교육에서 차별을 받지 아니한다.
② 헌법 제31조 1항 : 모든 국민은 능력에 따라 균등하게 교육을 받을 권리를 가진다.

> ※ **저자의 한마디**
> 헌법 제31조 제1항에서는 교육의 기회에서의 차별을 합리화할 수 있는 사유 중 하나로 '능력'을 제시하고 있습니다. 여기서 능력이란 지능, 수학능력, 생활 능력 등을 의미합니다. 그러므로 대학입학시험에서 대학이 성적에 따라 학생을 선발하는 것은 수학능력에 따른 차별이므로 허용됩니다.

(2) 서울형 교육복지 : 교육취약학생(적응취약(심리·정서, 적응·관계, 기초학력 취약 등), 경제취약, 문화취약 학생 해당)의 교육격차 해소를 위해 서울형 교육복지 학교를 지정·운영하여 학교와 지역사회의 협력으로 개별 학생에 맞춤형 통합 지원을 제공한다.

> ※ **저자의 한마디**
> 지금은 '서울형 교육복지'라는 용어를 쓰지만, 과거에는 '정의로운 차등'이라는 용어를 자주 썼습니다. (**정의로운 차등** : 서울시교육청 교육불평등 완화 및 교육 복지 정책의 지향. ① 목표 : 태어나는 집은 달라도 교육은 같아야 한다 ② 방향 : 보편적 복지와 선별적 복지, 공평과 정의의 전략적 통합 ③ 세부 정책 : 예산 배분, 학습 지원, 삶의 질 향상)

2 복지 정책 및 제도

(1) 기초학력 보장 (→ PART4-Ⅳ 기초학력 향상 지원 참고)

(2) 토닥토닥 키다리샘
① 개념 : 키다리샘으로 선정된 교사가 기초학력 보장을 위해 방과후, 주말, 방학 중 다양한 방식으로 학습지원교육을 실시한다.
② 특징 : 교과 보충지도 중점 멘토링 프로그램 진행 권장, 학습지원 대상 학생 1명 이상 포함하여 소그룹(3명) 운영 권장, 교내 문화·예술·진로체험·노작활동(담당교사 지도)은 가능하나, 교외 문화·예술체험활동은 불가능하다.
③ 기대효과 : 학습 결손 회복, 정서적 안정 및 성장, 진로 탐색 및 자기 주도 학습 능력 향상, 교육 격차 해소 등 단순히 학습 지도를 넘어 학생의 전인적인 성장을 지원하고, 교육 공동체의 발전에 긍정적인 영향을 미칠 것으로 기대된다.

(3) 서울희망교실
① 개념 : 교육취약 학생 4~10명에게 교원이 멘토가 되어 학습, 문화, 진로, 정서, 봉사 등 다양한 삶의 영역에서 함께하는 '자발적인 교원' 중심의 서울형 교육복지우선지원 특화 활동이다.
② 목적 : 경제·정서적 배려가 필요한 교육취약학생에 대한 교원의 역할 제고로 학생의 전인적성장 지원, 학생의 자존감과 정서적 안정 증대로 학교 적응력을 향상시키고 희망의 학교 공동체를 조성한다.
③ 기대효과
　㉮ 교사 및 또래 학생과의 관계 증진으로 따뜻한 정이 오가는 사제 관계를 형성한다.
　㉯ 자존감과 정서적 안정으로 학교 부적응 감소 및 학업 중단 예방 효과를 강화한다.
　㉰ 교육 취약 학생에 대한 교육적 관심 증대로 함께 만드는 따뜻한 학교를 조성한다.

> ※ **저자의 한마디**
> 서울희망교실은 경제취약(저소득), 문화취약(다문화·탈북), 적응취약(정서·학습 등) 학생들을 50%이상 포함한 4~10명의 학생과 교사가 일 년간 다양한 활동을 하는 사제동행 프로그램으로 실제로 많은 선생님이 매년 신청해서 운영하고 있습니다. 키다리샘과 달리 학생들과 영화나 뮤지컬 관람 등 다양한 교외 문화 활동도 가능합니다. 토닥토닥 키다리샘은 코로나19의 장기화로 느슨해진 학교와 학생의 연결고리를 강화하고 학습 결손을 회복하기 위해 시작된 사업으로, 2025년부터는 단순한 정서 지원 위주의 운영보다는 기초학력 교육을 강조하고 있습니다. 두 사업 모두 학교 현장에서 활발하게 운영되고 있습니다.

(4) 사회통합전형

① 내용 : 과학고, 국제고·외국어고, 자율형 사립고, 마이스터고 입학정원의 일정 비율을 사회적으로 배려가 필요한 학생들을 대상으로 선발하는 제도이다.

② 유형

㉮ 기회균등전형 : 국민기초생활수급(권)자 또는 그 자녀, 법정차상위계층 또는 그 자녀, 한부모가족 지원대상자, 기준 중위소득 60% 이하인 가구의 자녀, 국가보훈대상자 또는 그 자녀, 가정형편이 어려운 학생 중 학교장이 추천한 자

㉯ 사회다양성전형 : 다문화가족 자녀, 북한이탈주민 또는 그 자녀, 특수교육대상자, 도서·벽지 중학교 졸업(예정)자, 소년·소녀가장/조손가족의 자녀, 장애 정도가 심한 장애인의 자녀, 순직 군경·소방관·교원·공무원의 자녀, 다자녀가족(3자녀 이상) 자녀 등

3. 수업 속 교육 격차 해소

(1) **AI 활용** (→ PART2-Ⅲ-AI교육 참고)

(2) **교과 수준별 수업** (→ PART4-Ⅲ-2 학생 맞춤형 수업·평가 참고)

PART 2.

디지털 교수·학습

Ⅰ 디지털 리터러시
Ⅱ 에듀테크
Ⅲ AI 교육
Ⅳ 그린스마트 미래학교

PART 2. 디지털 교수·학습

Ⅰ 디지털 리터러시

24 서울 [가]를 바탕으로 [나]의 문제점 3가지를 말하고, 각 문제에 대한 교사의 지도 방안에 대해 말하시오. (가 : 생성형 AI의 한계, 윤리교육, 활용 가이드 자료 / 나 : 프로젝트 과제 중 학생이 인공지능 기술로 다른 친구의 목소리 활용하고 공개 계정에 올림)

24 평가원 미래 사회로 가면서 테크놀로지의 활용이 활발해지고 있다. 이러한 테크놀로지를 교육적으로 활용할 때 유의 사항 1가지와 관련하여 교사의 전문성을 기르기 위한 방안 1가지를 제시하시오.

> ※ **기품 포인트**
> 리터러시(literacy)란 '읽고, 쓰고, 말하고, 이해하는' 능력 즉, 문해력입니다. 디지털 시대에는 종이 기반의 활자 사회와 다른 새로운 문해력, 즉 디지털 리터러시가 요구됩니다. 코로나 시대에는 원격 수업이나 온라인 학급 활동에 관한 기출이 나오곤 했습니다. 코로나 이후의 교육 상황에서도 여전히 많은 온라인 프로그램과 디지털 기기들이 수업에 활용되고 있으므로 여전히 중요한 파트입니다. 디지털 관련 많은 공문이 오면서 몇 년 사이 디지털 기반 교육혁신의 중요도가 높아진 것을 학교 현장에서도 크게 체감하고 있습니다.

1 디지털 리터러시

(1) '디지털 리터러시'의 개념
① 폴 길스터의 정의(1997) : 컴퓨터로 얻은 다양한 정보를 이해하고, 정보를 자신의 목적에 맞게 새롭게 조합해 내어 올바르게 사용하는 능력
② 디지털 리터러시는 단지 디지털 기기와 온라인 도구를 활용할 수 있는 기술적 능력에만 국한되지 않고, 정보를 이해하고 분석할 수 있는 분석적 능력, 새로운 콘텐츠를 창조할 수 있는 비판적 사고와 창의력, 기술과 콘텐츠의 올바른 지향점을 인식하고 실천할 수 있는 도덕적 능력을 모두 포함하고 있다.
③ 디지털 리터러시란 단순히 '능숙한 디지털 도구 사용자'가 아니라 공동체의 정의로운 발전을 위해 기여하는 '디지털 시민'이 될 수 있는 역량이다.

(2) 학생들에게 가르쳐야 할 디지털 리터러시
① **저작권** : 디지털 미디어와 콘텐츠가 무수하게 쏟아지는 세상에서 저작권의 중요성은 더욱 높아져 가고 있으며, 이런 상황에서 학생들이 저작권의 개념을 명확히 이해하고 저작권을 보호하고 동시에 보호받으며 학습할 수 있도록 지도가 요구된다.
② **개인정보** : 디지털 기반 사회에서 소중한 자산인 개인정보의 개념을 명확히 인식하고 자신의 개인정보를 보호받으며, 동시에 타인의 개인정보를 침해하지 않도록 지도가 필요하다.
③ **허위 조작 정보** : 다양한 매체에서 사실 검증을 제대로 거치지 않은 정보를 우후죽순으로

생산하고 있다. 이러한 허위 조작 정보는 사회의 불안감과 공포심을 자극하며, 정보에 대해 정확한 판단을 하지 못하도록 만들고 있다. 따라서 학생들이 온라인 허위 조작 정보를 분별하고 자극적인 허위 조작 정보를 생산하거나 공유하지 않도록 지도해야 한다.

④ **청소년의 인터넷 소통 문화** : 학생들의 온라인 소통 문화를 이해하고, 소통에 대한 교육 방향을 새롭게 잡아 지도하는 것이 필요하다. 긴 콘텐츠를 거부하는 경우가 늘어나고 있으므로 '진득함'을 지도하고, 인터넷 공간에서의 세대 간 격차가 심화될 것으로 예상되므로, 디지털 환경을 향유하는 다양한 주체에 대한 안내도 필요하다. 또한 비대면 소통 환경을 자각하도록 유도함으로써, 학생들이 온·오프라인 세계의 조화를 이뤄낼 수 있도록 해야 한다.

⑤ **디지털 기기 의존 문제** : 요즘 아이들은 태어나면서부터 디지털 기기를 자연스럽게 접하고 자유자재로 사용하는 디지털 원주민 세대다. 이러한 시대에는 아이들 스스로 주체가 되어 디지털 기기 사용에 있어서 통제력을 가져야 한다. 이를 위해 디지털 기기 과의존 예방교육과 실천 습관을 강조하는 교육이 필요하다.

⑥ **디지털 자기주도학습** : 자기 주도적 학습을 위해 학습자 스스로 학습을 계획하고 실천하는 연습이 필요하다. 학습 계획을 도와주는 프로그램을 활용하면 깔끔하게 자신의 계획을 정리하고, 계획을 공유하며 피드백을 받을 수 있다. 또한 학습 과정을 도와주는 필기 프로그램을 사용하여 자신만의 노트를 만들며 공부 습관을 만드는 것에 도움을 줄 것이다.

⑦ **디지털 세상이 환경에 미치는 영향** : 디지털 탄소발자국을 줄이기 위해 에너지 효율적인 제품을 선택하고, 에너지를 절약하며 데이터를 관리하는 습관을 가져야 한다. 또한 스마트폰 사용시간과 데이터 사용량을 관리하고, 폐기할 때는 재활용과 재사용을 고려해야 한다. 교육을 통해 환경에 대한 인식을 기르고, 각자의 노력이 모여 더 깨끗하고 지속 가능한 디지털 세상을 만들 수 있다.

> ※ **저자의 한마디**
>
> 기출에서는 온라인 원격 수업의 문제점, AI 활용 수업의 문제점, 메타버스 활용 수업의 문제점 등 기술의 교육적 사용 시 발생할 수 있는 문제점을 종종 물었습니다. 이러한 문제점을 예방하기 위해서 학생들에게 반드시 가르쳐야 하는 것이 디지털 리터러시입니다. 학생들이 기술을 올바르게 활용할 수 있도록 분석 능력과 비판적 사고를 길러주어야 하며, 개인정보와 저작권과 같은 윤리적인 문제도 반드시 사전에 교육해야 합니다. 수업뿐만 아니라 학생들은 학교 밖에서도 많은 시간을 디지털 세계에서 보냅니다. SNS상의 저격, 허위 사실 유포, 명예 훼손 등 여러 문제로 친구 간 갈등이나 학교 폭력이 발생하기도 합니다. 이를 예방하기 위해서도 학생들이 안전하고 올바른 디지털 시민으로 성장하도록 도와야 합니다.

Ⅱ 에듀테크

23 서울 (1) [가]의 관점에서 [나]의 학부모에게 설명할 스마트기기활용 수업 3가지와 각각의 효과를 말하시오.(가 : 미래 디지털 교육의 필요성, 디벗 자료 / 나 : 학부모의 문의).
(2) [다]를 읽고 스마트 기기 활용 수업 시 유의 사항 2가지를 말하시오.

21 서울 온라인 실시간 원격 수업 사례 1, 2, 3에서 나타난 문제점과 이에 대한 해결 방안을 각각 말하시오.

> ※ **기품 포인트**
> 코로나19로 온라인 원격 수업을 실시하면서 학교 현장에 에듀테크가 빠르게 도입되었습니다. 코로나가 한창이었던 2021년에는 원격 수업에 관한 문제가 나오기도 했습니다. 지금은 원격 수업은 하지 않지만, 여전히 학교 활동에 스마트기기가 활용되고 있습니다. 특히 서울에서는 학생들에게 스마트기기를 1개씩 보급하는 디벗 사업이 운영되고 있기 때문에 에듀테크 관련 문제는 언제든 출제될 수 있는 주제입니다. 에듀테크는 늘 새로운 어플과 프로그램이 나오기 때문에 인터넷을 통해서 다양한 교육적 사례들을 직접 찾아보시기를 추천합니다.

1 디벗

(1) **개념** : 서울특별시교육청에서 학생들에게 지급하는 학습용 스마트기기를 말하며, 'Digital+벗'의 줄임말로 '스마트기기는 나의 디지털 학습 친구'라는 의미를 담고 있다.

(2) **기기** : 크롬북, 아이패드, 갤럭시탭, 웨일북, 윈도우북 중 각 학교가 선정한 기기를 전교생이 배부받으며, 졸업할 때 반납한다.

(3) **기대효과**
① 디지털 역량 강화 : 디지털 기기 사용에 익숙해지고, 다양한 디지털 도구를 활용하여 정보를 검색하고, 자료를 분석하며, 창작 활동을 하면서 미래 사회에서 필수적인 디지털 리터러시 역량을 키울 수 있다.
② 학습 참여도 및 집중도 향상 : 다양한 디지털 자료와 도구를 활용하여 학습 내용에 대한 이해도를 높이고, 디지털 기기를 활용하여 수업 활동에 적극적으로 참여하도록 도와준다. 또한, 개인별 맞춤 학습이 가능하여 학습 집중도를 높일 수 있다.
③ 창의적 문제 해결 능력 증진 : 여러 제작 프로그램을 활용하여 학생들이 다양한 형태로 결과물을 도출하면서 창의성을 기를 수 있다. 또한 직접 많은 자료를 탐색하고, 분석하며, 새로운 아이디어를 창출하는 과정을 통해서 창의적 문제 해결 능력을 키울 수 있다.
④ 자기주도적 학습 능력 향상 : 교사가 전달해주는 지식에만 의존하는 수동적 학습에서 벗어나 직접 필요한 정보를 탐색하고 문제를 해결하면서 자기주도적 학습 능력이 향상된다.
⑤ 교육 격차 완화 : 디벗 보급을 통해 교육 환경이 열악한 지역의 학생들도 질 좋은 교육 컨텐츠와 디지털 학습 도구에 접근할 수 있게 되어 교육 격차 완화에 기여할 수 있다.

⑥ 교수·학습 활동 효율성 증진 : 학생은 시간과 장소에 제약 없이 디벗을 활용하여 학습을 이어갈 수 있으며, 교사는 학생들의 학습 활동을 효과적으로 관리하며 개별 맞춤형 피드백을 제공할 수 있다.

> **※ 저자의 한마디**
> 스마트기기 휴대 학습은 교육 주체로서 학생의 지위를 상승시킨다고 합니다. 실제 학교 현장에서도 학생들이 수동적으로 앉아서 강의를 들을 때보다 디벗을 활용하여 학습자 중심의 활동을 할 때 학생들의 참여도와 흥미가 높아지는 것을 체감합니다. 스마트폰은 일부 학생들이 없을 수도 있고 통제가 더 어려운 측면이 있으나, 디벗은 모든 학생이 갖고 있고 유해 사이트와 어플을 제한할 수 있기 때문에 수업 때 활용하기 더 용이합니다.

(4) 디벗의 수업 활용 예시
① **체험 도구** : 이동시간과 공간적 제약 때문에 하기 어려운 체험이 가능하다. (예: 온라인 미술관, 박물관 답사, 도자기 공예 등)
② **해결 도구** : 문제를 해결하기 위한 도구로 활용한다. (예: 무료 홈페이지 제작, 인공 지능을 이용한 디자인과 작곡 등)
③ **사고 도구** : 비판적 사고력을 키우기 위한 사고 활동을 지원한다. (예: 마인드맵, 빅데이터 분석, 코딩, 글쓰기 프로그램 등)
④ **창작 도구** : 다양하고 재미있는 창작 활동이 가능하다. (예 : 그래픽 디자인, 영상 편집, 인포그래픽 영상 제작, 스토리텔링, 웹툰 제작 등)
⑤ **협업 도구** : 편리하게 저장, 공유하고, 실시간으로 공동 작업이 가능하다. (예 : 클라우드 문서, 온라인 칠판, 온라인 토론, 온라인 일정 관리 등)
⑥ **소통 도구** : 시간과 장소에 제약 없이 편리하고 효율적인 소통이 가능하다. (예 : 게시판, 이메일, 메신저, SNS, 화상 회의 도구 등)

(5) 문제점 및 해결 방안
① **기기 관리 및 고장에 관한 문제**
㉮ 수리비 발생 시 20%를 학생이 부담하고 80% 이내에서 교육청이 지원하며, 취약계층은 수리비용을 1회에 한해 무상 지원하고 있다.
㉯ 학교 차원에서는 학생들이 디벗을 수업과 학습에 잘 활용하고 소중히 관리하도록 사전에 기기 관리법에 대해 교육하고 학생들을 지도해야 한다.
② **학교 및 교사의 업무 가중**
㉮ 서울시 권역별 통합 A/S센터를 운영하여 배부 및 유지보수 서비스에 대한 학교의 부담을 줄이고 있다.
㉯ 학교에 기술 지원을 위해 디지털 튜터 지원 사업을 운영하고 있다.

③ **학생들의 교육 외 목적으로 사용**
  ㉮ 디벗에는 유해 앱과 유해 사이트를 차단하는 프로그램이 설치되어 있다.
  ㉯ 수업 중에는 수업 관리 SW를 통해 학생의 디벗을 제어하고 온라인 학습플랫폼에서 학습을 관리할 수 있다.
  ㉰ 디지털 역량 교육 프로그램을 통해 학생의 건강한 디지털 시민의식 개발을 지원하고, 디지털 자기주도학습을 격려해야 한다.

④ **디지털 기기 활용에 대한 교사의 준비 부족**
  ㉮ 미래 교육을 위해 많은 에듀테크 연수들이 제공되고 있다. 이러한 연수를 이수하여 디지털 역량과 교사의 전문성을 기를 수 있다.
  ㉯ 동료 장학, 수업 공개 및 참관, 교원학습공동체 등을 통해 동료 교사들과 사례를 나누며 디지털 활용 수업을 준비한다.

⑤ **학부모의 민원** : 디벗의 교육적 효과를 설명하고 각 문제점에 대해 위와 같이 설명한다.

> ※ **저자의 한마디**
> 중·고등학교는 분실의 위험으로 학교마다 디벗 관리 방법이 다릅니다. 그래서 실제로 디벗 관련 학부모 민원이 종종 들어옵니다. (교육 외의 용도로 집에서 사용한다, 집에서 통제하기 어렵다, 학교에서 관리했으면 한다, 안 받고 싶다, 학교에서 별로 안 쓴다고 한다, 게임 사이트와 어플을 차단할 수 없는지 등) 이러한 민원을 받았을 때 어떻게 대응할 것인지 생각해 보시기 바랍니다. 디벗은 한 학급이 아닌 모든 학년, 모든 학급에 배부되는 것이기 때문에 학교 전체의 방침과 규칙이 있습니다. 혼자서 다르게 학부모에게 대응했다가 다른 학급 선생님에게 피해를 줄 수도 있습니다. '담당 선생님에게 해당 내용을 전달하고 함께 방법을 찾아보겠습니다.'라고 당장의 확답을 피하거나 '학급 내 규칙을 정해서 올바른 사용법을 잘 교육하겠습니다.'라고 말할 수도 있습니다. 또는 기출에 나왔던 것처럼 디벗의 교수·학습적 활용법과 효과를 설명하여 학부모를 설득할 수도 있습니다. 학부모의 걱정과 요청 사항이 무엇인지 잘 파악하여 그에 맞게 대답해야 합니다.

(6) **디벗 담당 교사 및 담임 교사가 해야 할 일**

• 디벗 기기 배부 및 활용 관련 개인정보 수집·이용 동의서 배부 및 수합하기 • 학습플랫폼 관련 개인정보 수집·이용 동의서 발송 및 수합하기(Microsoft 365, 구글워크스페이스 등) • 학습플랫폼 계정 생성하기 • 교사 디벗 관리 및 활용법 연수하기	• 디지털 리터러시 역량 신장 연수 진행하기 • 디지털 기기의 올바른 사용을 위한 학교 및 학급 규칙 만들기 • 학생 디벗 관리 및 활용법 지도하기 • 디지털 리터러시 역량 교육 실시하기 • 디지털 기반 교육 실시를 위한 학교 문화 형성 및 학부모 인식 제고하기

2 에듀테크

(1) **개념** : 교육(Education)과 기술(Technology)의 합성어로 정보 기술과 교육 콘텐츠를 결합해 교육 도구로 활용하는 산업 분야를 가리킨다.

(2) **디지털 활용 교수학습 예시**
① 영어 : AI기반 영어 읽기 프로그램(Microsoft의 Reading Progress)으로 글 읽기 유창성 향상, 생성형 AI기반 노트(Notion AI)로 본문 요약, 번역, 문법 오류 검사 등 자기주도 학습
② 수학 : 데스모스(Desmos)를 활용한 그래프 그리기, 패들렛을 이용한 기본도형 도입 수업, 이지통계와 구글 슬라이드를 이용한 통계포스터 만들기 수업, 다양한 콘텐츠를 제시하는 사이트(EBS Math), 수학 기초학력향상지원 사이트(베이스캠프)
③ 과학 : Java실험실 활용, Earthnullschool을 통해 기상 상태 확인, 실감형콘텐츠 앱 활용
④ 사회 : Chat GPT를 활용한 자료 조사, 보고서 초안 구성, 수준에 맞는 내용으로 변형 등
⑤ 진로 : 유튜브로 다양한 자료 탐색(강의 콘텐츠, 세계 문화 체험 등)
⑥ 디벗을 활용하여 협업하기
　㉮ 협업은 여러 사람이 모여 함께 일하는 것이며, 온라인 협업은 클라우드 환경에서 파일 공유와 작업이 이루어지는 것이다.
　㉯ 도구 : 구글 워크스페이스, MS 365, 노션 등
　㉰ 유의 사항 : 의사소통 규칙을 정하고, 역할을 분담하며, 공동 작업 도구를 익히는 것이 중요하다. 다른 사람의 의견을 존중하고 적극적으로 참여하며, 파일 수정 기록을 확인하여 협업의 효율성을 높일 수 있다. 또한, 협업 도구들을 자주 활용하고 기능을 익히는 노력을 통해 온라인 협업을 더욱 원활하게 이끌어갈 수 있다.

> ※ **저자의 한마디**
> 2021년에는 온라인 수업뿐만 아니라 온라인 학급 활동에 관한 면접 문제가 출제되기도 했습니다. 또한 2023년에는 경기도 비교과 문제로 에듀테크를 활용하여 학생의 생활 습관(스마트폰 중독, 친구 관계 고민, 지각 등)을 해결할 수 있는 프로그램을 묻기도 했습니다. 교과 수업뿐만 아니라 **생활 지도에도 에듀테크를 어떻게 활용할 수 있을지** 고민해 보시기 바랍니다. (예: AI 챗봇과 상담하여 감정 관리하도록 지도, 디지털 포트폴리오를 작성하게 하고 개인 맞춤형 피드백을 제공하여 진로 지도, 칭찬 스티커 대신 앱 점수제로 게임처럼 재밌게 생활 습관 개선하도록 지도, VR 체험을 통해 왕따 상황을 체험하거나 장애 이해 교육을 현실감 있게 진행 등)

(3) **AI·에듀테크 선도교사단**
　① 역할 : 학교 내 AI·에듀테크 활용 교육과정-수업-평가를 연계한 학생 맞춤형 수업을 동료와 함께 실천하는 중간 리더이다.
　② 과제
　　㉮ 수업사례 개발 : 인공지능 교육, 에듀테크 활용 데이터 기반 교육과정-수업-평가 연계 학생 맞춤형 수업을 연구하고 사례(교과 중심)를 개발한다.
　　㉯ 전문성 신장 : 본청 주관 선도교사 집중 연수(직무, 자율) 및 관련 워크숍, 연구회, 전문가 대면 협의 등의 활동으로 전문성을 신장시킨다.
　　㉰ 중간 리더 : 학교 내 교원학습공동체 운영, 자발적 수업 공개, 지원청별 디지털 기반 교원 연수 운영 지원(강사) 등 중간 리더 역할을 실천한다.

> ※ **저자의 한마디**
> AI와 에듀테크가 익숙하지 않은 교사들을 위하여 교육청에서는 다양한 연수를 제공하고 있습니다. 또한 AI·에듀테크 선도교사단을 모집하여 컨설팅, 연수, 우수사례 공유 등을 할 수 있는 중간 리더를 양성하고자 합니다. 서울시교육청 소속 초·중등 교사를 대상으로 신청을 받으며, 선도 교사로 선정되면 민간 에듀테크 유료 서비스 구입·구독 등을 위한 연구비를 지원하고 추후 결과를 보고받습니다.

Ⅲ AI 교육

24 서울 [가]를 바탕으로 [나]의 문제점 3가지를 말하고, 각 문제에 대한 교사의 지도 방안에 대해 말하시오. (가 : 생성형 AI의 한계, 윤리교육, 활용 가이드 자료 / 나 : 프로젝트 과제 중 학생이 인공지능 기술로 다른 친구의 목소리 활용하고 공개 계정에 올림)

> **※ 기품 포인트**
> AI는 최근 가장 핫한 교육 분야 중 하나이며, 2025년 AI 디지털 교과서 도입 관련 이슈도 있었기 때문에 중요한 파트입니다. 여러 자료와 뉴스를 찾아 읽어보고, 스터디원들과 의견을 나눠보며 공부하는 것을 추천합니다. AI 시대에 본인의 교과 과목을 왜 공부해야 하는지 학생이 물어본다면 어떻게 답변할지도 고민해 봅시다.
> (예 : AI를 쓰려면 기초 지식이 필요하다, 사고력과 창의력은 인간만 가능하며 교과가 그것을 키워준다, AI를 올바르게 쓰기 위해서는 판단력이 필요하며 정보의 진위를 스스로 가려야 한다, 교과 공부는 단순한 지식 암기가 아니라 사고력을 훈련하는 도구다.)

1 인공지능(AI) 관련 용어 정의

(1) **인공지능(AI)의 개념** : 인간의 학습능력과 추론능력, 지각능력, 자연언어의 이해능력 등 지적 노동을 컴퓨터 프로그램으로 실현하는 기술이다.

(2) **인공지능(AI) 교육의 요소**

About 인공지능(AI) 이해 교육	Using 인공지능(AI) 활용 교육	Making 인공지능(AI) 개발 교육
• 인공지능에 관한 교육 • 개념, 원리, 영향, 윤리	• 인공지능을 활용한 교육 • 체험, 활용, 지원 보조	• 인공지능을 만드는 교육 • 알고리즘, 머신러닝, 딥러닝 • 설계, 개발, 시험

> **※ 저자의 한마디**
> 기출에서는 인공지능 활용 교육뿐만 아니라 인공지능 이해 교육, 그중에서도 '윤리'에 대해 언급했습니다. 인공지능을 활용하기 전에 어떻게 올바르게 사용해야 하는지 학생들에게 반드시 교육해야 합니다.

(3) **인공지능(AI) 기반 융합 교육** : 인공지능(AI)을 기반으로 수리과학, 정보, 인문·사회, 체육·예술 등 모든 교과 및 메이커, 영재, 진로·진학, 생태 전환, AI 윤리교육 등을 융합하여 학생의 미래 핵심 역량을 함양하는 교육이다.

2 AI교육의 배경 및 필요성

(1) 인공지능(AI) 시대, 교육의 책무성
① 인공지능(AI), 빅데이터 등 첨단 과학정보기술의 발달에 따라 사회·경제·문화 전반의 구조적 급변을 앞둔 현재, 인공지능(AI) 등 첨단 과학정보기술을 포용할 줄 알고 인간의 존엄성 및 감성을 이해·공감할 줄 아는 미래지향적인 인재를 육성하기 위한 교육의 시대적 책무성이 있다.
② 인공지능(AI)이 바꿔 갈 미래사회에 빠르게 적응하고 생존하기 위해 인간성 중심의 사고·배려·포용의 따뜻한 마음과 자기주도적 역량을 갖추고 인공지능(AI) 관련 신산업의 급속한 성장에 기여할 수 있는 전문가뿐만 아니라, 인공지능(AI)의 소양을 갖춘 다수의 일반 사람들도 필요하다.

(2) 인간-AI 공존 시대, 창의융합형 인재 양성
① 학습환경이 급변할수록 중요해진 '자기주도적 학습역량'을 함양한다.
② 인공지능(AI) 윤리 및 AI·디지털 리터러시 등의 인공지능 시대에 필요한 기초소양 교육을 실시한다.
③ 인공지능(AI) 분야 전문가 양성 : 초·중·고등학교의 인공지능 융합 기반 기초소양 교육과 직업계고의 인공지능 융합 기반 전문기술교육을 실시하고, AI-IoT 중점 학교 및 영재학교·과학고 등을 중심으로 AI-SW 분야 전문 교과 운영으로 사회 중추적 역할을 할 수 있는 인재를 양성한다.

(3) 교육복지 확대 : 기초학력 보장 및 교육격차 해소
① 사회 취약계층(다문화·탈북·장애 학생 등)의 기초학력 보장 및 교육격차 해소 등 질 높은 교육 기본권의 확대 가능성이 높아진다.
② 역설적으로 사회 취약계층의 디지털·미디어 환경 접근성, 활용 역량 부족 등의 불평등으로 초래되는 교육 양극화 문제를 해결하기 위한 방안도 병행할 필요가 있다.

> ※ **저자의 한마디**
> 학생들에게 디벗을 보급하고 AI를 활용하여 맞춤형 교육을 제공하는 등 기술의 발전으로 교육 격차를 해소할 수도 있지만, 역설적으로 정보나 역량 등의 차이로 불평등이 초래될 수도 있습니다. 따라서 학교 차원에서는 과학정보부가 기기를 잘 사용하지 못하는 학생들을 모아서 교육하거나 담임 및 교과 교사가 키다리샘이나 희망교실 프로그램을 통해 소규모로 일부 학생들에게 도움을 제공할 수 있습니다. PART1-Ⅴ교육복지의 내용을 교과 학습뿐만 아니라 디지털 역량까지 확대해서 생각해 보시기 바랍니다.

> **인공지능(AI) 활용 : 공교육의 질적 내실화**
>
> - **인공지능(AI) 활용으로 교육의 선순환 체제 구축** : 인공지능(AI)을 활용하여 교육과정-수업-평가(기록)-분석·진단 시스템에 의해 더욱 효과적, 효율적인 과정중심 평가를 활성화하고, 교육 관련 실시간 데이터 축적 → 데이터 분석·진단 → 교육공동체(학생, 교원, 학부모) 대상 데이터 기반 피드백으로 학생별 맞춤형 교육, 진로 교육 및 진학지도 강화
> - **수준별 맞춤형 교육** : 인공지능(AI)의 데이터 분석·진단에 의해 학습자에 최적화된 학습 방법 및 학습자료 제공, 학습 과정의 부족 부분 보완 및 교육공동체(학생, 교사, 학부모)에 제공되는 정보를 활용한 학생 수준별 맞춤형 교육, 진로 교육 및 진학지도
> - **상황별 맞춤형 교육** : 불가피한 이유로 가정, 병원 등에서 수업 등 긴급·위기 상황에서도 인공지능(AI) 튜터의 도움을 받아 중단없이 교육을 지속함으로써 기초학력 보장 및 교육격차 해소

(4) **인공지능(AI) 시대, 교사의 역할변화**
① 수업자료의 검색·조합·구성·평가 등 반복적, 패턴화된 업무에 인공지능(AI)을 활용하고 수업기획, 학생과의 유대감 형성, 학생 정서 관리 등의 역할에 집중하게 될 것으로 예상된다.
② 온·오프라인 블렌디드 수업의 일상화 및 인공지능 기반 융합 교육을 위한 교사 전문성을 제고해야 하고, 교원의 도전을 허용하고 성장을 지원하는 구체적이고 단계적인 성장 지원 시스템이 필요할 것이다.

3 인공지능의 문제점과 지도 방안
(1) **문제점**
① 개인정보 문제 : 대규모 데이터를 학습하여 작동하는 과정에서 개인정보가 유출되거나 오용될 수 있다.
② 윤리적 문제 : AI 기술이 학습 과정에서 편향된 데이터를 사용할 경우 차별적인 결과물을 내기도 하며, 인간의 고유 영역인 창작과 예술 능력까지 갖추면서 저작권을 침해하기도 한다.
③ 악용 가능성 : 생성형 AI 기술의 발전으로 딥페이크와 같은 가짜 정보가 손쉽게 만들어지면서 허위 정보를 확산시키는 데 악용되기도 한다.
④ 정보의 부정확성 : AI 기술이 완벽하지 않기 때문에 정보의 정확성이 보장되지 않는다. 인공지능이 제공하는 거짓 정보를 사실로 받아들이거나 이를 잘못 활용할 위험이 있다.

(2) **지도 방안** (→ 'Ⅰ 디지털 리터러시' 참고)
① AI 서비스에 본인 또는 타인의 민감한 개인정보를 제공하지 않도록 지도한다.
② AI가 오류가 있음을 알리고, AI가 만든 가짜 콘텐츠에 속지 않도록 비판적 사고를 갖고 정보를 분별하는 능력을 함양한다.
③ AI에 지나치게 의존하지 않도록 자기주도학습을 강조하며, 스스로 생각하는 힘을 길러준다.

4 인공지능을 접목한 교육 사례

(1) AI·디지털 기술 활용 프로그램 운영 예시
① 대화형 AI 챗봇, 감정인식 AI 등을 활용한 또래 상담 프로그램
② 온라인 AI 그림 제작 프로그램 등을 활용한 웹툰 교실 프로그램 (웹툰의 구성요소와 일러스트 프로그램의 사용 방법을 배우고 익혀서 다양한 일러스트와 그림을 그려보는 활동)
③ 메타버스, VR, 시뮬레이션 등을 기반으로 한 리더십 강화 프로그램
④ 지능형 튜터링 시스템을 통한 자기주도적 학습 능력 향상 프로그램
⑤ 피지컬 코딩 프로그램을 활용한 진동카 제작 프로그램 (진동에 대한 개념을 토대로 '창의적 탁구공 운반 진동카'를 피지컬 코딩을 통해 제작하는 활동)

(2) 교육에 활용할 수 있는 인공지능 도구
① **OpenAI** : 'Dall-E 2'(텍스트를 이미지로 그려요.), 'ChatGPT'(인공지능이 답해드려요.)
② **네이버** : '스마트 렌즈'(이미지로 검색하세요.), '파파고'(인공지능 번역기)
③ **구글** : '두들-바흐'(멜로디를 바흐 스타일의 화음으로), '딥드림 제너레이터'(한 이미지로 만드는 다양한 스타일), '블롭 오페라'(네 개의 목소리로 만드는 오페라), '페인트 위드 뮤직'(붓으로 만드는 음악)
④ **크롬 뮤직랩** : '칸딘스키'(그림을 연주해요.), 'rhthm'(리듬 합주 작곡), 'SongMaker'(멜로디 작곡)
⑤ **그 외** : Scroobly(나를 따라 움직이는 낙서 애니메이션), 라이팅젤(인공지능과 함께 글짓기)

(3) AI 디지털 교과서 : 학생 개인의 능력·수준에 맞는 맞춤형 학습을 지원할 수 있도록 지능정보화기술(AI 등)을 활용하여 다양한 학습자료, 학습지원 기능 등을 탑재한 교과서이다.

Ⅳ 그린스마트 미래학교

23 서울 자신의 교직관을 말하고, 관련해서 학교 공간 중 개선이 필요한 공간과 그곳을 어떻게 개선할 것인지를 말하시오.

22 대구 (그린스마트스쿨에 대한 자료 제시) (1) 그린스마트스쿨로 변화될 학교의 모습을 3가지 말하시오. (2) 그린스마트스쿨을 운영함으로써 얻는 교육적 효과를 3가지 말하시오.

> **※ 기품 포인트**
> 교육부는 2021년 그린스마트 미래학교 종합 추진 계획을 발표하고, 2025년까지 예산을 투입하여 40년 이상 경과한 학교 건물을 미래형 학교공간으로 조성하고 교수·학습의 혁신을 통해 미래교육으로 전환하고자 이 사업을 추진하고 있습니다. 스마트교실이나 학교공간의 변화를 교육 측면에서 어떻게 활용할지 고민해봅시다.

1 개념 및 방향

(1) **그린스마트 미래학교** : 그린학교, 스마트교실, 공간개선, 학교시설 복합화 등 4대 핵심 요소를 갖춘 미래학교 구축을 목적으로 하며, 우리나라 교육체제를 미래교육으로 전환하려는 통합적이고 총체적인 사업이다.

(2) **서울미래교육방향** : 아래 교육을 지향하는 서울미래교육의 핵심가치를 서울형 그린스마트 미래학교의 미래교육환경 조성 방향으로 한다.
  ① 삶에서 벌어지는 일상의 문제해결에 참여하고 실천하며 모든 사람이 존엄한 존재임을 배우는 교육
  ② 우리가 가지고 있는 신념과 가치가 소수자에 대한 차별로 이어지지 않도록 다양성을 키우는 교육
  ③ 인간을 넘어 지구 생태 시스템 안에서 모두가 연결된 존재이며 평화롭게 공존하는 능력을 키우는 교육

2 배경

(1) **미래교육 변화와 도전요인**
  ① 디지털 기술의 발전과 4차 산업혁명 가속화 → 교육 패러다임 구조적 변화
  ② 미래 사회 불확실성 증가 → 창의력·변화 대응 역량 중요성 확대
  ③ 저출산에 따른 학령 인구 감소 → 미래 대응을 위한 역량 강화 필요
  ④ 학습자 성향 다양화 → 개별 성장 지원을 위한 맞춤형 교육 기반 필요

(2) **미래사회가 요구하는 인재 : 21세기 오디세이형 인간**
  ① 규격화되고 평균적인 인재가 아닌 변화에 유연하게 대처하고 새로운 것을 만들어 내는 창의적 인재
  ② 협업을 통해 학습하고 스스로 익힌 지식을 지혜롭게 활용함으로써 공동체 속에서 더불어 살

아가는 역량을 갖춘 인재

> ※ **저자의 한마디**
> '2 배경' 파트의 내용은 미래 교육, 미래 사회 관련하여 답할 때 어디서든 쓸 수 있는 내용이니 기억해 두시기를 바랍니다.

3 구현 요소

(1) 그린
① 탄소 저감 및 탄소 흡수를 위한 생태환경 조성(탄소 중립 실현)
② 에너지 사용량 유지 관리 : 냉난방 등에 원격·통합제어 체계 구축
③ 생태교육 공간 : 학습과 휴식, 소통이 가능한 생태공간 구축(학교 텃밭, 실내 정원, 중정 등), 에너지 관리 시스템을 수업 교재 등으로 활용한 환경교육 및 교육프로그램 운영

(2) 스마트
① 디지털 학습 환경 : 첨단 교수학습 방식 도입이 가능한 스마트 학습 환경 조성(기본 무선 인터넷 기반 스마트 환경 조성, 원격교육 스튜디오 구축, 첨단 학습 기자재(VR, MR 기기, 태블릿·전면 TV 미러링 기기 등) 구비, 교수학습통합 플랫폼 구축, 빅데이터·AI 등 에듀테크를 활용한 수준 진단, 학습 특성 분석을 기반으로 맞춤형 개별학습 제공)
② 유비쿼터스 환경 : 스마트한 학교 운영·관리 체계 구축(LMS를 통해 수강 신청, 과제 제출, 수업 피드백 등 교무 학사의 효율적 관리, 교실 환경에 대한 스마트 제어를 통한 쾌적한 교육환경 유지 및 관리)

(3) 공간 개선
① 학교급별 및 학교별 교육과정을 연계한 유연한 학교 공간 조성(중학교 자유학기제, 고등학교 고교학점제 운영을 위한 교실 및 학습 환경 조성, 다양한 수업 형태에 따른 다목적 공간의 활용)
② 개방형 공용공간 : 사용자 의견을 담아 교육생활공간 조성(교과교실제, 고교학점제 등 이동식 학습활동에 따른 홈룸과 홈베이스, 클러스터 개념 도입, 교원스테이션(연구실, 휴게실) 등 사용자 요구사항 반영)
③ 참여 소통 공간 : 야외 공간(중정과 데크 등), 휴식 공간 연계 공간 조성

(4) 복합화
① 지역적 특색과 수요자 중심을 고려한 공유, 복합화 시설 제안
② 지역사회와 함께하는 마을 결합형 학교 조성
③ 단, 복합화 유무는 학교구성원 의견에 따라 결정

(5) **안전**
    ① '서울형 그린스마트 미래학교' 4대 핵심요소의 공통분모는 '안전'
    ② 그린 + 지상에 차 없는 학교 (안전한 통학로 조성 및 교육활동 보장, 생태 면적 확보로 자연친화적 환경 구축)
    ③ 스마트 + 자동 공조 시스템
    ④ 공간개선 + 감염병 예방 공간 계획 (공간 분리 및 구획화를 통한 감염병 확산 방지)
    ⑤ 복합화 + 외부인 동선 출입 분리 (보안강화 출입자 관리시스템 도입 및 안전관리 인력 등)

PART 3.
교육 정책

Ⅰ 자유학기제
Ⅱ 고교학점제
Ⅲ 혁신미래학교
Ⅳ 시민교육(민주시민, 세계시민)
Ⅴ 다문화교육
Ⅵ 독서교육(문해력 향상 교육)
Ⅶ 생태전환교육

PART 3. 교육 정책

Ⅰ 자유학기제

17 경기 (자유학년제로 자녀의 학력 저하를 걱정하는 부모님 자료) 다음 자료를 읽고, 학부모를 설득하는 방법을 학부모가 앞에 있다고 생각하고 말하시오.

17 세종 자유학기제로 발생할 수 있는 문제점 2가지와 각각에 대한 해결 방안을 1가지 말하시오. 그리고 자유학기제를 맡았을 때, 운영하고 싶은 수업의 이름과 구체적인 활동을 말하시오. 또한 진로 연계 활동 방안을 말하시오.

> ※ **기품 포인트**
>
> 자유학기제는 자유학년제로 확대되었다가 2025년부터 다시 자유학기제가 되었습니다. 학생들의 시험 부담을 줄이고 중학교 적응을 돕기 위해 많은 학교에서 1학년 1학기에 자유학기를 운영하고, 한 학기는 일반 학기로 운영하고 있습니다. 에듀테크, 생태전환교육 등 최신 트렌드와 연계하거나 본인 교과와 연계하여 운영하고 싶은 주제선택 수업, 현장에서 발생할 수 있는 자유학기제 운영의 어려움 및 해결책 등을 고민해 보세요.

1 개념 및 취지

(1) **자유학기** : 학생의 자기주도적 학습능력을 기르기 위해 중학교 과정 중 한 학기 동안(1학년 1학기 또는 2학기) **학생 참여형 수업**과 이와 연계한 **과정중심평가**를 강화하고 다양한 **진로 탐색 활동**을 편성·운영하는 제도이다.

※ 자유학기를 운영하지 않는 학기는 일반 학기로 운영한다. 일반 학기는 2, 3학년과 같이 중간/기말고사와 같은 지필평가를 실시할 수 있으며 지필평가와 수행평가를 합산하여 학기 말 성적을 산출해야 한다. (단, 지필평가가 필수는 아니며 다양한 방식의 과정중심평가를 권장한다.)

(2) **취지**

① '더 잘 가르치고, 더 잘 배우는 학기' : 학생은 깊이 있는 탐색 학습을 통해 자기주도적으로 배움에 몰입하는 경험을 하고, 교사는 창의적 수업 설계와 학생 개별 강점 지도, 과정중심평가를 통해 가르치는 전문성을 제고하는 등의 교육적 의미를 지니고 있다.

② 4차 산업혁명사회의 급속한 도래가 예상됨에 따라 학교는 학생들에게 지식을 가르치기보다 학생들이 '평생학습인'으로서 성장할 수 있는 교육을 제공할 것을 요구받고 있다. 학습의 즐거움, 자기주도 학습방법 획득, 개성과 강점 발견, 협력과 소통을 통한 학습 등을 경험하는 자유학기는 4차 산업혁명사회에 부응하는 학교 교육 모습으로 재조명받고 있다.

(3) **기대 효과**

① 학교별 특색있는 유연한 교육과정 편성·운영을 통해 자율적 역량을 제고한다.
② 교수·학습 및 평가방법 개선을 통해 서울학생 미래핵심역량을 강화한다.
③ 경쟁 중심 교육에서 학생의 전인적 성장을 위한 교육으로 전환하여 중학교 공교육을 혁신

한다.
④ 학생이 직접 활동하고, 체험함으로써 배움이 일어나는 학교 변화를 통해 학생의 지속적인 성장을 지원하는 교육을 실현한다.
⑤ 모든 학생에 대한 기초학력 보장으로 함께 성장하는 서울교육을 실현한다.

2 자유학기제 운영

(1) 주제선택 활동
① 취지 : 학생의 흥미와 관심을 반영한 체계적·심층적 프로그램을 운영하여 학습 동기를 유발하고 전문적 학습기회를 제공한다.
② 교과 및 창의적 체험활동 연계 : 교과와 연계한 프로젝트 수업, 창의적 체험활동 중 자율-자치활동 등과 연계 운영한다.
  - 교과 연계형 예시 : 교실 속 세계 일주(사회), 디지털 새싹 프로그램(정보), 슬기로운 행복생활(도덕), 음악인들의 삶 알아보기(음악), 재밌는 수학 퀴즈 탐구(수학)
③ 범교과 학습 주제 : 다양한 범교과 학습 주제 활동은 교과 또는 직업 체험활동 등과 연계하여 운영한다.
  - 안전·건강 교육, 인성 교육, 진로 교육, 민주시민 교육, 인권 교육, 다문화 교육, 통일 교육, 독도 교육, 경제·금융 교육, 환경·지속발전 가능 교육(2022 개정 교육과정 총론, 10개 주제)
  - 범교과 연계형 예시 : 탄소 중립 실천 연구(과학, 환경), 그림책 만들기(국어, 미술)

(2) 진로탐색 활동
① 취지 : 학생들이 자신의 소질과 적성을 탐색하여 스스로 미래를 설계하는 체계적인 진로 학습 기회를 제공한다.
② 체계적인 진로 탐색(진로학습, 진로상담·검사, 진로체험, 진로 포트폴리오 활동 등 운영), 진로 학습, 진로 체험을 제공한다.
③ 주의 : 단순 일회성 체험이 아닌 교실수업과 연계된 체계적인 진로교육 프로그램을 설계한다.

(3) 평가
① 과목별 성취도는 미산출하며, 이수 여부만 성취도란에 'P'로 입력하고, 교과학습 발달상황 및 자유학기 활동 상황에 개별학생의 성장과 발달 정도가 드러나도록 평가 결과를 기록한다.
② 모든 학생을 대상으로 활동 내용, 참여도, 흥미도 등을 종합평가하여 학생의 활동 과정 및 참여 태도, 활동 후 성장 정도 등 학생의 개별적 특성이 구체적으로 드러나도록 입력한다.

3 발생할 수 있는 문제점과 해결 방안

(1) 문제점
① 학업 결손을 걱정하는 학부모의 민원

② 학생이 희망하는 수업이 개설되지 않거나, 특정 수업으로 학생들의 수요가 몰리는 상황
③ 교사의 수업 준비 부담
④ 시수 분배로 인한 교사 간 갈등

(2) 해결 방안
① 학부모에게 자유학기의 취지와 교육적 기대효과를 설명한다.
② 학생들에게 각 수업의 커리큘럼을 자세히 설명하고 진로와의 연계성을 안내하여 그 수업의 장점과 재미를 찾을 수 있도록 도와준다.
③ 학기 말 설문조사를 통해 내년도 교육과정 설계 시 학생들의 진로와 흥미 반영하여 수업을 개설한다.
④ 교과 간 매년 번갈아 주제선택 수업을 담당하거나 수업 시수가 적은 교과가 담당하는 등 대화를 통해 배려와 협력으로 합의점을 찾는다. (→ PART1-Ⅳ 동료 교사 관계 형성 참고)

Ⅱ 고교학점제

25 서울 다음은 고교학점제 적용 중인 학교의 상황이다. (가-학생들 의견, 나-교사들 의견 자료.)
23 강원 (가)와 (나)에서 문제점 1가지씩, 이를 통합적으로 해결할 방안 3가지를 말하시오. (학생A : 희망하는 수업이 개설되지 않음. / 교사B : 학생 수요에 따라 모든 수업을 개설하기 어려움.) 다음 자료를 읽고 학생A를 도울 수 있는 4가지 방법을 말하시오.

> ※ **기품 포인트**
> 어느 정도 자리 잡은 자유학기제와 달리 고교학점제는 막 도입되어 아직 자리를 잡는 중인 정책이기 때문에 2025년에 기출로 출제되었습니다. Chat GPT가 화제였던 2024년에는 생성형 AI 문제가, 2021년에는 코로나로 인해 생겼던 온라인수업 문제가 출제된 것처럼 서울시의 구상형 문제는 그 해의 교육 트랜드가 종종 반영된다는 점을 참고하시기 바랍니다.

1 개념 및 취지
(1) **개념** : 학생이 기초 소양과 기본 학력을 바탕으로 진로·적성에 따라 과목을 선택하고, 이수 기준에 도달한 과목에 대해 학점을 취득·누적하여 졸업하는 제도이다.

(2) **필요성**
① 맞춤형 교육 : 학생의 과목 선택권을 보장하는 학생 맞춤형 교육을 실현함으로써 학생의 학습 동기와 흥미를 불러일으킬 수 있다.
② 역량 강화 : 직업 세계가 급변하는 미래 사회에서는 자신의 진로를 스스로 개척하고 자기주도적으로 학습하는 역량이 필요하다. 학생들이 스스로 자신에게 필요한 배움이 무엇인지를 찾게 함으로써 진로 개척 역량과 자기 주도적 학습 습관을 길러줄 수 있다.
③ 학습 지원 : 학습의 속도가 다르고 학습의 목표도 다른 학생들을 수직적으로 서열화하는 것은 학생들의 학습 의욕을 저하시킨다. 학생선택형 교육과정 운영을 통해 다양한 능력과 적성을 가진 학생 개개인의 역량을 최대한 발휘할 수 있도록 지원한다.

2 고교학점제 운영 및 지원
(1) **고교학점제 운영**
① 교육과정 : 학생 수요를 반영한 교육과정
② 수강신청 : 진로 학업설계 지도를 통한 학생의 과목선택
③ 수업운영 : 학생 참여형 수업, 미이수 예방 지도
④ 평가 : 수업연계 과정중심평가 성취평가 실시
⑤ 학점취득 : 이수기준 도달 시 학점 취득
⑥ 졸업 : 학업 기준의 졸업요건설정

(2) 학점 이수를 위한 학생 지원
① 학기 초 : 과목별로 이수기준에 미도달할 것으로 예상되는 학생을 진단하고, 희망자를 대상으로 예방 지도 대상 학생을 선정한다.
② 학기 중 : 과목별, 학생별 특성에 따라 수업 중 지도를 비롯하여 보충과제 부여, 방과후 지도 등 다양한 방법으로 예방 지도를 실시한다.
③ 학기 말 : 학기 말 성적처리 결과 과목별 이수기준 미도달 학생 대상으로 보충 지도를 실시하며, 보충 지도 시수의 2/3이상 참여시 이수가 인정된다.

3 문제점과 해결방안

(1) 학생 측면
① 진로를 정했으나, 희망하는 과목이 개설되지 않을 수 있다.
② 아직 진로 결정을 못한 경우, 어떤 과목을 수강해야 하는지 선택이 어려울 수 있다.
③ 흥미 있는 과목과 내신 점수를 받기 편한 과목 중 무엇을 수강할지 갈등이 있을 수 있다.

(2) 교사 측면
① 한 사람당 3-4개의 과목을 가르쳐야 하는 부담감이 있다.
② 현실적으로 여러 과목을 내실 있게 수업 준비하기 어렵다.
③ 담임이 자신의 반 학생 중 일부를 교과 수업 때 가르치지 않아서 해당 학생에 대한 파악이 어려울 수 있다.

> ※ **저자의 한마디**
> 위의 고교학점제 문제점들은 2025학년도 서울 면접 문제와 2021학년도 평가원 면접 문제의 지문에 있던 내용들을 정리한 것입니다. 본 책의 기출 예시 답안도 확인하시기 바랍니다.

(3) 해결 방안
① 학교 간 공동교육과정(콜라캠퍼스) 활용 : 단위학교에서 개설하기 어려운 교과목을 학교와 학교가 서로 협력하여 교육과정을 공유하는 형태를 공동교육과정이라고 한다. 소수 학생이 선택한 과목, 전공 교사가 없어 개설하지 못하는 과목 등을 개설 운영함으로써 학생들의 과목선택권을 확대하고 개개인의 진로 맞춤형 교육과정 설계를 지원한다.
② 학생들에게 선택과목 안내서와 고교학점제 가이드북, 진로 학업 설계 가이드북 등을 제공하고 상담을 통해 진로 방향과 과목 선택에 도움을 제공한다.
③ 담임 교사는 자신의 수업을 수강하지 않는 학생들의 특성도 파악할 수 있도록 수시 상담을 진행하고, 동료 교사를 통해 학급 학생들의 정보를 얻을 수 있다. 또한 학급 프로그램을 기획하거나 방과후 수업과 서울희망교실 등의 프로그램을 활용하여 학생들과의 상호작용을 늘릴 수 있다.
④ 교과 교사는 고교학점제 관련 연수를 통해 전문성을 기르고 교원학습공동체를 통해 동료 교사들과 협력하여 양질의 수업을 개발할 수 있다.

Ⅲ 혁신미래학교

> **※ 기품 포인트**
> 혁신학교는 아직 기출문제로 출제되지 않았고, 다른 주제들에 비해 출제 가능성이 작아 보입니다. 하지만 혹시 면접에 나왔을 때 대답할 수 있도록 개념과 취지에 대해 간단히 알고 넘어갑시다. 혁신학교는 혁신을 위해 일반 학교보다 많은 지원(인사, 행정 측면)과 예산을 부여받는 대신, 그에 따른 운영 평가를 주기적으로 받는 것이 특징입니다. 서울시에서는 최근 '혁신미래학교'로 명칭이 변경되었습니다. 혁신학교의 교원학습공동체 활동, 워크숍, 혁신 문화 등에 비협조적인 교사와의 갈등 해결, 혁신학교 (재)지정에 반대하는 학부모 설득하기 등을 고민해 보세요.

1 개념 및 취지
(1) **개념** : 혁신학교의 성과를 이어 전면적 학교 변화를 통해 학생의 전인적 성장을 돕고 미래교육을 실현하는 배움과 돌봄의 행복한 교육공동체이다.
  ① 배움 : 질문과 토론, 탐구와 실천을 통해 자신과 주변 세계를 연결하며 삶의 역량을 기르고 성장해 가는 과정
  ② 돌봄 : 상호존중과 보살핌으로 자신과 타인의 행복을 함께 추구하며, 관계 지향적인 학교 공동체를 만들어 가는 행동

(2) **취지** : 생태환경 위기, 학령인구 감소, 디지털 대전환, 불확실성 증가의 위기 속에서 '공교육 정상화 모델학교'로 출발하여 학교 운영 혁신, 교육과정·수업·평가 혁신, 공동체 문화 활성화 등의 성과를 일반화하고 확산하고자 한다.

2 운영 원리 및 과제
(1) **운영 원리** : 민주성, 공공성, 주도성, 개방성, 지속가능성

(2) **운영 과제**
  ① 자율과 책임의 교육과정·수업·평가 혁신
  ② 협력과 공존의 학교문화 혁신
  ③ 지속가능한 교육 중심 학교 환경 구축

3 공모·지정 절차

준비	신청	심사	심의 및 지정	
학교	학교	교육(지원)청	교육청 담당부서	
(신규지정)공모 안내 및 설명회 (재지정)공모 안내 및 토론회 ↓ 교원 및 보호자 동의율 조사 (신규지정)모두 50% 이상 (재지정)모두 60% 이상 ↓ 학교운영위원회 심의	신청서 계획서 제출	・서면 심사 ・현장 심사	혁신학교 운영위원회	자율학교 등 지정·운영 위원회

(혁신학교 지정 시 4년간 운영함. 재지정 절차를 통해 연장 가능.)

Ⅳ 시민 교육(민주시민, 세계시민)

24 서울 (가)와 (나)가 발생한 공통 원인을 말하고, 이를 해결하기 위한 방안을 담임교사 입장과 학교 입장에서 각각 2가지씩 말하시오. (가 : 축제 학급 부스 의견 갈등 상황 / 나 : 학교 규칙 개정 과정에서 학부모와 교사에 비해 학생의 의견을 충분히 반영하지 못한 상황)

> **※ 기품 포인트**
> 학생들이 자신의 삶에 대한 올바른 인식과 참여, 결정을 통해 시민 주체로서의 경험을 확대하고 우리 사회의 올바른 민주 시민으로 자랄 수 있도록 민주시민교육이 필요합니다. 더 나아가 국제적 상호 의존성과 영향력이 높아진 세계화 시대에 지구촌 공동체에 속해 있는 세계시민으로 바르게 행동할 수 있도록 가르치는 것이 세계시민교육입니다. 코로나로 등교의 공백이 생겼던 아이들이 타인과 어울리는 법을 잘 학습하지 못했다고 합니다. 이 부분을 어떻게 메워주면 좋을지 고민해 봅시다.

1 민주시민교육 개념 및 목표

(1) **개념** : 학생이 자신의 권리·의무·책임을 이해하고 실천하는 능동적인 주체이자, 타인과 더불어 사는 포용적 민주시민으로 성장할 수 있도록 지원하는 교육이다.

(2) **목표**
① 모두의 참여를 통해 변화를 만들어가는 공존형 시민으로 성장한다.
② 학교 시민이 민주주의자로 살아가는 민주적 학교 공동체 문화를 정착한다.
③ 자신의 삶에 대한 올바른 인식과 참여, 결정을 통한 시민 주체로서의 경험을 확대한다.

2 민주시민교육의 학교 사례

(1) **학생자치 기반 조성**
① 학급임원(학생회) 대상 리더십 역량 강화 교육을 실시한다.
② 학생의 학교운영 참여 기회를 확대한다.
  ㉮ 학생의 학교생활과 관련한 사항에 대해서 학생 대표의 학교운영위원회 참석을 권장한다.
  ㉯ 학생(급)회·대의원회 논의 결과를 학교 정책 등 의사결정에 반영한다.
  ㉰ 창의적 체험활동, 범교과 학습, 프로젝트 수업 등 학생이 기획·운영할 수 있는 자율성을 부여한다.

(2) **주권자 시민교육**
① 교육과정 연계 참정권 교육을 지원한다.
  ㉮ 학년말 전환기 수업 및 고3 수능 이후 교육과정에 주권자 교육 포함을 권장한다.
  ㉯ 중앙선거관리위원회 선거 연수원과 연계한 선거교육 연수, 변호사와 함께하는 '찾아가는 법률교실' 운영 등

② 공정하고 민주적인 학생회 선거문화를 실천한다.
㉮ 모두가 참여하는 선거 계획을 수립하고 공정한 학교 선거 규칙을 제정한다.
㉯ 실천 가능한 공약을 제시하고, 공약 이행 및 결과를 자체 점검한다.

(3) 역지사지 공존형 토론수업
① 의의 : 사회 현안 토론에 참여하는 것은 공동체 구성원인 시민으로서 중요한 경험이라는 점을 토론 시작 전에 안내한다.
② 특징
㉮ **사회 현안을 다루는 수업** : 사회 현안을 주제로 토론함으로써 자신이 속한 공동체 안에서 벌어지는 현실의 갈등을 마주한다.
㉯ **시민의 역량을 성장시키는 수업** : 학생들은 다양한 주장을 두루 경험함으로써 쟁점에 대해 더 깊이 이해할 수 있으며, 다양한 관점을 경험하는 과정에서 더 정확한 정보, 설득력 있는 근거의 필요성도 알게 된다. 또한 이 과정에서 상대를 존중하는 시민으로서의 예의를 함께 연습한다.
㉰ **반성적 평형을 경험하는 수업** : 학생들은 1차 토론에서는 자신의 생각과는 상관없이 입장을 무작위로 정하고, 2차 토론에서는 1차 토론과 다른 입장을 취해야 한다. 이 과정에서 사회 문제의 복잡성과 각 의견의 근거를 이해하게 된다. 이때 경험하는 공감과 이해는 사회적 합의에 도달하기 위한 반성적 평형 상태를 이루어 실제 자신의 입장을 정립하는 데 도움을 준다.
③ 다른 토론수업과 다른 점
㉮ 토론 전 : 풍부한 자료를 통해 해당 현안의 찬성과 반대 의견을 충분히 파악한다.
㉯ 토론 중 : 개인의 의견에 근거하지 않고 무작위로 1차 토론의 찬성/반대 입장을 정하고, 2차 토론에서는 1차 토론과 상반된 입장을 취한다. 이로써 찬성과 반대 두 입장을 모두 경험하고 역지사지를 실천한다.
㉰ 토론 후 : 토론의 목적으로 '시민적 합의'를 중시한다. 그러나 합의 자체가 아니라 합의로 나아가기 위해 서로의 의견과 근거를 존중하는 과정을 더 중요하게 생각한다. 합의에 이르지 못한 경우에도 자신의 의견에 대하여 근거를 바탕으로 시민적 예의를 갖추어 말하고 상대를 존중하며 경청과 대화를 실천한 부분을 충분히 격려한다.

3 세계시민교육 개념 및 목표
(1) **개념** : 지구촌에 대한 소속감을 지니고 평화·인권 등의 보편적 가치를 존중하는 사람이다. 또한, 더불어 사는 세상을 만들기 위해 지구촌 문제에 관심을 가지고 적극적으로 행동하는 사람이다.

(2) **세계시민교육의 목표** : 공존과 상생의 글로벌 역량을 갖춘 시민을 육성한다.
① 상생과 공영의 가치를 국가적 수준에서 세계적 수준으로 확대한 시민의식을 함양한다.

② 차이와 다양성에 대한 존중으로 혐오와 차별을 극복하고 인류애 함양을 위한 교육과정을 수립한다.
③ 글로벌 이슈에 민감성을 견지하고 연대·참여·협력의 문제해결 역량을 함양한다.

4 세계시민교육의 학교 사례

(1) 학교교육과정을 통한 세계시민성 함양
① 학교의 교육과정 전반에 편성하고 범교과 학습주제로 제시한다.
② 교과협의회를 통한 교육과정 재구성 및 교과 간 융합(프로젝트) 수업을 실시한다.
③ 교과 및 창의적 체험활동 운영 시 평화·세계시민교육 전문 기관을 연계 활용한다.
④ 세계시민성, 평화감수성, 문화다양성 이해를 높이는 특색있는 프로그램을 운영한다.
⑤ 중학교 학교자율시간, 자유학기제 주제 선택 또는 창의적 체험활동을 연계 운영한다.
⑥ 해외 학교와의 네트워크 구축을 통한 대면·비대면 수업을 교류한다.
⑦ NGO 연계·상설 동아리 등 학교 자율 계획에 따른 세계시민교육 관련 동아리를 운영한다.

(2) 세계시민교육 실천역량 강화를 위해 교사가 할 수 있는 일
① 세계시민교육 관련 직무연수, 세계시민교육 선도교사 직무연수 등 다양한 연수를 수강한다.
② 세계시민혁신미래학교, 세계시민교육 실천학교 및 실천동아리, 세계시민교육 교원학습공동체 등의 활동 사례 및 자료집을 활용한다.
③ 세계시민교육을 주제로 한 학교 안 또는 학교 간 교원학습공동체를 운영한다.

Ⅴ 다문화 교육

24 서울 비교과 A학생(다문화)이 겪을 어려움 2가지, 자신의 전공과 연계하여 지원 방법 2가지 말하시오. 그리고 B학교(다문화학생 50% 넘음)에서 운영하고 싶은 프로그램 2가지와 이유를 말하시오.

> ※ 기품 포인트
> 우리나라에 다문화 학생의 비율이 증가하면서 중요성이 커지고 있는 파트입니다. 다문화 교육의 개념과 실천 방안을 고민해 봅시다. 또한, 다문화 교육은 다문화 학생만 대상으로 하는 것이 아니라 모든 학생을 대상으로 하는 교육임을 기억합시다.

1 개념 및 필요성

(1) **다문화교육** : 여러 나라의 다양한 생활양식 및 문화에 대한 가치와 차이를 인정하고 차별을 배제하는 등 다문화가족에 대한 이해를 증진시키고, 다문화학생의 학교생활적응을 도모하기 위한 교육이다.(「서울특별시교육청 다문화교육 진흥 조례」 제2조(정의))

(2) **다문화 감수성** : '다른 문화 사람들을 존중하고 수용하려는 태도, 신념, 행동'으로 다양한 문화에 관심을 갖고 그 차이를 인식하고 존중하며 상황과 맥락에 맞게 대처할 수 있는 자신감이다.

(3) **다문화교육의 필요성**
① 다문화학생 지속적 증가 및 이주배경 다양화로 다문화 친화적 교육 환경 조성이 필요하다.
② 중·고등학교 다문화학생 증가율 및 외국인학생 증가율 급증에 따른 학교급별·출신별 차별화된 맞춤형 지원이 필요하다.
③ 학교교육공동체 모두를 위한 다문화교육 지원체제 강화를 통해 공존과 협력의 교육문화 패러다임 확산이 필요하다.

2 다문화 교육을 위한 지원 방법

(1) **문화 조성** : 다문화사회, 다문화 감수성 제고
① 교육과정과 연계한 다문화교육을 강화한다.
  ㉮ 학교 교육과정(교과 및 창의적 체험활동)과 연계한 다문화교육을 연간 2시간 이상 실시한다.
  ㉯ 세계인의 날(5.20.)과 연계하여 다문화교육 주간 운영을 권장한다.
  ㉰ 「다문화 이해교육 자료집」, 「다문화 이해교육 교수학습자료」 등 교육용 자료를 활용한다.
② 학생 다문화교육 프로그램을 운영한다.
  ㉮ 다문화학생의 학교생활 조기 적응을 위해 기초 한국어 이해, 학교생활 적응 및 자기주도성증진을 돕는 내용 등 「징검다리 과정」을 운영한다.
  ㉯ 다문화학생이 있는 학교 중 희망하는 학교는 다문화언어 강사, 이중언어교실 강사, 보조

인력 운영 예산 지원 등 요청이 가능하다.
③ 교직원·보호자 다문화교육 역량을 강화한다.
　㉮ 단위학교 내 다문화교육 실시 : 연간 교직원·보호자 대상 각 2시간 이상 실시를 권장한다.
　㉯ 다문화교육 역량 강화를 위해서 교원의 직무연수 및 연구활동을 지원한다. (교육과정 연계 다문화교육 방법, 수업 설계, 세계시민교육 등)

(2) **맞춤 지원** : 다문화학생 맞춤형 교육지원 내실화
　① 학적 생성 및 학교생활 적응 지원 : 서울 전 지역 중도 입국·외국인 다문화학생 대상으로 서울다문화교육지원센터(다+온센터) One-Stop 서비스를 지원한다.
　② 맞춤형 한국어교육(다중지원망) 운영 : 한국어 의사소통이 어려운 다문화학생을 위해 서울시교육청에서 운영하는 다문화학생 맞춤형 한국어 교육 지원 시스템을 운영한다.
　③ 행복한 서울학생으로서의 성장 지원 : 이중언어말하기 대회 운영, 다문화학생 심리·정서 상담 지원, 학교 폭력 예방 및 지원 강화 등이 있다.

> ※ **저자의 한마디**
> 학교는 모든 교직원, 학생, 보호자의 다문화 감수성을 기르기 위한 교육을 실시하고, 다문화학생을 대상으로 위와 같이 여러 정책적인 지원을 하고 있습니다. 그럼에도 불구하고 수업 활동 또는 학급 활동 중에 여러 어려움이 발생할 수 있습니다. 이는 다문화 학생이 겪는 문제의 외적 측면(타 문화에 대한 주변 사람들의 이해 부족, 인프라 부족 등)은 위와 같이 정책적으로 접근하고 있으나, 내적 측면(언어 문제, 학교 부적응, 정체성 혼란 등)은 'PART4 교과 수업'을 참고하여 교과 교사로서, 'PART5 학급 경영'을 참고하여 담임 교사로서 고민해 보시기 바랍니다.

Ⅵ 독서교육(문해력 향상 교육)

21 경기 학생의 경험을 매체로 표현하는 독서교육을 하고자 한다. 자신의 교과와 연계하여 독서 교육 방법을 말하시오.

20 세종 (교사가 추천 도서 목록을 제공했으나 학생들이 제대로 독서 활동을 하지 않은 자료) (1) 학교에서 독서교육을 하는 목적을 3가지 말하시오. (2) 자료의 교사가 실시한 독서교육의 문제점을 3가지 말하시오. (3) 독서교육 프로그램을 운영한다면 어떻게 계획하고 실행하고 평가할 것인지 말하시오.

> ※ **기품 포인트**
> 아직 서울시에서는 출제되지 않았지만, 다른 지역에서 출제된 바가 있습니다. 한국의 낮은 독서율과 학생들의 문해력 부족 현상이 사회 문제로 대두되고 있으며, 2024년 한강 작가의 노벨상 수상으로 독서에 대한 관심이 커짐에 따라 주목할 만한 주제입니다. 아래에 제시된 정책들을 참고하여 자신의 교과 또는 학급 활동 속에서 어떻게 독서교육을 실천할지 고민해 보시기 바랍니다.

1 개념 및 필요성

(1) **협력적 독서·토론·인문소양교육** : 삶 속에서 함께 읽고 토론하고 쓰면서 함께 성장하도록 지원하는 소통과 협력 중심의 독서·토론·인문소양교육이다.

(2) **서울형 독서·토론교육** : 협력적 독서·토론·인문소양교육 활성화를 위한 서울시교육청의 주요 독서 사업 4종을 가리킨다.(→ 2 독서교육 방안-(1) 서울형 독서·토론교육 활성화 참고)

(3) **필요성**
① 4차 산업혁명, 코로나19 등 불확실성의 시대가 도래한 시점에 적극적, 창의적, 주도적으로 새로운 가치를 만들어 나가고 그에 대한 긴장과 딜레마를 해소하며 책임감을 갖는 능력에 대한 사회적 요구가 증대되었다.
② 2022 개정 교육과정에서 모든 학습의 기초가 되는 기초소양 중 기초적인 문해력과 매체 문해력을 포함하는 '언어 소양' 함양에 대한 요구가 커지고 있다.
③ 교과 간 연계와 통합, 학생의 삶과 연계된 학습, 학습에 대한 성찰로 만들어지는 '깊이 있는 학습'을 위해, 독서로 배경지식을 다지고, 세상에 질문을 던지며, 토론으로 쟁점을 논하고 이를 내면화하는 독서·토론·인문소양교육에 대한 필요성이 증대되었다.
④ 다양한 문화적·사회적 맥락에서 상황이나 맥락 이해를 위한 문해력을 갖추어 언어를 적절하게 사용하고 공동체 구성원과 소통하며 문제 해결에 함께 참여할 수 있는 역량 함양을 위한 독서교육에 대한 지속적 요구가 커지고 있다.

(4) **목표**
① 수업과 만나는 독서·토론 교육으로 협력적 독서·토론·글쓰기 중심 수업을 확산한다.

② 삶과 만나는 독서·인문소양 교육을 통해 함께 성장하고 더불어 살아가는 문화를 조성한다.
③ 책 읽는 학교·가정·마을을 통해 함께 읽고 소통하며 평생 독서인으로 성장하는 독서·인문 생태계를 구축한다.

2 독서교육 방안

(1) 서울형 독서·토론교육 활성화

① **서울형 독서·토론 기반 프로젝트** : 미래 핵심역량을 키우는 '서울형 독서·토론 기반 프로젝트수업'은 교육과정의 중점적 요소인 핵심 개념(Big Idea)에서 출발하여 핵심역량 및 교과 지식과 협력적 독서 활동을 연계하고, 학생 주도 탐구 활동을 통해 함께 문제를 해결하며 책에서 앎으로, 앎에서 삶 속으로 나아가는 독서·토론 기반 프로젝트 수업으로, 독서·토론을 매개로 교육과정-교수·학습-평가가 만나는 독서·인문 교육 활동이다.

② **서울형 심층 쟁점 독서·토론 프로그램** : 독서·토론을 매개로 단위 학교-교육청-대학(박사 연구자) 간 교육공동체가 서로 연대하여 서울 고교생의 비판적·논리적 사고력·민주시민성을 신장시키고, 동시에 박사 연구자의 학문적 효능감을 증진하는, 고교-대학 간 동반성장 지향인지적 교류 프로그램이다.

③ **아침 책 산책 프로젝트** : 아침 또는 쉬는 시간이나 점심시간, 방과 후 시간 등을 활용한 학급, 학년, 팀별 학생 자기주도형 자율 독서 프로그램으로, 학생이 스스로 도서를 선택하고 읽기 계획을 세워서 자신이 정한 읽기 방법과 기록 방법으로 추진하는 독서 프로그램이다.

④ **독서·인문 교육과정 체계화** : 초·중·고 성장 단계에 따라 책이랑 놀고, 책을 쓰고, 사람책으로 함께 성장하며 책 속으로 삶 속으로 나아가는 독서·인문 교육과정 체계화 사업이다.

초	서울학생 첫 책 만나기 (놀이 중심 독서교육)	놀이하듯 재미있는 체험 중심 독서활동으로 친구들과 책을 즐겁게 읽고, 책과 친숙한 생활을 통해 독서 습관을 기르고 일상화하는 교육
중	서울학생 첫 책 쓰기 (협력적 책쓰기 교육)	관심사와 진로 등을 바탕으로 주제를 선정하고 자료 수집, 전문가와의 만남, 다양한 체험 활동 등을 통해 함께 책을 완성하는 학생 저자 책쓰기 교육
고	서울학생 첫 책 되기 (삶과 만나는 인문학 교육)	지식과 경험을 가진 사람책(Human Book)과 직접 만나 상호작용하는 살아있는 책과 소통하는 교육이며, 다양한 사람책을 만나고 사람책으로 성장하는 인문학 교육

(2) 교육공동체 성장 지원

① 교원 전문성 및 역량 강화 : 자율/직무 연수 프로그램 수강, 수업·평가나눔 교사단 내 독서·토론교육 분임 활동, 학교 간 교원학습공동체(교사독서교육연구회) 등을 통해 교사의 역량을 강화할 수 있다.

② 독서·토론·쓰기 자료 개발 및 보급 : 교과 연계 독서·토론·쓰기 교수·학습 자료를

적극 활용하여 학생 참여 중심 수업을 운영하고, 관련 창의적 체험활동을 실행할 수 있다.
③ 독서·토론 동아리 활성화 : 함께 읽기를 통해 책을 읽고 토론하는 문화를 확산한다.

Ⅶ 생태전환교육

22 서울 A 때문에 B를 계획했는데, C를 근거로 B의 문제점 2개와 개선 방안을 말하시오.
(A : 기후 위기 관련 자료 / B : 생태전환 캠페인, 플랜카드, 다큐 영상 보기, 잔반 없는 날 학급 상 등 진행 / C : 하루 아침에 봄은 오지 않는다. 하루나 짧은 시간으로 무언가 이룰 수 없다는 글)

> **※ 기품 포인트**
> 5년 전부터 기출에 등장하기 시작했습니다. 생태전환교육 관련해 많은 부분이 '권장'에서 '의무'로 바뀌는 등 학교 현장에서도 중요성이 커지고 있음을 체감하고 있습니다. 캠페인 활동, 동아리, 교원학습공동체, 자유학기, 교과 연계 등 학교 현장에서 지속성을 가지고 생태전환교육을 실천할 수 있는 다양한 방법 위주로 고민해 보시기 바랍니다.

1 개념 및 필요성
(1) **개념** : 기후위기 비상시대, 인간과 자연의 공존과 지속 가능한 삶을 위해 개인의 생각과 행동 양식뿐만 아니라 조직문화 및 시스템까지 총체적인 전환을 추구하는 교육이다.

(2) **필요성**
① 기후위기, 환경재난에 대응하는 지속가능한 미래를 위한 학교교육의 대전환이 요구된다.
② 학교 교육과정 연계 생태전환교육과 일상생활 속 생태전환·탄소중립 실천에 대한 요구가 증대되었다.
③ 개인의 실천을 넘어 사회의 변화를 이끄는 생태전환교육의 사회적 확산이 필요하다.
④ 기후위기에 따른 국제사회의 변화를 이해하고, 소통하는 글로벌 역량을 신장해야 한다.

2 생태전환교육 교육과정 운영
(1) **창의적 체험활동**
① 창의적 체험활동 시간 중 주당 1시간씩을 '생태전환교육' 수업으로 배정하는 방안이 있다.
② 창의적 체험활동 영역과 생태전환교육 연계한다.
  ㉮ 자율·자치 활동 : 학급회의를 통해 기후행동 실천 약속, 주제 토론, 기후행동 캠페인 등
  ㉯ 동아리 활동 : 환경 주제 독서, 지역 연계 생태환경 프로젝트, 생태환경 탐사 등
  ㉰ 진로 활동 : 기후행동가와의 만남, 환경 관련 기관 견학 및 체험 등

(2) **범교과 학습**
① 민주시민교육, 환경·지속가능발전 교육, 경제교육, 인성 교육 등과 연계한다.
② 교과와 창의적 체험활동 등 교육활동 전반에 걸쳐 통합적 운영하거나, 지역사회 및 가정과 연계한다.
③ 독서·토론·논술 등의 주제로 기후위기 및 생태환경교육을 활용한다.

3 학교급별 운영 방안

(1) **중학교** : 학교자율시간, 자유학기
    ① 학교자율시간 과목 편성·운영 : 생태전환교육과 관련된 과목을 개발하거나 선정하여 운영, 서울시교육청 교육감 승인 과목과 인정도서「기후변화와 우리」, 교수·학습자료를 활용한다.
    ② 중1 자유학기 활동의 주제선택 활동·진로 탐색 활동을 운영한다.
    ③ 학생 참여형 수업, 주제 중심 교과 융합 수업을 통한 생태전환교육을 운영한다.
    ④ 학년말 자기개발 시기를 활용하여 기후위기 대응 생태전환교육 및 프로젝트를 운영한다.

(2) **고등학교** : 선택 교육과정, 수업량 유연화
    ① 선택 교육과정 및 수업량 유연화에 따른 학교 자율적 교육활동을 연계한다. (기후·생태 주제 심층 탐구 학습 및 교과 간 융합 프로젝트 등 학교 자율 운영)
    ② 교과(수업, 융합, 프로젝트), 창의적 체험활동(자율·자치, 동아리, 진로)을 연계한다.

> ※ **저자의 한마디**
> 기출에 따르면, 학교에서 생태전환교육을 실시할 때 유의할 점은 일회성 행사가 아닌 **지속성**을 지닌 교육이어야 한다는 것과 학생들이 **직접 행동으로 실천**하는 교육이어야 한다는 것이다.

4 교육공동체가 함께하는 월별 기후행동 (예시)

3월	새 학기 생태감수성 활동	• 학교 텃밭 가꾸기 시작 • 교실 반려식물 기르기 • 학급별 생태전환 실천 약속 정하기 • 기후 위기 대응 실천단 구성
4월	지구의 날 연계 실천의 달	• 지구의 날(4.22.) 기념 활동 • 기후변화 주간 운영 • 교내 '소등 행사' 참여 • 기후위기 대응 캠페인 • 지구를 위한 10분 양보하기
5월	생물다양성의 달	• 생물다양성의 달(5.22.) • 학교 숲 생태계 탐구 • 교내 생물다양성 지도 만들기 • 멸종위기 생물 알리기
6월	생태전환교육 행동의 달	• 환경의 날(6.5.) 기념 • 시네마그린틴 참여 • 생태전환교육 한마당 참여 • 제로웨이스트 챌린지

월	주제	활동 내용
7월	녹색방학 계획	• 여름방학 기후행동 과제 • 에너지 절약 생활 수칙 만들기 • 가정 에너지 절감 프로젝트 • 생태 탐사 계획 세우기
9월	자원순환의 달	• 자원순환의 날(9.6.) • 푸른 하늘의 날(9.7.) • 재활용품 분리배출 체험 • 업사이클링 작품 만들기 • 학교 쓰레기 배출량 조사
10월	기후행동의 달	• 에너지의 날(10.22.) • 기후변화 과학 탐구 • 신재생에너지 탐구 • 탄소중립 실천 발표회
11월	녹색소비의 달	• 자원순환 장터 • 탄소바자국 계산하고 줄이기 • 알뜰 장터 운영 • 녹색소비 실천 다짐대회
12월	기후행동 평가의 달	• 한 해 실천 평가 • 다음 해 기후행동 계획 수립 • 기후행동 실천 사례 공유 • 우수 활동 시상

PART 4.
교과수업

Ⅰ 서론 : 2022 개정 교육과정 총론(요약) 훑어보기
Ⅱ 과정중심평가
Ⅲ 학생 중심 수업과 학생 맞춤형 수업·평가
Ⅳ 기초학력 향상 지원
Ⅴ 교수학습 및 평가 관련 정책·프로그램
Ⅵ 다양한 종류의 교수학습 방법
Ⅶ 수업 중 문제행동 발생 상황

PART 4. 교과수업

Ⅰ 서론 : 2022 개정 교육과정 총론(요약) 훑어보기

25 서울 '깊이 있는 학습'을 지향하는 수업을 설계해야 하는 상황에서, 고려할 사항 3가지와 구체적인 교수학습 방안 3가지를 제시하시오.

25 서울 자기주도적인 사람, 창의적인 사람, 교양 있는 사람, 더불어 사는 사람 중 중요하다고 생각하는 인재상을 2가지 고르고, 이를 양성하기 위한 교육 방안을 각각 2가지씩 제시하시오.

25 경기 사이버 폭력이 증가하는 상황에서 다양한 교과 학습 맥락과 사회적 활동 참여 맥락, 새로운 정보와 지식을 생산·활용하는 능력을 강조하는 방향을 반영한 교과 지도 방안을 제시하시오.

> ※ **기품 포인트**
>
> 2022 개정 교육과정은 2025년부터 본격적으로 중·고등학교(1학년)에도 적용되기 시작하였습니다. 따라서 2022 개정 교육과정의 내용은 신규 교사로서 반드시 확인해야 하고, 내용을 직접적으로 언급한 문제가 2025년 서울에서 출제되기도 하였습니다.
>
> 다만 교육과정의 내용을 단순히 암기하여 말하는 연습을 하기보단, **답변의 아이디어를 교육과정의 내용에서 가져오는 연습**을 하는 것이 좋습니다. 예를 들어 "학생들이 수업에 집중하게 만드는 방안을 제시하시오."라는 문제가 나왔다면, '깊이 있는 학습', '능동적 참여', '학습의 즐거움', '학생 맞춤형 수업' 등의 측면에서 구체적인 수업 방법을 떠올려 답변을 구성하는 것이 좋습니다.

깊이있는 학습

- **삶과 연계한 학습**: 학생의 삶과 연계한 실생활 맥락 속에서 학습 내용을 습득, 적응 실천하는 교과 교육과정
- **학습 계획에 대한 성찰**: 학생 스스로 자신이 어떻게 배우고 문제를 해결하는지 학습의 과정을 뒤돌아보고 성찰
- **교과 간 연계와 통합**: 여러 교과에서 배운 내용을 서로 연결하고 통합하여 창의적으로 문제를 해결

 **역량구현**

1 교육과정 구성의 방향

(1) 교육과정 구성의 배경
① 기술 발전, 감염병 유행, 생태환경 및 인구 구조 변화 등 사회의 불확실성이 증가하고 있다.
② 사회의 복잡성과 다양성이 커지면서 사회적 문제 해결을 위한 협력의 필요성도 증가하여 상호 존중과 공동체 의식 함양의 중요성이 커지고 있다.
③ 개별 학생 맞춤형 교육에 대한 요구가 증가하고 있다.

(2) 교육과정 구성의 중점
① 미래 사회의 불확실성에 능동적으로 대응하는 능력과 자신의 삶·학습에 대한 주도성을 함양한다.
② 서로 존중·배려·협력하는 공동체 의식을 함양한다.
③ 학습을 지속하기 위해 언어·수리·디지털 **기초소양**을 갖춘다.
④ 자신이 주도적으로 설계하고 학습하는 학습자 맞춤형 교육과정 체제를 구축한다.
⑤ **깊이 있는 학습**을 통해 역량을 함양하도록 교과 간 연계와 통합, 학생의 삶과 연계된 학습, 학습에 대한 성찰을 강화한다.
⑥ 다양한 학생 참여형 수업을 활성화하고, 문제 해결 및 사고의 과정을 중시하는 평가를 한다.
⑦ 교육과정을 자율화·분권화하고, 교육 주체들(학교, 교사, 학부모, 교육청 등)이 협조한다.

> ※ **저자의 한마디**
> 2022 개정 교육과정에서 추구하는 인간상과 핵심역량
> 1. 전인적 성장을 바탕으로 자아정체성을 확립하고 자신의 진로와 삶을 스스로 개척하는 자기주도적인 사람
>   (1) 삶·진로를 스스로 설계하는 자기관리 역량
> 2. 폭넓은 기초 능력을 바탕으로 진취적 발상과 도전을 통해 새로운 가치를 창출하는 창의적인 사람
>   (2) 문제의 합리적 해결을 위해 다양한 정보를 비판적으로 탐구·활용하는 지식정보처리 역량
>   (3) 기초 지식을 바탕으로 다양한 전문 분야의 지식·경험 등을 융합적으로 활용하여 새로운 것을 창출하는 창의적 사고 역량
> 3. 문화적 소양과 다원적 가치에 대한 이해를 바탕으로 인류 문화를 향유하고 발전시키는 교양 있는 사람
>   (4) 삶의 의미와 가치를 성찰하고 향유하는 심미적 감성 역량
> 4. 공동체 의식을 바탕으로 다양성을 이해하고 서로 존중하며 세계와 소통하는 민주시민으로서 배려와 나눔, 협력을 실천하는 더불어 사는 사람
>   (5) 상호협력적인 관계에서 공동의 목적을 구현하는 협력적 소통 역량
>   (6) 개방적·포용적 가치와 태도로 적극적이고 책임감 있게 참여하는 공동체 역량

(3) 각 핵심역량을 기를 수 있는 교육 방법(예시)

① 자기관리 역량

㉮ 학습 미션 수행 : 아침 조회 시간 및 자투리 시간을 활용하여 자기 주도적으로 학습하도록, 학습 진도와 분량을 스스로 정하여 학습 플래너에 기록하고 해당 진도를 달성할 때마다 교사가 보상을 지급하는 활동

㉯ 학급 나무 활동 : 학급 전체가 스스로 정한 특정한 생활 습관을 지켜나갈 때마다 학급 나무 열매에 도장을 부여하고, 일정 개수 이상의 도장이 모이면 학급 전체에 교사가 보상을 지급하는 활동

㉰ 진로 탐색 일지 작성 : 관심 있는 진로에 대해 구체적으로 알아보고 스스로 설정한 진로 관련 목표를 달성하기 위해 주마다 실시해야 하는 활동을 스스로 계획하고, 주간 활동을 완수할 때마다 교사가 보상을 지급하고 학년 말에는 자신의 활동에 대한 총평을 스스로 내리는 활동

② 지식정보처리 역량

㉮ AI를 활용한 정보 수집 및 검토 활동 : 교과 시간에 과제 수행 시 생성형 AI 등을 가이드라인(사용 연령, 주의사항 등)에 맞게 활용하게 하되, AI에게 적절한 질문을 던지고 AI가 제공하는 정보의 정확성을 검토하는 연습을 포함한 과제 수행 활동 실시

㉯ 과제물 자체 평가 활동 : 수업 시간에 제작한 과제물에 대해 자기 평가 및 동료 평가를 실시하여, 스스로 과제물의 수행 정도를 평가하고 개선 방안을 내놓는 활동 실시

③ 창의적 사고 역량

㉮ 교과 융합 : 메타버스로 문학 속 세계 구현 및 소개하기(국어+기술), 우리 동네 문화재 브로슈어 제작(국어+역사+미술)
(기타 사례는 'Ⅵ 다양한 종류의 교수학습 방법' - '2 융합수업' - '(3) 사례' 참고)

㉯ 독서, 토론, 글쓰기 활동 : 교과나 학습 주제에 따른 글·작품을 읽고 토론을 통해 서로의 생각을 공유하고, 이를 바탕으로 자신의 일상생활, 삶, 진로 등과 연관 지어 글쓰기 실시

④ 심미적 감성 역량

㉮ 식문화 체험 부스 운영 : 음식별 소개글 작성(국어), 배경 자료 수집(역사), 조리 및 칼로리 계산(가정, 수학) 등 교과와 연계하여 진행

㉯ 또래 도우미 활동 : 학교생활 적응에 어려움을 겪는 다문화 학생들을 교과 및 쉬는 시간에 도와주는 또래 도우미를 자원 받아(또는 순번을 정하여) 진행하고 활동 노트 작성

⑤ 협력적 소통 역량

㉮ 학급 안건 토의 활동 : 학급 내 건의사항을 온라인으로 접수 받고, 학급 자치 시간을 활용하여 해당 건의사항들의 적용 여부를 결정하고자 학급 토의 진행. 이때 학생들이 학급 내 다양한 입장을 고려하고 존중하면서 학급 토의를 진행하도록 유도

㉯ 교과 연계 토의 활동 : 교과 내 논쟁적 주제를 학생들이 직접 선정하고, 찬반 의견을 나눠 근거를 조사한 후 토론 진행. 이후 입장을 바꾸어 토론을 다시 진행하고 당일 토의 내용 총정리

⑥ 공동체 역량
　㉮ 안전 캠페인 : 학교 및 지역 사회의 안전을 위협(저해)하는 요소를 학생들이 모둠별로 직접 찾아내어, 개선 방안을 제안하고 안전 포스터를 제작하는 활동
　㉯ 학교폭력 예방 뮤지컬 활동 : 주제 선정(도덕), 대본 작성(국어), 뮤지컬 구성 및 연습(음악, 협력종합예술활동) 등 교과와 연계하여 진행

2 학교 교육과정 설계와 운영
(1) **교수・학습**
　① 깊이 있는 학습을 통해 핵심역량을 함양한다.

> **※ 저자의 한마디**
> 깊이 있는 학습이란?
> 학습자가 학습 내용을 새로운 상황에 적용할 수 있도록 핵심적인 내용을 내면화하는 학습입니다. 즉 단순한 지식의 전달이 아니라 학습자의 경험과 지적 활동을 바탕으로 하므로, 사고 및 탐구가 중요합니다.

　㉮ **단편적 지식 암기를 지양**하여, 각 교과목 핵심 아이디어를 중심으로 지식・이해, 과정・기능, 가치・태도의 내용 요소를 유기적으로 연계하고 발달 단계에 따라 학습 경험의 폭・깊이를 확장하도록 수업을 설계한다.
　㉯ 교과 내 영역 간, 교과 간 내용 **연계성**을 고려하여 수업을 설계 및 지도함으로써 융합적 사고 및 창의적 문제 해결 능력을 함양한다.

> **※ 저자의 한마디**
> 아래의 예시처럼 주로 사용하는 활동의 틀을 만들어 놓으면 좋습니다.
> ・국어 : 주장하는 글쓰기　　・사회 : 모의재판　　・미술 : 타이포그라피
> ・음악 : 노래 가사 바꿔 부르기, 캠페인송 만들기, 뮤직비디오 만들기
> ・영어(외국어) : 주제를 소개하는 발표하기
> 물론 활동의 틀은 문제마다 조금씩 다르게 변형시키고 구체화하여 활용해야 합니다. 특히 문제 상황을 해결하기 적절한 방향으로 활용해야 합니다. 예를 들어 학급 내 학생 간 갈등이 큰 상황에서 학생들 간의 교우관계를 고려하지 않고 모의재판 활동을 설계하거나 경쟁형 게임 활동을 진행한다면, 이는 오히려 갈등을 키울 수 있어 부적절한 교수 활동이 될 것입니다. 활동의 틀을 제시할 때 "~~하기 위해 ○○○ 활동을 하겠습니다."라고 **활동 설계 이유를 함께 제시**한다면 보다 설득력 있고 논리적인 답안이 될 수 있습니다.

　㉰ 학습 내용을 실생활 맥락 속에서 이해 및 적용하는 기회를 제공하여 학생의 **삶에 의미 있는 학습 경험**을 제공한다.

> ※ 저자의 한마디
> 아래의 예시처럼 주로 사용하는 활동의 틀을 만들어 놓으면 좋습니다.
> - 국어·영어 : 실생활과 관련된 소재로 글쓰기(말하기)
> - 수학·가정 : 일주일 식사량 칼로리 및 영양소 계산·분석하기
> - 사회 : 국내 여행 계획서 작성하기
> - 역사 : 가족이 겪은 역사적 경험(또는 마을에서 찾아볼 수 있는 역사의 흔적) 탐색하기
> - 과학 : 재해 발생 원인 및 예방법 탐구·조사하기
> - 도덕 : 학교생활 규정 분석·적용·개정하기
> - 기술 : 생활용품 디자인하고 만들기
> - 외국어 : 해당 국가 여행 계획서 작성하기
> - 음악 : 자신이 즐겨듣는 노래들의 문화적 배경과 특징 소개하기
> - 미술 : 에코백 디자인하기
> - 체육 : 기초 체력 향상을 위한 셔틀런
>
> 물론 활동의 틀은 문제마다 조금씩 다르게 변형시키고 구체화하여 활용해야 합니다. 특히 문제 상황을 해결하기 적절한 방향으로 활용해야 합니다. 예를 들어 학생 간 경제적 격차가 큰 상황에서 우리 집 모형 만들기 활동을 진행한다면, 이는 경제적 격차로 인한 학생 간 경험의 차이를 드러내 버리는 부적절한 교수 활동이 될 것입니다. 활동의 틀을 제시할 때 "~~~하기 위해 ○○○ 활동을 하겠습니다."라고 활동 설계 이유를 함께 제시한다면 보다 설득력 있고 논리적인 답안이 될 수 있습니다.

㉣ 여러 교과의 고유한 탐구 방법을 습득하고 **자신의 학습 과정·전략을 점검·개선**하는 기회를 제공하여 자기주도 학습 능력을 함양한다.

> ※ 저자의 한마디
> 아래의 예시처럼 주로 사용하는 활동의 틀을 만들어 놓으면 좋습니다.
> - 수업 후 (수업 중 궁금한 내용, 더 알고 싶은 내용에 대한) 질문 만들기
> - (패들렛 등을 활용한) 학습성찰일지 작성
> - 체크리스트를 활용한 자기평가지 작성
> - 서로 질문(퀴즈) 만들어주고 채점 및 설명해 주는 짝 활동
>
> 물론 활동의 틀은 문제마다 조금씩 다르게 변형시키고 구체화하여 활용해야 합니다. 특히 문제 상황을 해결하기 적절한 방향으로 활용해야 합니다. 활동의 틀을 제시할 때 "~~~하기 위해 ○○○ 활동을 하겠습니다."라고 활동 설계 이유를 함께 제시한다면 보다 설득력 있고 논리적인 답안이 될 수 있습니다.

㉤ 모든 교과를 통해 언어·수리·디지털 **기초소양**을 함양하여 깊이 있는 학습의 기반을 마련한다.

② 수업에 능동적으로 참여하고, 학습의 즐거움을 경험하게 한다.

㉮ 학습 주제의 탐구 질문에 관심·호기심을 가지고 스스로 문제를 해결하는 학생 참여형 수업

을 활성화하고, 토의·토론 학습을 통해 자신의 생각을 표현하는 기회를 제공한다.
    ㉯ 실험·실습·관찰·조사·견학 등 체험·탐구 활동 경험을 획득한다.
    ㉰ 소집단 협동 학습 활동을 통한 협력적 문제 해결 경험을 획득한다.
③ 교과 특성, 학교 여건, 학생 특성(능력·적성·진로 등)에 따른 **학생 맞춤형 수업**을 활성화한다.
    ㉮ 학생의 선행 경험, 선행 지식, 오개념 등 학습의 출발점을 파악하고 학생 특성을 고려하여 학습 소재·자료·활동을 다양화한다.
    ㉯ 정보통신기술 매체를 활용하여 교수·학습 방법을 다양화하고, 학생 맞춤형 학습을 위해 지능정보기술을 활용한다.
    ㉰ 학습자의 개인적·사회문화적 배경의 다양성을 이해하고 존중한다.
    ㉱ 학생 개개인의 학습 상황을 확인하여 학생의 학습 결손을 예방하거나 보충 학습 기회를 제공한다.
④ 고등학교의 경우 학점 기반 교육과정 운영을 위해 유연한 학습공간을 활용한다. 또한 교과 교실 운영을 활성화하고 디지털 학습 환경을 구축한다.

(2) 평가 : 'Ⅱ 과정중심평가' – '1 학생 평가의 원칙' – '(1) 운영 방향' 참고

II 과정중심평가

23 서울 학생 설문 결과 '여러 과목에서 동일하게 신문 제작 활동 수업을 해서 지루했다', '여러 과목 수행평가 일정이 몰려 있어 준비하기 힘들었다'는 의견이 다수 나왔고, 교사 설문 결과 '다른 교사들이 어떻게 수업을 진행하는지 궁금하다', '학생 지도 방법이 교사마다 달라 학생들이 혼란스러워 한다'는 의견이 다수 나왔다. 공통적인 원인과 구체적인 해결방안 4가지를 제시하시오.

25 평가원 수업 내용이 어렵게 느껴지는 학생, 좋은 점수를 받기 위해 무엇을 어느 정도로 해야 하는지 모르는 학생을 위한 수업 설계 방법 1가지와 수업 설계 전문성 신장 방법 1가지를 제시하시오.

22 세종 상대평가의 장단점을 각각 3가지씩 제시하고, 상대평가를 보완할 평가 방법을 2가지 제시하고, 상대평가를 힘들어하는 학생에게 어떻게 상담할 것인지 제시하시오.

> ※ **기품 포인트**
> 과정중심평가란 교육과정 성취기준에 기반한 평가 계획에 따라 교수·학습 과정에서 학생의 변화와 성장에 대한 자료를 다각도로 수집하여 적절한 피드백을 제공하는 평가로, 한때는 '교육과정-수업-평가(-기록)의 일체화'라고 표현하기도 하였습니다. 과정중심평가는 학생 개개인에게 적절한 피드백을 제공해야 한다는 점에서 학생 맞춤형 평가, 성취평가일 수밖에 없습니다. 즉 **해당 중단원에 있는 내용들은 어떤 내용이건, 전부 과정중심평가에 대한 내용**이라고 할 수 있습니다. 따라서 실제로 면접을 준비할 때는 해당 중단원에 있는 내용을 묻는 문제가 나오면 과정중심평가에 대해 묻는 문제로 간주하고 답변을 구성하면 됩니다.

1 학생 평가의 원칙
(1) 운영 방향
① 학생의 교육 목표 도달 정도를 확인하고, 학습의 부족한 부분을 보충하고, 교수·학습의 질을 개선하여 학생 학습의 향상과 성장을 지원한다.
　㉮ 학습의 전 과정에서 **평가 결과에 대한 적절한 정보를 제공**하고 추수 지도를 진행하여, 학생의 지속적인 학습 성찰 및 개선을 지원한다.
　㉯ 평가 결과를 활용하여 학습·수업의 질을 향상한다.
② 학습의 과정을 중시한다.
　㉮ 성취기준에 근거하여 일관성 있는 교수·학습과 평가 활동을 한다.
　㉯ 학습 결과 및 결과에 이르기까지의 학습 과정을 확인·환류한다.
　　(수업 과정 관찰·평가 기록을 활용하여 학습자의 사고 과정 및 문제 해결 과정 확인 → 부족한 부분 파악 및 보충 방법 확인 → 환류(feedback))
　㉰ 인지적·정의적 측면을 균형 있게 평가하고, **자신의 학습 과정·결과를 스스로 평가하는 기회를 제공**한다. (학생의 메타인지 개발·지원 → '깊이 있는 학습' 지원)
　㉱ **학생에게 배울 기회를 주지 않은 내용·기능은 평가하지 않는다.**

> ※ **저자의 한마디**
> 아래의 예시처럼 주로 사용하는 활동의 틀을 만들어 놓으면 좋습니다.
> - ㉮ : 수업 공개(또는 연구수업) 및 수업 나눔, 교원(전문적)학습공동체, 수업·평가 나눔 교사단(서울), 선배 교사와의 멘토링 참여 등을 통한 수업·평가 방법 개선 노력
> - ㉯ : 순회 지도를 통한 교사의 관찰 및 기록, 형성평가 실시(프로젝트 계획서, 중간 보고서 작성·발표), 체크리스트를 활용한 동료평가지 작성
> - ㉰ : 공유된 학습 결과물에 대한 친구들의 의견을 종합하여 자신의 결과물을 스스로 평가하기 (디지털 기기 활용), 학습성찰일지 작성, 체크리스트를 활용한 자기평가지 작성

③ **교과목 성격과 학습자 특성을 고려**하여 학생 맞춤형 평가를 활성화한다.
    ㉮ 수행평가를 내실화하고 서술형·논술형 평가 비중을 확대한다.
       (다양한 맥락 속에서 해결책을 모색하게 하는 과제나 문제 제시 → 심층적 이해 능력과 **실제적 맥락**에서의 적용·활용 능력 평가)
    ㉯ 정의적·기능적 측면이나 실험·실습이 중시되는 평가에서는 타당하고 합리적인 기준·척도를 마련한다.
    ㉰ 다양한 **지능정보기술을 활용한 학생 맞춤형 평가**를 활성화한다.
       (빅 데이터 기반의 학습 분석 기법 등을 활용한 학습자 특성 진단, 학습자의 수준·특성에 적합한 맞춤형 진단평가 및 처방 활성화)
    ㉱ 개별 학생의 발달 수준 및 특성을 고려하여 평가 계획을 조정하고, 특수교육 대상 학생을 위해 필요한 경우 평가 방법을 조정한다.

> ※ **저자의 한마디**
> 아래의 예시처럼 주로 사용하는 활동의 틀을 만들어 놓으면 좋습니다.
> - ㉮ : 개인 차원 과제(진로·진학, 학업, 관심사 등), 학교 차원 과제(교칙 준수·개정, 친구 관계, 생활 캠페인 등), 지역 차원(가정생활, 마을 내 특정 공간, 지역 이슈 등), 지구 차원(생태 환경, 국내 이슈, 이웃 국가와의 갈등 상황 등)
>   * 정치 현안에 연관되지 않도록 주의
> - ㉯ : 교과 핵심 아이디어 및 성취 기준·내용 요소 분석, 정의적 측면을 관찰가능한 행동으로 치환한 구체적인 평가기준표(루브릭) 작성, 평가의 일관성을 확보하기 위한 교과 협의, 이전의 교사 관찰 및 동료 학생의 피드백 결과를 검토·활용하여 다음 평가 기준 마련
> - ㉰ : 학년 초 진단평가(또는 매시간 형성평가)를 통한 학생 수준(또는 도달 정도) 파악, 다문화 학생에게 번역된 평가 자료 제공 및 다문화 학생이 작성한(발표한) 답안을 한국어로 번역
> - ㉱ : 평가 시간 연장, 글쓰기↔말하기 평가 방법 전환, (모둠 평가의 경우) 특수 학생만의 역할 별도 부여, 특수 교사 보조 등

(2) 성취평가제

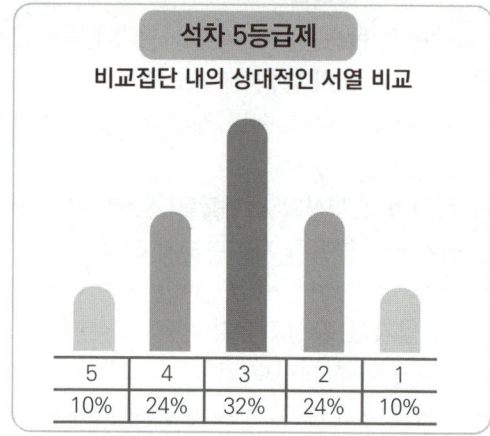

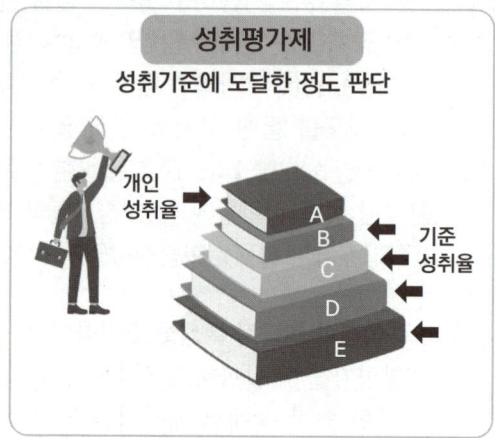

① 상대적 서열에 따라 '누가 더 잘했는지'를 평가하는 것(규준참조평가, 상대평가)이 아니라, 국가 교육과정에 근거하여 미리 설정한 교과목별 준거(성취기준·수준 등)에 비추어 '학생이 무엇(성취기준)을 어느 정도(성취수준) 성취하였는가'를 평가한다. (준거참조평가, 절대평가)
② 변별과 서열화가 아닌, 학생의 성취 정도를 진단하여 학생의 성장을 돕는다.

교사	• 학생의 개별적인 성취 판단 • 학생의 성취수준에 대한 정보를 바탕으로 교수·학습과 평가 개선(맞춤형) • 교육과정(성취기준)-교수·학습-평가 연계 강화
학생	• 학습 목표·내용을 구체적으로 확인 • 사고력·문제해결력을 기르는 다양한 활동에 참여하고 성취기준 도달 정도를 파악하여 스스로 학습 개선 • 협력적 분위기에서 학습 가능, 학생 성취도에 대한 개별 피드백을 통해 학습동기 향상 • 등급 유불리 대신 개인의 관심·흥미·진로에 적합한 교육과정 선택권 강화

> ※ 저자의 한마디
>
> 그렇다면 성취평가제에는 주의해야 할 점이 없을까요? 우선 등수로 성적을 매기므로 성적 산출이 명확한 상대평가와 달리, 성취평가제(절대평가)에서는 교사가 성취기준과 성취수준을 어떻게 구성하느냐에 따라 학생들의 성취 정도가 달라질 수 있다는 문제가 있습니다. 즉 성취기준과 성취수준을 엄밀하게 설정하지 않으면, 학생들의 학습 정도를 정확하게 측정하기 힘들어질 수 있습니다. (또한 엄밀한 성취기준과 성취수준에 따라 평가 문항 및 채점 기준을 섬세하게 설계해야, 학생들의 성취 정도를 정확하게 파악할 수 있습니다.)
> 한편 경쟁을 통한 동기유발이 되지 않는다는 것도 상대평가와 다른 점입니다. 물론 최근 학교 현장에서는 경쟁보다는 협력을 강조하는 분위기이지만, 실제 수업 현장에서는 퀴즈앤과 같이 경쟁형 게임 활동에 학생들이 열광하는 것도 사실입니다.

> 이러한 점들을 극복하기 위해서는 어떤 방법이 필요할까요? 결국 해답은 과정중심평가와 교육과정-수업-평가(-기록)의 일체화에 있습니다. 동교과 교사들과 함께 교육과정을 철저히 분석하여 백워드 설계를 하고, 학생의 학습 동기가 일어날 수 있도록 학생 성취도에 적절한 피드백을 하는 것 등이 대표적입니다. 물론 주어진 문제 상황에 따라 대답은 더욱 구체적으로 이루어져야 할 것입니다.

2 교육과정-수업-평가(-기록)의 일체화

(1) **정의** : 교과 교육과정의 역량·성취기준을 분석하여 핵심 개념을 파악하고 이를 근거로 학기 단위 교수학습·평가 계획을 수립 및 실행하고, 학생들의 전반적인 학습 활동 및 평가 내용을 구체적으로 기록하여 학생 및 교수·학습 피드백에 활용하는 것이다.

(2) **특징** : '**깊이 있는 학습**'을 **목표**로 하며, '**학습을 이끄는 평가**'(**백워드 설계**)를 **기반**으로 한다.
  ① 도달해야 할 (단원별) 핵심 목표를 명확히 한다.
  ② 총괄평가(최종 교수학습 목표 확인), 형성평가(목표 도달 과정 확인), 진단평가(학생의 출발점 상태 확인) 순으로 설계(백워드 설계)한다.
  ③ 학생들이 수업에서 학습한 것을 적용할 수 있도록 평가 방법을 계획한다.

(3) **운영 절차**
  ① 사전 준비 : 2022 개정 교육과정 및 성취평가제를 이해하고, 학업성적관리규정 등 평가 지침·규정을 확인한다.
  ② 교수·학습 및 평가 운영 계획 수립·공지 : 교육과정 성취기준 및 평가 요소를 선정하고, 학기 단위 성취수준 및 최소 성취수준(고등) 설정을 포함하여 평가 계획을 수립한다.
  ③ 출제 계획 수립 : 지필평가 문항정보표, 수행평가 출제 계획표를 작성한다.
  ④ 평가 도구 개발(지필평가, 수행평가)
  ⑤ 분할점수 산출(고등) : 성취수준별 고정·추정 분할점수를 산출한다.
  ⑥ 평가 시행, 채점 : 과목별 성취기준, 성취기준별 성취수준에 따른 학생 개개인의 성취도와 학습 수행 과정을 평가한다.
  ⑦ 평가 결과 분석 및 피드백
    ㉮ 평가 결과를 분석하여 학생별 성취수준에 따른 피드백을 제공한다.
    ㉯ 수행평가의 경우 수행 과정에 대한 피드백을 제공한다.
    ㉰ 학생의 교육 목표 도달도를 확인하고 교수·학습 개선에 활용한다.
  ⑧ 평가 결과 처리 : 수시로 기록하고, 학기 말 학교생활기록부 〈교과학습발달상황〉에 기재한다.

3 과정중심평가

(1) **정의**
  ① 교육과정 성취기준에 기반한 평가 계획에 따라 교수·학습 과정에서 **학생의 변화와 성장에**

대한 자료를 다각도로 수집하여 적절한 피드백을 제공**하는 평가이다.
② 학생의 목표 도달도를 확인하고 교수·학습의 질을 개선하는 데 주안점을 둔다.

(2) 고려 사항
① 성취기준에 근거하여 중요하게 지도한 내용·기능을 평가하고, 교수·학습과 평가 활동을 일관성 있게 연계한다.
② 각 교과의 특성에 적합한 평가 방법을 활용하되, 서·논술형 및 수행평가의 비중을 확대하여 학습 내용의 심층적 이해 능력과 실제적 맥락에서 적용·활용 능력을 평가한다.
③ 학습 결과뿐 아니라 학습 과정을 평가하여 모든 학생이 교육 목표에 성공적으로 도달하게 하고, 학생의 인지적·정의적 능력에 대한 평가가 균형 있게 이루어져야 한다.
④ 정의적·기능적·창의적인 면이 중시되는 교과는 타당한 평정 기준·척도에 따라 평가를 실시하고, 실험·실습 평가는 교과목 성격을 고려하여 합리적인 세부 평가 기준을 마련한다.

(3) 운영 절차 : '2 교육과정-수업-평가(-기록)의 일체화' 참고

> ※ **저자의 한마디**
> 과정중심평가는 교육과정-수업-평가(-기록)의 일체화를 실천하는 교수·학습 및 평가 방법입니다. 따라서 목차에서는 두 가지를 구분하고 있지만, 실제로 면접을 준비할 때는 ('기품 포인트'에서도 언급한 것처럼) 두 가지가 동일하다고 생각하는 것이 좋습니다. 예를 들어 과정중심평가의 특징을 묻는 문제가 나온다면, '깊이 있는 학습'을 목표로 하는 것과 '학습을 이끄는 평가(백워드 설계)'를 기반으로 한다는 점을 답변으로 구성해도 좋습니다.

(4) 수행평가
① 정의 : 교사가 교과 수업 시간에 학생의 학습 과제 수행 과정·결과를 직접 관찰하고 그 관찰 결과를 전문적으로 판단하는 평가로, 학생의 변화·성장에 대한 자료를 다각적으로 수집하여 학생의 성장을 지원한다.
  ㉮ 학습 과제 : **실제 생활에 가치 있고 중요하며 유용한 과제**로, 학생이 성취하길 기대하는 교육과정상 각 교과 교육 목표와 관련된다.
  ㉯ 수행 : 학생 스스로 답을 구성하거나 산출물·작품을 만들거나 태도·가치관을 행동으로 드러내는 것이다.
  ㉰ 관찰 : 평가자가 학습자의 수행 과정·결과를 읽고, 듣고, 보고, 느끼는 모든 활동이다.
  ㉱ 판단 : 관찰한 것을 객관성·합리성·타당성·신뢰성이 있는 기준을 준거로 점수·문장화하는 것이다.
② 유형

유형	정의	특징
구술	특정 주제에 대한 의견을 말로 발표	인지적 영역(이해력·판단력)과 표현력·의사소통 능력·자신감 등을 종합 평가
서술	지식·개념·원리·의견 등을 한두 문장 내외로 작성	이해력·조직력·분석력·판단력 등 사고력 평가
논술	주장·근거를 완결된 문단이나 한편의 글로 작성	고등 사고 능력 평가 (창의력·문제해결력·비판력·논리력)
토의·토론	특정 주제에 대해 의견 조정·논박	준비 과정, 주장·근거의 논리성, 상대 존중 태도 등을 종합 평가
실험·실습	어떤 과제를 직접 실험·실습한 후 과정·결과에 대해 보고서 작성	지식 적용 능력, 협력적 문제해결력, 기자재 조작 능력, 탐구 태도 등을 종합 평가
실기	배운 기능을 실제 상황에 발휘 (연주·창작·경기·회화 등)	기능 숙달, 심미적 감성, 예체능 소양, 협업 능력 등이 종합 발휘될 기회를 충분히 제공
연구 (조사·관찰) 보고서	탐구 주제에 대한 자료를 수집·분석·종합하여 논리적인 보고서 작성	연구 목적, 연구 대상, 연구 방법, 자료수집, 자료 분석과 종합, 결론 도출 등의 과정 및 결과를 종합적으로 평가
프로젝트	스스로 주제 선택 및 문제 해결 계획 수립 + 실행 결과 작성	자기 주도성과 협업 능력 등 평가
포트폴리오	자신의 작품을 체계적으로 누적하여 수집한 작품집·서류철 대상 평가	학생의 강점과 성장 과정을 한눈에 볼 수 있음. 지속적·종합적 평가에 중점
관찰법	관찰 통해 일련의 정보 수집·기록(일화기록법·체크리스트 평정 척도·비디오 녹화 후 분석 등	특정 장면·상황에서 발생하는 행동 체계를 가능한 상세·정밀하게 탐구하기 위해 모든 신체적 기능·측정도구를 이용할 필요가 있음
자기평가*	학생이 스스로 자신의 능력·특성·성취 수준 등 평가	학생 자신에 대한 이해·성찰에 효과적. 자신의 학습 준비도, 학습 동기, 성실성, 만족도, 다른 학습자들과의 관계, 성취 수준 등을 스스로 생각·반성하는 기회 제공
동료평가*	학생들 간 상호 평가	교사 관찰 보완. 단, 성적 반영 시 사전 공지와 충분한 설명 필요. 교사가 평가 내용을 충분히 검토하여 반영 여부를 최종 판단

* 자기평가·동료평가는 학생이 평가의 주체가 되어, 학생의 자발적 성찰·개선을 끌어낼 수 있다.

> ※ 저자의 한마디
> 수행평가의 유형들을 무조건 암기하는 것보단, **주요 특징을 파악하여 해당 유형의 강점·약점을 끌어내는 연습**을 하는 것이 좋습니다. (그래야 문제에서 '문제 상황'과 '해결책'을 제시하라고 할 때 답변을 빨리 구상할 수 있습니다.)
> 예를 들어 '동료평가'의 경우, 학생들 간 자발적인 학습 점검을 유도한다는 강점이 있지만 교사의 충분한 설명이나 체크리스트 없이 진행되면 교우관계나 순간적인 감정·판단에 의해 적절하지 못한 평가가 이루어질 가능성이 있다는 약점이 있다는 점을 끌어낼 수 있습니다.
> 수행평가 유형의 강점과 약점을 파악하는 것도 중요하지만, 반대로 '**어떤 강점을 기르기 위해 (혹은 어떤 약점을 피하기 위해) 사용할 수 있는 수행평가 유형은 무엇인가**'를 끌어내는 연습도 필요합니다. 예를 들어 문제에서 '학생들의 자발적인 성찰과 개선이 필요한 상황'이 주어지고 해결책을 2가지 제시하라고 한다면, 자기평가와 동료평가를 실시한다는 내용의 답을 준비할 수 있어야 합니다. 물론 '학생들이 자신이 스스로 성찰해야 하는 항목을 구체적으로 알 수 있도록 체크리스트를 활용한다', '패들렛을 활용하여 다른 모둠의 활동 결과를 피드백하고 학급 친구들과 그 내용을 공유한다'와 같은 구체적인 자기평가, 동료평가 실시 방법 및 수단도 문제 상황에 맞게 함께 준비해야 합니다.

③ 수행평가 시 유의 사항
  ㉮ 수업 시간 중에 실시하며, 과제형 평가*는 하지 않는다.
    * 과제형 평가 : 교과 수업 시간 외에 학생이 수행한 결과물에 대해 점수를 부여하는 평가 (사전 준비가 필요한 암기식 수행평가 등 포함)
  ㉯ **모둠활동 시 개별 학생에 역할을 부여**하고 개별 학생의 수행 과정·결과도 평가해야 한다.
  ㉰ 평가 계획 시 학생이 해당 문항을 해결하기 위해 사전에 충분히 학습해야 하는 내용이 무엇인지 분석한다.
  ㉱ 평가 계획 시 학습 요소와 관련하여 교수·학습과 수행평가가 유기적으로 이루어지도록 성취기준을 자세하게 분석한다.
  ㉲ 평가 계획 시 수행의 전 과정에서 피드백이 적절하게 이루어질 수 있도록 피드백 시점·방법을 함께 계획한다.
  ㉳ 학생들에게 **수행평가에 대해 사전에 충분히 안내**하여, 학생들이 수업 중 활동이 평가에 반영됨을 이해하고 수업에 참여하도록 유도한다.
  ㉴ 평가 계획에서 마련한 평가 요소가 구체적으로 드러나도록 문항을 개발한다.
  ㉵ 점수화가 가능한 영역의 점수만 반영한다. (예 : 태도가 바르면 10점 만점 → 금지)
    - 정의적 영역도 성취기준과 직접 관련 있고 성취 수준 구분에 대한 전문적 판단이 가능하면 교과협의회를 통해 점수화할 수 있다. 단, 성취기준과 관계없는 특성(예 : 학습지 제출 횟수, 제출 기한 준수 여부)은 평가에 반영하지 않는다.
  ㉶ 과제는 학생이 직접 과정중심의 활동을 할 수 있도록 단계별로 개발한다.

> 예) 상대측의 논증 평가하기
> 1. 논제에 대한 상대측 입론의 주장과 근거 정리하기
> 2. 논제에 대한 상대측 반론의 주장과 근거 정리하기
> 3. 상대측 입론에서 아래의 기준 중 오류가 있다고 생각하는 것에 표시하고 그 이유 쓰기
> 4. 상대측 반론에서 아래의 기준 중 오류가 있다고 생각하는 것에 표시하고 그 이유 쓰기

㉴ 다수에 '만점' 또는 '0점' 부여를 지양하고, 학생 성취수준에 적합한 변별력 있는 평가를 시행한다.
㉮ 단편적·일회적인 결과 중심의 수행평가를 지양한다.
㉯ 구체적인 채점기준(채점 요소, 채점 요소별 척도, 척도별 기대 수행 등)을 개발한다.
　Ⓐ 채점 요소 : 평가 요소를 바탕으로, 문항에 맞게 구체화하여 제시한다.
　Ⓑ 채점 요소별 척도 : 학기 단위 성취수준(A~E)과 연계하여 학생들의 수행 수준·정도를 변별할 수 있도록 구성한다.('5점·4점·3점', '상·중·하', '우수·보통·미흡', 'P/F' 등)
　Ⓒ 척도별 기대 수행 : 학생이 수행으로 보인 특성이 어떤 척도에 해당하는가를 판단하기 위한 기준으로, 해당 척도에서 보일 수 있는 일반적인 정보를 진술한다.

※ 저자의 한마디

수행평가 시 유의 사항은 주로 제시문에서 수행평가가 잘 이루어지지 않는 상황을 보여준 후, 문제점과 해결 방안을 제시하라는 형태로 등장합니다. 따라서 유의 사항을 지킬 수 있는 평가 도구들을 아래 예시처럼 미리 준비해 두는 것이 좋습니다.

- ㉮ : 평가 시간을 타이머로 미리 제시하고 학습자의 특성에 따라 시간 연장, 부득이한 경우 수업 끝날 때 걷었다가 다음 시간에 다시 배부, 꼭 필요한 부분(단계)에 초점을 두어 진행
- ㉯ : MBTI에 적합한 모둠 내 역할 부여, 모둠·개별 평가지를 별개로 작성, 모둠 평가는 교사 관찰에 의한 협동 과정 및 최종 결과물 평가로 진행하고 개별 평가는 학생 자기평가·동료평가 진행
- ㉰, ㉱ : (성취기준에 따라) 평가 문항을 먼저 개발한 후 문항 해결에 필요한 학습 요소를 교수·학습 내용으로 구성
- ㉲ : 수행평가를 소개하며 이전 학습 내용들을 학급 전체를 대상으로 확인하는 질문 제시(도입 단계), 이전 학습 진단 결과(또는 이전 수행평가 결과)를 바탕으로 학업이 느린 학생들을 위주로 비계 설정 및 격려(전개 단계), 순회 지도를 하며 수행 진행 정도를 확인하고 잘 하는 학생들에게는 심화 단계에 대한 방향을 제공하고 어려워하는 학생들에게는 힌트 제공(전개 단계), 수행 진행 정도가 빠른 학생들이 느린 학생들에게 힌트 제공(전개 단계), 대표 학생 발표 및 교사 피드백(정리 단계), 학습성찰일지 작성(정리 단계), 자기평가·동료평가 실시(정리 단계), 평가 결과물 걷은 후 서면 피드백(수업 이후)
　* 많은 학교의 수행평가 일정이 대체로 중간고사 기간 전후(4월 초, 5월 중순)에 몰려 있

는 경우가 많음. 이 경우 학생들의 학업 부담이 과중될 수 있으므로, 교과별 수행평가 실시(예상) 기간을 파악한 후 특정 기간에 평가가 몰리지 않도록 실시 일정을 조율할 필요가 있음.
- ㉳ : 해당 학습 요소를 평가하기 위해 가장 적절한 평가 방식이 무엇인지 고민 후 평가 문항 구상(이때 다른 과목과 평가 방식이 겹친다면, 교과 교사 간 협의 후 평가 방식을 변경하거나 교과 융합 수업을 구상하여 진행하는 방법도 고려할 필요가 있음.
  예(신문 제작 수행평가) : 기사 작성 방법(국어), 해당 지역 날씨 소개(지리), 종교 갈등에 대한 논설문 작성(사회, 도덕), 광고문 작성(미술))
- ㉺ : 정의적 영역은 숫자 배점 대신 '우수', '미흡' 등으로 척도를 설정하여 채점기준표를 작성하고, 교사가 면밀히 관찰(혹은 자기평가·동료평가)한 후 학교생활기록부〈교과학습발달상황〉의 '과목별 세부능력 및 특기사항'에 기록
- ㉮ : 준비(역할 배분)·자료 수집·제작·발표·경청 등 전 과정에 걸쳐 교사 관찰, 자기·동료평가 활용

4 평가 결과 분석 및 피드백

(1) 피드백(feedback)의 정의
① 학생의 학습 상태에 대한 정보를 제공하여 학생의 학습·성장을 지원하는 전체적인 과정이다.
② 점수·성취도, 정답 여부, 학생 개별 강약점, 추후 학습 방향, 성장 정도 안내 등이 있다.
③ 본질은 교사와 학생 간 '의사소통'이므로, 공감·지지·격려 등 정서적 요소도 포함한다.

(2) 피드백의 종류
① 정보 산출·분석·활용 주체에 따른 구분

교사 주도의 피드백	· 성취기준에 근거한 학생의 현재 도달 수준에 대한 정보 제공 · 학생의 오개념·오류에 대한 전문적 정보 제공 · 학생의 보충·심화학습 방향에 대한 정보 제공 · 이전 대비 학생의 향상도에 대한 정보 제공
학생 주도의 피드백	· 교재와 비교·대조하며 스스로 오류 수정 · 자기평가·동료평가를 통해 자신의 수행 점검 · 개별 목표 수립 및 달성 여부를 스스로 점검 · 잘한 점, 개선점 등을 스스로 파악

② 제공 목적에 따른 구분
㉮ 가치판단 피드백 : 학생 수행의 총합적 수준을 요약 제시한다.
㉯ 교정적 피드백 : 학생 학습을 수정·개선하기 위한 구체적인 정보를 제공한다.
㉰ 비계설정 피드백 : 과제 수행 도중 학생 학습을 지원하고자 제공한다.

㉔ 동기유발 피드백 : 학습을 격려하여 학생 학습이 성공적으로 유지되도록 제공한다.
③ 대상에 따른 구분
  ㉮ 과제에 대한 피드백 : 학습목표와 관련하여 수행의 구체적인 수준을 설명한다.
  ㉯ 과정에 대한 피드백 : 학생의 학습과정·전략을 관찰하여 개선 방법을 지원한다.
  ㉰ 자기조절에 대한 피드백 : 학생의 수행과 노력을 연결하여 자아효능감을 향상한다.

좋은 예	• 수행의 강점·약점, 관찰한 수행 과정 피드백 • 수행 개선에 도움이 되는 전략 권장 (도움·힌트 제공, 예시, 시범) • 학생이 노력하고 있다고 가정하여 피드백 • 개인적인 코멘트 피하기
나쁜 예	• 구체적인 설명이 없는 우회적 코멘트 • 개선 방법에 대한 통찰력 제공 없이 비판 • 개인적인 칭찬·비판 ('어떻게 해냈어?', '이건 바보 같아')

④ 참조 준거에 따른 구분
  ㉮ 준거참조 피드백 : 학생의 수행을 성취 기준과 비교하여 목표 달성 정도를 확인한다.
  ㉯ 자기참조 피드백 : 학생의 수행을 자신의 과거 수행과 비교하여 성장 정도를 확인한다.
    * 학생 간 수행 정도를 비교하는 '규준참조'는 사용하지 않는다.

좋은 예	• 학생이 개발한 루브릭과 학생 수행 비교 • 사전에 설명된 루브릭과 학생 수행 비교 • 수행을 점차 개선해 나가는 학생 격려
나쁜 예	• 학생 간 비교 정보가 들어간 게시물 부착 • 매번 다른 기준으로 혹은 기준 없이 수행에 대한 피드백 제공

(3) 좋은 피드백을 위한 제안

유형	정의
제공 시기 (언제, 얼마나 자주)	• 사실적 지식 → 즉각적 피드백 • 학생들의 사고·처리 등 포괄적인 고찰 → 지연된 피드백 • 학생 간 차이가 생기기 전에 피드백 제공 • 모든 주요 과제에 대해 자주 피드백 제공
양과 횟수 (얼마나 많은 부분에, 각 부분에 얼마나 많이)	• 우선순위(중요도)에 따른 피드백 제공 조절 • 주요 학습 목표와 관련하여 피드백 제공 조절 • 학생의 발달 수준 고려

제공 형태 (구두, 서면, 시연)	• 피드백 내용에 가장 적합한 제공 형태 선택 - 구두 : 상호작용 피드백(학생과의 대화)이 유용 - 서면 : 과제・시험지에 작성 - 시연 : 예시가 필요한 경우 사용
대상 (개별, 집단(학급 전체))	• 개별 : 학생이 자신의 학습을 가치 있게 생각하도록 만드는 메시지 역할 • 집단 : 모든 학생이 공통으로 이해하지 못하는 내용을 다시 가르쳐 줄 기회

(4) 수행평가 과정중심 피드백
① 평가 종료 이후뿐 아니라 평가를 시행하고 있는 과정에서도 제공한다.
② 수행 과정에서 피드백 제공 시 학생이 피드백을 활용하여 **자신의 수행을 수정・개선할 기회**를 함께 제공한다.
③ 교사가 아닌, **학생이 피드백 정보 생성을 주도**할 수 있다.
 (학생이 직접 자기・동료평가서를 작성하며 개선할 점을 분석하고, '피드백 내용 - 수정 내용 - 수정 결과'가 잘 드러나도록 수행 과정을 정리・기록할 수 있다.)
④ 아래와 같이 학생의 수행 수준을 고려하여 피드백을 제공한다.

수행 수준 높음 ↕ 수행 수준 낮음	• 교사가 직접 정보 제공 대신 질문 제시 : 학생 스스로 자신의 부족한 점 파악・개선 • 특정 과제・학습이 아닌 다른 교과 영역으로 확장할 수 있는 확산적 피드백 제공(예 : 해당 과제를 학교, 사회, 국가, 세계 수준으로 확장) • 피드백 정보 이해 여부와 이를 활용한 개선 내용을 스스로 기록 : 피드백을 자신의 성장에 활용하는 자세 내면화 • 학생이 개선해야 하는 가장 중요한 사항에 대해 우선순위에 따라 순차적으로 피드백 제공 • 추수 학습(앞으로 개선해야 할 내용) 정보와 함께 긍정적 변화(발전)에 대한 정보 제공

⑤ 성장 지원 피드백 : 평가계획에 명시한다면, 평가 결과에 대한 피드백 제공 후 재도전 기회를 줄 수 있다. (예 : 재평가 점수는 1차 평가의 수준별 부여 점수보다 1점씩 낮게 설정)

(5) 지필평가 결과 분석 및 활용 방안
① 학생의 성취도 파악 : 학습목표 달성 정도와 성취도가 높고 낮은 영역을 파악한다.
② 교수・학습 개선 : 정답률이 낮은 문항을 분석하여 교수・학습 방법의 효과를 점검하고, 성취 수준별 학생들의 오개념을 파악한다.
③ 평가 개선 : 예상・실제 정답률을 비교하여 추후 문항 제작에 참고하고, 문항이 매력적인 오답으로 구성되었는지와 답지 선택에 혼란을 주었는지를 점검한다.

5 평가 시 유의 사항

> **※ 저자의 한마디**
> 핵심은 '민원이 들어올 여지를 주지 않는 것'이라고 생각하시면 간편합니다. 그러기 위해서는 평가 운영 세부 사항 및 변동 사항을 학생과 학부모에게 미리 공개하고, 평가 출제 및 실시·채점은 평가 내용·대상 및 채점 방법 측면에서 형평성에 어긋나지 않고 오류가 없도록 해야 합니다. 또한 **민원이 발생하였을 경우 절대로 혼자 판단하고 결정해선 안 되며, 교과 협의회 및 각종 위원회와 논의하여야만 합니다.**

(1) 평가 계획 수립 및 평가 도구 개발 시 유의 사항
① 학기 초에 평가 계획을 학생·학부모에게 공지한다.
  ㉮ 평가 방법·채점 기준 등 평가 운영 세부 사항을 안내한다. 세부 채점기준을 공개하기 힘든 경우, 채점 기준에 포함된 평가 요소를 공개한다.
  ㉯ 평가 계획 변경 시 학업성적관리위원회 심의를 통해 변경 사항을 확정하고, 평가 실시 전에 **변경 사항을 학생·학부모에게 안내**한다.
② 「공교육 정상화 촉진 및 선행교육 규제에 관한 특별법」 제8조 제3항에 따라 학생이 배운 학교 교육과정의 범위·수준을 벗어난 내용은 출제·평가할 수 없다.
③ 과정중심 평가를 위해 수업과 연계한 평가를 시행할 방안을 마련한다.
④ 특정 성취수준에 편중되지 않고 모든 성취수준을 평가하는 평가 도구를 개발한다.
  (문항 소재로 출제하기 어려운 성취기준은 형성평가 등 다양한 형태를 통해 평가한다.)
⑤ 서·논술형 문항 및 수행평가 과제는 채점 시 채점자의 주관적인 판단을 배제하기 위해 채점기준을 예시 답안과 함께 구체적으로 개발한다.
⑥ 서·논술형 문항은 직접 문제해결을 수행하거나 산출물을 제작하는 과정을 평가하는 데 한계가 있다. 따라서 수행평가에서 활용 시 일회성이 아닌, 수업과 연계한 과정 중심으로 시행한다. 예를 들어, 토의·토론, 프로젝트, 탐구, 발표·전시 등과 연계하여 학습 경험을 바탕으로 생각을 확장할 수 있는 평가를 한다.
⑦ 문항 오류 등 민원 예방을 위한 동교과 공동 출제·검토를 강화한다.

(2) 평가 시행 및 채점 시 유의 사항
① 평가의 객관성·공정성·투명성·신뢰도를 고려하고, 정규교육과정 내에서 과정중심으로 시행한다.
② 정규수업 중에 수행평가를 운영하며, 과제형 평가는 하지 않는다.
③ 평가 시행 시기·시간·시험정보에 대한 안내, 환경 등에서 학급 간 형평성을 유지한다.
④ '전문가의 판단'에 의한 평가인 수행평가 및 서·논술형 평가의 경우, 평가의 객관성·투명성을 높이기 위해 교과협의회에서 평가 문항과 채점기준, 채점 결과를 상호 검토·수정한다.
⑤ 수행평가 및 서·논술형 평가는 채점 신뢰도에 유의한다.

㉮ 채점자 내 신뢰도 : 한 명의 채점자가 시간차를 두고 학생(들)의 수행을 채점할 때 동일한 엄격성을 유지하는 정도로, 후광 효과에 유의하고 휴식하며 채점한다.
㉯ 채점자 간 신뢰도 : 여러 채점자들이 한 학생의 수행에 대해 산출한 점수 간의 일치도로, 표본을 선정하여 가채점 후 채점자 간 채점기준 해석 및 엄격성이 동일한지 확인한다.

> ※ **저자의 한마디**
> 아래는 채점의 신뢰도를 높일 수 있는 방법입니다.
> 1. 모범 답안 등 채점 기준을 마련한다.
> 2. 문항별 채점을 하여 후광 효과를 방지한다.
> 3. 교과협의회를 통해 채점 결과를 서로 검토하고 논의한다.
> 4. 서로 다른 채점자들의 초검, 재검, 삼검을 통해 채점 오류를 최소화한다.

(3) 평가 시행 및 채점 후 유의 사항
① 평가 후 결과를 분석하여 학생의 학습을 개선할 수 있도록 적절한 피드백을 제공한다.
② 평가 결과 학생 본인 확인 시 다른 학생에게 성적 정보가 노출되지 않도록 유의하고, 학생 본인 확인이 어려우면 보호자가 확인한다.
③ 학업성적관리규정의 이의신청 절차 및 이의제기 등에 따라 후속조치를 한다. 이때 필요시 이의신청에 따른 평가 문항 오류 검증을 위해 외부 전문가의 자문을 받을 수 있다.
④ 문항 오류 발생 시 재시험으로 인한 학생 유불리 최소화 방안 등 대책(예 : 재시험은 되도록 고사기간 중 시행, 일정 안내 철저, 해당 문항 난이도 유지 등)을 마련한다.

(4) 기타 유의 사항
① 학업성적관리위원회에 학부모 등 외부 위원 참여 활성화를 권장한다.
(평가 문항 검토 등 학부모에게 사전 공개가 불가능한 안건은 별도 운영한다.)
② 수행평가 운영 시 학생·학부모 모니터링 결과를 차기 수행평가에 반영하는 것을 권장한다.
③ 보안 관리를 아래와 같이 각 단계에서 강화한다.
㉮ 출제 단계 : 교직원 자녀 재학 시 평가 업무 배제, 평가 시행 전 보안 연수 실시 등
㉯ 인쇄 단계 : 평가관리시설 출입 통제, 인쇄실 내 전자기기 소지 금지, 평가관리시설 출입자 확인 장치(CCTV 등) 설치, 인쇄 시 평가 담당자 입회, 인쇄 담당자 평가지 수령 당일 인쇄 등
㉰ 시행 단계 : 고사 당일 평가지 반출, 평가 종료 후 답안지 매수 확인 등
㉱ 채점 단계 : 답안지 인수 후 매수 확인, 채점기간 중 학생 통제 등

Ⅲ 학생 중심 수업과 학생 맞춤형 수업·평가

17 서울 '가르치는 자의 권위는 흔히 교육받고자 원하는 자를 해친다'는 말을 참고하여, 수업도 잘 진행하고 학생들에게 질문하고 대답받는 것도 잘 하지만 교원능력개발평가 결과가 안 좋게 나온 박교사의 수업을 혁신할 수 있는 방안 3가지를 제시하시오.

24 평가원 교사가 학생이 경험하지 않은 사례를 들어 개념을 설명하여 학생들이 수업에 집중하지 못하고, 예전 학생들과 달리 시각적 매체가 없는 설명을 학생들이 잘 이해하지 못하고, 준비한 활동이 학생들의 흥미 유발을 하지 못하는 수업 상황이다. 해당 수업을 설계할 때의 문제점과 해당 상황(문제)을 해결할 방안을 제시하시오.

25 경기 수업 참여도 전혀 안 하고 평가에도 전혀 참여하지 않아 학업 성취도가 매우 낮은 학생에 대한 수업 및 평가 방안을 각각 제시하시오.

> ※ **기품 포인트**
> 학생 중심 수업이란 교사가 아닌 학생이 수업의 중심에 놓이는 것입니다. 즉 학생에게 실제로 배움이 일어나고 있는지에 초점을 둔 것이죠. 따라서 학생 중심 수업은 2022 개정 교육과정에서 중요하게 생각하는 '깊이 있는 학습'이나, 과정중심평가와 동떨어진 개념이 아니라고 할 수 있습니다. 따라서 해당 단원(Ⅲ-1)에서는 앞서 Ⅰ, Ⅱ에서 살펴본 내용 중 학생의 주도성이나 학생의 학습 경험에 초점을 맞추어 다시 내용을 재정리하였습니다.
> 한편 이러한 학생 중심 수업은 학생 개개인의 특성과 배움의 정도를 고려할 때 더욱 효과가 큽니다. 즉, 학생 맞춤형 수업·평가는 학생 중심 수업의 밑바탕이라고 할 수 있습니다. 따라서 해당 단원(Ⅲ-2)에서는 앞서 Ⅰ, Ⅱ에서 살펴본 내용 중 개별 학생의 특성 및 학습 상황 파악에 초점을 맞추어 다시 내용을 재정리하였습니다.

1 학생 중심 수업

(1) **교수·학습** : 깊이 있는 학습을 통해 핵심역량을 함양하고, 수업에 능동적으로 참여하여 학습의 즐거움을 경험하게 한다.
  ① **단편적 지식 암기를 지양**하여, 각 교과목 핵심 아이디어를 중심으로 여러 가지 내용 요소를 유기적으로 연계하고 발달 단계에 따라 학습 경험의 폭·깊이를 확장하도록 수업을 설계한다.
  ② 학습 내용을 실생활 맥락 속에서 이해 및 적용하는 기회를 제공하여 **학생의 삶에 의미 있는 학습 경험을 제공**한다.
  ③ **자신의 학습 과정·전략을 점검·개선**하는 기회를 제공하여 자기주도 학습 능력을 함양한다.
  ④ 학습 주제의 탐구 질문에 관심·호기심을 가지고 스스로 문제를 해결하는 학생 참여형 수업을 활성화하고, 토의·토론 학습을 통해 자신의 생각을 표현하는 기회를 제공한다.
  ⑤ 실험·실습·관찰·조사·견학 등 체험·탐구 활동 경험을 획득한다.
  ⑥ **소집단 협동 학습 활동**을 통한 협력적 문제 해결 경험을 획득한다.

(2) **평가 운영 방향**
  ① 학습의 전 과정에서 평가 결과에 대한 적절한 정보를 제공하고 추수 지도를 진행하여, 학

생의 지속적인 학습 성찰 및 개선을 지원한다.
② 학습의 과정을 중시한다.
　㉮ 학습 결과 및 결과에 이르기까지의 학습 과정을 확인·환류한다.
　　(수업 과정 관찰·평가 기록을 활용하여 학습자의 사고 과정 및 문제 해결 과정 확인
　　→ 부족한 부분 파악 및 보충 방법 확인 → 환류(feedback))
　㉯ 자신의 학습 과정·결과를 스스로 평가하는 기회를 제공한다.
　　(학생의 메타인지 개발·지원 → '깊이 있는 학습' 지원)
　㉰ 학생에게 배울 기회를 주지 않은 내용·기능은 평가하지 않는다.
③ 수행평가 시 아래 유의 사항을 지킨다.
　㉮ 모둠활동 시 개별 학생에 역할을 부여하고 개별 학생의 수행 과정·결과도 평가해야 한다.
　㉯ 평가 계획 시 학생이 해당 문항을 해결하기 위해 사전에 충분히 학습해야 하는 내용이 무엇인지 분석한다.
　㉰ 평가 계획 시 학습 요소와 관련하여 교수·학습과 수행평가가 유기적으로 이루어지도록 성취기준을 자세하게 분석한다.
　㉱ 평가 계획 시 수행의 전 과정에서 피드백이 적절하게 이루어질 수 있도록 피드백 시점·방법을 함께 계획한다.
　㉲ 학생들에게 수행평가에 대해 사전에 충분히 안내하여, 학생들이 수업 중 활동이 평가에 반영됨을 이해하고 수업에 참여하도록 유도한다.
　㉳ 과제는 학생이 직접 과정중심의 활동을 할 수 있도록 단계별로 개발한다.

> 예) 상대측의 논증 평가하기
> 1. 논제에 대한 상대측 입론의 주장과 근거 정리하기
> 2. 논제에 대한 상대측 반론의 주장과 근거 정리하기
> 3. 상대측 입론에서 아래의 기준 중 오류가 있다고 생각하는 것에 표시하고 그 이유 쓰기
> 4. 상대측 반론에서 아래의 기준 중 오류가 있다고 생각하는 것에 표시하고 그 이유 쓰기

　㉴ 다수에 '만점' 또는 '0점' 부여를 지양하고, 학생 성취수준에 적합한 변별력 있는 평가를 시행한다.

(3) 피드백
① 교사 주도의 피드백과 학생 주도의 피드백 비교

교사 주도의 피드백	• 성취기준에 근거한 학생의 현재 도달 수준에 대한 정보 제공 • 학생의 오개념·오류에 대한 전문적 정보 제공 • 학생의 보충·심화학습 방향에 대한 정보 제공 • 이전 대비 학생의 향상도에 대한 정보 제공

학생 주도의 피드백	• 교재와 비교·대조하며 스스로 오류 수정 • 자기평가·동료평가*를 통해 자신의 수행 점검 • 개별 목표 수립 및 달성 여부를 스스로 점검 • 잘한 점, 개선점 등을 스스로 파악**

 * 학생이 직접 자기·동료평가서를 작성하며 개선할 점을 분석하고, '피드백 내용 – 수정 내용 – 수정 결과'가 잘 드러나도록 수행 과정을 정리·기록할 수 있다.(수행평가 과정중심 피드백)
** 수행평가 과정에서 피드백 제공 시 학생이 피드백을 활용하여 자신의 수행을 수정·개선할 기회를 함께 제공한다.

② 좋은 피드백과 나쁜 피드백의 예시

좋은 예	나쁜 예
• 수행의 강점·약점, 관찰한 수행 과정 피드백 • 수행 개선에 도움이 되는 전략 권장 (도움·힌트 제공, 예시, 시범) • 학생이 노력하고 있다고 가정하여 피드백 • 개인적인 코멘트 피하기	• 구체적인 설명이 없는 우회적 코멘트 • 개선 방법에 대한 통찰력 제공 없이 비판 • 개인적인 칭찬·비판 ('어떻게 해냈어?', '이건 바보 같아')
• 학생이 개발한 루브릭과 학생 수행 비교 • 사전에 설명된 루브릭과 학생 수행 비교 • 수행을 점차 개선해 나가는 학생 격려	• 학생 간 비교 정보가 들어간 게시물 부착 • 매번 다른 기준으로 혹은 기준 없이 수행에 대한 피드백 제공

③ 좋은 피드백을 위한 제안

유형	정의
제공 시기 (언제, 얼마나 자주)	• 사실적 지식 → 즉각적 피드백 • 학생들의 사고·처리 등 포괄적인 고찰 → 지연된 피드백 • 학생 간 차이가 생기기 전에 피드백 제공 • 모든 주요 과제에 대해 자주 피드백 제공
양과 횟수 (얼마나 많은 부분에, 각 부분에 얼마나 많이)	• 우선순위(중요도)에 따른 피드백 제공 조절 • 주요 학습 목표와 관련하여 피드백 제공 조절 • 학생의 발달 수준 고려
제공 형태 (구두, 서면, 시연)	• 피드백 내용에 가장 적합한 제공 형태 선택 - 구두 : 상호작용 피드백(학생과의 대화)이 유용 - 서면 : 과제·시험지에 작성 - 시연 : 예시가 필요한 경우 사용

대상 (개별, 집단(학급 전체))	• 개별 : 학생이 자신의 학습을 가치 있게 생각하도록 만드는 메시지 역할 • 집단 : 모든 학생이 공통으로 이해하지 못하는 내용을 다시 가르쳐 줄 기회

2 학생 맞춤형 수업·평가

(1) **교수·학습** : 교과 특성, 학교 여건, 학생 특성(능력·적성·진로 등)에 따른 학생 맞춤형 수업을 활성화한다.

① 학생의 선행 경험, 선행 지식, **오개념 등 학습의 출발점을 파악하고 학생 특성을 고려**하여 학습 소재·자료·활동을 다양화한다.
　(교사는 학습 내용에 차이를 두는 것이 아니라 학습의 소재, 자료, 활동, 결과 표현 방법, 환경 등을 다양화함으로써 학생 맞춤형 수업을 운영할 수 있다.)

② 정보통신기술 매체를 활용하여 교수·학습 방법을 다양화하고, 학생 맞춤형 학습을 위해 **지능정보기술을 활용**한다.
　㉮ 인공지능을 활용한 맞춤교육 지원 플랫폼을 통해 학습자의 수준, 선지식과 오개념의 특징, 학습 방법, 관심사 등에 대한 학습자 특성을 인공지능과 빅데이터 분석을 통해 파악하고 맞춤형 교육 콘텐츠를 제공해 줄 수 있다.
　㉯ 다만 개인 정보 보안 문제, 편향성과 공정성의 과제, 접근성의 격차 발생 가능성 등 예상되는 부작용에 대해서도 치밀한 준비가 필요하다.

③ 학습자의 **개인적·사회문화적 배경의 다양성을 이해하고 존중**한다.

④ 학생 개개인의 학습 상황을 확인하여 학생의 **학습 결손을 예방하거나 보충 학습 기회를 제공**한다.('Ⅳ 기초학력 향상 지원' 참고)

(2) **평가 운영 방향** : 교과목 성격과 학습자 특성을 고려하여 학생 맞춤형 평가를 활성화한다.

① 수행평가를 내실화하고 서술형·논술형 평가 비중을 확대한다.
　(다양한 맥락 속에서 해결책을 모색하게 하는 과제나 문제를 제시하여, 심층적 이해 능력과 실제적 맥락에서의 적용·활용 능력을 평가한다.)

② 정의적·기능적 측면이나 실험·실습이 중시되는 평가에서는 타당하고 합리적인 기준·척도를 마련한다.

③ 다양한 지능정보기술을 활용한 학생 맞춤형 평가를 활성화한다.
　(빅 데이터 기반의 학습 분석 기법 등을 활용하여 학습자 특성을 진단하고, 학습자의 수준과 특성에 적합한 맞춤형 진단평가 및 처방을 활성화한다.)

④ 개별 학생의 발달 수준 및 특성을 고려하여 평가 계획을 조정하고, 특수교육 대상 학생을 위해 필요한 경우 평가 방법을 조정한다.

(3) **피드백**

① 점수·성취도, 정답 여부, 학생 개별 강약점, 추후 학습 방향, 성장 정도 안내 등이 있다.

② 본질은 교사와 학생 간 '의사소통'이므로, 공감·지지·격려 등 정서적 요소도 포함한다.
③ 수행평가 시 교사가 아닌, 학생이 피드백 정보 생성을 주도할 수 있다.
  (학생이 직접 자기·동료평가서를 작성하며 개선할 점을 분석하고, '피드백 내용 – 수정 내용 – 수정 결과'가 잘 드러나도록 수행 과정을 정리·기록할 수 있다.)
④ 아래와 같이 학생의 수행 수준을 고려하여 피드백을 제공한다.

수행 수준 높음 ↕ 수행 수준 낮음	• 교사가 직접 정보 제공 대신 질문 제시 : 학생 스스로 자신의 부족한 점 파악·개선 • 특정 과제·학습이 아닌 다른 교과 영역으로 확장할 수 있는 확산적 피드백 제공 (예 : 해당 과제를 학교, 사회, 국가, 세계 수준으로 확장) • 피드백 정보 이해 여부와 이를 활용한 개선 내용을 스스로 기록 : 피드백을 자신의 성장에 활용하는 자세 내면화 • 학생이 개선해야 하는 가장 중요한 사항에 대해 우선순위에 따라 순차적으로 피드백 제공 • 추수 학습(앞으로 개선해야 할 내용) 정보와 함께 긍정적 변화(발전)에 대한 정보 제공

Ⅳ 기초학력 향상 지원

21 서울 국어·영어·수학 기초학력이 부족하고, ADHD가 있는 것으로 확인되고, 자존감이 낮고 대인관계 능력이 좋지 않아 친구들과 잘 못 어울리고, 기본 생활 습관이 잡혀 있지 않는 학생의 기초학력 성장을 지원해야 하는 필요성을 자신의 교직관을 토대로 설명하고, 해당 학생을 지원할 방법을 인지적·정의적 측면에서 각각 구체적으로 제시하시오. 또한 학생이 기초학력 책임지도제 프로그램 참여를 거부한다면, 참여 독려를 위한 방안 3가지를 제시하시오.

25 경기 학생들이 가정통신문에 나와 있는 단어의 뜻을 이해하지 못하는 상황이 나타나는 원인과 담임 및 교과교사로서의 해결 방안을 각각 제시하시오.

23 경기 학교 교육, AI 기반 디지털 환경, 역량 있는 지역사회 자원을 활용하여, 전공과 연계한 기초학력 미도달 학생 지도 방안을 제시하시오.

> ※ **기품 포인트**
>
> 언어·수리·디지털 기초소양과 폭넓은 기초 지식·능력을 갖추어, 다양한 전문 분야의 지식·경험 등을 융합적으로 활용하고 새로운 것을 창출하는 창의적 사고 역량을 바탕으로 진취적 발상과 도전을 통해 새로운 가치를 창출하는 창의적인 사람이 되는 것은 2022 개정 교육과정에서 강조하는 내용 중 하나입니다. 즉, 학생들의 기초소양을 길러주는 방법의 하나로서 기초학력 향상을 지원하는 것은 교사라면 당연히 할 수 있어야 하는 일이 되었습니다. 기출문제들도 기초학력 향상 지원의 필요성을 묻거나, 지원의 구체적인 방법을 묻는 방향으로 출제되었습니다.
>
> 지원의 필요성과 방법에 대해 답변할 때, 단순히 **거시적인 수준이나 정책 차원에서 언급하기보다는 '내가 해당 학생을 가르치는 교사라면 어떻게 지원(또는 상담)할 것인지, 왜 이 학생을 지원해 줘야 하는지'를 고민하고 답변**하는 것이 좋습니다. 예를 들어 단순히 '학습멘토링을 하겠다', '온라인 보충수업을 하겠다'라는 식으로 답변하는 것이 아니라, 해당 학생이 처해 있을 만한 상황(방과후에 학원을 간다든지, 온라인 환경이 갖추어지지 않았다든지, 낙인이 찍힐까봐 걱정한다든지, 교사와 라포가 덜 형성되었다든지, 친구 관계를 중요시한다든지 등)을 고려하여 답변해야 합니다. 그래야 학부모님과의 상담을 통해 학원 시간을 조절한 후 방과후 지도를 실시한다거나, 사제동행 프로그램을 활용하여 먼저 교사와의 라포를 쌓고 학습에 흥미를 가질 기회를 제공한다거나, 친한 친구 중 학습에 의욕이 있는 친구와 학습멘토링 활동을 함께 하도록 하는 등의 다양하고 실제적인 방법을 면접관들에게 제시할 수 있습니다.

1 2022 개정 교육과정상 근거

(1) 교과 특성, 학교 여건, 학생 특성(능력·적성·진로 등)에 따른 학생 맞춤형 수업을 활성화한다. 이때 학생 개개인의 학습 상황을 확인하여 학생의 학습 결손을 예방하거나 보충 학습 기회를 제공한다.

① 학교는 정규 수업을 통해 일정한 학업 성취 수준에 도달하지 못한 학생에게 학습 결손을 보충할 수 있도록 일과 전·후에 별도의 시간을 활용하여 특별 보충 수업을 운영할 수 있다. 이는 학부모와의 협조를 통해 학생의 적극적인 참여를 유도하는 것이 좋다.

(2) 학교는 모든 학생의 학습 기회를 보장할 수 있도록 학교 교육과정을 편성·운영한다.
　① 전입 학생이 특정 교과목을 이수하지 못할 경우, 학습 결손이 발생하지 않도록 보충 학습과정 등을 제공한다.
　② 교과목 개설이 어려운 소규모 학교, 농산어촌학교 등에서는 학습 결손이 발생하지 않도록 온라인 활용 및 지역 내 교육자원 공유·협력을 활성화한다.

2 기초학력 책임지도제

(1) **기초소양과 기초학력**

구분	기초소양	기초학력
특징	• 교과의 지식·기능을 적용해 실생활 문제를 다루는 능력을 구성하는 가장 바탕이 되는 능력 • 역량 함양의 바탕을 이루는 기제로 작동 • 사회 및 모든 교과로부터 영향받아 생성 • 전체 생애에 영향을 줌	• 학교 교육과정을 통해 갖춰야 하는 최소한의 성취기준으로 작동 • 특정 교과 맥락에서 영향받아 생성 • 주로 학령기에 영향을 줌
필요성	• 배운 지식을 실제로 적용하여 다양한 상황에서 문제를 해결하는 역량에 대한 관심 증가 → 기초소양은 **범교과 학습 및 미래의 질 높은 삶을 위해 필수적**임 • OECD 교육 2030 프로젝트에서는 평생학습을 위해 교육과정 전반에 걸쳐 다루어져야 할 핵심적인 지식·기능·태도 및 가치를 기초소양의 핵심 기반으로 제시 • 2022 개정 교육과정에서는 기초소양이 깊이 있는 학습의 기반이며 평생학습에 필요하다고 보고, 기존의 3R's(읽기·쓰기·셈하기)를 넘어 여러 교과 학습의 기반인 언어·수리·디지털 소양 등을 강조	• 각 학생이 사회적 존재로서 잠재된 소질·적성을 발휘하여 **행복한 삶을 영위할 수 있도록 인권으로서의 배울 권리** 보장 • 기초학력 저하 및 학습결손에 대한 우려 심화 • 학교·교육청의 기초학력 보장 지원 책무성 강화에 대한 사회적 요구 증가 • '기초학력 보장법' 및 동법 시행령, 교육부 기초학력 보장 종합계획에 따른 체계적·구체적인 기초학력 보장 시행계획 수립 필요

(2) **서울 학생역량 강화** : 'Ⅴ 교수학습 및 평가 관련 정책·프로그램'-'2 서울 학생역량 강화' 참고

(3) **단위학교 기초학력 책임지도('두드림학교')** : 서울특별시교육청은 초·중·고 전체 학교를 두드림학교*로 운영하며 교육공동체가 함께 만들어가는 기초학력 책임지도를 지향한다. 그 절차 및 운영 세부 내용은 아래와 같다.
　* 학습지원대상학생들의 꿈·끼를 실현(Do-Dream)할 수 있는 여건을 만들어주는 학교를 의미한다.

① 학습지원대상학생 지원협의회 구성
　㉮ 단위학교 기초학력 책임지도 계획을 수립한다.
　㉯ 학생·보호자에게 진단검사 과목·방법·일정 등을 안내한다.
　㉰ 진단검사 및 진단 결과에 따라 학습지원대상학생을 선정하고, 개별 맞춤 학습지원교육 방안·계획을 협의·수립한다.
　㉱ 학생 성장에 따른 지원 프로그램 조정 및 모니터링, 성장이력 관리를 한다.

② 기초학력 **진단활동**
　㉮ 학습지원대상학생 선정, 학습저해요인(인지적 학습역량, 심리·정서, 학습환경 등) 파악, 학습자 특성에 맞는 체계적 지원 계획 수립을 위해 다양한 진단도구를 활용하여 진단활동을 실시한다.
　㉯ 인지적 학습역량을 진단할 수 있는 다양한 검사도구 및 학습과 연계된 심리·정서 등 정의적 영역을 진단할 수 있는 검사도구를 활용한다.

- 인지적 영역 : 서울기초학력진단-보정시스템, 맞춤형 학업성취도 자율평가 등 → 특히 책임교육학년(초3·중1)은 자율평가를 통해 학력수준을 확인한 후 진단-보정시스템을 통해 구체적인 결손을 확인하는 다층적·심층적 진단 강화 적극 권장
- 정의적 영역 : 사회정서역량검사(초), 학습유형검사(초·중), 정서행동환경검사(EBEQ)(초·중), 학습저해요인 진단검사(초·중·고) 등
- 학교 교육과정을 통해 갖추어야 하는 최소한의 성취기준* 도달 여부 확인
　* 교과 내용을 이해·활용하는 데 필요한 읽기·쓰기·셈하기를 포함하는 기초적인 지식·기능 및 사회적 삶을 영위하기 위한 최소한의 역량

　㉰ 인지적·정의적 영역의 진단도구, 관찰, 학생·보호자 상담, 학생성장이력 검토 등 학생에 대한 통합적 이해를 바탕으로 진단활동을 실시한 후 학습지원대상학생을 선정한다.

③ 다중 학습안전망 강화를 통한 통합 지원
　㉮ 1단계 : 수업 중 맞춤교육 강화

- 배우는 속도·특성 등을 고려한 학생 개별 맞춤형 수업 강화
  - 학습자 특성을 고려한 교수·학습 설계 역량 강화
  - 에듀테크 활용을 통한 개별 진단, 피드백, 학습결손 해소 지원
  - 개별 맞춤형 교육을 위한 AI기반 학습자료 제공 및 학습 환경 구축
    (예 : 디지털교과서·위두랑 연계 → 사전 기초학습 자료 제공)
- 정규수업 시간 중 교사·협력강사 간 협력수업을 통한 학습결손 예방
  - 교육과정 및 교수·학습 방법 협의, 역할 분담(협력강사의 모둠활동 지원, 학습지원대상학생 지도, 학생 관찰·기록, 수업 자료 제작 등)
  - 에듀테크, AI 활용 등을 접목한 학생 개별 지원 모델 개발

㉯ 2단계 : 학교 안 책임지도 내실화

- 정규수업 시간 외(방과 후, 주말, 방학 중) 학습지원대상학생의 학습 및 심리·정서 지원 강화를 위한 학교별 맞춤 프로그램 운영
  - 학습지원대상학생의 학습저해요인 및 개별 특성을 고려하여 방과후·방학 중 보충학습지도, 학습코칭, 정서·심리·사회성 회복 지원 및 관계성 함양 프로그램 등 다양한 맞춤형 지원 프로그램 운영 및 연계(학교 내·외의 자원 적극 활용)
- **키다리샘 프로그램** : 키다리샘으로 선정된 교사가 기초학력 보장을 위해 방과후, 주말, 방학 중 다양한 방식으로 학습지원교육 실시(교과 보충지도 중점 멘토링 프로그램 진행 권장)
  - 학습지원대상학생 1명 이상 포함, **소그룹(3명) 운영**(15/20차시)
  - 학습지도·학습코칭, 읽기 지도, 학생의 심리·정서 지원, 관계성 함양 활동 등
  - 교내 문화·예술·진로체험·노작활동(담당교사 지도)은 가능하나, **교외 문화·예술체험 활동은 불가**(외부 문화·예술 체험활동은 학교별 맞춤 프로그램으로 운영 가능)
- (중등)기초탄탄 랜선야학 : 1:2~1:3 대학생 온라인 멘토링 프로그램
- (중등)꿈을 키우는 도약캠프 : 방학 중 기초학력 캠프 운영을 통한 수준별 맞춤형 학습 집중 지원
  - 학교별로 자율적으로 방학 중 또는 학기 말 시기 및 방학 중 운영(**단, 학교 일과 내 운영불가 및 숙박형 비권장**)
  - 학습지원대상학생 및 학습조력이나 정서·심리 지원이 필요한 학생 대상으로 운영하며, 중1 필수 포함(낙인효과 방지를 위하여 학습지원대상학생 외 학생도 포함 가능하나, **학급 전체는 지양**)
  - 국·영·수·사·과 및 문해력 중심으로 프로그램 구성·운영(**이 외 과목 단독 개설 불가**)
  - 예시 : 기초교과 학습지도 및 문해력 지도 등 기초학력 향상을 위한 활동, 학습습관 형성을 위한 학습코칭 및 학습법 상담, 인지·심리·정서적 성장과 발달에 필요한 활동(20~30% 내외로 외부 체험활동 프로그램 포함 가능)
- 기초학력 보장 집중 지원 학년 지정·운영
  - 책임교육학년(초3·중1) : 학기·학년 전환기 시기(여름, 겨울방학) 학습 결손 해소 집중 지원(학교상황에 맞게 학년군 단위 운영 또는 타 학년도 포함하여 운영 가능)
  - 심층진단 집중학년(초1·고1) : 난독·경계선지능 실태조사를 통한 의심학생 적극발굴 및 맞춤 프로그램 우선 지원(서울지역학습진단성장센터(심층진단팀) 연계)
- 학생 상황·특성(다문화·탈북·대안교육·건강장애 학생 등)에 따른 맞춤형 지원 : 교육청·지역사회의 다양한 프로그램 연계
- 학습지원 튜터 : 협력수업, 학교 자체 프로그램 운영 등 지원

㉓ 3단계 : 학교 밖 전문지원 연계

- 서울지역학습진단성장센터 : 복합·특수요인으로 학교에서 지원하기 어려운 학생의 기초학력 문제에 대한 심층진단·맞춤지원 제공(난독·난산·경계선지능 학생 전문 진단·지원, 학교로 찾아가는 학습비타민(학습상담))
- 지역별 대학·연구기관 : 심층진단, 전문 인력 양성, 프로그램 개발
- 지자체 : 경계선지능·느린학습자 지원 사업 협업, 평생교육지원 연계, 지역 특화 프로그램 개발
- 상담·치료기관 : 난독·경계선지능 진단 및 중재 집중 연계, 지역별 특화프로그램 연계 운영 협업

※ **저자의 한마디**

자료를 자세하게 드리는 이유는, 문제에 대한 답변을 제시하기 위해 구체적인 기초학력 학생 지도 방안을 활용하는 과정에서 실수가 생기면 안 되기 때문입니다. 구체적인 정책이나 시책을 답변 내용에 녹여서 제시하는 것은 자신의 전문성을 면접관들에게 드러낼 수 있는 좋은 수단일 수도 있지만, **정책이나 시책의 내용을 제대로 알지 못하면서 답변으로 제시한다면 오히려 독이 될 수 있습니다. (이 경우, 차라리 무난한 만능 틀을 문제 상황에 맞게 적절히 변형하여 답변으로 제시하는 것이 더 낫습니다.)** 즉, 정책이나 시책을 활용하실 분들은 확실히 활용하셨으면 좋겠다는 생각에서 자료를 자세하게 드렸습니다.

대표적인 예로, 서울 면접을 준비하는 수험생들이 주로 언급하는 프로그램으로는 '키다리샘'이 있습니다. 그런데 키다리샘은 생각보다 제약 사항이 많아, 현직 교사들도 헷갈려하는 경우가 많습니다. 예를 들면 외부 문화·예술 체험활동이 불가능하고, 팀별 인원도 3명 내외로 제한됩니다. 만약 '담임 학급 내 화합을 위해 할 수 있는 방안을 제시하라'는 문제가 나왔을 때, '키다리샘 프로그램을 활용하여 학급 학생들과 야구장에 가서 같은 팀을 응원하면서 단합을 끌어내겠다'고 답변을 한다면 완전히 틀린 답변이 될 것입니다. 또한 키다리샘 등 (수업 중 맞춤교육을 제외한) 모든 프로그램은 활동 시간도 방과후로 한정되어 있어서, '조회 시간, 점심시간 등 자투리 시간을 활용하여 학생들의 학습 시간을 늘려나가겠습니다'와 같은 답변도 해선 안 됩니다. **만약 외부 문화·예술 체험활동이나 기본 생활 환경 지원이 필요한 학생이라면, '서울 희망교실' 프로그램을 활용하는 것이 더 도움이 될 것입니다.** 해당 프로그램은 교원 1명이 4~10명의 학생(교육취약학생(저소득, 다문화·탈북, 정서·학습 적응 취약 학생) 50% 이상 포함)과 한 팀을 이뤄 진행하는 프로그램으로, 학습·문화·정서·진로·사회성·봉사·가정(긴급) 지원 모두 가능합니다. 물론 이 경우에도 예산을 학급이나 동아리 전체를 대상으로 사용할 수 없습니다. 또한 교사 지도 수당이 지급되지 않습니다.

(4) 기초학력 책임지도제 운영과 관련하여 현직 교사들이 주로 하는 질문들

질문 : 진단검사 결과, 학습지원대상학생 수가 너무 많다면 어떻게 해야 할까요?
답변 : 학교의 교육과정에 대한 성찰과 점검, 교과별 교수학습 방법 및 교육과정의 재구성 등을 통해 모든 교사가 협력하여 학생에게 필요한 학습이 이루어지도록 모두 지혜를 모아야 합니다. 또한 교육청에서 지원하는 '협력강사', '학습지원 튜터' 등을 활용해 정규수업 중 학습지원을 하는 방안도 있으며, 지원협의회에서 방과후에 지도할 학생에 대해 우선순위를 정하는 방법도 있습니다.

질문 : 학생과 보호자의 프로그램 참여 동의율을 높이려면 어떻게 해야 할까요?
답변 : 우선 진단검사 결과를 토대로 학생의 현재 학력 상태에 대한 정확한 정보를 학생과 보호자 상담을 통해 전달해야 합니다. 또한 학생과 충분히 상담하여 학생이 필요로 하고 관심을 갖는 프로그램을 제공하는 것도 한 방법입니다. 그리고 학생에게 작은 성공 경험이 누적되어 긍정적 자기효능감을 확인할 기회를 주고, 보호자와 학생 성장과 변화에 대해 지속적으로 소통하는 것이 좋습니다.

질문 : 학습지원대상학생의 참여율을 높이려면 어떻게 해야 할까요?
답변 : 먼저 심층 상담을 통해 교사와 학생 간 라포를 형성하고, 학생의 자존감을 높이는 적절한 프로그램을 선정해야 합니다. 교사와의 신뢰를 바탕으로 한 긍정적 관계는 학습에도 긍정적인 영향을 줍니다. 또한 학생이 능동적으로 참여할 수 있는 좋은 환경의 공간을 마련하고 칭찬과 격려를 통해 학생의 자아존중감을 고취시켜, 학생들이 자신감을 회복하고 학습의 즐거움을 발견할 기회를 제공해야 합니다. 한편 미술·음악·독서치료, 원예 활동, 심리상담 등 심리지원 프로그램을 활용하여 학생의 자존감이나 심리적 안정을 끌어낼 수 있습니다.

> **※ 저자의 한마디**
> 요약하자면, 단위학교 기초학력 책임지도가 원활하게 이루어지려면 **학생의 관심사를 고려한 프로그램 제공, 학생에 대한 긍정적 피드백 누적, 교사-학생 간 친밀도 향상, 보호자의 학교에 대한 신뢰 강화, 교사 간 협력체제 마련** 등이 필요합니다. 이들은 아래와 같은 방법을 통해 구체화될 수 있습니다.
> 1. 학생 관심사를 고려한 프로그램 제공 : 학생·학부모와 직접 상담, 담임교사와의 협의 등을 통해 학생의 개별적 특성 파악(어떤 과목·선생님을 좋아하는지, 어떤 친구와 함께 있기를 원하는지, 학습 환경은 어떤지, 어떤 진로를 희망하는지 등)
> 2. 학생에 대한 긍정적 피드백 누적 : 점진적 난이도 향상 및 칭찬·격려, 교내 문화·예술·노작활동(또는 외부 체험이 가능한 활동) 등을 통한 학습 분위기 환기 및 스트레스 해소
> 3. 교사-학생 간 친밀도 향상 : 주기적인 상담(학교 내 형제·자매 여부, 공통 관심사 파악 등), 서울희망교실 등 다양한 교내외 체험이 가능한 사제동행 활동
> 4. 보호자의 학교에 대한 신뢰 강화 : 철저한 프로그램 계획 수립 및 사전 안내, 프로그램 운영 내용 및 학생 상태에 대한 지속적인 안내, 학생의 학습 상태 진단 및 학습 방향에 대한 주기적인 상담 진행 등
> 5. 교사 간 협력체제 마련 : 학생 상담 내용을 바탕으로 학년부(담임교사)와 협의 및 학생이 원하는 (과목) 교사에게 협조 요청, 교과협의회에서 정규 수업 중 학습지원 방안 논의, 학습지도 교사의 부담을 줄이기 위한 학습자료·도구 적극 지원, 기초학력 책임지도 프로그램 참여 교사로 이루어진 교원학습공동체 구성 등

3 최소 성취수준(고등)

(1) 정의

① 최소 성취수준 : 각 과목의 교수·학습이 끝났을 때 학생들이 성취하기를 기대하는 지식·이해, 과정·기능, 가치·태도에 최소한(학업 성취율 40%)으로 도달한 정도를 의미하며, 미도달하면 해당 과목을 미이수한 것으로 간주한다.

② 최소 능력의 수행 특성 : 영역별 성취수준(E) 및 성취기준별 성취수준(E)을 활용하여 성취수준 E에 가까스로 도달한 학생(성취율 40%)의 수행 특성이다.

③ 분할점수 : 학생들의 성취수준을 구분하기 위한 준거에 해당하는 평가 척도상의 점수이다. 평가 시행 전 학생·학부모에게 분할점수를 공지한다.

(2) 최소 성취수준 보장 방법

① 예방 지도 : 학기 중에 미도달 예상 학생을 대상으로 학습 관리 및 지원을 실시한다.

② 보충 지도 : 예방 지도에도 불구하고 학기 말에 미이수(미도달) 과목이 있는 학생은 보충 지도를 통해서 학점을 취득할 수 있다.

구분	예방 지도	보충 지도
운영 방법	방과후 지도, 방과후 기초학력 보장프로그램, 보충과제 부여, 학습 멘토링, 정서적 지원 프로그램(학습흥미·동기형성 프로그램, 상담, 컨설팅 등), 수업 시간 별도 지도, 다문화학생 특별학급(한국어학급) 수업, AI 디지털교과서 활용 지도 등	방과후(방학 중) 대면 지도(실시간 쌍방향 온라인 수업 포함), 온라인콘텐츠(EBSi) 수강, 보충과제 부여, 학습멘토링, AI 디지털교과서 활용 지도 등 * 대면 지도 필수 포함
운영 절차 및 고려 사항	• 기초학력 진단검사 등 별도 선정평가를 실시하거나, 전년도 대상 학업 성취도 반영, 학생 희망, 교과 교사 및 담임 교사 추천, AI 디지털교과서 학습 분석 결과 등을 활용하여 미도달 예상 학생 파악 • 미도달 예상 학생 중 희망자 대상 운영	학기말 평가 결과를 토대로 미도달 학생 파악 후 대상 학생 확정, 보충지도 대상 선정 및 방법 등을 학생·학부모에게 안내
	• 예방·보충지도 대상자 선정 및 지도 방법, 이수 기준 등의 사항을 포함하여 기본계획을 학기 시작 전에 수립하고, 학업성적관리위원회 심의를 거쳐 학교장이 확정 (방과후·방학 중 지도에 대한 사항은 학교운영위원회 심의 필요) • 최소 성취수준 보장지도 운영사항을 학기 초에 학생과 학부모에게 안내	

V 교수학습 및 평가 관련 정책·프로그램

25 대구 제시된 사실적 질문과 개념적 질문에서 오류를 찾고 이유를 설명하시오. 또한 제시문을 바탕으로 개념 기반 탐구학습의 특징 3가지와 교육적 효과 2가지를 제시하시오. 그리고 IB 프로그램 DP 과정에서 학문적 진실성을 보장하기 위한 교육활동 1가지를 제시하고, 이를 통해 학생들의 어떤 기능을 향상할 수 있는지 ATL과 연계하여 3가지 제시하시오.

24 대구 IB 프로그램 MYP 과정의 탐구-행동-성찰 모형에서 적절하지 않은 부분을 찾고, 그 이유를 설명하시오. 또한 MYP 과정의 학습 접근법을 5가지 제시하고, 그 중 1가지를 활용하여 수업 사례를 구체적으로 제시하시오. 그리고 IB 프로그램 평가의 특징과 교육적 효과를 2가지씩 제시하시오.

> ※ **기품 포인트**
> 아직 서울 지역에서 출제된 적 없는 주제이지만, 현재 서울교육의 구체적인 방향성을 알 수 있으므로 꼭 확인하시길 바랍니다. 또한 문항에 따라 자신의 주장을 뒷받침하는 구체적인 사례로 적절하게 활용한다면, 보다 현장 관련성이 높은 답변을 구성할 수 있을 것입니다. **다만 문항 속 구체적인 문제 상황과 상관없이 '나는 이런 것도 알고 있다'는 느낌으로 단순 나열식 답변을 하게 되거나, 정책 내용을 제대로 숙지하지 못하여 틀리게 답변하게 된다면 오히려 감점의 원인이 될 수 있습니다.** 이러한 경우 차라리 어느 지역에서나 할 수 있는 일반적인 답변을 하는 것이 더 나을 수 있습니다. 따라서 실제 면접장에서 문항의 내용과 자신의 정책·프로그램 숙지 정도를 체크해 보시고, 활용 여부를 판단하시길 바랍니다.

1 IB(International Baccalaureate) 프로그램

(1) 유래 및 정의
① 유래 : 1968년 스위스 제네바에서 국제기구 주재원 자녀 등 어느 한 국가에서 학교를 안정적으로 다닐 수가 없는 학생들을 위한 질 좋은 프로그램을 제공하겠다는 취지에서 시작되었다.
② 정의
  ㉮ 스위스 민간 비영리 교육재단 국제 바칼로레아 기구(International Baccalaureate Organization)가 개발·운영하는 국제 교육과정이다.
  ㉯ 과목 간 경계를 넘나드는 역량 중심 교육과정을 기반으로 개념 이해 및 탐구 중심 수업, 서·논술 평가를 위주로 구성되었다.

(2) 교육 목표
① 상호 문화 이해·존중을 통해 더 평화롭고 나은 세상을 만드는 데 이바지하는, 탐구심 많고 지적이며 배려심이 있는 학생을 양성한다.
② 학생이 자신과 다른 타인들 또한 옳을 수 있음을 이해하는, 능동적이고 공감 능력이 있는 평생 학습자가 되도록 지원한다.

(3) **교육 패러다임의 변화**

Before	After
집어넣는 교육	꺼내는 교육
'결과'를 가르치는 교육	'과정'을 가르치는 교육
문제해결력	문제발굴력
지식소비자	지식생산자
현존하는 직업에 취업을 준비하는 교육	미래의 직업을 창출하는 역량 교육

(4) **학습자상**

학습자상	과제 수행
탐구하는 사람 (Inquirers)	• 호기심을 기르고 탐구・연구하는 기능을 익힘 • 스스로 또는 다른 사람들과 함께 배우는 방법을 앎 • 열정을 토대로, 생애에 걸쳐 배움의 기쁨을 계속 지님
지식이 풍부한 사람 (Knowledgeable)	• 심화된 개념적 이해를 활용하고, 폭넓은 학문 지식 탐구 • 지역・글로벌 사회의 중요한 과제・아이디어에 열의를 가지고 참여
사고하는 사람 (Thinkers)	• 복잡한 문제 분석과 책임 있는 행동을 위해 비판적・창의적 사고 기능 활용 • 주도적으로 합리적・윤리적 판단
소통하는 사람 (Communicators)	• 다양한 언어・방법을 활용하여 자신감을 가지고 창의적으로 자기 자신 표현 • 타인의 관점에 주의를 기울여 효과적으로 서로 협력
원칙을 지키는 사람 (Principled)	• 성실・정직・공정성・정의감을 바탕으로 모든 사람의 존엄・권리 존중 • 자신의 행동과 그에 따른 결과에 책임을 지니는 태도
열린 마음을 지닌 사람 (Open-minded)	• 타인의 가치관・전통뿐 아니라 자신의 문화・개인사도 비판적 평가 • 다양한 관점을 추구・평가하고, 이를 바탕으로 성장
배려하는 사람 (Caring)	• 공감・인정・존중・봉사・헌신의 정신 • 타인의 삶과 우리를 둘러싼 세계에서 다름을 긍정적으로 인식 및 행동
도전하는 사람 (Risk-takers)	• 깊은 생각과 결단력을 바탕으로 불확실한 사태에 대응 • 스스로 또는 협력하여 새로운 아이디어 및 혁신적인 전략 탐구 • 도전・변화에 직면하여 기지 발휘

균형잡힌 사람 (Balanced)	• 자신과 타인의 행복을 위해, 지성·신체·정서 균형의 중요성 이해 • 타인 세계와 우리 세계의 상호 의존성 인식
성찰하는 사람 (Reflective)	• 우리 세계·아이디어·경험에 대해 깊이 생각 • 자신의 배움·성장을 촉진하고자 우리의 장점·단점 이해

(5) **교수 접근 방법(Approaches to Teaching, ATT) : 교사 측면**

교수	접근 방법
탐구 기반	• 학생들이 스스로 정보를 수집하고 이해하는 데 중점
개념 이해 강조	• 다양한 개념을 탐구하여 학문의 이해를 넓히고, 개념 및 교과 이해의 심화·연결성을 찾아내 새로운 맥락(상황)에 적용
지역과 세계적 맥락에 연결	• 실생활 맥락·사례를 활용하여, 학생이 자신의 경험 및 주변 세계를 연결해 새로운 정보 이해
효과적인 팀워크와 협력 강조	• 학생 간 팀워크·협업뿐 아니라 교사·학생 간 협업적 관계 포함
학습 방해 요소 제거	• 포괄성·다양성을 바탕으로, 학생들의 정체성을 긍정하고 모든 학생이 자신에게 적합한 개인 목표를 개발·추구하도록 학습 기회 창출
평가 정보 활용	• 평가를 학습 성과 측정뿐 아니라 학습 지원에도 활용하여, 학생에게 효과적인 피드백 제공

(6) **학습 접근 방법(Approaches to Learning, ATL) : 학생 측면**

기능	하위 구성 요소
사고 기능(thinking skills)	비판적·창의적·윤리적 사고
조사 기능(research skills)	정보의 비교·대조·검증·우선순위 결정
의사소통 기능 (communication skills)	말하고 쓰기, 경청, 논쟁 구성
대인관계(사회성) 기능 (social skills)	긍정적 관계 형성·유지, 경청, 갈등 해결
자기관리 기능 (self-management skills)	시간·과제 관리 등 조직화, 감정·동기 관리 등 정의적 기능

(7) 단계별 세부 프로그램
① PYP 프로그램(Primary Years Programme, 초등)
② MYP 프로그램(Middle Years Programme, 중등)

목표	학습과 실생활과의 연계를 위한 도전적 과제 해결 추구
특징	맥락중심 교수학습(전 세계에서 보편적으로 경험하는 '세계적 맥락' 중심의 실생활 연계 학습), 개념적 이해(특정 상황뿐 아니라 새로운 상황에도 적용할 수 있는 '빅아이디어' 중심 학습), ATL, 행동으로서의 봉사, 커뮤니티(지역사회) 프로젝트(중3)
세계적 맥락(6개)	정체성과 관계, 개인과 문화의 표현, 공간과 시간의 방향성, 과학과 기술의 혁신, 세계화와 지속 가능성, 공정성과 발전
교과군(8개)	언어와 문학(국어), 언어습득(외국어), 개인과 사회, 수학, 과학, 체육과 보건, 예술, 디자인
수업	• 지속적 탐구(질문하기)-행동(실행하기)-성찰(생각하기)를 통한 실제적 문제 해결 • 개별 맞춤형 교육 활동
평가	내부평가
기타	8개 교과군에서 1과목씩 매년 최소 각 50시간 이수, 융합 학습 장려, 학업 정직성 강조(부정행위 금지 및 타인의 지적 자산 존중)

③ DP 프로그램(Diploma Programme, 고등)

목표	신체적·지적·정서적·윤리적 성장 및 학문적 성장 추구
특징	비판적 사고력, 창의성, 의사소통, 작문, 연구능력
핵심 과정 (Core)	• 지식이론(Theory of Knowledge, TOK) 　- 지식의 본질을 생각하고 지식에 관한 주장을 분석하여 지식 구성에 대해 탐구 　- 모든 과목에서의 학습 과정 성찰, 정치·철학·종교 등 통합교과적 사고훈련 및 에세이 작성, 전시회 활동 　- 2년간 100시간 이수 • 소논문(Extended Essay, EE) 　- 관심 있는 자유 주제에 대한 깊이 있는 개인연구논문 작성 　　(슈퍼바이저의 개별 지도 하에 4,000 단어 이하로 작성) 　- 자신이 공부하는 DP 과목과 관련하여 독립적인 연구 진행 　- 2년간 40시간 이수

핵심 과정 (Core)	• 창의·활동·봉사(Creativity·Action·Service, CAS) 　- 5개 이상의 CAS 활동에 18개월 간 지속하여 참여(150시간 이상) 　- CAS 활동의 종류 　1. Creativity : 새로운 아이디어에 대한 창의적 표현(오케스트라, 신문 제작 등) 　2. Activity : 건강한 생활 습관 형성에 기여하는 신체 활동(스포츠, 댄스 등) 　3. Service : 지역 공동체에 기여하는 봉사 활동
교과군(6개)	• 언어와 문학, 언어습득(외국어), 개인과 사회, 과학, 수학, 예술 • 2년간 총 6개 과목 선택 • 상위수준(Higher Level, HL) : 3~4개 과목 선택 - 2년간 240시간 • 표준수준(Standard Level, SL) : 2~3개 과목 선택 - 2년간 150시간
평가	• 내신 평가 : 학교 자체 평가 • DP 평가 　- 내부 평가 : 탐구보고서, 구술시험, 협동프로젝트 등으로, 학교 교과 교사가 채점 후 IB본부에 제출하면 채점전문가가 무작위로 선별하여 심사 및 점수 조정 　- 외부 평가 : 지정한 일시에 IB본부에서 출제한 시험을 다 같이 치른 후, IB본부에서 양성한 채점관이 중복 채점
이수 조건	• 핵심 과정 3가지 필수 이수, 6개 교과군 선택 이수 • 6개 과목 각 7점 만점, 핵심 과정(TOK, EE) 총 3점, 총 45점 만점 : 총점 24점 이상 및 CAS 이수 시 디플로마 획득
유의사항	학문적 진실성(Academic integrity) 강조 : 타인 작품을 참조할 때 출처를 밝혀야 하고, 남의 생각을 자신의 것처럼 수업, 과제, 평가 등에 활용하면 추후에라도 디플로마가 박탈될 수 있음

2 서울 학생역량 강화

(1) **정의**
　① 기초소양 : 'Ⅳ 기초학력 향상 지원' - '2 기초학력 책임지도제' - '(1) 기초소양과 기초학력' 참고
　② 학생역량 : 기초소양을 바탕으로 삶의 여러 영역에서 능력을 끌어내 다양한 맥락·상황에 맞게 문제를 해결하는 능력

(2) **목표 및 방향**
　① 미래를 여는 협력교육을 통한 학생역량 신장 : 학생이 스스로 미래를 여는 역량을 갖추도록 참여·소통, 자치·협력, 협력적 문제 해결 등을 통해 교육을 실천한다.

② 모두를 위한 맞춤형 교육, 창의·상생의 미래역량 교육 : 모든 학생이 기초적 학업역량을 갖춰 자신의 꿈을 실현하고, 미래사회에 필요한 창의·협력의 역량을 키워 미래사회를 여는 주체로 성장한다.

(3) 세부 정책 및 프로그램

① 교육과정과 연계한 학생역량교육 강화

서울 학생 문해력·수리력 진단검사 개발·시행	• AI 맞춤형 교수학습 플랫폼과 연계한 컴퓨터기반검사(CBT)로 전환하여 시행 확대 • 학생 성장 이력 관리(약 700교, 12만명) • 기초소양협의체 및 문해력·수리력 프로그램 운영
책임교육학년제, 기초소양 진단 중점학년제 운영	• 책임교육학년제 : 초3·중1 대상 교과 기반 맞춤형 학업성취도 자율평가 실시 • 기초소양 진단 중점학년제 : 초4·초6·중2·고1 대상 문해력·수리력 진단검사 실시
기초소양교육 강화를 위한 교육과정 설계 및 운영	• 학교 교육목표·교육과정 재설계 : 진단결과 분석 및 교육공동체 공유로 학교 교육과정 설계, 학년·교과·학생의 특성을 고려한 교육과정 재구성 • 여러 교과의 교육과정 속 문해·수리력 요소 분석, 교과 간 연계·융합 교육 적용 방안 연구 • 삶과 연계한 교수학습·평가 운영 : 핵심 개념 중심 교수학습·평가 계획 수립, 모든 교과를 통해 기초소양이 함양되도록 수업 설계·평가
문해력·수리력 지도 수업모델 다양화	• 정규수업, 학교자율시간, 방과후 학습지도, 방학 보충 프로그램 등을 활용한 문해력·수리력 신장 프로그램 운영 • 학교에서 활용할 문해력·수리력 신장 프로그램 및 지도자료 개발 보급

② 문해력 신장을 위한 독서 연계 교육

아침 책 산책 프로젝트	도서 선정, 읽기 계획 수립, 읽기 방법 등 활동 전반을 학생 스스로 계획하여 추진하는 자기주도형 자율 독서
독서·인문 교육과정 체계화	• 서울학생 첫 책 만나기(초등) : 놀이 중심 독서교육 • 서울학생 첫 책 쓰기(중등) : 협력적 책 쓰기 교육 • 서울학생 첫 책 되기(고등) : 삶과 만나는 인문학 교육
북돋움 프로젝트	• 생각이 자라는 주제 중심 '북돋움' 자료(초·중·고 연계, 독서 기반 문해력 향상 자료집) 개발 및 보급 • 핵심 주제에 대한 '개념 익히기-개념 확장하기-개념 삶에 적용하기'의 단계적 구성으로 문해력 향상 및 문제해결력 신장

③ IB 프로그램 운영 및 한국형 바칼로레아(KB) 구현
  ㉮ IB 프로그램 : '1 IB(International Baccalaureate) 프로그램' 참고
  ㉯ 한국형 바칼로레아(KB): 학생의 미래 핵심역량을 키우기 위해 학습자 주도성 및 비판적·창의적 사고력 신장 중심의 교육과정·수업·평가를 운영하는 서울 미래형 학교 교육 체제
  ㉰ 미래 역량 중심 교육과정·수업·평가를 실천하는 IB 학교 운영, IB 교육전문가 양성, 협력체제 구축 등을 바탕으로, IB 연구·운영 결과의 체계화를 통한 한국형 바칼로레아(KB)를 구현하고자 한다.

④ '생각하는 힘을 기르는 수업' 설계 및 운영('질문과 탐구로 함께 성장하는 교실')

생각을 키우는 교실(초등), 생각을 쓰는 교실(중등)	• 서울형 탐구 기반 쓰기 수업·평가 모델 • **학생 스스로 질문하고 탐구하며 생각을 표현하는(쓰는) 과정을 통해 비판적·창의적으로 생각하는 힘을 기르는 서울형 수업·평가 혁신 방안** • 질문·탐구의 일상화로 깊이 있는 학습 및 과정 중심 평가 실현, 기초소양 신장
질문하는 학교 (우수 선도학교)	• 학생의 자기주도적 질문과 토론이 일상화되는 교실 수업 문화 조성 • 학생 질문을 통해 창의력·문제해결력을 길러줄 수 있도록 다양한 수업·평가 방식 실천
기타(교육청 지원 사항)	수업 실천 연수 운영, 수업연구실천교사제(초등) 및 수업·평가나눔 교사단(중등) 운영, 맞춤형 연수 및 컨설팅 지원

⑤ 깊이 있는 배움과 성장을 위한 역량중심 학생 평가

서·논술형 평가 내실화 및 확대	• 학생들이 직접 답을 구성하므로, 학생의 학습 내용 이해 정도, 사고 방식 및 문제 해결 방식을 자세하게 판단할 수 있음 • 분석력·비판력·조직력·통합력·문제해결력·창의력 등의 고차원 사고력을 측정·함양하도록 평가 구안 • 수업에서의 학습 경험을 바탕으로 자신의 생각을 확장하도록 토의·토론학습, 프로젝트학습, 탐구학습, 발표·전시 등의 수업과 연계 • 지식 암기가 아닌, 학생이 주체적으로 지식을 탐구·재구성하고 드러내도록 돕는 역량 중심 수업과 연계 • 완성형·단답형 문항을 서·논술형 문항으로 출제하지 않도록 자체 점검 강화
기타(교육청 지원 사항)	학생 평가 전문성 제고를 위한 '학생 평가 연구학교' 및 전문가 양성 연수 운영, AI 기반 평가지원 시스템을 구축하여 역량 중심 학생 평가 실천 지원

3 서울특별시교육청 개념기반 탐구수업(학습)

(1) **정의** : 학습자들이 탐구 과정을 통해 개념적 이해를 획득하고 삶에 전이 가능한 지식과 역량을 갖추도록 설계된 수업(학습) 방식으로, 학생 참여 및 문제 해결 능력의 향상을 강조한다.

(2) **배경**
① 급변하는 교육환경 변화에 대응하기 위해 지식 전수 중심의 교육 대신, 학습자가 주도적으로 기존 지식을 새로운 문제 상황에 필요한 지식으로 확장·재구조화하는 창의적 문제해결 역량의 함양이 요구되고 있다.
② 2022 개정 교육과정에서는 개념적 이해를 통한 지식의 전이를 강조하는 '깊이있는 학습'을 강조하고 있다.

(3) **목적(필요성)**
① 지식의 전이를 촉진하는 탐구 중심 수업으로 학생의 미래 핵심역량을 함양한다.
② 2022 개정 교육과정에 대한 교육과정 문해력 향상 및 교과별 개념 기반 탐구학습 실천 전략을 수립한다.
③ 학생의 삶과 연계되는 역량 중심 교육과정-수업-평가 일체화를 구현한다.

Ⅵ 다양한 종류의 교수학습 방법

22 서울 교직원 회의에서 교육과정 재구성을 통한 교과 간 주제 중심 융합수업을 주장한 교사와, 교과의 고유성을 이유로 이를 거절한 교사의 모습을 통해 확인할 수 있는 해당 학교 상황의 문제점을 학교문화와 교사 개인 차원에서 각각 제시하고, 해당 상황을 해결할 방법을 제시하시오.

19 서울 '보이텔스바흐 합의'를 바탕으로, '학생용의복장규정이 필요한가'를 주제로 한 토론 수업(교사가 규정의 필요성을 자세히 설명하고, 반대 측 학생들이 발언 기회를 독점하고, 토론 결과('반대')에 반대 측 학생들이 기뻐하고 다른 학생들이 화가 난 상황)의 문제점 2가지와 지도 방안 3가지를 제시하시오.

24 평가원 평소에는 적극적으로 수업에 참여하지만 모둠별 수행평가에는 참여하지 않는 학생을 대할 때, 교사의 바람직한 역할과 그에 따른 자신의 행동, 해당 행동의 유의점 2가지를 제시하시오.

> **※ 기품 포인트**
> 구체적인 교수학습 방법으로 협동학습, 융합수업, 토의·토론 수업이 주로 나오는 편이며, 이 중에서는 협동학습이 제일 자주 나왔습니다. 협동학습 관련으로는 주로 모둠활동이나 프로젝트 수업 등을 진행할 때 발생할 수 있는 문제점과 대처 방안을 묻는 문제가 자주 나왔습니다. 융합수업 관련으로는 타 교과와의 협력이 필요하다는 특성으로 인해 동료 교사와의 관계 측면에서 묻는 문제가 자주 나왔습니다.(동료 교사와의 갈등을 어떻게 해결할 것인지에 대한 내용은 'PART 1. 교육 철학' – 'Ⅳ 동료 교사 관계 형성' 참고) 토의·토론 수업 관련으로는 토론 규칙을 어떻게 정할 것인지를 묻는 문제가 나왔습니다.
> 세 교수학습 유형을 다룬 문제들의 공통점은 '해당 수업(상황)의 문제점이 무엇이고, 어떻게 해결할 것인가'입니다. 따라서 문제 풀이의 핵심은 **세 교수학습 유형의 특징(장점)을 숙지하여, 문제의 제시문 속에서 해당 유형의 특징을 제대로 따르고 있지 못한 상황을 정확하게 발굴한 후 이를 하나하나 교정할 수 있는 방안을 구체적으로 모색**하는 것입니다. 예를 들어 모둠 내 무임승차가 문제되는 상황이라면, 학생들에게 동료평가지를 작성하게 하고 이를 평가에 반영하여 문제를 해결할 수 있을 것입니다.

1 협동학습

(1) **정의** : 소집단으로 구성된 학생들이 공동 과제를 수행하기 위해 협력적으로 함께 활동하는 학생 주도적 교수·학습 방법이다.

(2) **특징(장점)**
① 다양한 능력과 수준·특성을 갖는 학생들이 서로 협력하여 과제를 해결해 가면서, 긍정적인 학습 과정을 경험할 수 있다.
② 모둠 구성원 간 끊임없는 대화·참여를 통한 협력적인 문제 해결 과정에서 구성원들의 인지적 성장이 일어난다.

③ 공동의 과제를 완성하기 위해 모둠 내 다른 구성원을 격려하고 서로 도움을 주고받는 긍정적 상호작용을 하게 된다.
  ㉮ 구성원 각자가 맡은 역할을 수행해 보고, 구성원 간의 관계가 공동 과제에 미치는 영향을 직접적으로 체험할 수 있다.
  ㉯ 학생은 이를 통해 구성원의 역할에 따른 책임, 리더십, 의사소통 능력, 갈등 조정 능력 등의 사회적 기능을 습득하게 된다.

> ※ 저자의 한마디
>
> 위 특징들과 관련하여, 예상되는 문제상황과 대처 방법은 다음과 같습니다.
> 1. 다양한 학생들이 한 모둠을 이루다 보니, 교우관계에 따른 학생 민원이 제기될 수 있습니다. (예 : "○○이랑 같은 모둠 하고 싶어요.", "□□이랑 다른 모둠 하면 안 돼요?")
>   ⇒ 학생의 의견을 경청하되, 모둠활동의 취지(예 : 작은 사회 속에서 다양한 사람들과 협력하는 연습)를 다시 안내합니다. 물론 실제로 교우관계에 큰 문제(예 : 학교폭력 가·피해)가 있을 수 있으므로, **장기 프로젝트일 경우 미리 해당 학급 담임 선생님과 논의**한 후 모둠을 구성하는 것이 필요합니다. 한편 모둠장 지원자가 없을 경우 '모둠장 지원 시 친한 친구 1명을 모둠으로 데려올 수 있다'는 조건을 제시하는 것도 하나의 방법이 될 수 있습니다.
> 2. 모둠 간 학습 편차가 발생할 수 있습니다.
>   ⇒ 모둠 간 학습 편차가 지나치게 벌어지지 않도록, 학습 능력을 고려하여 모둠을 구성해야 합니다. 즉, **한 모둠 내에는 다양한 능력과 수준을 지닌 학생들이 있어야 합니다.**
> 3. 모둠 구성원 간 끊임없는 대화가 아닌, 끊임없는 잡담이 이루어질 수 있습니다.
>   ⇒ 모둠 구성 시 잡담이 예상되는(예 : 지나치게 친한 친구 관계) 학생들은 **서로 다른 모둠으로 분리해 놓습니다. 미리 수업 전에 활동 규칙을 안내하고 숙지**시키는 것도 좋은 방법이 될 수 있습니다. 만약 성취기준과 직접 관련이 있고 성취 수준 구분에 대한 전문적 판단이 가능하다면, 교과협의회를 거쳐 해당 부분을 점수화할 수도 있습니다.
> 4. 활동 내용을 잘 못 따라가는 학생이 있을 수 있습니다.
>   ⇒ 모둠 내 또래도우미 역할을 지정하여 학생 간 멘토링을 유도하고, 해당 내용을 학생생활기록부 교과학습발달상황에 기록하거나 기타 보상을 제공할 수 있습니다. 물론 순회지도를 통해 어려움을 겪는 학생을 제때 발견하고 지원하는 교사의 노력도 필요합니다.
> 5. 혼자서만 활동을 하려고 하는 학생이 있거나, 서로 협력이 부족할 수 있습니다.
>   ⇒ 사전에 모둠활동의 취지와 규칙을 설명하고, 지녀야 할 태도(예 : 자신의 것만 챙기지 않기, 친구들을 경쟁 상대가 아닌 협력의 대상으로 생각하기, 타인을 존중하는 언행하기)를 미리 안내합니다. 그럼에도 협력이 부족한 상황이 나타난다면, 우선 해당 학생의 의견을 경청하여 원인을 파악합니다. 만약 교우관계 등의 문제가 아닌 학생 개인의 성향 문제라면 모둠활동의 취지와 규칙을 다시 한번 더 안내하고, **성향과 부합하는 모둠 내 역할(예 : 자료 조사, 결과물 검토)을 부여하거나 둘 이상이 협력해야만 완수할 수 있는 과제를 부과**합니다. 학생 흥미에 맞는 활동을 진행하는 것도 좋은 방법입니다. 한편 활동이 끝난 뒤에는 자기평가지를 작성하게 하여 스스로 활동을 되돌아보게 하고, 교사도 이를

참고하여 다음 모둠활동 계획을 수립합니다.
6. 무임승차가 발생할 수 있습니다.
⇒ 모둠활동 계획 시 모둠 내 개별 학생들에 대한 역할 부여가 명확히 이루어져야 합니다. 또한 모둠 내 개별 학생들의 과제 수행 과정과 결과도 평가 항목에 포함하고, 이를 평가 실시 전에 안내해야 합니다. 이때 평가는 교사 관찰 평가도 좋지만, 학생 간 상호 평가인 **동료평가를 활용**하는 것도 좋습니다.

(3) 모둠활동 중 역할 부여를 통한 학생 참여 유도
① 역할 설정 : 각 학생이 자신의 역할에 대해 사전 조사하도록 하고, 해당 역할에 필요한 지식·기술을 사전에 학습한다.
  ㉮ 이끔이 : 모둠 리더로, 문제 해결에 참여하고 모둠원의 역할을 조정한다.
  ㉯ 나눔이 : 학습 준비물 및 교사 유인물을 걷거나 전달한다.
  ㉰ 기록이 : 학습 내용, 토의 과정, 관찰 결과를 기록한다.
  ㉱ 점검이 : 학습 과제 및 전달사항 등을 점검한다.
  ㉲ 칭찬이 : 다른 사람의 의견을 경청하고 칭찬·격려한다.
② 역할 설정·준비 : 각 역할에 대해 구체적으로 설명하고, 필요한 자료·도구를 제공한다. 또한 역할 수행을 위한 시뮬레이션을 진행한다.
③ 역할 수행 후 피드백 : 자신의 역할을 수행한 후, 교사와 또래가 긍정적 피드백과 개선점을 제시하여 학습을 강화한다.

> ※ **저자의 한마디**
> 아래의 '고려 사항'과 '관련 교수학습 및 평가 유형'은 'Ⅱ 과정중심평가' - '3 과정 중심평가'의 내용 중 관련 내용을 발췌한 것입니다.

(4) 고려 사항
① 과제는 학생이 직접 과정중심의 활동을 할 수 있도록 단계별로 개발한다.
② 학생들에게 평가에 대해 사전에 충분히 안내하여, 학생들이 수업 중 활동이 평가에 반영됨을 이해하고 수업에 참여하도록 유도한다.
③ **모둠 내 개별 학생에 역할을 부여하고 개별 학생의 수행 과정·결과도 평가**해야 한다.
④ 각 교과의 특성에 적합한 평가 방법을 활용하되, 학습 내용의 심층적 이해 능력과 실제적 맥락에서 적용·활용 능력을 평가한다.
⑤ 학습 결과뿐 아니라 학습 과정을 평가하여 모든 학생이 교육 목표에 성공적으로 도달하게 하고, 학생의 인지적·정의적 능력에 대한 평가가 균형 있게 이루어져야 한다.
⑥ 평가 계획 시 수행의 전 과정에서 피드백이 적절하게 이루어질 수 있도록 피드백 시점·방법을 함께 계획한다.
⑦ **점수화가 가능한 영역의 점수만 반영**한다. (예 : 태도가 바르면 10점 만점 → 금지)
  - 정의적 영역도 성취기준과 직접 관련 있고 성취 수준 구분에 대한 전문적 판단이 가능하면

교과협의회를 통해 점수화할 수 있다. 단, 성취기준과 관계없는 특성(예 : 학습지 제출 횟수, 제출 기한 준수 여부)은 평가에 반영하지 않는다.

(5) 관련 교수학습 및 평가 유형

유형		정의 및 특징
프로젝트	정의	스스로 주제 선택 및 문제 해결 계획 수립 + 실행 결과 작성
	특징	자기 주도성과 협업 능력 등 평가
자기평가*	정의	학생이 스스로 자신의 능력·특성·성취 수준 등 평가
	특징	학생 자신에 대한 이해·성찰에 효과적. 자신의 학습 준비도, 학습 동기, 성실성, 만족도, 다른 학습자들과의 관계, 성취 수준 등을 스스로 생각·반성하는 기회 제공
동료평가*	정의	학생들 간 상호 평가
	특징	교사 관찰 보완. 단, 성적 반영 시 사전 공지와 충분한 설명 필요. 교사가 평가 내용을 충분히 검토하여 반영 여부를 최종 판단

* 자기평가·동료평가는 학생이 평가의 주체가 되어, 학생의 자발적 성찰·개선을 끌어낼 수 있다.

2 융합수업

(1) 융합수업의 필요성

> ※ 저자의 한마디
> 'Ⅰ 서론 : 2022 개정 교육과정 총론(요약) 훑어보기'의 내용 중 관련 내용을 발췌하여 재정리한 것입니다.

① 미래 사회의 불확실성에 능동적으로 대응하는 능력과 자신의 삶·학습에 대한 주도성을 함양할 수 있다.
② 다양한 정보를 비판적으로 탐구·활용하여 문제를 합리적으로 해결하는 지식정보처리 역량과 기초 지식을 바탕으로 **다양한 전문 분야의 지식·경험 등을 융합적으로 활용하여 새로운 것을 창출하는 창의적 사고 역량을 길러, 진취적 발상과 도전을 통해 새로운 가치를 창출하는 창의적인 사람이 될 수 있다.**
③ 깊이 있는 학습을 통해 핵심역량을 함양하도록 교과 간 연계와 통합, 학생의 삶과 연계된 학습, 학습에 대한 성찰을 강화할 필요가 있다.
㉮ 교과 내 영역 간, 교과 간 내용 연계성을 고려하여 수업을 설계 및 지도함으로써 융합적 사고 및 창의적 문제 해결 능력을 함양한다.
㉯ 학습 내용을 실생활 맥락 속에서 이해 및 적용하는 기회를 제공하여 학생의 삶에 의미 있는 학습 경험을 제공한다.
④ 교육과정을 자율화·분권화하여, 학습자 맞춤형 교육과정 체제를 구축할 필요가 있다.

(2) **교과융합 프로젝트수업 설계 시 중점 고려사항**
    ① 주제 선정
        ㉮ 융합프로젝트를 통해 학생들이 배우는 핵심 지식, 기능, 역량이 무엇인지 고려한다. 즉, 학생들에게 어떤 배움과 성장을 기대하는지를 고려한다.
        ㉯ **주제가 각 교과의 수업 과정 및 결과물과 유의미하게 연계되는지 고려**한다.
    ② 수업 설계
        ㉮ 융합하는 교과의 역량(성취기준)이 적절히 분배·융합되어 설계에 반영되었는지 고려한다.
        ㉯ 프로젝트를 통해 해결할 과업(문제)이 **학생들의 경험(삶)과 어떤 관계가 있는지 고려**한다.
        ㉰ 산출물을 공유하는 방식이 적절하며 의미가 있는지 고려한다.
    ③ 수업 운영
        ㉮ 프로젝트 진행 중 학생들이 교사의 안내를 바탕으로 **주도적 탐구 기회(산출물을 위한 소재·방법의 선정, 협업 방식, 질문 선정, 자기평가 등)를 가지는지** 고려한다.
        ㉯ 평가의 교과 간 배분 및 평가기준의 적절성 등의 측면에서 학생 참여형 협력수업과 과정 중심 평가가 적용되고 있는지 고려한다.
        ㉰ 학생들이 지속적으로 교사나 다른 학생들과 피드백을 주고 받는지 고려한다.
        ㉱ 학생들이 자신이 무엇을 배우고 어떻게 해나가고 있는지에 대한 성찰 기회를, 수업 마무리 단계뿐 아니라 수업 과정 중에도 지속적으로 가지는지 고려한다.
    ④ 학습공동체의 수업 나눔 : 수업 설계·운영의 과정·결과를 교내 선생님들과 함께 나눈다.
        * 융합수업을 추진하는 과정에서 발생하는 동료교사와의 갈등에 대해서는, 'PART 1. 교육 철학' - 'Ⅳ 동료 교사 관계 형성' 참고

(3) **사례**

> ※ **저자의 한마디**
> 아래 사례들은 2021년 서울특별시교육청에서 발간한 '2021 배움과 성장이 있는 교과융합 프로젝트 수업 도전하기 자료집'에 수록된 것으로, 원격수업과 등교수업을 연계한 교과융합 프로젝트수업 사례입니다. 사례들을 보고, '나는 나의 교과(전공)와 어떤 교과(전공)를 융합하여, 어떤 목표를 달성하기 위해 어떤 주제로 융합수업을 할 것인지'를 고민해 보시기 바랍니다.

① 사회적 기업 창업 계획 및 홍보물 제작(세계시민+통합사회+국어+미술)
② 미래 식량 관련 카드 뉴스 제작(국어+도덕+과학)
③ 상호 존중과 갈등 해결의 자세 함양(역사+체육+국어)
④ 자신이 살고 싶은 도시맵 제작(사회+영어+국어)
⑤ 올바른 역사 인식 함양·실천(역사+사회+국어+영어)
⑥ 진정한 사랑을 다룬 협력종합예술활동 음악극 제작·발표(기술·가정+보건+도덕+사회+과학+국어+음악+미술)
⑦ 윤리적 소비를 바탕으로 한 대안 가격표 제작(과학+기술·가정+사회+수학)

⑧ 사이버 폭력 예방 연극 발표(도덕+정보+국어)
⑨ 지구 온난화 해결을 위한 실천(과학+국어+사회+기술·가정+수학)

3 토의·토론 학습
(1) 정의
① 토론학습 : 주장에 대해 적절한 근거를 들어 상대방을 설득하고, 자신의 주장을 정당화하는 교수·학습 방법이다.
② 토의학습 : 여러 사람이 정보와 의견을 공유하며 결론을 내는 교수·학습 방법이다.

(2) 필요성
① 학생이 학습 활동에 능동적으로 참여하고 학습의 즐거움을 경험할 수 있어야 한다.
  ㉮ 교사뿐 아니라 동료 학생들과 활발한 언어적·비언어적 상호작용을 하는 과정에서, 학생은 새로운 지식을 형성하기도 하며 기존의 지식을 수정하거나 더욱 공고히 할 수 있다.
  ㉯ 학생은 탐구 질문에 관심·호기심을 가지고 스스로 문제를 해결할 기회와 자신의 생각을 표현할 기회를 얻고, 이를 바탕으로 학교 수업에 적극적으로 참여할 수 있게 된다.
② 학생의 삶과 관련된 미래 사회의 불확실성에 능동적으로 대응하기 위해, 복잡한 문제를 분석하고 창의적이며 책임 있는 해결책을 모색할 수 있는 역량(자기관리 역량, 지식정보처리 역량, 창의적 사고 역량 등)을 키워야 한다.
③ **서로의 생각을 이해·존중하고, 공존·협력의 가치를 배우는 민주시민으로 성장해야 한다.**
즉, 협력적 소통 역량과 공동체 역량을 함양한 더불어 사는 사람으로 성장해야 한다.

(3) 절차
① 토론 주제 파악 : 주어진 토론 주제 상황을 읽고, 토론 주제를 구체적으로 분석한다.
② 정보탐색 및 정보분석 : 다양한 관점을 다루는 정보와 논증의 타당성·신뢰성을 높일 수 있는 정보를 잘 활용해야 토론·토의 과정에서 발생할 수 있는 오류를 줄일 수 있다.
  * 유의점 : 거짓 정보나 가짜뉴스를 피할 수 있도록 정보를 비판적으로 바라보고 선별할 수 있는 **역량**을 갖추어야 한다.
  ㉮ 정보원 범위 알려주기 : 단행본, 학술지, 학위논문, 연구 보고서 등
  ㉯ 정보탐색 방법 교육하기 : 논증의 타당성을 높이기 위한 근거 자료를 찾을 수 있게 한다. (검색 키워드 간 관계(상위어·하위어) 활용, 학술지 등재 정보(예 : KCI) 활용 등)
  ㉰ 정보 분석하기(개인) : 텍스트를 읽고 필요한 정보를 추출·분석한다.(서지사항, 정보 요약·분석, 관련 쟁점, 정보 활용 방안 등)
  ㉱ 정보 분석하기(모둠) : 개인별 정보분석 결과를 모둠원과 공유하고 토의·토론에서 이용할 수 있는 정보와 추가 탐색이 필요한 정보가 무엇인지 피드백한다. 또한 이용할 정보를 어떤 쟁점의 근거 자료로 활용할지 논의한다.
③ 토론 개요서 및 원고 작성 : 분석한 정보를 바탕으로 토론 개요서 및 원고를 작성한다.

④ 토론하기
  ㉠ 찬성 또는 반대 입장을 정한다.
  ㉡ 찬성 측과 반대 측 각각 의견을 제시한다.
  ㉢ 찬성 측과 반대 측 각각 상대 의견에 반박하는 질문을 한다.
  ㉣ 찬성 측과 반대 측 각각 자신의 주장에 대한 반박에 답변한다.
    * 유의점 : 이후 입장을 바꾸어 2차 토론을 할 수도 있고, 1차 토론에서 상대방 측에서 놓친 주장·반박을 서로 제시하고 1차 토론에서 자기 팀 주장의 문제점을 서로 제시할 수도 있다.
⑤ 모둠별 합의안 만들기
  ㉠ 토론 주제에 대해 모둠 구성원이 각각 자신의 의견을 상세하게 제시한다.
  ㉡ 모둠에서 만장일치로 합의를 시도한다.
  ㉢ 수업 활동을 정리한다.(합의가 된 경우에는 실천 방안을 나누고, 그렇지 않은 경우에는 합의가 어려웠던 점에 대해 성찰하고 발표한다.)
    * 유의점 : **합의가 안 된 경우도 성숙한 시민적 토론이라고 격려하고, 합의가 된 경우에는 이를 위해 사회적 행동을 하도록 격려**한다.

(4) **유형**

유형		정의 및 특징
토의·토론	정의	특정 주제에 대해 의견 조정·논박
	특징	준비 과정, 주장·근거의 논리성, 상대 존중 태도 등을 종합 평가
자기평가*	정의	학생이 스스로 자신의 능력·특성·성취 수준 등 평가
	특징	학생 자신에 대한 이해·성찰에 효과적. 자신의 학습 준비도, 학습 동기, 성실성, 만족도, 다른 학습자들과의 관계, 성취 수준 등을 스스로 생각·반성하는 기회 제공
동료평가*	정의	학생들 간 상호 평가
	특징	교사 관찰 보완. 단, 성적 반영 시 사전 공지와 충분한 설명 필요. 교사가 평가 내용을 충분히 검토하여 반영 여부를 최종 판단

* 자기평가·동료평가는 학생이 평가의 주체가 되어, 학생의 자발적 성찰·개선을 끌어낼 수 있다.

(5) **유의사항**
  ① 각 교과의 특성에 적합한 평가 방법을 활용하되, 서·논술형 및 수행평가의 비중을 확대하여 학습 내용의 심층적 이해 능력과 실제적 맥락에서 적용·활용 능력을 평가한다.
  ② 학습 결과뿐 아니라 학습 과정을 평가하여 모든 학생이 교육 목표에 성공적으로 도달하게

하고, 학생의 인지적·정의적 능력에 대한 평가가 균형 있게 이루어져야 한다.
③ 평가 계획 시 수행의 전 과정에서 피드백이 적절하게 이루어질 수 있도록 피드백 시점·방법을 함께 계획한다.
④ 학생들에게 수행평가에 대해 사전에 충분히 안내하여, 학생들이 수업 중 활동이 평가에 반영됨을 이해하고 수업에 참여하도록 유도한다.
⑤ 점수화가 가능한 영역의 점수만 반영한다. (예: 태도가 바르면 10점 만점 → 금지)
  - 정의적 영역도 성취기준과 직접 관련 있고 성취 수준 구분에 대한 전문적 판단이 가능하면 교과협의회를 통해 점수화할 수 있다. 단, 성취기준과 관계없는 특성(예 : 학습지 제출 횟수, 제출 기한 준수 여부)은 평가에 반영하지 않는다.
⑥ 과제는 학생이 직접 과정중심의 활동을 할 수 있도록 단계별로 개발한다.

> 예) 상대측의 논증 평가하기
> 1. 논제에 대한 상대측 입론의 주장과 근거 정리하기
> 2. 논제에 대한 상대측 반론의 주장과 근거 정리하기
> 3. 상대측 입론에서 아래의 기준 중 오류가 있다고 생각하는 것에 표시하고 그 이유 쓰기
> 4. 상대측 반론에서 아래의 기준 중 오류가 있다고 생각하는 것에 표시하고 그 이유 쓰기

(6) 참고 : 보이텔스바흐 합의 원칙

① 유래 및 정의 : 보수·진보 간 갈등이 컸던 독일(옛 서독)에서는 히틀러의 집권 및 제2차 세계대전에 대한 시민의 반성 및 책임에 대한 논의가 있었고, 시민 역량의 중요성에 주목하게 되었다. 이에 1976년 보수·진보 양 진영의 정치인·지식인들이 보이텔스바흐에 모여 청소년들이 사회적 다양성을 이해하고 주체적 판단 능력을 함양할 수 있도록 '이념·정파를 뛰어 넘는 시민교육 3원칙'에 합의하였다. 이를 '보이텔스바흐 합의(Beutelsbacher Konsens)'라고 한다. 이 합의는 이후 독일뿐 아니라 많은 국가에서 보편적 교육 원칙으로 교육 현장에 적용되고 있다.

② 필요성
  ㉮ 교육 내용·방법에 대한 다양한 철학적·정치적 입장이 공존함을 받아들여야 한다.
  ㉯ 공동체의 위기·혼란을 극복할 수 있는 대안적·안정적 논의 방법을 교육해야 한다.
  ㉰ 교육을 통해 민주적 합의 문화를 만들어, 교육공동체와 민주시민사회가 발전할 수 있는 밑거름이 되어야 한다.

③ 목표 : 삶의 주체적 존재로서 갖추어야 할 자질·태도를 함양하는 민주시민 양성이 목표이다.

④ 원칙
  ㉮ **강압적 교화 및 주입식 교육 금지** : 학생에게 '올바른 견해'라는 이름으로 특정 이념·주장을 강제로 주입하거나 학생 스스로의 판단 과정을 방해해선 안 되며, 자율적 판단을 중시한다.
  ㉯ **논쟁 상황을 그대로 드러내기** : 학문·사회적 논쟁은 수업에서도 논쟁적으로 다루어져야 한다. 논쟁과 관련된 다양한 관점을 제시하고 이를 바탕으로 대안을 논의할 수 있어야 학

생 스스로 판단하는 능력을 키울 수 있다.
- ㉰ **자신의 이해관계를 스스로 판단하기** : 논쟁이 학생 자신의 이해관계에 주는 영향을 분석할 수 있어야 한다. 즉, 논쟁에 대한 자신의 관심·입장을 분석하면서 시민적 역량을 기를 수 있게 해야 한다.

> ※ **저자의 한마디**
>
> 최근에는 논쟁 수업보다는 합의점을 찾아가는 형태의 토의 수업을 많이 하는 추세이지만, 논쟁 수업은 여전히 사회적 다양성 이해와 주체적 판단 능력 함양에 유용한 교수학습 도구로 기능하고 있습니다. 논쟁 수업은 보이텔스바흐 합의 원칙에 따라 아래처럼 진행할 수 있습니다.
>
> 1. 주제 선정 방법
>   (1) 교육과정, 교과서와 관련된 주제
>   (2) 학생의 관심사와 관련되면서 사회적으로 의미 있는 주제
>   (3) 학생의 판단능력과 비판적 사고를 성장시키는 주제
>   (4) 관련 자료가 풍부하여 논쟁 및 대안 탐색에 적절한 주제
>   (5) 제시된 여러 가지 이슈 중 학생이 선택하는 주제
> 2. 교사의 역할
>   (1) 중립자
>   - 특정 이념·가치·사실·증거 강조 금지
>   - 여러 주장이 담긴 정보에 대한 자신의 해석 암시 금지
>   - 얼굴 표정·몸짓·목소리 등을 통한 호·불호 암시 금지
>   (2) 촉진자
>   - 거론되지 않는 쟁점 제시
>   - 미참여 학생의 발언을 유도하며 논쟁성 유지
>   (3) 조정자 : 참여 학생의 타인에 대한 공격성 지도 및 논쟁 진행
> 3. 활용 방법(예시)
>   (1) 교과 연계(교과융합, 교육과정 재구성) : 주장이 다른 상대와 협상하여 문제를 해결하기 (국어과), 관련 주제 토론(사회과, 도덕과)
>   (2) 창의적 체험활동 연계 : 주당 1시간씩 '논쟁수업' 배정, 범교과 주제 및 자기주도적 학습과 통합 운영, 동아리 활동 연계
>   (3) 서술형·논술형, 정의적 영역 평가, 계기교육

Ⅶ 수업 중 문제행동 발생 상황

24 서울 수업 시간에 휴대폰을 사용하는 학생을 지도해야 하는 교육적 이유를 말하고, 지도 방법을 구체적으로 제시하시오.

24 경기 수업 중 항상 떠드는 학생에게 주의를 주었더니 학생이 오히려 반발하며 수업을 계속 방해하는 행동을 지속하는 상황에서, 교사의 대응 방안을 제시하시오.

24 대구 교사의 지도에도 불구하고 수업 중 지속해서 장난을 치고 자리를 이동하는 행동을 한 학생을, 교사들이 협의 결과에 따라 교실 밖 공간으로 분리하기로 하였다.
이처럼 학생을 교실 밖 공간으로 분리하는 절차와 해당 절차 시 유의점 2가지를 제시하고, 이러한 문제행동을 해결하기 위한 교육방안을 2가지 제시하시오.

> ※ 기품 포인트
> 수업 중 문제행동에 대해 대처하는 방법을 묻는 문제는 자주는 아니더라도 꾸준히 출제되고 있습니다. 특히 수업 중 휴대전화 사용의 경우 2번이나 출제된 적이 있습니다. 그리고 '교원의 학생생활지도에 관한 고시'가 2023년에 시행되면서 그 자세한 내용을 살펴볼 필요도 생겼습니다. (해당 고시의 구체적인 내용, 교육활동 침해행위 대응 방법은 각각 'PART 6. 생활지도' - 'Ⅲ 교원의 학생생활지도에 관한 고시'와 'PART 6. 생활지도' - 'Ⅱ 교육활동 침해행위 보호' - '3 교육활동 침해행위 대응' - '(3) 교육활동 침해행위 상황별 대응 요령'을 참고하세요.) 하지만 수업 중에는 교육활동을 침해하는 수준의 상황보다도, 친구와 떠들기, 엎드려 있기 등 다소 가벼운 상황들이 일어나는 것이 대부분입니다. 이러한 상황들은 학생들을 법에 따라 처벌하기보다는, **학생들이 스스로 만든 규칙을 지키는 연습을 해나가도록 교육적으로 지도해야 하는 상황들**입니다. 이때 교사는 어떻게 대응하고, 어떻게 예방할 수 있을까요? 해당 단원에서는 서울특별시교육청에서 제공한 문제행동 대표 사례별 대응 및 예방 방안을 재구성하였습니다. 해당 사례들에서 어떻게 대응 및 예방하였는지 확인하시고, 면접에서 구체적인 문제상황이 제시되었을 때 이를 어떻게 응용하고 적용할 것인지 고민해 보시기 바랍니다.

1 학생이 교실 내에서 돌아다니거나, 자주 교실 밖(화장실 등)으로 자리를 이탈하는 경우

원인 분석		수업 내용이 어렵게 느껴짐, 수업에 대한 흥미도 낮음, 교사의 관심을 끌고자 함
지도	1차 (전체 학생 대상)	자리에 앉기, 학습자료 펴기, 선생님 설명 듣기, 화장실 사용 원칙 확인 등 수업에 필요한 행동 설명
	예	• "수업 중이니 자기 자리에 앉아서 선생님 설명을 들으며 자료를 봅시다." • "선생님의 설명이 어렵게 느껴질 때는 손을 들고 도움을 청합니다." • "화장실은 쉬는 시간에 가는 것이 원칙이며, 배탈 등 특별한 사정이 아니라면 수업 시간 중 1회만 화장실에 갈 수 있습니다."
	2차	• 비언어적 대응 : (교탁에서 학생 이름을 부르며) 손가락으로 자리를 가리키며 자리로 돌아가도록 제스처 취하기, 학생에게 다가가 자리에 앉도록 유도하기

지도	2차 (해당 학생 대상)	• 언어적 대응
		  - (학생에게 다가가) "○○아, 지금 수업 시간이야. 자리에 가서 앉자."
		  - (학생에게 다가가) "○○아, 화장실은 쉬는 시간에 다녀오는 것이 원칙이고 지금은 수업 시간이야. 화장실을 다녀온 지 얼마 안 됐는데 또 가야 하는 특별한 사정이 있지 않다면 자리에 앉자."

		• [팁1] 비언어적 신호 활용 : 학생이 자리에서 벗어나려 하면 눈빛이나 손짓으로 다시 앉도록 유도하여 수업 방해를 최소화 • [팁2] 행동 변화 강화 : 학생이 행동을 수정하면 즉각 긍정적인 비언어적 피드백을 줘 강화(미소, 엄지척 등)
	규칙 및 결과 예고	• 반복적으로 자리를 이탈하여 교사의 지시에 따르지 않으면 교실 내 지정 위치로 분리될 수 있음을 예고
	문제행동 지속 시 대응	• 교실 내 다른 좌석(학기 초 학생들과 미리 약속한 지정 좌석)으로 분리할 것을 2회 이상 주의했음에도 교육활동을 방해하면, 해당 좌석으로 옮겨 앉게 할 수 있음 • 교실 내 지정 좌석으로 옮겨 앉았음에도 불구하고 수업을 지속적으로 방해하여 교육활동 진행이 어렵다면, 교실 뒤편 등 교실 내 다른 장소로 이동하여 수업에 참여하게 할 수 있음. 학생이 교육활동에 참여하려는 의사를 보이면 복귀하게 할 수 있음
	예방 및 대응 포인트	• **대체 행동 가르치기** : 문제행동을 억제하기보다 긍정적인 대체 행동 가르치기, 집중이 어려운 상황에서는 손을 들어 도움을 요청하도록 지도 • **예방적 개입 전략** : 문제행동 발생 가능성이 있을 때 사전에 약속을 정하거나 짧은 휴식 시간을 제공하여 예방적 개입 시도

	문제행동 예방 및 강화 전략	• 수업 참여 유도
		  - 학생에게 맞게 수준·분량이 조정된 활동 및 학습지 준비
		  - 학생의 흥미에 맞게 학습 활동을 선택할 기회 제공
		  - 개별 및 전체 질문을 통해 학생 반응 기회 증가
		• **시각적 연상자료를 통한 규칙 교수** : 포스터 등을 활용해 수업 중 교실 밖으로 나가는 것은 규칙에 어긋남을 안내하고, 쉬는 시간 및 점심시간에 화장실을 이용하도록 지도
		• **적절한 의사표현 교수**
		  - 학생이 자주 나가려는 이유 파악·기록(예 : 의사소통 문제, 활동 회피)
		  - 문제행동이 아닌 더 긍정적인 방법을 통해서도 원하는 것(도움, 휴식 등)을 얻을 수 있음을 교수(예 : 자리를 벗어나는 대신 "어려워요"라고 말하면 즉각 지원)

문제행동 예방 및 강화 전략	• **학급강화 및 수업활동기록지 활용** - 학급의 모든(또는 특정) 학생이 정해진 규칙을 지켰을 때 칭찬·보상을 받도록하여 학급 전체에 기여하도록 동기부여 및 기회 제공 - 학급나무 활용 : 학생들의 목표행동 수행에 따라 해당 칸에 서명·도장을 찍어주고 정해진 만큼 모았을 때 학급 전체에 강화물 제공 (예 : 학급파티, 자유시간 1시간 등) - 수업활동 기록지 사용 : 정해진 시간·활동에서 수업참여도를 평정하여 학급 강화 제공

2 학생이 수업과 상관 없이 스마트기기를 사용하는 경우

원인 분석		수업 참여 동기·흥미 부족, 수업이 지루하거나 어려워 과제 회피, 일시적 스트레스 해소
지도	1차 (전체 학생 대상)	수업 시작 전 스마트기기를 끈 후 가방에 넣기, 수업에 관련된 질문만 하기 등 규칙을 설명하고 규칙 지키기의 중요성 강조("스마트기기 사용은 허용된 시간에만 가능한 거 알고 있죠? 의도하지 않았더라도 갑자기 스마트기기가 울리면 집중이 흐트러질 수 있으니 전원을 껐는지 한 번 더 확인합니다.") [팁] 일관된 규칙·결과 제공 : 교사의 지시에 따르지 않으면, 미리 설정한 일관된 규칙에 따라 행동의 결과를 예고·적용하여 명확한 기대치 전달
규칙 및 결과 예고		학생이 계속해서 스마트기기를 사용하면, 스마트기기를 교사에게 제출하고 수업이 끝난 후 돌려받는 규칙을 예고("만약 계속 스마트기기를 사용하면, 학교생활규정에 따라 선생님이 (정해진 장소에) 보관하고 있다가 종례할 때 돌려주게 될 거야.")
문제행동 지속 시 대응		• 1회차 적발 시 주의, 2회차 적발 시 주의 및 분리 보관됨을 알렸음에도 스마트기기를 계속 사용하는 경우, 교사는 주의를 2회 이상 주었음을 알리고 미리 지정된 교실 내 장소(학기 초 학생들과 미리 약속한 장소)에 분리 보관 • 분리 보관한 스마트기기는 수업 종료 후 학생에게 되돌려줌
예방 및 대응 포인트		**수업 시작 전 긍정적 상호작용으로 기대 표현**, 집중력을 높일 수 있는 **짧은 휴식 시간** 제공(문제상황 미리 방지)
문제행동 예방 및 강화 전략		• 수업 참여 유도 - 학생에게 맞게 수준·분량이 조정된 활동 및 학습지 준비 - 학생의 흥미에 맞게 학습 활동을 선택할 기회 제공 - 개별 및 전체 질문을 통해 학생 반응 기회 증가

문제행동 예방 및 강화 전략	• **시각적 연상자료를 통한 규칙** 교수 : 학생이 규칙을 자주 접하고, 교사가 문제행동이 발생하거나 조짐이 보일 때 규칙을 상기시킬 수 있도록 학급 게시판 등에 스마트기기 사용 규칙 게시 • **프리맥 원리로 참여 격려** 　- 수업 활동 참여 후 (학습용) 스마트기기 사용 시간 제공 약속(수업 참여에 대한 동기부여 강화) 　- 카드로 학생이 특정 행동(예 : 수업 참여)을 먼저 수행하면, 그 뒤에 원하는 활동(예 : 스마트기기 사용)을 할 수 있음을 시각적으로 명확히 제시 • **타임아웃(물품 분리) : 2회 이상 주의를 주었음에도** 학생이 계속하여 스마트기기를 사용하면 지정된 장소로 물품 분리

3 학생이 친구와 잡담을 (시도)하는 경우

원인 분석		관심 끌기, 수업에 대한 부담감 회피, 친구와의 상호작용을 통한 자신의 존재감 확인
지도	1차 (전체 학생 대상)	수업 중 기대되는 행동(교사 설명 집중, 수업 내용과 관련된 것만 질문)을 하도록 설명("수업 시간에는 선생님 설명에 집중하고, 질문이 있을 때는 손을 들어 선생님께 물어보세요. 수업과 관계없는 이야기는 쉬는 시간에 하도록 합시다.")
	2차 (해당 학생 대상)	• 비언어적 대응 : (교탁에 서서 교사가 학생과 시선을 맞추며) 조용히 하라는 제스처를 취하며 지금은 수업에 집중할 때임을 알림 • 언어적 대응 : (학생에게 다가가) "○○아, 지금은 수업 시간이야. 수업과 관련된 이야기에만 집중하자. 친구에게 하고 싶은 말이 있으면 쉬는 시간에 하자." • [팁1] 즉각 대응 : 잡담 시작 학생에게 시선·손짓으로 비언어적 신호를 보내 주의 환기 • [팁2] 교실 환경 관리 : 자주 문제를 일으키는 학생들을 서로 떨어뜨려 자리 배치, 그룹 활동 시 사적인 대화가 많아지면 개별 활동 전환 또는 그룹 구성 조정
규칙 및 결과 예고		학생이 계속 수업과 무관한 말을 하여 방해가 된다면, 교사는 학생에게 후속 조치 예고
	예	• "계속 수업과 무관한 이야기를 하면, 너와 따로 이야기를 나누고 선생님이 지정한 자리에 앉을 수밖에 없어. 지금은 수업에 집중하자." • "계속 수업과 관련 없는 이야기를 하면, 학교생활규정에 따라 선생님이 지정한 자리로 옮겨 앉아야 해."

문제행동 지속 시 대응	• 교실 내 다른 좌석(학기 초 학생들과 미리 약속한 좌석)으로 분리할 것을 2회 이상 주의했음에도 불구하고 교육활동을 방해하면, 해당 좌석으로 옮겨 앉게 함 • 교실 내 지정 좌석으로 옮겨 앉았음에도 수업을 지속적으로 방해하여 교육활동 진행이 어렵다면, 사물함 앞, 교실 뒤편 등 교실 내 다른 장소로 이동시킬 수 있음. 학생이 교육활동에 참여하고자 하는 의사를 보이면 복귀를 지시할 수 있음
예방 및 대응 포인트	• **명확한 기대 설정** : 수업 시작 시 명확한 행동 규칙 설정·명시, 규칙의 시각적 게시 및 수시 상기 • **긍정적 대체 행동 강화** : 학생이 잡담 대신 수업에 집중하거나 교사의 지시에 따라 행동하면 즉각 긍정적 피드백을 줘 바람직한 행동 강화

문제행동 예방 및 강화 전략	• **자리 배치**
	  - 각 학생의 특성 기록 후, 자리 배치의 기본 원칙 설정(예 : 산만한 학생은 교사와 가까운 자리에 배치)
	  - 자리마다 번호를 붙이고, 학생 이름·특성을 반영하여 배치
	  - 배치 후 학생들의 행동 변화 관찰 및 필요시 자리 조정
	• **수업 참여 유도**
	  - 학생에게 맞게 수준·분량이 조정된 활동 및 학습지 준비
	  - 학생의 흥미에 맞게 학습 활동을 선택할 기회 제공
	  - 개별 및 전체 질문을 통해 학생 반응 기회 증가
	• **적절한 의사표현 교수**
	  - 학생이 잡담하는 이유 파악·기록(예 : 관심 끌기, 활동 참여 회피)
	  - 해당 상황 직면 시 카드를 들어 표현하거나 직접 말할 수 있도록 교육
	  - 역할극·연습을 통해 학생들이 직접 대화하고 전략을 수행할 기회 제공
	• **행동계약서 사용**
	  - 행동계약서 : 학생과 교사가 특정 행동에 대한 약속을 문서화하여 서명한 것으로, 행동 결과에 따라 강화 제공
	  - 학생에게 기대되는 구체적인 행동 목표 설정(예 : 규칙에서 허용하는 물품만 갖고 다니기), 일정 기간 동안 목표 달성 시 사전에 계획된 보상 제공

4 학생이 엎드려 자는 경우

원인 분석		수면 부족, 학업 스트레스, 낮은 흥미도, 가정 또는 개인적 요인으로 인한 정서적 문제
지도	1차 (전체 학생 대상)	몸이 좋지 않아 잠시 휴식이 필요한 경우 미리 교사에게 알릴 수 있게 수업 시작 전에 기회 제공, 갑자기 졸린 경우 서서 듣거나 스트레칭을 하도록 안내("오늘 수업도 다들 끝까지 잘 집중할 수 있죠? 혹시 몸이 안 좋으면 지금 선생님께 알려주세요. 너무 졸리면 잠깐 일어나서 수업을 듣거나 스트레칭을 해도 좋아요.")
	2차 (해당 학생 대상)	• 비언어적 대응 : 학생의 책상 모서리나 의자 등받이를 살짝 두드려 잠에서 깨어나도록 유도(강압적이지 않게, 스스로 일어날 수 있도록 배려하며 지도하는 방법) • 언어적 대응 : "요새 무슨 일 있니? 많이 피곤해 보이네. 잠을 잘 자지 못하는 이유가 있어 도움이 필요하다면 나중에 선생님에게 말해줘. 일단 스트레칭 하면서 깨보자."
		[팁] 개별 대응 : 다그치거나 강압적으로 대하면 오히려 반발심을 유발할 수 있어, 공감하는 태도로 다가가 스스로 행동을 수정하도록 기회를 주고 기다림.
규칙 및 결과 예고		"잠에서 깨려 노력하지 않으면, 학생생활규정에 따라 선생님이 지정한 자리로 이동해야 해."
문제행동 지속 시 대응		• 교실 내 다른 좌석(학기 초 학생들과 미리 약속한 좌석)으로 분리할 것을 2회 이상 주의했음에도 불구하고 엎드리거나 잔다면, 해당 좌석으로 옮겨 앉게 함 • 교실 내 지정 좌석으로 옮겨 앉았음에도 수업에 계속 불참할 경우, 사물함 앞, 교실 뒤편 등 교실 내 다른 장소로 이동시킬 수 있음. 학생이 교육활동에 참여하고자 하는 의사를 보이면 복귀를 지시할 수 있음
예방 및 대응 포인트		• **물리적 활동 도입** : 짧은 스트레칭, 간단한 운동 등을 수업 중간에 도입하여 활기 유도 • **수업 활동 다양화** : 역할극, 토론, 그룹 활동 등 다양한 활동을 통해 관심을 끌고 활발히 참여하도록 유도
문제행동 예방 및 강화 전략		• **자리 배치** 　- 학생 특성을 고려하여 배치 후 자리마다 번호를 붙여 시각적 표현 　- 배치 후 학생들의 행동 변화 관찰 및 필요시 자리 조정 　- 과제·활동에 참여하지 않고 엎드리거나 자는 학생의 경우 교사와 자주 눈 맞춤 및 상호작용이 가능한 맨 앞줄로 배치

문제행동 예방 및 강화 전략	• 수업 참여 유도 　- 개별 및 전체 질문을 통해 학생 반응 기회 증가 및 교사·학생 간 상호작용 증대 　- 모둠활동으로 학생에 역할 또는 토의 시간을 부여하여 적극적 참여 유도 • 적절한 의사표현 교수 　("수업 중 어려운 부분이 있거나 몸이 안 좋으면 손을 들어 선생님께 말해주세요. 그리고 많이 피곤하면 스트레칭을 하거나 잠시 뒤로 나가 수업을 들어도 좋아요.") • **일일 행동 점검** 　- 각 수업 시간에 학생 행동을 평가 및 기록 후, 매일 일과 종료 시 피드백 제공 　- 학생이 1일/1주/1달 동안 받은 점수의 합이 기준(예: 총점의 80%)을 넘으면 보상 　- 각 학생의 획득 점수는 그래프에 표시하여 주 단위 점검(행동 변화의 시각적 확인) • **선택적 강화** 　- 주어진 시간(예 : 15분) 동안 문제행동(예 : 엎드려 자기)을 보이지 않으면 강화 　- 적절한 행동은 관심·보상으로 강화, 문제행동은 강화하지 않고 자연스레 감소 유도("오늘 안 자고 바르게 앉아 수업에 집중하고 있네. 정말 잘하고 있어. 고마워.")

5 학생이 교사의 말을 의심하거나 교사와 계속 언쟁하는 경우

원인 분석		친구나 교사의 관심 끌기, 수업에 대한 흥미·동기 부족, 감정 조절의 어려움
지도	1차 (전체 학생 대상)	상황 예방을 위해, 질문을 통해 의견을 나누고 교사의 설명을 경청하는 태도의 중요성 설명("질문이나 의견이 있으면 선생님께 손을 들고 이야기해 주세요. 수업 중에는 모두 수업 관련 내용에 집중합니다.")
	2차 (해당 학생 대상)	• 비언어적 대응 : (교탁에서 해당 학생을 바라보며) 침착한 표정으로 조용히 손바닥을 들어 멈추라는 제스처를 취해, 학생이 언쟁을 멈추고 수업에 집중하도록 신호 • 언어적 대응 : (학생에게 조용히 다가가) "○○아, 선생님은 지금 수업을 진행해야 해. 일단 수업에 집중하고, 궁금한 게 있으면 쉬는 시간에 개별적으로 질문하자."

지도	2차 (해당 학생 대상)	• [팁1] 긍정적인 질문 기회 제공: 지정된 질문 시간에 물어보도록 유도해 수업 흐름을 유지하면서도 학생의 의견 표현 기회 보장 • [팁2] 교사의 통제권 확인: 반항 시 가장 쉽고 간단한 지시어(예 : 그만, 쉿, 멈춰)를 통해 학생이 반응하게 하여 교사의 권위와 통제권 확인, 교사는 교실 내 여러 학생의 수업 목표 달성을 위해 수업 진행 권리가 있음을 알림
규칙 및 결과 예고		학생이 계속 언쟁이나 공격적 태도를 지속할 경우, 학생에게 후속 조치 예고("이 상황을 계속 이어간다면 수업에 방해가 되어 학생생활규정에 따라 자리 이동 또는 분리 조치될 수밖에 없어.")
문제행동 지속 시 대응		• 교사에게 욕설, 물건 투척, 신체적 위협 시, 학생생활규정에 따른 학교별 지정 장소로 보호인력과 함께 이동 • 교실 밖으로 분리된 학생에게는 행동 성찰문 쓰기, 학습지 풀이 등 학습과제 부여 가능 • 학생생활규정에 따른 분리 장소 담당자는 분리 지도 대장 작성 • 교실 밖 분리 이후 보호자에게 관련 내용 안내, 필요시 추수 지도할 수 있음을 안내
예방 및 대응 포인트		• **근본 원인 파악** : 이해 부족, 가정 문제 등 다양한 이유가 있을 수 있어, 학생과 개인적인 대화를 통해 이유를 파악하고 학생에게 관심이 있음을 보여줌 • **선택권·자율성 제공** : 학습 과정에 대해 일부 통제권을 주면 저항감을 줄일 수 있음. 작업 순서 및 수행할 과제의 선택권 제공

문제행동 예방 및 강화 전략		• 관심·격려 통한 분위기 형성 : 학생 행동과 관계 없이 지속적으로 긍정적인 관심(예 : 칭찬, 격려) 및 긍정적인 비언어적 행동(예 : 미소, 눈 맞춤)을 통해 긍정적 분위기 조성(학생이 평소 교사·또래의 관심을 받는 걸 좋아할 때 특히 효과적)
		• 시각적 연상자료를 통한 규칙 교수
		  - 매 수업 시작 전 게시된 규칙을 활용하여 자주 문제 되는 행동을 특히 강조·설명("수업 외 다른 내용이 궁금하면 쉬는 시간에 질문하자. 우리가 함께 정한 규칙인 '수업과 관련된 질문만 말하기' 잘 지켜줘.")
		  - 학생이 문제행동을 할 경우, 조용히 포스터의 규칙을 손으로 가리켜 상기
		• **분노 조절 훈련** : 호흡 훈련, 감정 라벨링, 긍정적 자기 대화, 그라운딩 기법
		  - 감정 라벨링 : 자신의 감정을 인식·명명하여 감정 이해·관리
		  - 긍정적 자기 대화 : 자기인식(자신의 감정·생각 인식·이해) 및 자기관리(감정 조절, 목표 설정, 행동 통제)의 역량 활용
		  - 그라운딩 기법 : 현재의 순간에 집중하여 불안·스트레스 낮춤(예 : 5가지

문제행동 예방 및 강화 전략	보이는 것 말하기-4가지 느껴지는 것 말하기-3가지 들리는 소리 말하기-2가지 맡은 냄새 말하기-1가지 맛 말하기) • **행동계약서 사용** • **타임아웃(강화 차단, 활동 분리)** - 계획된 무관심 : 문제행동 시 일정 시간 동안 어떠한 상호작용도 미제공 - 타임아웃 리본 : 수업 전 모든 학생의 옷·손목에 리본을 부착, 문제행동 시 리본을 일정 시간 동안 회수하며 리본이 없으면 관심·강화 미제공 - 바람직한 행동 관찰: 문제행동 시 일정 시간 동안 활동에서 제외하여 강화 미제공, 다른 학생들의 바람직한 행동 수행 관찰(예 : '생각하는 의자'에 앉기)

6 학생이 모둠별 활동 중 조원과 언쟁하다가 몸싸움한 경우

원인 분석		의사소통 미숙, 충동조절 문제, 감정적 갈등(예 : 서운함), 과거의 부정적 경험
지도	1차 (전체 학생 대상)	학생들이 사전에 준비할 수 있도록 해당 교시에 모둠활동이 진행될 것임을 미리 안내, 조별 구성 및 역할 선정 등 규칙에 대해 명확히 설명("오늘은 예고한 것처럼 모둠활동이 있습니다. 각자 의견을 표현하는 건 좋지만, 상대를 비난하거나 공격하는 것은 상대를 존중하지 않는 행동임을 기억하세요.")
	2차 (해당 학생 대상)	• 비언어적 대응 : (두 학생 사이로 빠르게 이동하여) 상대방을 바라보지 않게 하고, 두 학생과 번갈아 눈을 맞추며 손을 펴 진정하라는 제스처를 보임 • 언어적 대응 : "모둠활동에서 중요한 것은 수업 목표와 관련된 활동을 완성하는 거야. 활동 중에 다투는 지금의 행동은 적절하지 않아. 숨을 고르며 감정을 가라앉히자."
		• [팁1] 수업 목표 안내 : 모둠활동은 수업 목표 달성을 위한 하나의 과정으로, 모둠활동 중 화를 내는 것은 오히려 수업 목표 달성을 저해하는 행동임을 설명 • [팁2] 차분한 대응 : 교사는 짧고 명확한 문장과 차분한 어조로, 학생이 자신의 감정을 적절하게 표현하도록 유도(비논리적이거나 협박하는 말투, 지나치게 공격적인 어투 지양)
규칙 및 결과 예고		계속 교사의 중재를 수용하지 않으면, 학생에게 후속 조치 예고("선생님이 이야기했는데도 수업에 참여하기 어려울 정도로 진정되지 않으면, 학교생활규정에 따라 교실 밖으로 분리되어 네 행동에 관해 성찰하는 시간을 가져야 해.")
문제행동 지속 시 대응		• 수업 중 학생 간 신체 폭력이 발생하여 교사가 정당하게 지도했음에도 수업 진행이 어려울 정도로 진정되지 않는 경우, 해당 학생(들)을 학생생활규정에 따른 학교별 지정 장소로 학생 보호인력과 함께 이동

문제행동 지속 시 대응	• 교실 밖으로 분리된 학생에게는 행동 성찰문 쓰기, 훈화 등 문제행동 시정 활동 가능 • 학생생활규정에 따른 분리 장소 담당자는 분리 지도 대장 작성 • 교실 밖 분리 이후 보호자에게 관련 내용 안내, 필요시 추수 지도할 수 있음을 안내 • 학생이 교실 밖 분리 거부 시 보호자에게 연락하여 가정학습 실시 가능 : 보호자가 학교에 방문하는 시간까지 학생은 학생생활규정에 따른 학교별 지정 장소에서 대기, 가정학습 실시 이후에는 가정학습확인서 제출
예방 및 대응 포인트	• **긍정적 피드백 제공** : 다툼이나 몸싸움 대신 대화를 통해 문제를 해결하거나 손을 들어 교사에게 조언을 구할 경우 즉각적으로 긍정적 피드백 제공(바람직한 행동 강화) • **시각적 자료 활용** : 갈등 대처 전략을 시각적 자료로 제작, 학생이 이를 체크하게 해 학생의 적절한 실행 지원

문제행동
예방 및
강화 전략
	• **학급규칙 개발·게시**
	  - 모둠활동 시작 전 팀 빌딩 게임을 통해 상호 이해·협력 분위기 조성
	  - 모둠활동 시작 전 게시판을 보며 규칙 다시 상기(예 : 맡은 역할 수행하기, 역할은 가위바위보로 정하기, 신체 접촉을 피하도록 거리두기 등)
	• **또래와의 갈등 대처 전략**
	  - 갈등·다툼 발생 시 시각적 자료를 보며 대처 방법을 스스로 실행하도록 지원
	  - 전략의 구체적 사용 방법을 지속적으로 지도·연습할 기회 제공
	  - 포스터 게시 및 교수뿐 아니라, 갈등상황에 직면했을 때 전략을 떠올리고 하나씩 체크하며 실행
	  - 예 : 침착하게 행동, 윈-윈 방법 찾기, '나' 메시지 사용, 상대방 경청 등
	• 적절한 의사표현 교수
	  - 학생이 조원에게 화를 내는 이유 파악·기록(예 : 의사소통 문제, 원하는 역할 획득)
	  - 해당 상황 직면 시 카드를 들어 표현하거나 직접 말할 수 있도록 교육
	  - 역할극·연습을 통해 학생들이 직접 대화하고 전략을 수행할 기회 제공
	• **학급강화(예 : 학급나무) 및 수업활동기록지 활용** : 학급의 모든 학생이 정해진 규칙을 지켰을 때 칭찬·보상을 받을 수 있음을 안내
	• **타임아웃(강화 차단, 활동 분리)** : 계획된 무관심, 타임아웃 리본, 바람직한 행동 관찰

7 학생이 담배 등 소지 불가 물품을 분리 보관하려는 교사에게 욕설하는 경우

원인 분석		교사 권위에 대한 반발(지시를 불합리하다고 여김, 자신의 의견이 무시된다고 생각), 스트레스·좌절, 의사소통 미숙, 교사와의 관계(신뢰 관계 부족, 이전 경험에서 비롯한 감정적 갈등 등)
지도	1차 (전체 학생 대상)	학교 내 소지 불가 물품의 종류와 그 이유를 명확히 설명하고 안전 관련 규칙의 중요성 강조("학교에서는 여러분의 안전을 위해 담배(라이터)를 갖고 있지 않도록 하고 있으며, 모두가 안전한 학교생활을 하기 위한 것이니 꼭 지켜야 합니다.")
	2차 (해당 학생 대상)	• 비언어적 대응 : (학생 이름을 부르고 눈을 마주치며) 손을 내리며 차분하게 진정하라는 제스처를 취함. 또한 침착한 표정과 단호한 태도로 학생이 공격적인 반응을 멈추고 진정하도록 기다림. • 언어적 대응 : (학생에게 다가가) "○○아, 이 물품은 학교생활규정상 너와 다른 친구들의 안전을 위해 가지고 다닐 수 없어. 지금은 다른 친구들과 교육활동 중이니, 감정을 가라앉히도록 해."
		• [팁1] 명확한 규칙 안내 : 소지 불가 물품에 대한 규칙을 사전에 명확히 안내하고, 학생들이 그 이유를 이해·공감하도록 반복 설명 • [팁2] 긍정적인 대화 유도 : 학생이 분노 표현 시, 교사는 차분한 어조로 학생이 자신의 감정을 적절한 방식으로 표현하도록 지원
규칙 및 결과 예고		학생이 계속 물품 소지를 인정하지 않거나 욕설을 하면, 학생에게 후속 조치 예고("학교생활규정에 따라 이 물품은 교무(장)실에 보관하고, 보호자분께 이 사실을 알려야 해. 그리고 선생님께 욕을 하는 경우 학교생활규정에 따라 교실 밖으로 분리되어 네 행동에 관해 성찰하는 시간을 가져야 해.")
문제행동 지속 시 대응		• 소지 금지 물품(담배, 술, 성냥, 라이터, 도박 물품 등)의 경우 분리 보관에 관한 주의 없이, 확인 즉시 분리 보관 • 분리 보관 시 교무(장)실 등 학교생활규정에 따른 지정 장소에 보관하고, 일시·경위 등 지도 내용을 학교장에 보고 • 학교생활규정에 따른 담당자(학교장, 담임교사 등)는 물품 분리보관 사안(일시, 경위, 반환 방법, 폐기 관련 사항 등)을 보호자에게 안내 • 학교 구성원이나 CCTV에 의해 목격된 경우, 구체적인 신고가 있는 경우, 절도 등이 명확히 식별되는 경우, 자해·자살 가능성이 있는 경우, 약물 오·남용 가능성이 있는 경우는 소지품 검사 실시 가능 • 교사에게 욕설, 투척, 신체적 위협을 하는 경우 학교생활규정에 따른 지정 장소로 학생 보호인력과 함께 이동

문제행동 지속 시 대응	• 학생이 교실 밖 분리 거부 시 보호자에게 연락하여 가정학습 실시 가능 : 보호자가 학교에 방문하는 시간까지 학생은 학생생활규정에 따른 학교별 지정 장소에서 대기, 가정학습 실시 이후에는 가정학습확인서 제출
예방 및 대응 포인트	문제상황에서의 감정 관리 : 학생이 규칙을 어겼을 때 교사는 학생이 자신의 감정을 관리하고 규칙에 순응할 수 있도록 도움, 학생이 감정을 잘 조절하고 규칙을 따르면 즉각적으로 긍정적인 피드백 제공 (바람직한 행동 강화)
문제행동 예방 및 강화 전략	• **학급규칙 개발·게시** - 학급자치 시간 등을 활용하여 학생들과 함께 필요한 규칙 선정 및 포스터 게시 - 매 수업 시작 전 물품 소지 관련 규정을 한번 더 강조하고 중요성 설명 - 규칙을 잘 지켰을 때와 그렇지 않았을 때의 결과에 대해 예측할 수 있도록 안내 • **분노 조절 훈련** : 호흡 훈련, 감정 라벨링, 긍정적 자기 대화, 그라운딩 기법 등 • **오류 교정 절차 적용** - 학생이 보인 행동을 그대로 관찰하고 언급 : 부적절한 행동 때문에 지도하는 것이며 선생님에게 욕설을 했다는 사실을 말해줌 - 해당 행동이 적절하지 않은 이유 설명 : 잘못된 행동이 무엇인지 인식하도록 안내 (예 : 자신의 감정을 차분히 설명하지 않음) - 올바른 행동 시범·안내 : 학생은 학교 규정을 따라야 할 의무가 있고, 화가 났을 때도 자신의 감정을 올바른 방법으로 표현해야 함을 교사가 시범을 보임 - 올바른 행동 반복·연습 지원 : 학생이 진정된 후, 교사와 함께 비슷한 상황에서의 역할극 등을 활용하여 연습 기회 제공 • **행동계약서 사용**

8 기타 다양한 상황에서의 문제행동 예방 및 강화 전략

(1) **예방 전략** : 안전한 학급환경을 조성하고, 사전에 기대 행동을 안내한다.

　① **자리 배치**

　　㉮ 각 학생의 특성을 기록하고, 자리 배치의 기본 원칙을 설정한다.(예 : 산만한 학생은 교사와 가까운 자리에 배치, 자거나 자주 화장실에 가는 학생은 교사와 상호작용이 가능한 맨 앞줄에 배치)

　　㉯ 자리마다 번호를 붙여 시각적으로 표현하고, 학생 이름·특성을 반영하여 배치한다.

　　㉰ 배치 후 학생들의 행동 변화를 관찰하고, 필요시 자리를 조정한다.

　② **일과의 구조화** : 시간표·활동계획표 등을 통해 학교·교실에서의 일과·활동을 쉽게 파악하도록 구성·게시하는 것으로, 학생들이 예측가능한 환경을 통해 안정감을 느끼고 효율적

으로 학습하도록 도와준다.
③ 관심·격려를 통한 분위기 형성 : 긍정적 관심(칭찬, 격려 등)과 비언어적 행동(미소 짓기 등)을 통해 상호작용을 더욱 활발하게 하여, 학생·교사 간 긍정적 관계를 형성한다.
④ 학급 규칙 개발 및 게시
   ㉮ 자치 시간 등을 활용하여 학생들과 함께 필요한 규칙을 선정하고 포스터를 게시한다.
   ㉯ 매 수업·활동 시작 전 규칙을 한번 더 강조하고 중요성을 설명한다.
   ㉰ 규칙을 잘 지켰을 때와 그렇지 않았을 때의 결과에 대해 예측할 수 있도록 안내한다.
⑤ 수업 참여 유도
   ㉮ 학생에게 맞게 수준·분량이 조정된 활동 및 학습지를 준비한다.
   ㉯ 학생의 흥미에 맞게 학습 활동을 선택할 기회를 제공한다.
   ㉰ 개별 및 전체 질문을 통해 학생 반응 기회를 증가시킨다.
   ㉱ 모둠활동으로 학생에 역할 또는 토의 시간을 부여하여 적극적 참여를 유도한다.

(2) **교수 전략** : 적절한 표현 방법을 가르친다.
  ① 시각적 연상자료를 통한 규칙 교수
    ㉮ 학생이 규칙을 자주 접하고, 교사가 문제행동이 발생하거나 조짐이 보일 때 규칙을 상기시킬 수 있도록 학급 게시판 등에 규칙을 게시한다.
    ㉯ 매 수업 시작 전 게시된 규칙을 활용하여 자주 문제 되는 행동을 특히 강조·설명한다.
    ㉰ 학생이 문제행동을 할 경우, 조용히 포스터의 규칙을 손으로 가리켜 상기한다.
    ㉱ 포스터 등을 활용해 해당 문제행동은 규칙에 어긋남을 안내하고, 올바른 행동을 하도록 지도한다.
  ② **적절한 의사표현 교수**
    ㉮ 학생이 문제행동을 하는 이유를 파악·기록한다.
    ㉯ 문제행동이 아닌 더 긍정적인 방법을 통해서도 원하는 것(도움, 휴식 등)을 얻을 수 있음을 가르친다.
    ㉰ 해당 상황 직면 시 카드를 들어 표현하거나 직접 말할 수 있도록 교육한다.
    ㉱ 역할극·연습을 통해 학생들이 직접 대화하고 전략을 수행할 기회를 제공한다.
  ③ 주제 중심 교과 융합 수업 실시(예 : 국어-도덕(좋은 의사소통 방법 탐구, 갈등 사례 분석))
  ④ **오류 교정 절차 적용**
    ㉮ 학생이 보인 행동을 그대로 관찰하고 언급 : 부적절한 행동 때문에 지도하는 것이며 선생님에게 부적절한 행동을 했다는 사실을 말해준다.
    ㉯ 해당 행동이 적절하지 않은 이유 설명 : 잘못된 행동이 무엇인지 인식하도록 안내한다.
    ㉰ 올바른 행동 시범·안내 : 학생은 학교 규정을 따라야 할 의무가 있고, 부정적인 감정이 나타났을 때도 자신의 감정을 올바른 방법으로 표현해야 함을 교사가 시범을 보인다.
    ㉱ 올바른 행동 반복·연습 지원 : 학생이 진정된 후, 교사와 함께 유사 상황에서의 역할극 등을 활용하여 연습 기회를 제공한다.

⑤ 분노 조절을 위한 훈련
  ㉮ 호흡 훈련 : 4초간 코로 들이쉬기, 4초간 숨 참기, 4초간 입으로 내쉬기, 복식호흡 등
  ㉯ 감정 라벨링 : 자신의 감정을 인식·명명하여 감정을 이해·관리한다.(예 : 심장이 두근거리는 걸 보니 난 지금 화가 난 상태야. 내 실수가 드러났기 때문에 그런 것이고, 화가 날 수도 있지만 심호흡을 해 보자.)
  ㉰ 긍정적 자기 대화 : 자기인식(자신의 감정·생각 인식·이해) 및 자기관리(감정 조절, 목표 설정, 행동 통제)의 역량을 활용한다.(예 : 실수가 드러나 화나지만, 내 잘못이니 진정하고 사과할 수 있어.)
  ㉱ 그라운딩 기법 : 현재의 순간에 집중하여 불안·스트레스를 낮춘다.(예 : 5가지 보이는 것 말하기-4가지 느껴지는 것 말하기-3가지 들리는 소리 말하기-2가지 맡은 냄새 말하기-1가지 맛 말하기)
  ㉲ 분노일지 작성 : 분노를 경험할 때마다 일시·상황·감정·대처 방법 등을 기록하여 개인의 감정 관리 능력을 강화하고 문제해결·의사소통 능력을 향상한다.
⑥ 또래와의 갈등 대처 전략(예 : 침착, 윈-윈 방법 찾기, '나' 메시지 사용, 상대방 경청)
  ㉮ 갈등·다툼 발생 시 시각적 자료를 보며 대처 방법을 스스로 실행하도록 돕는다.
  ㉯ 전략의 구체적 사용 방법을 지속적으로 지도·연습할 기회를 제공한다.
  ㉰ 포스터를 게시하고 가르치는 것뿐 아니라, 갈등 상황 직면 시 전략을 떠올리고 하나씩 체크하며 실행하게 한다.

(3) **강화 전략** : 바람직한 행동을 늘려나간다.
  ① 긍정적 강화 : 규칙을 지켰을 때 긍정적 결과를 제공하는 정적 강화와 부정적 결과를 제거하는 부적 강화가 있으며, 즉각적이고 일관될수록 효과가 높다.
  ② **학급강화 및 수업활동기록지 활용**
    ㉮ 학급의 모든(또는 특정) 학생이 정해진 규칙을 지켰을 때 칭찬·보상을 받도록 하여 학급 전체에 기여하도록 동기부여 및 기회를 제공한다.
    ㉯ 바람직한 행동을 서로 지지하고 공동의 목표를 위해 협력하는 긍정적 상호작용이 촉진되나, 목표 달성에 어려움을 겪는 학생은 또래에게 부당한 압력·배척을 받을 수 있다.
    ㉰ 목표 설정 시 모든 학생이 충분히 달성할 수 있는 적절한 기준을 마련해야 한다.
    ㉱ 학급나무 활용 : 학생들의 목표행동 수행에 따라 해당 칸에 서명·도장을 찍어주고 정해진 만큼 모았을 때 학급 전체에 강화물을 제공한다.(예 : 청소 1회 면제권)
    ㉲ 수업활동 기록지 사용 : 정해진 시간·활동에서 수업참여도를 평정하여 학급강화를 제공한다.
  ③ **선택적 강화**
    ㉮ 낮은 빈도의 행동 강화 : 적절한 행동이 너무 자주 발생할 때 사용한다.(예 : 40분간 손을 5번 이하로 들면 보상 제공)
    ㉯ 다른 행동 강화 : 문제행동을 주어진 시간 동안 안 하면 사용한다.(예 : 15분간 엎드리지

않았을 때 보상 제공)
- ㉰ **상반되는 행동 강화** : 문제행동과 동시에 할 수 없는 바람직한 행동을 하면 사용한다. (예 : 엎드려 자는 대신 바르게 앉아 수업에 참여하면 보상 제공)
- ㉱ **대체할 수 있는 행동 강화** : 문제행동을 대신할 수 있는, (문제행동과 동일한 원인을 지닌) 바람직한 행동을 강화한다.(예 : 어려운 과제를 회피하고자 자는 대신, 교사에게 도움을 요청하면 보상 제공)
④ **프리맥 원리**로 참여 격려 : 수업 활동 참여 후 좋아하는 활동을 할 수 있도록 약속하여, 수업 참여에 대한 동기부여를 강화한다.
⑤ **일일 행동 점검**
- ㉮ 각 수업 시간에 학생 행동을 평가·기록한 후, 매일 일과 종료 시 피드백을 제공한다.
- ㉯ 학생이 1일/1주/1달 동안 받은 점수의 합이 기준(예 : 총점의 80%)을 넘으면 보상한다.
- ㉰ 각 학생의 획득 점수는 그래프에 표시하여 주 단위로 점검하는 등, 학생의 행동 변화를 시각적으로 확인한다.
⑥ 행동계약서 사용 : 행동계약서는 학생과 교사가 구체적인 행동에 대한 약속(목표)을 문서화하여 서명한 것으로, 일정 기간 동안 목표를 달성하면 사전에 계획된 보상을 제공한다.

(4) 타임아웃 : 문제행동 발생 시 일정 시간 동안 학생을 모든 강화로부터 차단한다.
① 2~10분 정도로 설정하며, 너무 긴 타임아웃은 또 다른 문제행동을 유발할 수 있다.
② 학생이 참여하는 활동·환경이 강화제로 작용해야, 학생이 타임아웃 후 다시 돌아와 참여하고 싶다는 동기를 느낄 수 있다.
③ 정해진 시간 동안 적절한 행동 유지 시 타임아웃을 종료하고, 다시 활동에 참여시켜 강화를 제공한다.
④ 정해진 시간이 지나도 지속적으로 부적절한 행동을 하면, 추가 타임아웃을 부과한다.
⑤ 학생의 부적절한 행동을 강화하지 않도록 주의해야 한다.(예 : 학생이 수업에 참여하기 싫어서 일부러 방해행동을 보인 경우)
⑥ 적용 방법
- ㉮ **계획된 무관심** : 문제행동 시 일정 시간 동안 어떠한 상호작용도 제공하지 않는다.
- ㉯ 타임아웃 리본 : 수업 전 모든 학생의 옷·손목에 리본을 부착하고, 문제행동 시 일정 시간 동안 리본을 회수하며 리본이 없는 학생에게는 관심·강화를 제공하지 않는다.
- ㉰ 바람직한 행동 관찰 : 문제행동 시 일정 시간 동안 활동에서 제외하여 강화를 제공하지 않으며, 다른 학생들의 바람직한 행동 수행을 관찰하게 한다.(예 : '생각하는 의자'에 앉기)
- ㉱ 격리 타임아웃 : 교실 밖 타임아웃으로, 신체적 공격이나 기물파손 등 위협적인 행동에 대해 선택적으로 적용한다. 학생은 진정을 돕는 독립된 장소(복도, 성찰실 등)로 분리되어 긍정적 강화를 받을 수 없다.

(5) **물품 분리**
① 근거 : '교원의 학생생활지도에 관한 고시'(사전에 허용받은 경우를 제외하고는 수업 중 휴대전화 사용 금지, **2회 이상 주의**를 주었거나 학생·교직원의 안전·건강에 위해를 줄 수 있거나 학생 판매 금지 대상이거나 학칙으로 소지·사용을 금지한 경우 분리 보관 가능)
  * '교원의 학생생활지도에 관한 고시'의 자세한 내용은 'PART 6. 생활지도' - 'Ⅲ 교원의 학생 생활지도에 관한 고시' 참고.
② 지도 요령
  ㉮ 물품 조사, 분리 보관 과정에서 물품 손상·분실이 발생하지 않도록 시건장치가 부착된 지정 장소에 보관하여야 한다.
  ㉯ 여러 학생으로부터 비슷한 물건을 분리 보관하는 경우, 학교는 물품 주인을 명확하게 표시해야 한다.
  ㉰ 학교의 장과 교원은 학칙 제정 시 금지된 물건과 이후 절차 등 내용을 자세히 명시하고 물품 조사 및 분리 보관 시 그 사유를 명확히 안내해야 한다.
  ㉱ 학생 물품 조사 시 그 과정에서 학생 개인 신상 정보를 침범하거나 개인의 정보가 드러나지 않도록 유의해야 한다.

PART 5.
학급경영

Ⅰ 학급자치활동
Ⅱ 학급 운영
Ⅲ 학생 및 학부모 상담
Ⅳ 통합교육
Ⅴ 서울인성교육

PART 5. 학급경영

Ⅰ 학급자치활동

24 세종 담임교사가 학기 초 학생들의 적응을 도울 수 있는 학급특색활동 3가지와 각 활동의 기대효과에 대해 말하시오.

22 경기 학급의 학급자치생활협약에 대한 세 명의 학생들의 의견을 토대로 학급자치를 실현할 수 있는 방안 2가지를 말하시오.

> ※ **기품 포인트**
> 교실은 학생들의 작은 사회입니다. 같은 반 학생끼리 갈등이 생기기도 하고 함께 논의하여 결정할 일도 있으며 의견을 모아 선생님께 건의해야 할 일도 있습니다. 학급자치활동은 학급에서 일어나는 일을 스스로 파악하고 해결하며 학급이 나아가고자 하는 방향에 대해 계획하고 실행하는 아주 중요한 활동입니다. 예비 선생님께서 담임교사가 되었을 때 학급자치활동을 효율적으로 운영할 수 있는 창의적인 방법과 교실에서 자신의 의견을 표현하지 못하는 학생을 변화시킬 수 있는 방법을 생각해 보세요.

1 학급자치회 조직 및 운영

(1) 학급자치회 임원 선발(예시)

① 학급자치회의 주체로서 학생 스스로 **학급 선거관리위원회**를 구성하고 주관하여 민주적인 선거를 운영하게 한다. (학급 선거관리위원회 : 위원장, 투표관리, 기표 및 집계 등)

② 학급 선관위가 학생들에게 "우리반이 원하는 학급회장의 모습"을 '패들렛'에 작성하게 한다. 선관위는 이를 정리하여 학급회장 후보자 등록기간을 설정하고 선관위에서 제작한 후보자별 공약 및 약력 양식을 후보자가 작성하여 교실 게시판에 게시한다.

③ **후보자 토론회**를 진행한다. 후보자들을 대상으로 인사청문회와 같은 방법으로 학생유권자가 질문하고 후보자들이 답변할 수 있는 자리를 마련하여 후보자들의 자질을 평가하고 의미 있는 선거가 이루어질 수 있도록 한다.

(2) 학급자치회 부서 조직(예시)

기획 위원회	• 학급 회장 : 학급자치회 사회 및 부서별 활동 점검, 학습분위기 조성 • 서기 : 학급자치회의록 기록 및 보관
널리 알림부	• 학급자치 행사 및 운영에 대한 정기적 안내 • 학급회의 게시 및 발표하기
열공 학습부	• 배움이 느린 친구 돕기 • 수업 시간에 참여 및 집중 독려하기 • 과제 및 수행평가 일정 정리 및 게시

튼튼 체육부	・체육대회 및 구기대회 준비하기 ・응원가 및 응원구호 만들기 ・학급 단체복 및 응원 용품 정보 수집하기

(3) 정기적인 학급자치회의 개최(예시)
① 학급회장이 주관하여 1주일에 1회 진행한다.
② 학급 구호 외치고 회의 시작하기
  ㉮ 코로나 이후 학생들의 개인주의적인 성향이 강해졌다. 학급의 단합과 공동체 역량의 함양, 소속감 형성을 위해 학급 구호를 만들어 외친다. 말의 힘은 생각보다 강하다.
③ 학교 행사 및 학급 행사 준비를 위한 토의
  ㉮ 학급 단위로 진행되는 학교 행사(체육대회, 구기대회, 학교축제-학급부스 등)는 학급의 단합이 선행되어야 모든 학급 구성원이 재미있게 참여할 수 있다.
  ㉯ 학교 행사를 준비할 때 학생들끼리 소통을 통한 의견을 수렴하고 이 과정에서 겪을 수 있는 갈등 상황을 해결하여 협력적으로 준비를 할 수 있도록 학급회장이 구심점 역할을 수행하고 담임교사는 조언과 지지를 보낸다.
  ㉰ 학급 단합 행사 준비 회의를 통해 학급의 모든 학생들이 소통하여 역할을 나누고 협동하며 준비할 수 있다.
④ 학급 규칙 제정을 위한 토의
  ㉮ 학급에서 학급 구성원이 지켜야 할 규칙을 만들기 위해 개개인의 생각을 공유하고 토론한다. 학급 규칙이 제정되면 규칙을 지키기 위해 어떤 노력을 해야 하는지 토의한다.
⑤ 반성과 성찰을 위한 토의
  ㉮ 수업 시간 소극적인 학습태도와 좋지 않은 학급 분위기, 학급 내 갈등 상황에 대해 반성하고 성찰을 통해 학급과 학급 구성원이 오늘보다 내일 더 나아질 수 있도록 소통한다.

(4) 학급자치회의에서 교사의 역할
① 자신의 의견을 전달하는 데 다양한 이유로 **어려움을 겪는 학생들이 적극적으로 참여할 수 있도록 다양한 방법을 통해 조력**한다.
  ㉮ 자신의 의견을 노트에 작성하고 내용을 보면서 의견을 말할 수 있도록 지도한다.
  ㉯ 타인의 의견이 자신의 의견과 다를 경우 비난과 반박 의견을 내기보다는 적극적으로 경청하고 공감하며 정제된 어투와 언어를 통해 질문 형식으로 다시 질문할 수 있도록 지도한다.
  ㉰ 모든 학생들이 동그랗게 둘러앉아 한 명씩 돌아가며 자신의 의견을 말하도록 하여 모두가 의견을 경청한 다음, 모두가 동의하고 수용할 때까지 의견을 반복하여 수정・보완하도록 한다.
② 민주적인 방식으로 의사결정을 진행하되, 소수의 의견도 존중하는 법을 알려주어야 한다.
③ 학급 구성원의 한 사람으로 참여하며 학급의 주체는 학생임을 인지한다.

(5) 학급자치회의 다양한 행사 계획(예시)

3월	• 자기소개 및 친교활동, 우리 학급이 행복해질 수 있는 방법에 대한 이야기 나누기 • 소속감, 책임감을 기반으로 공동체 생활을 위한 1인 1역 정하기 • 학급 규칙 정하기 • 매달 생일자 파티 날짜 및 방법 정하기
4월	• 우리 학급 나무 심기 • 학급 친구들과 갈등 해결법 토의 • 특별한 친구(장애학생, 다문화학생 등)와의 존중과 배려 방안 토의
5월	• 학급의 날 기획(과자파티, 학급비빔밥 만들기 등) • 어버이날, 스승의날 의미있게 보내는 방법에 대한 토의 • 3월~5월 생일파티
6~7월	• 학급 단합대회 • 학급 규칙 되돌아보기 • 1학기 되돌아보며 반성과 성찰의 시간을 갖고 이에 대해 이야기하기
8~9월	• 2학기 학급자치회 조직 • 2학기 학급생활 및 학급 규칙 재정비하기 • 아침 조회시간을 의미있게 보내기 위한 방법 토의하기
10월	• 학생 인권의 날 행사(마니또, 친구 사랑 편지쓰기, 칭찬 롤링페이퍼 등) • 학생 사과day를 통해 갈등 해결하기
11월	• 친구에게 주는 칭찬 상장 만들기 • 학급 장터 운영
12월	• 학교 축제 학급 부스 운영 • 학급 문집 제작 • 친구들에게 롤링페이퍼 작성하기

(6) 학급생활협약 만들기(존중의 약속)

① 학급생활협약이란 학급 목표를 이루기 위해 필요한 약속, 평화로운 학급을 만들기 위해 모두가 지켜야 할 약속, 학급 구성원이 모두 함께 행복하게 살아가기 위해 정하는 최소한의 약속이다. 학기 초에 만드는 **학급생활협약은 1년동안 운영되므로 모든 학급 구성원들이 적극적으로 참여하여 제정**할 수 있어야 한다.

② 학급생활협약 적용 원칙
  ㉮ 문제나 갈등 상황이 발생했을 때 학급자치회의를 통해 해결 방안을 찾는다.
  ㉯ 협약이 지켜지지 않았을 때는 처벌보다 도와줄 방법을 먼저 찾는다.

㉰ 협약을 어긴 학생이 스스로 실수를 고칠 방법을 찾는다.
③ 학급생활협약 제정 방법
㉮ 학급 목표를 지키기 위해 해야 할 일, 하지 말아야 할 일에 대해서 작성한다.
㉯ 학생들의 의견을 모아서 학급자치회의를 거쳐 학급생활협약을 정한다.
④ 학급생활협약 예시

○ 학년 ○ 반 학급 목표와 학급생활협약

- 우리반은 평화로운 학급을 지향합니다.
- 평화로운 학급을 만들기 위해 아래 내용을 지키고자 노력합니다.

- 평화롭고 따뜻한 학급을 만들기 위해 해야 할 일
  - 나와 생각이 다른 사람의 의견도 존중합니다.
  - 어려운 친구가 있으면 도움이 필요한지 의사를 묻고 도와줍니다.
  - 나의 행동이 다른 사람에게 어떤 영향을 미칠지 먼저 생각합니다.
  - 실수나 잘못을 했을 때는 당사자에게 직접 진심으로 사과합니다.

- 평화롭고 따뜻한 학급을 만들기 위해 하지 말아야 할 일
  - 친구를 비난하거나 혐오하는 표현을 하지 않습니다.
  - 당사자가 없는 상황에서 그 친구와 관련된 험담을 하지 않습니다.
  - 언어적, 신체적 폭력을 행사하지 않습니다.
  - 가족을 흉보는 말을 하지 않습니다.

---

(7) 학급 자치활동의 교육적 의의
① 학급 회의와 학급 행사에 적극적인 참여로 학급에서 일어나는 일에 대한 관심이 증가하여 **공동체 생활의 가치를 배우고 자신에 대한 긍정적인 자아존중감을 형성**한다.
② 학급 학생들 간의 원활하고 **활발한 의사소통 문화가 정착**된다. 학급 자치활동 특히, 학급 회의에 참여하며 의견을 말하고 **다른 친구의 말을 경청하는 과정을 통해 학급 전체의 의견을 나눌 수 있는 기회가 증가**한다.
③ 학급 학생들의 **관계가 개선**된다. 학급 자치활동을 통해 평소 친하지 않은 친구들과 소통을 통해 대화할 수 있는 기회가 많아져 관계가 개선되고 갈등상황 발생 빈도가 감소한다.
④ 학교폭력 예방 및 회복적 생활교육을 실현하는데 큰 도움이 된다.

Ⅱ 학급 운영

23 대구 SNS에서 A학생이 B학생을 험담한 것을 B학생이 알게되었지만 A학생은 B를 험담한 것이 아니라고 하였다. 이 상황에서 담임교사가 할 수 있는 회복적 생활교육 방안을 말하시오.

18 서울 평화로운 학교를 만들기 위한 생활교육 측면에서 교육방안 3가지를 말하시오.

18 경기 학급의 학생(고등학생)이 학교부적응으로 학업중단위기를 겪고 있다. 담임교사로서 이 학생의 지도방안에 대해 말하시오.

17 평가원 수업 중 휴대폰을 계속 사용하는 학생의 지도방안 2가지를 말하시오.

> ※ **기품 포인트**
> 다양한 특성을 가진 학생들이 학급 구성원으로 잘 지내기 위해서 담임교사는 회복적 생활교육을 할 수 있어야 합니다. 그리고 학생 정서·행동 특성에 대한 이해와 이러한 특성을 바로 잡기 위한 교육 방법에 대해 이해하고 실제 학교 현장에서 어떻게 적용할 수 있을지 충분한 고민을 해봐야 합니다.

1 회복적 생활교육

(1) **회복적 생활교육의 필요성** : 회복적 생활교육은 잘못한 학생에게 벌을 주어 문제를 해결하기보다는 그 문제로 영향을 받은 사람들이 다 같이 모여 대화를 통해 서로의 감정을 이해하고 공감하여 공동의 해결책을 모색한다. 이를 통하여 잘못된 행동에 대해 적절한 책임을 지도록 함으로써 발생한 피해를 회복하고 깨어진 관계를 복원하여 배움과 성장, 공동체 형성이 일어나는 기회로 삼고자 하는 교육방식이다.

(2) **회복적 생활교육의 기본 원리**
① 회복적 대화를 할 때 지켜야 할 기본 원칙
  ㉮ 모든 사람들이 순서대로 자신의 감정과 입장을 말할 수 있도록 한다.
  ㉯ 이야기를 할 때는 자신이 생각하고 느끼고 있는 것을 말하도록 한다('나' 대화법).
  ㉰ 다른 사람이 이야기를 할 때 이에 개입 및 판단을 하거나 비난해서는 안 된다.
② 토킹스틱과 서클 모임: 모든 사람들이 동그랗게 둘러앉아서 토킹스틱을 옆으로 돌리면서 한 번에 토킹스틱을 가진 사람만이 자신의 이야기를 하도록 하는 방식이다.
③ 회복적 생활교육을 위한 질문
  ㉮ 회복적 질문의 의의 : 회복적 질문은 문제를 일으킨 학생들을 비난하기보다는 안전한 상황에서 자신의 행동에 대해 깊이 있게 되돌아 볼 수 있는 기회를 제공하여 자신의 행동이 다른 사람들에게 어떻게 영향을 주었는지를 이해하고 스스로 책임을 질 수 있도록 함으로써 공동체 속으로 통합될 수 있게 돕는 방법이다.
  ㉯ 회복적 질문의 유형

과거에 대한 질문	• 무엇이 일어났었는지를 설명할 수 있겠니? • 그 당시에 너는 무엇을 생각하고 있었니? • 그 당시 너는 어떤 느낌이 들었니? • 이것에 의해 누가 영향을 받았다고 생각하니?
현재와 미래에 대한 질문	• 그 때 이후로 너는 어떤 생각이 들었니? • 지금 너의 생각들은 무엇이니? • 지금 너는 어떻게 느끼고 있니? • 이 일이 긍정적인 방향으로 해결되기 위하여 무엇을 할 수 있니? • 다른 사람들이 필요로 하고 원하는 것은 무엇이라고 생각하니?

(3) 회복적 생활교육의 단계

		모둠명	이럴 때 사용해요
평화로운 교실을 위한 준비	기본 환경 구축	우리들의 약속	• 학년 초 존중의 학급문화 형성
		체크인·아웃 서클	• 학급에서 평소에 존중, 친밀, 우정, 배려의 관계를 형성하길 원할 경우
		PEACE 평화명상	• 학생들이 평화로운 마음을 갖기를 원할 경우
	회복적 문화 조성	적극적 경청	• 서클로 진정성을 갖고 대화 원할 경우
		비폭력 대화	
		학급자치 서클	• 학생들이 스스로의 과제나 문제를 해결해야 할 경우
회복적 생활교육 운영	회복적 관계 맺기	회복적 질문하기	• 자주 지각하는 경우, 교실을 어지럽히는 행동, 청소 안하고 도망간 경우 등
		적극적 경청을 통한 회복적 개입	• 부적절한 언어를 사용한 경우, 짜증과 분노를 참지 못하는 학생의 경우 등
		일탈행위에 대한 회복적 대화	• 교사에게 반항하는 경우
		회복적 학부모 상담	• 학교나 교사에 대하여 부정적인 생각을 하고 있는 학부모와의 상담
		회복적 성찰문	• 수업을 방해하는 경우, 교사를 모욕하는 경우, 과제물 미제출, 부정행위 등
	서클 운영	신뢰 서클	• 평상시에 서로를 이해하고 존중할 수 있는 문화를 만들어갈 때
		문제해결 서클	• 도난사건, 기물 파괴, 낙서, 청소를 안 하고 도망간 경우, 계속되는 지각이나 규칙을 어기는 행동의 경우
		회복적 서클을 통한 또래조정	• 교사에 대한 무례한 행동, 언쟁, 다툼, 폭력, 친구를 놀리기 등
		수업서클	• 수업주제를 위한 공동학습이 필요할 경우

(4) 회복적 생활교육의 적용
① 학급자치서클
- ㉮ 기존 회의의 문제점 : 기존의 학급회의 방식에서는 의사를 표명하는 학생에게만 발언 기회가 주어지기 때문에 자기주장이 강한 학생이 발언기회를 독점하고 소극적인 학생은 자기 소리를 내지 못하게 되어 있다.
- ㉯ 학급자치서클의 의의
    - Ⓐ 학급자치서클은 모든 학생들이 동그랗게 둘러앉아 한명씩 돌아가며 자신의 의견을 말하도록 하여 모두가 의견을 경청한 다음, 모두가 동의하고 수용할 때까지 의견을 반복하여 수정·보완하도록 하는 학급자치 운영 방법이다.
    - Ⓑ 이는 모두가 참여하여 의견을 제시하고 모두의 동의를 수용할 수 있도록 함으로써 서로를 배려하고 존중하는 평화적인 학급 분위기를 만드는 데 기여할 수 있다.

② 비폭력 대화법
- ㉮ 비폭력 대화법의 개념 : 비폭력적 대화는 상대방을 비난하거나 비판하지 않으면서 상대방의 말과 행동에 대해 자신이 관찰한 것, 느낀 것, 권하고 바라는 것, 부탁하고 싶은 것을 이야기하도록 하여 학생과 학생, 교사와 학생이 서로에게 말로 상처를 주지 않고 마음으로 연결하도록 하는 대화법을 의미한다.
- ㉯ 비폭력 대화법의 필요성 : 우리는 자신과 다른 사람에게 비교하는 말, 판단하고 비판하는 말, 강요하는 말, 당연시하는 말과 같이 상처를 주는 말이나 행동을 배우고 하면서 자라왔다. 이러한 말과 행동은 서로에게 상처를 주어서 다른 사람과 서로 배려하고 존중하는 관계를 맺기 어렵게 만들고 있으므로 비폭력적 대화법을 익힐 필요가 있다.

(5) 회복적 생활교육 운영
① 회복적 성찰문 작성
- ㉮ 회복적 성찰문은 학생이 자신이 잘못한 행동의 의미를 이해하고 교사와 다른 학생에게 어떤 영향을 미치게 되었는지를 느껴보게 하며 문제 행동을 해결하기 위한 방안을 생각해보도록 하는 데 초점을 둔다.
- ㉯ 성찰문에는 무슨 일이 있었는지, 자신의 행동이 교사나 다른 학생들에게 어떤 영향을 주었는지, 이런 상황이 발생하지 않도록 어떤 노력을 할 수 있는지, 이 상황을 해결하기 위해 제시된 방안 중 어떤 것을 선택할 수 있는지에 대해 작성하도록 한다.

② 문제해결 서클 운영
- ㉮ 문제해결 서클은 교실에서 갈등이나 문제가 발생했을 때 학급 학생들 전원이 한 사람씩 다른 학생들의 비판이나 제지 없이 자신이 느끼는 감정과 생각, 문제해결 방안을 이야기하고, 학생들의 합의를 거쳐 최선의 해결방안을 선택하여 실행하도록 하는 방법이다.
- ㉯ 문제 상황에 대해 자신의 생각을 순서대로 이야기하고 경청 → 문제 해결 방안을 순서대로 돌아가며 제안 → 제안을 선택하고 해결방안을 실행한다.

③ 회복적 서클을 통한 또래조정

㉮ 학생들 사이에 갈등이 있을 때 조정자 교육을 받은 또래 친구가 조정자가 되어 갈등 당사자 간에 회복적 대화를 통해 일어난 일에 대해 어떤 마음을 가지고 있는지, 뭘 진심으로 원해서 그런 건지, 문제를 해결하기 위해 어떻게 했으면 좋겠는지에 대해 이야기하게 하고 서로의 입장을 조정하여 문제해결의 합의에 이를 수 있도록 돕는 방법이다.

2 학생 정서·행동특성에 따른 교육 방법

> "서울시교육청, ADHD·우울증 등 '금쪽이' 지원 강화 조례 제정·공포"
> 서울시교육청이 '정서행동 위기학생'을 진단·지원하는 조례를 제정해 교실 문제에 적극 대응하기로 했다. 정서행동 위기학생은 '주의력결핍과잉행동장애(ADHD)', '반항장애', '우울증 등 심리·정서적으로 어려움을 겪는 학생'들을 뜻한다. 이들에게 제대로 대처하지 못하면 교사들로서는 수업 활동이 어려워지고 주변 학생들도 곤란을 겪을 수 있다. 조례에 따르면 서울시교육감은 정서행동 위기학생에 대한 지원계획을 매년 수립·시행해야 한다. 교육감은 매년 전 학년을 대상으로 정서행동 위기학생 실태조사를 실시한다.
>
> 2025.1.12. ChosunBiz 중 발췌

(1) ADHD(주의력 결핍 과잉행동장애) 학생의 특성과 지도 및 교육방법
① ADHD 학생의 특성: 주의력 결핍(집중을 못하고 긴 글을 읽는 것이 힘듦)과 과잉행동(과도하게 교실을 돌아다니거나 손과 발을 계속 움직임)으로 학급 친구들과 어울리지 못해 소외당하고 이 때문에 사회성이 낮아진다.
② 지도 및 교육방법
  ㉮ 교사가 ADHD 학생에게 지지적인 자세와 적절한 교육적 개입을 할 경우 학생의 심리사회적 치료접근이 가능할 뿐 아니라 학급의 친구들 역시 ADHD 학생을 배척하거나 무시하지 않고 긍정적 상호작용을 해나갈 수 있다.
  ㉯ **교사와 가까운 자리, 긍정적인 역할 모델과 집중력이 높은 학생 주변으로 배치**한다.
  ㉰ 짝을 이루어 공부할 수 있도록 한다. **좋은 역할 모델이 될 수 있는, 집중을 잘하는 친구를 짝지어 활동할 수 있도록 하면 ADHD 학생이 집중하는데 큰 도움**이 된다.
  ㉱ ADHD 학생의 **과제는 더 작은 단계로 나누고** 과제에 대한 여러 가지 지침을 한꺼번에 사용하기 보다는 **한 번에 하나씩 구체적인 지침을 제공**하는 것이 좋다.

(2) 분노조절장애(공격·폭력적) 학생의 특성과 지도 및 교육방법
① 분노조절장애는 사소한 일에도 화를 참지 못하고 공격적인 말(폭언)과 행동(폭력 및 재물손괴)을 돌발적으로 격렬하게 표현하는 장애이다. 분노를 표출한 후에는 후회와 공허함으로 괴로워한다.
② 지도 및 교육방법
  ㉮ 담임교사가 상담을 통해 어린 시절이나 현재 가정에서 학대를 당하고 있는지 파악한다.

㉯ 교사에게 공격적인 말과 행동을 할 경우 교사는 감정적인 대응을 하지 않는다. 그 후 학생이 안정을 찾으면 면담을 통해 학생의 현재 상황에 대해 이해해 주고 동일한 행동이 반복될 경우 교육활동침해가 될 수 있음을 명확히 알려준다.

㉰ 학급 학생에게 공격적인 말과 행동을 할 경우 교사는 **분노조절을 하지 못하는 학생을 교실 이외의 공간으로 즉시 분리**시키고 상담을 통해 방금 행동이 학교폭력에 해당함을 분명하게 알려준다. 또한 지속적으로 분노조절을 하지 못할 경우 학칙 및 학교폭력으로 접수될 수 있음을 명확히 알려준다. 그 후 자신의 잘못을 사과할 수 있도록 교육한다.

㉱ 학생과 **학부모 상담을 진행하고 전문의료기관에서 심리치료를 받을 것을 적극 권장**한다. 심리치료 및 약물치료를 병행하고 있다면 등교 전 공격행동을 억제하는 약을 반드시 복용할 수 있도록 권고한다.

(3) 우울증이 있는 학생의 특성과 지도 및 교육방법

① 우울증이 있는 학생은 자신, 세상 및 미래에 대한 부정적으로 왜곡된 해석을 보여 짜증과 반항 등 충동적인 행동이 나타난다. 또한 우울증은 몸과 마음을 동시에 병들게 하는 질환으로 검사상 특이 소견이 없음에도 두통, 복통, 현기증, 어지러움 등의 증상을 호소한다.

② 지도 및 교육방법

㉮ 학생을 진심으로 걱정하는 마음을 표현하고 학생의 생각과 걱정, 감정들을 있는 그대로 들어주려고 노력하고 공감하며 이해한다.

㉯ 학생은 심신이 지친 상태이므로 담임교사는 학생의 괴로움, 고통, 슬픔에 공감하고 보듬어주면서 교실에서 편하게 있을 수 있도록 환경을 조성하고 교과 선생님들에게 양해를 구한다.

㉰ 학급에서 우울증이 있는 학생의 멘토를 선정하여 이야기를 듣고 공감하며 지속적으로 소통하여 학급 친구들과 어울려 우울감을 잠시나마 잊을 수 있도록 한다.

㉱ 우울증을 가지고 있는 학생들은 약물치료를 받기 때문에 교사와 부모는 정기적으로 약을 처방하는 의사와 함께 행동의 변화와 가능한 부작용 등에 대해 의논한다.

㉲ 학생이 심리치료 상담을 받고있는 경우에는 교사와 학부모, 치료사는 서로의 치료 목표를 강화할 수 있도록 협력한다.

㉳ 학생 및 학부모에게 **위클래스와 위센터 및 전문상담기관, 교육청과 연계한 치료기관에 대해 자세하게 안내**한다.

(4) 무기력한 학생의 특성과 지도 및 교육방법

① 교실의 무기력한 학생들은 수업 중 책상에 엎드려 잠을 자거나 어떠한 활동에도 참여하지 않는다. 이러한 무기력한 학생들에게는 '학습된 무기력'의 경험이 있는 경우가 많다. "무엇을 해도 나는 안 된다."고 믿는 학생의 내면에는 실패를 반복해서 경험한 강력한 틀이 있다. 따라서 이런 학생들은 **내면을 바르게 세우는 작업이 선행**되어야 한다.

② 지도 및 교육방법

㉮ **성취의 경험을 느낄 수 있도록 한다**. 교사는 무기력한 학생이 작은 성취를 했을 때 칭찬과 격려를 통해 학생이 더 큰 성취를 이루는데 도전할 수 있도록 진심을 다해야 한다.
㉯ "오늘도 성장하고 있다."고 느낄 수 있도록 한다. 무기력한 학생에게 나무처럼 보이지 않지만 꾸준히 성장하고 있음을 믿게 해준다. 성장하고 있다고 믿으면 지금 조금 못하는 것은 상관없으며 꾸준히 노력할 것을 조언해준다. 가령 학생에게 "오늘 단원평가가 어려웠지만 노력하고 있으니, 다음에는 더 잘할 수 있다."고 조언을 하면 학생은 실패를 바라보는 시각이 달라지며 무기력이 아닌 낙관이 학습된 상태로 바뀌게 된다.
㉰ 무기력한 학생과 상담을 통해 **장점이 무엇인지, 관심있는 분야가 무엇인지 찾고 장점을 통해 관심 분야를 공부할 수 있도록 독려하며 담임교사가 항상 응원한다는 믿음**을 준다.

(5) 스마트폰 과의존 학생의 특성과 지도 및 교육방법
① 스마트폰 과의존 학생은 수업시간에 집중하지 못하고 수업 중 교사 몰래 스마트폰을 하는 등 스마트폰 사용에 대한 통제력을 상실한 상태이다. 또한 우울, 불안, ADHD, 충동적 폭력 성향, 수업 집중력 저하의 문제가 발생할 수 있다.
② 지도 및 교육방법
  ㉮ 스마트폰 고위험 사용자군에 해당하는 학생들은 **관련 기관의 전문적인 지원과 도움을 요청하여 집중적인 치료**를 받을 수 있도록 한다.
    ※ 고위험 사용자군 : 스마트폰 사용에 대한 통제력을 상실한 상태로 대인관계 갈등이나 일상의 역할 문제, 건강 문제가 심각하게 발생한 상태.
  ㉯ 학생들이 스마트폰 중독을 예방하기 위한 목표를 구체적으로 세우고 **가정과 연계하여 가정에서도 스마트폰에 대한 통제력을 기를 수 있도록 보호자와 협력**한다.
  ㉰ 학생과 면담을 통해 스마트폰으로 수업에 집중하지 못하는 경우 **학생 스스로 자진하여 담임교사에게 스마트폰을 반납**할 수 있도록 지도한다.

(6) 수업 방해 및 부적응 학생의 특성과 지도 및 교육방법
① 수업 방해 행동의 유형 : 수업 거부, 잠자기, 옆친구와 떠들기, 수업 교사의 말 끊기, 쓸데없는 질문, 휴대폰 사용, 화장하기, 거울 보기, 음식물 섭취 등
② 지도 및 교육방법
  ㉮ 감정을 가라앉히고 대화하기: 수업 방해 행동에 대해 교사가 화를 내거나 벌점을 주기보다는 대화를 통해 수업을 방해하는 이유에 대해 물어보고 수업에 집중하기 위한 방법을 함께 생각해보며 다음 시간에는 집중할 수 있을 것이라고 학생에게 기대와 응원, 지지를 표한다.
  ㉯ **교과 선생님들이 담임반 수업 방해 행동에 대해 고충을 토로할 경우** : 교과 선생님에게 죄송하다고 사과한 뒤 학생들과 면담을 하여 다음 시간부터는 학생들이 수업방해를 하지 않도록 교육하겠다고 말씀드린다. 그 후 아침조회시간에 임시 학급자치회의를 개최하거나 문제해결서클을 활용하여 학생들 스스로 수업방해 행동을 멈추고 수업에

집중할 수 있도록 한다.
㉰ 휴대폰 사용, 화장, 거울보기, 음식물 섭취 등 학생생활규정을 위반한 행동 지도 : 학생에게 수업 시간에 반드시 해야만 하는 행동인지 물어본다. 부적절한 행동의 빈도를 감소시키기 위해 교사는 학생과 계약을 맺어 수업시간에 집중을 했을 경우 상점을 부여하는 식으로 정적 강화를 통해 문제 행동을 개선할 수 있다.
㉱ 수업 중 방해 행동을 지적할 때 직설적인 화법보다는 긍정적인 화법을 사용하거나 다른 생각을 하거나 집중하지 않는 학생을 불러 수업 내용에 대해 질문하고 모를 경우 다시 학급 전체에게 집중을 유도하면서 수업의 분위기를 유지해 나간다.
㉲ 신규교사라서 대처 방법을 모를 경우: 주변에 경력 교사 및 문제 행동을 나타내는 학생들을 지도했던 선생님에게 조언을 구한다. 그리고 교수-학습 교원학습공동체에서 수업고민을 공유하고 지도 방법 나눔을 통해 집단 지성을 발휘하여 문제 행동 학생 지도방안에 대해 모색한다.

(7) 학업 중단 위기학생
① 학업 중단 위기학생 : 학업 중단 의사를 밝히거나 학업 중단 위기 징후가 있는 학생
  ㉮ 자퇴, 유예 등 학업 중단 의사를 밝힌 학생
  ㉯ 성적 부진, 학교 부적응, 집안 사정 등으로 인해 학업 중단 위기에 처한 학생
② 학업 중단 위기학생의 징후
  ㉮ 공부하는 습관이 잡혀있지 않아 기초학력이 부족하여 학습에 대한 의욕이 없다.
  ㉯ 학교에 정서적 유대를 맺을 수 있는 친구가 없거나 학교 밖 친구들(학교 밖 청소년)하고 어울리며 일탈적인 행동(약물, 흡연, 음주, 무면허운전 등)을 한다.
  ㉰ 부모의 이혼이나 부모로부터 가정 학대 등 가정 문제로 무단결석을 한다.
③ 담임교사의 학업 중단 위기학생 상담 시 유의사항
  ㉮ 개별 상담을 통해 진심을 담아 학생을 걱정하며 학생이 학업 중단 위기에 놓이게 된 근본적인 원인을 찾는다.
  ㉯ 학생이 원할 경우 학생과 학부모, 담임교사가 모여 학업을 이어가기 위한 방안을 논의하고 필요시 전문상담교사와 상담을 진행할 수 있도록 한다.
  ㉰ 일회성 상담이 아닌 지속적인 상담을 통해 많은 대화를 하고 대화에서 학업을 이어갈 수 있는 실마리를 찾기 위해 노력한다.
  ㉱ 위클래스에서 지속적인 상담과 학교 내 대안교실 또는 외부기관과 연계한 프로그램에 참여할 것을 권유한다.
  ㉲ **학업을 중단하고 사회에 진출한 졸업한 제자의 사례를 말해준다.** 성공사례와 실패사례를 모두 있는 그대로 전달하여 학생에게 생각할 수 있는 기회를 부여한다.
④ 학업중단 숙려제
  ㉮ 목적 : 학업중단 위기 학생에게 최소 1주 이상(7일) ~ 최대 7주(49일)까지 숙려 기회를 부여하고 상담 등 프로그램을 지원하여 신중한 고민 없이 이루어지는 학업 중단을 예방

하는 제도이다.
④ 학업중단 숙려제 상담프로그램 운영기관

단위 학교	• 숙려기간 중 상담 : 전문상담교사, 학교 내 대안교실 강사 등 실시 • 개인상담, 진로상담, 학업중단예방 프로그램 등 활용
외부 기관	• 서울시 청소년상담복지센터 • 서울시 학교 밖 청소년 지원센터 '꿈드림' • 교육지원청 위(Wee)센터 • 서울특별시교육청 학교 밖 청소년 도움센터 '친구랑'

㉰ 학업중단 숙려제 운영 흐름도

대상 발생	⇨	숙려제 안내	⇨	숙려제 동의	⇨	숙려제 운영	⇨	학업 지속 시
• 학업중단 의사 표현 또는 학업중단 징후 포착 학생 • 학생·학부모 대상 학업중단 숙려제 안내 • 자퇴(유예)원 반려 및 참여 신청서 접수 • 학업중단예방위원회에서 학업중단 사유, 참여 학생의 희망 등을 종합적으로 고려하여 숙려제 운영 여부 및 방법 결정						• 숙려제 상담·프로그램 운영 • 교내 또는 외부기관 프로그램		• 학교 적응 지원 및 지속 관리 **학업 중단 시** • 학적 처리 • 학교 밖 청소년 지원센터 연계 • 학업중단 도움자료 배부

Ⅲ 학생 및 학부모 상담

22 대구 편의점에서 물건을 훔치다 걸리고 다른 학생들과 자주 싸우는 학생의 아버지에게 학생의 문제행동에 대해 이야기해도 학생의 아버지는 자기주장이 강하고 비협조적이다. 이 상황에서 학생의 아버지와 원만한 상담을 하기 위한 관계 형성 방법 2가지를 말하시오.

> ※ **기품 포인트**
> 학생과 학부모 상담은 학생이 바르게 성장할 수 있도록 돕는 핵심적인 활동입니다. 학생과 학부모 상담의 진행 과정과 각 단계별 구체적인 내용을 이해하시고 내가 교사가 된다면 학생과 학부모 상담활동을 어떻게 진행할지 고민해보세요.

1 교육과정 내 상담활동
(1) **학교상담** : 학생들의 인성과 사회성 및 학업, 진로 등 다양한 영역에서의 발달을 돕는 종합적이고 체계적인 교육활동이다.

(2) **교육과정 내 상담활동** : 전문상담교사와 담임교사, 일반교사 모두가 함께 협력하여 이루어져야 하는 교육활동이다.

(3) **교육과정 내 상담활동의 긍정적 효과**
① 교실 내 학생관찰을 통해 상담활동에 도움이 된다.
② 학교 구성원들에게 위클래스 홍보 및 인식이 개선된다.
③ 담임교사와 학생에 대한 정보공유 등의 협력이 원활해진다.

2 학생 상담
(1) **학생 상담의 핵심**
① 학생 상담 및 지도에 있어서 무엇보다 우선시되는 것은 **관계 형성(래포 형성)**이다.
② 학생과 이야기를 나눌 때에는 가급적 조용하고 안정된 환경을 만들어 주는 것이 좋다.
③ 학생이 긴장하거나 불편하지 않도록 편안하고 허용적인 분위기에서 상담을 진행한다.
④ 교사는 학생이 스스로 문제를 해결할 수 있도록 도와주어 학생의 성장을 촉진시켜야 한다.

(2) **학생 상담의 진행 과정**
① 1단계 : 학생과의 만남에서 비언어적 태도를 통한 관계 형성

- 의사소통에 있어서 말보다 비언어적인 요소가 더 큰 영향을 줌
  - 교사의 태도나 말투 등의 비언어적인 요소 93%, 말의 내용 7%
- 학생과의 관계 형성 및 소통을 위한 비언어적 태도의 기본
  - 약간 앞으로 기울인 자세와 적절한 눈 맞춤을 유지함
  - 비판단적 어조로 말은 천천히 하며 대화 중간 고개를 끄덕이면서 경청하는 것이 중요함

② 2단계 : 학생에 대한 관심 갖기 및 어려움 살피기

- 학생에게 걱정되고 염려되는 상황, 혹은 학생이 제기한 문제 상황에 대하여 들어주기
  - OO이가 조금 힘들어하는 것 같은데 선생님이 염려되고 걱정되는구나. (OO이가 이런 부분에서 힘들다는 말을 들으니 선생님이 걱정이 되는구나.) 어떤 상황이었는지 좀 더 구체적으로 말해볼 수 있을까?
  - 그랬었구나, 이야기를 들으니 네가 그동안 얼마나 힘들었는지 알겠어. 그동안 선생님이 몰라서 미안하고 안타깝네.
  - 선생님이 OO이를 도와줄 수 있는 부분이 있다면 함께 해줄게. 선생님이 어떻게 도와주면 좋겠니?
  - 이제 우리가 이 일을 어떻게 해결하면 좋을지 같이 이야기해 볼까?

③ 학생의 문제 상황에 대한 구체적인 탐색 및 해결방안 모색

- 교사의 주관적인 판단보다는 현재 학생의 상황이 어떠한지 구체적으로 알아보는 것이 중요하며 이를 통해 목표를 구체적으로 계획할 수 있다.
  - 지금의 상태를 1점부터 10점 사이의 점수로 표현해 보면 몇 점이라고 할 수 있을까?
- 학생 스스로 해결책을 찾도록 도와주기
  - 교사가 해결책을 주는 것이 아니라 학생 스스로 생각할 수 있도록 공감과 이해, 지지와 격려를 해주면서 '왜' 대신 '무엇'과 '어떻게'의 적절한 질문을 몇 가지만 해도 학생은 스스로 답을 찾아간다.
  - 만약 오늘 OO이의 상태가 5점이라면 1점을 높이기 위해서 어떻게 하면 좋을까?
  - 그 점수가 되었을 때 어떤 점이 달라져 있을 것 같니?
- 교사가 "그럴 때 이렇게 해봐!"라고 해결책을 제시해줄 때 학생들은 "그건 이미 해봤는데 안 돼요."라고 말하는 경우가 있다. 이럴 때는 같이 고민을 해 본다.
  - OO이가 이 문제를 해결하기 위해 시도했던 방법들이 있었을 것 같은데 어떤 노력을 해봤니?" 그랬구나. 그럼 어떻게 하면 좋을지 같이 고민해 보자.

④ 대화기법을 활용한 학생과의 면담 진행

- 원무지계 전략
  - 원 : 원하는 것이 뭐니?
    "넌 뭘 하고 싶니? 어떻게 달라지면 좋을 것 같니?"
  - 무 : 무엇을 해 봤니?
    "네가 원하는 것을 얻기 위해 어떻게 해 봤니?"
  - 지 : 지금부터 무엇을 해야 할까?
    "지금부터 무엇을 할 수 있을지 그 방법을 찾아보자!"
  - 계 : 계획을 세워보자.
    "지금 할 수 있는 가능한 실천계획을 작은 것부터 차근차근 세워보자."

- 나-전달법을 활용한 면담 [행동(사실)+영향+감정+부탁(요청)]
  - 문제가 되는 학생의 행동과 상황을 구체적으로 말하고 이때 어떤 평가, 비판, 비난의 의미를 담지 말고 객관적인 사실만을 말한다.
    "OO이가 수업시간에 친구에게 말 걸고 장난을 치면"
  - 학생의 행동이 교사에게 미친 영향을 구체적으로 말한다.
    "다른 친구들이 수업에 집중할 수가 없고 선생님도 수업을 할 수가 없단다."
  - 그러한 영향 때문에 생긴 감정을 솔직하게 말한다.
    "이러면 선생님도 속상하고 수업을 할 수 없어 걱정이 된단다."
  - 교사가 원하는 것을 명확하고 구체적이며 현재 실천가능한 말로 부탁하거나 요청한다.
    "OO이가 친구에게 할 말이 있으면 쉬는 시간에 하면 좋겠어."

⑤ 5단계 : 성장을 위해 노력한 학생에 대한 격려와 칭찬을 통해 긍정적 행동을 강화한다.

- 학생이 가지게 된 문제 해결의 의지를 지지하고 격려한다.
- 칭찬을 할때는 구체적인 근거를 들어 칭찬하고 행동을 한 즉시 칭찬하는 것이 효과적이다.
  "그동안 학교 오는 것을 힘들어 했는데 오늘은 제시간에 학교에 왔구나. 어떻게 그런 변화가 일어날 수 있었니?"
  "OO이가 스스로 그렇게 행동할 수 있었다니 정말 기특하다. 잘했어."
  "그 변화가 다시 한 번 일어나게 하려면 어떻게 해야 할까?"
- 학생의 작은 변화를 진심으로 칭찬하면 학생은 교사를 신뢰하고 학생 스스로도 노력한다.

3 학부모 상담

(1) 학부모 상담의 핵심
① **학부모 상담은 지식의 영역이 아닌 태도의 영역에 가깝다.**
② 학부모의 마음에 대한 공감과 주의 깊은 경청이 매우 중요하다.

(2) 학부모 상담의 진행 과정
① 1단계 : 학부모에게 전화하기

- 자녀의 문제 행동에 대한 교사의 전화에 학부모는 당황하여 방어적 태도를 취할 수 있다.
- 문제 행동만 직접적으로 말하기보다는 학부모가 거부감을 갖지 않도록 부드럽게 말하는 것이 중요하며 학교에 내교하여 대면상담을 할 수 있도록 약속을 정한다.

"OO이 어머니, 제가 갑자기 전화드려 놀라셨지요? 요즘 OO이가 학기초 보다 매우 즐겁게 학교생활을 잘하고 있어요. 그런데 가끔 친구들과 의견이 안 맞을 때 어떻게 대처하는지 방법을 잘 모르는 것 같아서 제가 약간 염려가 됩니다. 어머니와 함께 상의하여 지도하면 OO이에게 더욱 효과적인 지도를 할 수 있을 것 같아서 전화 드렸습니다. 시간이 되시면 직접 뵙고 상의 드리고 싶은데 언제 뵐 수 있을까요?"

② 2단계 : 학생에게 관심이 많다는 확신 심어주기

- 학부모는 교사가 자신의 자녀에 대하여 애정을 갖고 지도한다고 느껴질 때 마음을 열고 상담에 임할 수 있게 된다.
- 학부모가 교사를 신뢰할 수 있을 때까지 충분히 시간을 들여 관계를 형성해야 하며 학생을 탓하기보다 학생의 성장을 돕고 싶다는 내용으로 시작한다.
"OO이 어머님, 시간 내기 어려우셨을텐데 이렇게 와주셔서 고맙습니다. 제가 평소에 OO이의 적극적이고 에너지 넘치는 점을 긍정적으로 생각하고 참 예쁘게 바라보고 있습니다. 어머니와의 상담으로 OO이가 더욱 성장할 수 있으면 좋겠습니다."
"어머니, OO이가 지난 모둠활동 때 스스로 모둠장이 되겠다고 자원했고 발표도 참 잘했어요. 평소 OO이는 호기심이 많고 자신의 생각을 잘 표현하는데 저는 OO이의 그런 적극적인 모습이 큰 장점인 것 같아요. 오늘 어머니와의 상담으로 OO이의 장점을 잘 다듬어주고 부족한 부분을 보완해 준다면 OO이의 성장에 큰 도움이 될 것 같아요."

③ 가정에서 자녀를 지도하는 데 겪는 어려움 살피기

- 가정에서 지도하는 데 어려움은 없는지 학교에서 도움을 줄 수 있는 부분이 있는지 질문하여 학부모의 방어를 낮추면서 자연스럽게 학생의 문제 행동에 대해 접근하도록 한다.
"그동안 OO이를 양육하시면서 혹시 어려웠던 점이 있으셨나요? 말씀해 주시면 제가 OO이를 교육할 때 참고하여 도울 수 있을 것 같아요."
- 가정에서 어려움이 보이는 경우
  - 교사가 관찰한 학생의 문제가 가정에서도 나타난다면 자연스럽게 학생이 겪는 문제로 상담을 진행한다.
"네. 저도 OO이를 교육하면서 그 부분을 느꼈습니다. 그래서 오늘 그 점에 대해 상의 드리고 싶습니다."
- 가정에서는 어려움이 없는 경우
  - 가정은 친숙하고 허용적인 공간이지만 공동체 생활을 해야 하는 학교에서는 어려움이 있을 수 있음을 이야기한다.
  - 현재의 이 문제가 이후 사회적응과 자녀의 성장에 도움이 될 수 있음을 이야기하면서 학생이 겪는 문제로 상담을 진행한다.
"OO이가 따뜻한 환경의 가정에서 잘 성장하여 어려움이 없었던 것 같네요. 하지만 공동체 생활은 가정과 다르고 아무래도 모든 것이 허용되지는 않아요. OO이가 이번 일을 통해 친구들과 잘 지내고 학교를 즐겁게 다니면 좋을 것 같아요."

④ 4단계 : 학생의 문제 영역에서 교사 입장의 지도 방법을 전달하기

- 교사 입장에서는 학부모 상담을 통해 실제 다루고자 하는 내용을 전달하는 단계이다.
- 앞의 과정이 충분히 이루어졌다면 학부모는 협력적인 태도로 상담에 임하게 된다.
- 학생에게 일어난 사건의 내용과 교사가 왜 문제라고 생각했는지 그리고 앞으로 어떻게

지도하고자 하는지 등에 대해 전달한다.
"지난 수업시간 모둠활동 중 OO이가 자신의 주장이 받아들여지지 않자 갑자기 화를 내며 바닥에 책을 던져버렸던 일이 있었어요. 이런 유사한 일이 이전에도 몇 번 있어서 제가 OO이와 따로 상담도 진행했었지요.(내용 설명) 이런 행동이 계속되어 OO이와 친구들의 관계가 나빠질까 걱정이에요. 또 OO이가 자신의 감정을 조절하고 적절하게 표현하는 방법을 배웠으면 합니다."(왜 문제라고 생각하는지 설명)
"저는 OO이를 위해 앞으로 수업 중에 OO이의 충동적인 행동을 허용하지 않으려고 합니다. 그리고 화가 난 상황에서 어떻게 해야 하는지 OO이와 따로 대처방법을 정하였고 이것이 잘 지켜지도록 지속적으로 교육할 계획이에요."

⑤ 5단계 : 가정에서 지도해야 할 구체적인 방법 전달하고 마무리하기

- 학교와 일관된 교육을 할 수 있도록 가정에서 신경 써 주었으면 하는 행동을 구체적으로 제시한다.
"가정에서도 학교와 일관된 교육을 해주시면 OO이가 혼란 없이 이 부분을 배울 수 있을 것 같아요. 그러니 가정에서도 OO이의 충동적인 모습이 보이면 반드시 학교에서의 지도방법 (구체적이고 관찰 가능한 수준으로 설명)과 유사하게 지도해 주셨으면 해요."
"바쁘신데 이렇게 상담에 와 주셔서 고맙습니다. 부모님이 관심 가지시고 적극적으로 도와주시니 OO이에게 좋은 변화가 있을 것입니다."

⑥ 학부모 상담 시 유의점
㉮ 1, 2, 3단계의 성공이 학부모 상담의 성패를 좌우한다. 그만큼 매우 중요하다.
㉯ 학부모와 자녀 교육에 있어서 공감대가 형성되고 학부모가 교사를 믿어야 상담의 효과가 있다.
⑦ 학부모와 대면 상담이 어려워 전화 상담으로만 진행되는 경우
㉮ 교사의 **언어뿐 아니라 말의 어조, 강약과 같은 비언어적 태도에 유의**하며 대화를 이어가야 한다.
㉯ 부득이하게 전화 상담만으로 진행할 경우 성급하게 문제 상황만 전달하지 않고 교사가 학생에게 관심이 많다는 확신을 심어주면서 대화를 시작해야 한다.
㉰ 가정에서 학생을 지도할 때의 어려움에 대해 교사가 공감하고 학부모의 방어적 태도를 완화시키면서 대화를 나누는 것이 중요하다.

Ⅳ 통합교육

22 강원 수업 시간에 소리를 지르며 교실 밖으로 나가는 특수교육대상학생이 있는 통합학급의 담임으로서 통합학급의 운영 방안 3가지를 말하시오.

18 서울 청각장애를 가진 특수교육대상 학생이 있는 통합학급에서 담임교사가 청각장애 학생을 배려하기 위해 교실 앞자리에 앉게 하고 청소 당번에서 제외시키며 교과 교사들에게 과제를 부여받지 않도록 하고 도우미 학생을 붙여주었다. 일부 학생들이 담임교사에게 역차별에 해당한다고 발언하였다. 이 통합학급에서 나타난 담임교사의 학급운영 측면의 문제점을 3가지와 이에 대한 각각의 해결방안을 말하시오.

> ※ **기품 포인트**
> 학급 담임교사가 되면 특수교육대상학생이 있는 통합학급 담임을 맡을 수 있습니다. 담임을 맡지 않은 경우에는 통합학급 수업에서 특수교육대상학생의 학습활동 참여를 촉진시키고 평가를 해야합니다. 특수교육대상학생이라 하여 무조건적인 특혜를 주는 것이 아닌 자신의 능력을 최대로 발휘하고 학급의 일원으로 다른 학생들과 잘 지내고 수업에 적극적으로 참여할 수 있도록 환경을 조성해주어야 합니다. 통합학급을 맡게 되었을 때 학급 분위기와 환경을 어떻게 조성할 수 있을지 고민해보세요.

1 통합교육의 필요성

(1) **통합교육** : '장애인 등에 대한 특수교육법'(2007)에서는 통합교육이란 특수교육대상자가 일반학교에서 장애유형·장애정도에 따라 차별을 받지 아니하고 또래와 함께 개개인의 교육적 요구에 적합한 교육을 받는 것을 말한다(2조 6항)고 정의하고 있다.

(2) **통합교육이 필요한 이유**
① 중학교는 사춘기를 지나며 비장애 학생들과 다양한 감정을 나누고, 또래 청소년의 사회문화를 자연스럽게 익힐 수 있는 최적의 환경이다.
② 다양한 구성원들과 자연스럽게 상호작용하면서 사회생활과 자신의 안전에 필요한 예절 및 사회성 기술을 배울 수 있다.
③ '모든' 학생들이 개인의 다양성과 차이를 존중하는 가치관을 형성할 수 있다.

2 통합학급 담임교사의 역할

(1) **통합학급 담임교사의 마음가짐** : 특수교육대상학생을 '우리 반' 학생으로 바라보며, 특수교사와 협력하고, 통합교육 관련 연수를 통해 통합교육의 일원으로 준비를 시작한다.
① 학년 초 통합학급 안내문 발송으로 통합교육 분위기를 조성한다.
② 비장애학생들과 동등하게 대하되, 특수교육대상학생이 힘들어하는 것과 어려워하는 것을 이해하고 배려한다.

(2) 통합학급 담임교사의 역할
① 특수교육대상학생 정보수집, 통합학급 환경조성(교실환경, 자리배치 등)
　㉮ 특수교육대상학생을 위한 적절한 자리배치는 특수교육대상학생이 통합학급에서 또래와의 상호작용을 촉진하고 통합학급의 교육활동 참여를 도울 수 있다.
　㉯ 특수교육대상학생의 행동 및 장애 특성에 따라 자리를 배치한다.
　　Ⓐ 청각장애학생의 경우 교사가 정면으로 보이는 자리에 배치한다.
　　Ⓑ 시각장애학생의 경우 빛 반사가 없는 자리에 배치한다.
② 통합교육 분위기 조성 : 전문가 및 특수교사가 통합학급에서 장애이해 교육을 한다.
　㉮ 장애이해교육은 장애에 국한하지 않고 성별, 외모, 능력, 인종 등과 같은 인간의 다양성에 대한 이해에 중점을 두는 교육으로 장애 또한 다양성 중 하나로 이해하도록 하여 장애에 대한 편견을 해소하고 인권을 존중하도록 하는 교육이다.
③ 또래 도우미 운영 : 특수교육대상학생의 상황에 따라 운영 여부를 결정한다.

(3) 특수교육대상학생 능력 인정하기
① 특수교육대상학생은 무엇이든 도와주고 배려해야 한다는 생각보다 특수교육대상학생에게 도움이 필요한지 직접 물어보고 요구를 파악해야 한다.
② 자유학기제 프로그램, 창의적 체험활동, 동아리 활동에서도 학생의 선택을 존중하여 참여할 수 있도록 지원한다.
③ 학급 내 역할(1인 1역, 청소 등)을 부여하여 특수교육대상학생이 소속감을 느끼고, 학급에 공헌할 수 있는 기회를 제공한다.

(4) 특수교사와 협력적 체계 구축
담임교사는 특수교사와 수시로 협의하여 특수교육대상학생을 함께 교육해야 한다.

3 통합학급 운영

(1) 통합학급 적응기간 운영
① 학년 초 특수교육대상학생이 처음부터 특수학급으로 분리되어 교육받지 않고, 학급 구성원으로서 통합학급에서 소속감을 느끼며 1년간 원활한 학교생활을 할 수 있도록 새로운 환경(담임교사, 교과교사, 친구, 교실 등)에 적응하는 일정 기간을 의미한다.
② 통합학급 적응기간에 통합학급 담임교사는 특수교사와의 협력을 통해 특수교육대상학생의 행동, 또래 관계 등을 공유하고, 통합학급의 통합교육 분위기를 조성한다.

(2) 비장애학생과 문제(갈등) 발생 시 대처방법
① 문제 상황(갈등 상황)을 확인하고 필요시 당사자, 제3자의 이야기를 통해 전체적인 상황을 객관적으로 파악한다.
② 상대방에 대한 이해와 수용에 중점을 둔다.
　㉮ 비장애학생에게 특수교육대상학생의 특성(행동, 특성,성향 등)을 설명하고 특수교육대상학생에게 갈등의 상황과 비장애학생의 입장 등을 설명한다.
③ 잘못이 있으면 잘못에 따른 책임을 지도록 지도한다.

V 서울인성교육

20 서울 서울인성교육 시행계획에 근거하여 다음 계획(명사강의, 인권 다큐멘터리 시청 후 감상문 작성)의 문제점 3가지와 각각의 개선방안을 말하고 자신의 전공교과와 연계한 인성교육 방안을 구체적으로 말하시오.

16 서울 인성교육이 필요한 이유에 대한 설문조사 자료를 보면 부정적 자아개념, 낮은 학습동기 및 무기력 때문에 필요하다는 답변이 생각보다 많다. 이를 해결하기 위한 수업방법 2가지와 평가방법 2가지를 구체적으로 말하시오.

> ※ **기품 포인트**
> 지나치게 개인주의적이며 이기주의적인 생각으로 타인을 배려하지 않고 공감 능력이 결여된 학생들의 비율이 늘고 있습니다. SNS와 자극적인 내용의 유튜브 영상을 보고 모방하여 학교폭력 등 다양한 문제가 발생하여 디지털 윤리를 포함한 인성교육의 필요성에 대해 학생, 학부모, 교사 모두 공감하고 있습니다. 담임교사로서, 교과교사로서 학생들에게 인성교육을 어떻게 할 것인지에 대해 고민해보세요.

1 서울인성교육 '공동체형 인성'

(1) **인성교육진흥법** : 제2조(정의) '인성교육'이란 자신의 내면을 바르고 건전하게 가꾸고 타인·공동체·자연과 더불어 살아가는 데 필요한 인간다운 성품과 역량을 기르는 것을 목적으로 하는 교육을 말한다.

(2) **2022 교육과정 총론** : 인성교육은 범교과 학습주제이다. 범교과 학습주제는 교과와 창의적 체험활동 등 교육활동 전반에 걸쳐 통합적으로 다루도록 하고, 지역사회 및 가정과 연계하여 지도한다.

(3) **서울인성교육의 필요성**
① 2025년 서울시교육청 인성관련 설문조사 결과
㉮ 교원, 학부모, 학생 모두 학생들의 인성·시민성의 수준이 낮다고 인식하고 있으며, 인성교육을 더 강화해야 한다고 응답한 비율이 매우 높게 나타났다.
㉯ 교원, 학부모, 학생 모두 디지털 윤리를 강조한 인성교육의 필요성에 대해 높은 비율로 동의했다.
㉰ 교원, 학부모, 학생 공통적으로 학생들의 올바른 인성 함양에 가장 큰 영향을 미치는 요인을 '가정'이라고 응답하였다.
② 교육활동 침해, 학교 폭력, 악성 민원 등 개인의 이익과 권리만을 우선시하는 풍조에서 벗어나 서로 존중하고 배려하는 공동체성 회복이 필요해졌다.

(4) **서울인성교육 '공동체형 인성'** : 모든 존재의 존엄성에 대한 인식을 바탕으로 서로의 차이와 다양성을 포용하고, 함께 협력하며 공존하는 세상을 만들어 갈 수 있는 인성이다.

① '공동체형 인성'의 핵심가치와 덕목

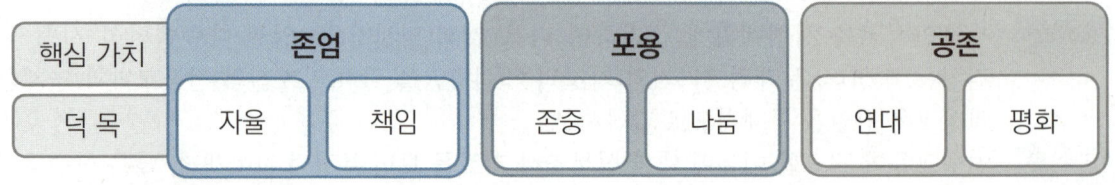

② 서울인성교육의 목표
   ㉮ **스스로 존엄한 학생** : 자아존중감을 바탕으로 변화에 능동적으로 대응하고, 생활 속에서 필요한 능력을 기른다.
   ㉯ **서로를 포용하는 공동체** : 다른 사람의 관점을 존중하고 의견을 경청하며 공동의 목적을 구현하기 위한 협력적 관계의 자질을 기른다.
   ㉰ **평화롭게 공존하는 세계시민** : 공동체 의식을 바탕으로 사회와 소통하고 이해하는 세계시민으로서 적극적인 자세와 책임감을 기른다.

2 인성교육 방법

(1) **공동체형 인성을 갖춘 교사의 역량 제고**
  ① **공동체형 인성을 연구하는 교원학습공동체 운영**
    ㉮ 교과 및 창체 연계, 교과 융합 **공동체형 인성교육 수업 연구 및 자료를 개발**한다.
    ㉯ 교육과정을 재구성하여 **공동체형 인성을 주제로 한 사례중심 수업나눔을 실천**한다.
    ㉰ 공동체형 인성을 갖출 수 있도록 이론중심이 아닌 **학생참여형 활동을 연구**한다.
  ② 직무연수 참여 : 인성교육 지도 역량 강화를 위해 인성교육 전문가의 직무연수를 이수한다.
  ③ 교사들의 교과 수업에서 인성교육 방법에 대한 수업연구 및 컨설팅 장학 요청
    ㉮ **2022 교육과정의 적용을 받는 모든 교과는 인성교육 요소가 반영되어 있어 교과와 연계하여 수업을 할 수 있다.** 각 교과가 가지고 있는 특성을 활용하여 학생 참여형 인성교육을 할 수 있도록 수업연구가 필요하다.
    ㉯ 컨설팅 장학을 요청한다. 수업연구 내용을 토대로 수석교사 또는 해당 교수학습평가과 장학사에게 컨설팅 장학을 요청하여 교과와 인성교육의 연계가 잘 되었는지 확인할 수 있다.
  ④ 인성교육을 위해 학생들의 감정상태를 파악하고 이해하며 공감해준다. 학생들과 래포를 형성한 상황에서 학급조회시간 및 교과시간에 인성교육을 한다면 학생들은 교사가 하는 인성교육을 잘 수용할 수 있다.

(2) **학생 참여형·활동형 실천중심 인성교육** : 소통과 존중, 배려를 통한 인성교육에 중점
  ① 토의·토론 수업
    ㉮ 교사는 토의·토론 수업을 하기 전 상대방의 말을 경청하고 자신의 생각과 다를 수 있음을 이해시킨다. 또한, 상대방이 말을 할 때 끝까지 경청하고 발언이 끝난 후 자신의 생각을 말할 수 있도록 지도한다.

㉴ 상대방을 존중하며 발언하는 방법에 대해 가르친다. 상대방에게 전달하고자 하는 내용을 상대방이 들었을 때 불쾌하거나 기분이 나쁘지 않도록 상대방을 존중하며 정돈된 단어로 문장을 구성하여 매너있게 말을 할 수 있도록 지도한다.

② 협동 학습 및 프로젝트 학습
㉮ 협동 학습 및 프로젝트 학습은 다양한 학생들이 모여 결과를 만들어내는 과정을 중요시하기 때문에 모둠 내에서 반드시 지켜야 할 수칙을 정해주어야 한다. 그리고 결과를 도출하는 것보다 모둠 활동을 하는 과정에서 인성교육적 요소가 더욱 중요함을 설명한다.
㉯ 수칙 예시 : 모둠원의 아이디어에 대해 부정적인 평가하지 않기, 모둠원이 말할 때 경청하고 중간에 말 끊지 않기, 좋은 아이디어가 나왔을 때 서로 칭찬하며 격려해주기, 갈등 상황 발생 시 모둠원 모두가 중재와 화해를 위한 노력하기 등을 교육한다.
㉰ 협동 학습 및 프로젝트 학습이 끝난 후 동료평가를 서술하게 하여 모둠 활동을 할 때 고마웠던 점이나 칭찬하고 싶은 점을 서술하게 하고 보완해야 할 점에는 상대방이 기분이 나쁘지 않도록 배려하여 작성하게 할 수 있도록 지도한다.

(3) 교과 연계 인성교육
① 2022 교육과정의 적용을 받는 모든 교과는 인성교육 요소가 반영되어 있어 교과와 연계하여 수업을 할 수 있다.

(예시) 도덕 2학년	[9도02-06] 다양한 갈등 상황에서 평화적 해결의 중요성을 이해하고, 평화적으로 갈등을 해결할 수 있는 실천 방법을 탐구하고 제시할 수 있다.
교과 활동 내용	인성교육 프로그램 연계 활동
① 갈등 상황을 평화적으로 해결해야 하는 이유는 무엇인가?	언어를 통해 청소년의 소통 능력을 신장하기 위한 교육 프로그램
② 평화적 갈등 해결을 위한 구체적인 방법은 무엇일까?	친구와 대화 습관 고민에 대해 직접 이야기해보는 '친구와의 대화 솔루션'
③ '나 전달법'과 '비 폭력 대화' 방법을 통해 갈등을 평화롭게 해결	마셜 B. 로젠버그(2017). 비 폭력 대화

② 수업 내용에서 **인성교육을 할 수 있는 내용을 강조하여 가르치거나 학생 참여형·활동형 수업을 통해 올바른 인성을 갖출 수 있도록 지도**할 수 있다.
③ 자신의 교과와 인성교육을 연계한 수업을 구상해야 한다.

(4) 가정과 연계한 인성교육
① 학급담임과 학부모 간 지속적인 소통을 통한 인성교육 준비
㉮ 학급담임은 **가정과 연계한 인성교육을 하기 위해 학부모와 지속적인 소통을 통해 학생의 상황**

을 학부모와 공유해야 가정에서 보다 효율적으로 인성교육을 할 수 있다.
　㉯ 학부모 상담주간에 방문상담 또는 전화상담을 통해 가정에서 학생에 대한 정보를 듣고 학교생활 전반에 대한 정보를 제공하여 가정과 연계한 인성교육을 실천한다.
　㉰ 교원, 학부모, 학생 모두 인성교육에서 가정의 역할이 중요하다는 인식을 공통적으로 하고 있다. 인성교육은 학교와 가정이 함께 책임감을 가지고 노력하고 협력해야 한다.
② 가족 약속 및 실천을 통한 자녀의 인성 함양
　㉮ 친밀한 관계를 바탕으로 '**가족 대화의 시간**'을 운영한다.
　㉯ **식사 예절, 올바른 대화법 등을 통한 예절교육, 인성교육, 사회성 교육**을 한다.
　㉰ 올바른 생활 습관 형성 및 실천을 위한 우리 가족 실천 약속을 정한다.
　　예) 학교에서 욕설 하지 않기, 친구에게 물리력 행사하지 않기 등.
③ 디지털 문화 속에서 자녀의 자기관리 역량을 키우는 가정교육
　㉮ 올바른 디지털 기기 사용에 대한 자신과의 약속 정하고 실천하기
　　예) 적정 사용 시간 정하기, **SNS에서 바른말 사용하기, SNS에서 악플 달지 않기, 디지털 범죄 및 디지털 성범죄(딥페이크)의 위험성을 알고 예방하기** 등
　㉯ SNS에서 사이버 폭력의 심각성에 대해 학부모와 학생이 대화하고 예방법을 모색하기
④ 학교에서 학부모의 인성교육 역량 강화 지원
　㉮ 학부모의 인성교육 역량을 함양하기 위한 프로그램 운영하여 학부모를 지원해야 한다.
　㉯ 기적의 밥상머리 교육, 독서를 통한 우리아이 인성교육, 디지털 시민으로 살아가기 위한 능력 키우기, 우리아이 자존감 교육 등 다양한 프로그램을 제공하여 가정에서 효과적으로 인성교육을 할 수 있도록 지원한다.
　㉰ 자녀의 올바른 디지털 기기 활용에 대한 학부모 연수를 강화한다.
　　예) 디지털 기기 활용 학습방법 및 딥페이크 성범죄, 개인정보 침해 등 디지털 범죄 예방 교육 연수 등

(5) 학급에서의 인성교육
　① 조·종례시간을 활용한 인성교육: 담임교사가 조회시간과 종례시간을 활용하여 짧고 임팩트 있는 인성교육을 한다.
　　예) LA다져스 오타니 쇼헤이의 훌륭한 인성에 관한 영상 시청 후 패들렛에 느낀점 작성
　② 학급회의 시간을 활용한 인성교육: 교사는 '좋은 인성 함양'이라는 회의 주제를 제시하고 학생들끼리 좋은 인성 함양을 위해 학교에서 할 수 있는 구체적인 언행에 대해 토의·토론을 할 수 있는 시간을 부여한다.
　③ 올바른 SNS 사용 문화 정하기: 같은 반 친구의 SNS에 칭찬하는 댓글만 남기기, 단체 메시지방에서 특정 친구 험담하지 않기 등
　④ 학급 단합대회 개최: 학급 임원과 학급회가 주관하여 학급 구성원 모두가 단합대회를 준비하고 인성교육적 요소가 포함된 프로그램을 운영한다.
　　예) 롤링페이퍼에 장점과 칭찬의 글 작성하기, 감사 표현하기 등

PART 6.
생활지도

Ⅰ 학교폭력
Ⅱ 교육활동 침해행위 보호
Ⅲ 교원의 학생생활지도에 관한 고시
Ⅳ 학생생활규정
Ⅴ 범죄예방 교육
Ⅵ 성평등 교육
Ⅶ 생명존중 및 자살예방 교육
Ⅷ 7대 안전교육

PART 6. 생활지도

Ⅰ 학교폭력

21 서울 학급에서 두 학생의 다툼(A가 B를 실수로 치고 사과하지 않아 B가 A의 배를 가격하고 언어폭력을 함)이 있었고 경미한 학교폭력 사안으로 A의 동의를 받아 학교장 자체해결이 되었다. 담임교사로서 A와 B의 관계회복을 위한 조언을 각각 구체적으로 말하시오.

23 대구 학교폭력 사안에서 학교장 자체해결의 요건 4가지를 말하시오.

20 대구 김 교사의 학급에서 A의 SNS에 B가 욕과 험담이 담긴 답글을 남겼다. A는 학교에 가기 무서워 등교를 하지 못하고 있으며 이에 화가 난 A의 학부모가 학교를 찾아가 B를 불러달라고 하는 상황에서 학부모에게 할 수 있는 적절한 대처방안 2가지를 말하시오.

18 경기 SNS에서 특정인을 집요하게 괴롭히는 사이버폭력과 관련하여 학급 학생을 대상으로 하는 사이버폭력 예방교육 방안에 대해 말하시오.

> **※ 기품 포인트**
> 매년 전국 교육지원청마다 학교폭력 접수 건수가 증가하고 있으며 학교폭력 유형도 다양해지고 있습니다. 선생님들은 우스갯소리로 학교폭력을 '자연재해'에 빗대어 표현합니다. 하지만 학교폭력은 교사의 관심과 예방교육으로 충분히 예방할 수 있습니다. 가랑비에 옷이 젖듯 지속적인 학교폭력 예방교육을 통해 학생들의 학교폭력에 대한 인식을 개선시킬 수 있습니다. 학교 현장에서 학교폭력이 어떻게 다루어지고 있는지 이해하면서 학교폭력을 어떻게 예방할 수 있을지 고민해 보세요.

1 학교폭력이란?

(1) **학교폭력의 정의** : 학교 내·외에서 학생들을 대상으로 발생한 상해, 폭행, 감금, 협박, 약취·유인, 명예훼손·모욕, 공갈, 강요·강제적인 심부름 및 성폭행, 따돌림, 사이버 폭력 등에 의하여 신체·정신 또는 재산상의 피해를 수반하는 행위이다.

(2) **학교폭력 유형**
  ① 신체 폭력 : 신체를 손, 발로 때리는 등 고통을 가하는 행위와 장난을 빙자한 꼬집기, 때리기, 힘껏 밀치기 등 상대방이 폭력으로 인식하는 행위
  ② 언어 폭력 : 여러 사람 앞에서 모욕적인 용어를 사용하거나 상대방의 명예를 훼손하는 구체적인 말을 하거나 그런 내용의 글을 인터넷, SNS에 퍼뜨리는 행위
  ③ 사이버 폭력 : 특정인에 대한 모욕적인 언사나 욕설, 허위 글, 개인의 사생활에 관한 사실을 인터넷 게시판, SNS, 카카오톡, 인스타그램 단체DM방 등에 올리는 행위
  ④ 성폭력 : 성행위를 강제하거나 상대방에게 폭행과 협박을 하여 성적 모멸감을 느끼도록

신체접촉을 하는 행위, 성적인 말과 행동을 하여 상대방이 성적 굴욕감과 수치심을 느끼도록 하는 행위이다.
⑤ 기타 : 금품갈취(공갈), 강요(빵셔틀), 따돌림이 학교폭력 유형에 있다.

> ※ **저자의 한마디**
> 친구에게 사소한 괴롭힘, 학생들의 장난이라고 여기는 행위도 학교폭력이 될 수 있습니다. 이러한 행위를 하는 학생의 입장에서는 장난이라 여겨질 수 있지만 당하는 학생은 이로 인해 신체적·정신적 피해를 받을 수 있습니다. 타인을 존중하고 하나의 인격체로 대해야 함을 학생들에게 교육해야 합니다.

※ 장애학생의 보호 : 누구든지 장애학생에게 학교폭력을 행사해서는 안된다.

(3) 학교폭력 사안처리 유의사항

① 학교폭력 사안 발생 시 공정하고 객관적인 자세로 사안처리를 위해 노력하고 학생과 학부모의 상황과 심정에 대한 이해와 공감을 통해 신뢰를 형성한다.
② 학교폭력 사안조사 시 관련 학생들을 분리하여 조사하고 축소·은폐하거나 성급하게 화해를 종용하지 않도록 한다.
③ 사안조사는 수업시간 이외의 시간을 활용하되 부득이하게 수업시간에 할 경우 별도의 학습 기회를 제공하도록 한다.
④ 학교폭력대책심의위원회 결정 전까지는 피해학생, 가해학생을 단정 짓지 않고 관련학생이라는 용어를 사용한다. 예) 가해(관련)학생, 피해(관련)학생
⑤ 성범죄 관련 사안을 인지한 경우 예외없이 수사기관(관할 경찰서 및 112)에 신고한다.

(4) 학교폭력 사안처리 흐름도

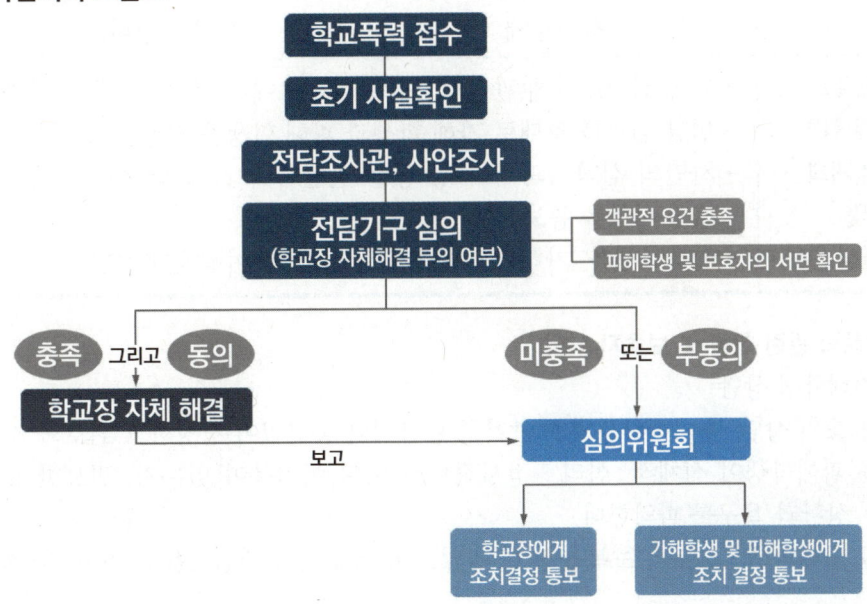

(5) 학교폭력 사안처리 단계별 핵심내용

학교폭력 접수	• 학교폭력 사안 발생 48시간 이내 교육지원청에 보고한다. • 가해(관련)학생과 피해(관련) 학생 학부모에게 해당 사실을 통보한다.
초기 사실확인	• 가해(관련) 및 피해(관련) 학생들이 '학생 작성 확인서'를 작성한다. • 피해(관련)학생에게 가해(관련)학생과 '즉시분리' 필요 여부를 묻는다. • 가해(관련), 피해(관련) 학생의 공간을 분리시켜 학생 확인서를 작성하게 한다.
사안 조사	• 학생 작성 확인서를 토대로 가해(관련), 피해(관련)학생을 면담한다. • 목격학생이 있는 경우 목격 학생 작성 확인서를 작성하게 한다. • 사이버 폭력 및 사이버 금품갈취의 경우 증거를 확보한다.

학교폭력 전담기구 심의	• '학교장 자체해결' 요건 4가지에 대해 충족 여부를 심의한다.
	  ① 2주 이상의 신체·정신적 치료를 요하는 진단서를 발급받지 않은 경우.
	  ② 재산상의 피해가 없거나 즉각 복구되었거나 복구 약속이 있는 경우.
	  ③ 학교폭력이 지속적이지 않은 경우.
	  ④ 학교폭력 신고, 진술, 자료제공에 대한 보복행위가 아닌 경우.
	• 4가지 요건이 충족되지 않는 경우 교육지원청에 학교폭력 대책 심의위원회 개최를 요청한다.
	• 4가지 요건이 충족되어도 피해(관련)학생 및 학부모가 모두 학교장 자체해결을 동의해야 학교장 자체해결을 할 수 있다.
	• 4가지 요건이 충족되어도 피해(관련)학생 및 학부모가 학교장 자체해결에 동의하지 않고 학교폭력 대책 심의위원회 회의 개최 요청을 할 경우 학교의 장은 교육지원청에 심의위원회 개최를 요청해야 한다.

학교폭력 심의위원회 회의 개최 및 조치결정 통보	• 피해(관련), 가해(관련) 학생 및 학부모에게 사실확인을 위한 면담을 진행. • 면담 결과를 토대로 가해 학생과 피해 학생을 확정. • 사안의 심각성과 고의성 등을 판단하여 가해 학생과 피해 학생에게 조치 결정 사항을 통보한다. • 가해학생은 '가해학생 조치결정 사항'을 이행해야 한다.

(6) 학교폭력 관련 학생 및 보호자 상담
① 피해학생 상담
  ㉮ 초기 상담 시 피해학생의 이야기를 판단이나 충고없이 경청하고 위로와 지지를 한다.
  ㉯ 피해학생이 신체적, 심리·정서적으로 어떤 어려움이 있는지, 필요한 도움은 무엇인지 상황과 욕구를 파악한다.
  ㉰ 가해학생으로부터 보복을 당하지 않도록 학교에서 책임감을 가지고 지도할 것을 알린다.

② 피해학생 보호자 상담
  ㉮ 피해학생 학부모의 감정이 격양됨을 이해하고 수용하며 학부모가 말하는 상황이 해당 사안과 직접적으로 관련한 사실이 아니라도 온전히 들어주는 것이 필요하다.
  ㉯ 피해학생 학부모가 심리·정서적으로 어떤 어려움이 있는지, 필요한 도움은 무엇인지 상황과 욕구를 파악한다.
  ㉰ 피해 학생의 심리적 안정을 위해 가정에서 보호자 역할을 안내한다.
  ㉱ 피해학생이 학교에서 상담을 받는 것을 불편해 할 경우 외부 전문기관에 연계하여 상담을 받을 수 있음을 안내한다.

③ 가해학생 상담
  ㉮ 초기 상담 시 학생을 낙인찍지 않고 가해학생의 이야기를 판단이나 충고 없이 경청한다.
  ㉯ 폭력은 용인되지 않으며 가해학생이 저지른 행동은 잘못된 것이라는 사실을 알려주고 피해학생이 당한 충격과 상처를 이해시킨다.
  ㉰ 사안처리 절차를 설명하고 자신의 잘못을 인정하고 사과하려는 욕구가 있는지 파악한다.
  ㉱ 피해학생에게 사과할 의사가 있을 경우 먼저 피해학생이 사과를 받아들일 마음이 있고 준비된 상황에서 진심어린 사과를 해야 함을 안내한다.

④ 가해학생 보호자 상담
  ㉮ 가해학생 보호자는 자녀의 잘못을 인정하면 더 중대한 조치를 받을지 모른다는 우려를 할 수 있음을 이해한다.
  ㉯ 감정은 수용하되 확인된 사실에 근거하여 가해학생의 폭력 행동에 대해서는 정확히 알려주어 상황을 객관적으로 수용할 수 있도록 한다.
  ㉰ 가해학생 보호자가 학생의 가해행위를 부정하는 경우, 논쟁하기보다는 접수하는 태도로 반응한다. 예) 네, 그런 생각이 드시는군요. 말씀하신 내용 잘 정리하여 전달하겠습니다.
  ㉱ 가해학생 학부모가 피해학생 학부모에게 사과할 의사가 있을 경우, 먼저 피해측에서 사과를 받을 마음이 있는지 알아보고 진심어린 사과를 해야 함을 안내한다.
  ㉲ 학교에서는 가해학생 역시 걱정하고 있으며 교육적으로 적절하게 지도할 것임을 안내한다. 정확한 사실을 확인하고 이에 따라 대응하는 것이 가해, 피해 학생 모두를 위한 것임을 안내한다.

2 실제 학교 현장에서 발생하는 학교폭력 주요 사안
(1) 학교폭력 발생 현장 목격 시 대응 요령
① 폭력 상황에 적극적으로 개입하여 학교폭력 진행 상황을 종결시킨다.
② 피해 학생을 안정시키고 신변안전을 확보한 후 보건실 치료 또는 119에 도움을 요청한다.
③ 가해 학생을 피해 학생과 분리시킨 후 진정시키고 질책이나 맞장구는 하지 않는다.
④ 목격학생 및 주변학생에게 상황을 정리하여 전달하고 사안이 잘 처리될 수 있도록 학교폭력

상황에 대한 언급을 자제할 것을 당부한다.
⑤ 피해 및 가해 보호자에게 연락하고 목격 시점에서 파악된 사안의 내용을 전달한다.

(2) 선생님, 사이버폭력을 목격했어요.

> **학생 :** 선생님. 드릴 말씀이 있어요. 친구들이 단체 카톡방에서 한 친구를 힘들게 하고있는 것 같아요. 뒷담화를 하고 친구 사진을 몰래 찍어서 올려요. 다른 친구는 그 친구 사진을 보며 얼굴을 조롱해요. 이뿐 아니라 인스타그램 부계정 스토리에 그 친구에 대한 험담을 해요. 저는 어떻게 해야 할지 모르겠어요.
>
> **교사 :** 그래? 일단 선생님에게 알려줘서 고마워. ○○이가 제보한 것은 선생님만 알고 있고 절대 다른 학생들에게 이야기하지 않을게. 안심해도 돼. 어떤 내용인지 조금 더 자세하게 살펴볼까? 혹시 그 단체 카톡방을 선생님에게 보여줄 수 있니? 그리고 인스타그램 스토리 캡쳐해둔 것이 있니?

① 사이버폭력은 사이버 명예훼손, 사이버 언어폭력, 사이버 갈취(게임머니와 아이템, 핫스팟 셔틀), 사이버 영상 유포, 사이버 따돌림, 사이버 스토킹(원하지 않는 문자나 사진, 영상을 반복적으로 보내 상대방에게 공포심을 유발하는 행위)의 유형이 있다.
② 사이버폭력 예방 방법
  ㉮ 카카오톡, SNS에서 욕설과 협박성 문자에 응답(대응)하지 않도록 교육한다.
  ㉯ SNS와 인터넷 게시판 등에서의 비방 욕설에 대한 증거 확보를 위해 캡쳐하도록 교육한다.
  ㉰ 사이버폭력 예방을 위한 디지털 리터러시를 교육한다.
  ㉱ 사안에 따라 형법, 정보통신망 이용촉진 및 정보보호 등에 관한 법률에 의해 처벌받을 수 있음을 교육한다.
③ 사이버폭력 대응 방법
  ㉮ 증거를 최대한 수집하여 확보한다.(캡쳐, 대화내용 녹화 등)
  ㉯ 사이버폭력을 인지하는 즉시 부모님과 담임교사, 생활교육부 선생님에게 알린다.
  ㉰ 필요한 경우 수사기관(경찰서)에 신고한다.

> **※ 저자의 한마디**
> 최근 학생들이 AI 기술을 이용해 만든 딥페이크(Deepfake, 특정 학생의 얼굴과 나체를 합성) 사진과 영상을 정보통신망을 활용하여 유포하는 행위가 사회적 논란의 중심에 서 있으며 딥페이크로 인한 학교폭력 접수 건수가 폭발적으로 증가하고 있습니다. 단순한 장난과 호기심에서 시작한 행동은 성범죄가 될 수 있고 피해학생은 평생 트라우마를 겪게 됩니다. 담임교사는 조회, 종례시간을 이용하여 이러한 사회문제에 대하여 학생들에게 교육해야 합니다.

(3) 이거 학교폭력 맞아요? 선생님? (보호자 미동의 사안)

> **담임교사 :** 부장님. 저희 반 아이가 다른 반 학생에게 맞았다고 보호자에게 연락을 받았어요. 학교폭력으로 접수해야 하는 것 같은데 보호자가 원하지 않아요. 이런 경우 학교폭력 사안 접수를 하지 않아도 되나요?
>
> **생활부장 :** 학생들 간 발생한 사소한 갈등과 다툼을 모두 학교폭력으로 볼 수 없어요. 그러나 보호자가 원하지 않는다고 하더라도 사안의 심각성, 지속성과 피해 정도를 확인하기 위해 학교폭력 전담기구의 조사가 필요합니다. 교원에게는 학교폭력 신고의 의무와 동시에 보고의 의무가 있어요. 따라서 보호자 동의가 없더라도 피해 등이 확인되는 사안일 경우 생활부장, 교감선생님과 상의하여 학교폭력으로 접수하여 처리하는 것이 맞습니다.

① 담임교사의 학교폭력 초기대응 방법
  1단계 : 학생의 피해(정신적, 신체적, 재산상)를 구체적으로 파악한다.
  2단계 : 증거 유무(사진, 영상, 메신저 등)를 확인한다.
  3단계 : 학교폭력의 정의를 다시 한 번 짚어주고 보호자가 학교폭력이라 생각하면 신고접수 할 수 있도록 안내한다.
  4단계 : 상담한 내용을 정리하여 학교폭력 책임교사(생활부장)와 공유한다.
   ※ 사안의 경중, 학생에 대한 개인적인 판단은 하지 않는다.

(4) 성폭력

> **학생 :** 선생님. 너무 수치스러운 일이 있었어요. 쉬는시간에 다른 반 친구를 만나러 가는 길에 ○○이가 제 성기를 손으로 만지고 주변에 있던 학생들에게 제 성기가 작다고 큰 소리로 말했어요. 남학생만 있는게 아니라 여학생도 있었어요.
>
> **교사 :** ○○이가 많이 괴로웠겠구나. 지금 ○○이의 마음 상태는 어떻니? 선생님 생각에는 지금 당장 수업에 들어가는 것 보다 위클래스 상담 선생님과 상담을 해 보는 것이 좋을 것 같아. 일단 선생님이 생활부장 선생님께 이 사실을 말씀드릴게.

① 학교폭력 접수내용이 성폭력인 경우 초기 대응 방법
  ㉮ 즉시신고 : 피해학생 측 의사와 관계없이 즉시 수사기관(관할 경찰서 또는 112)에 신고해야 한다.(피해학생 측에 신고의무의 당위성을 설명하고, 수사기관에 피해학생 측의 의사를 반드시 전달해야 한다.) 성폭력 사안은 학교폭력 사안으로 접수되며 동시에 수사기관에서도 사건이 접수되어 담당 수사관의 수사가 이루어진다.
  ㉯ 학교폭력 접수 및 피해학생과 가해학생을 물리적으로 분리시킨다. 필요시 피해학생 긴급조치와 가해학생 긴급조치를 할 수 있다.
  ㉰ 피해학생에 대한 긴급조치 : 학내외 전문가에 의한 심리상담 및 조언, 일시 보호, 치료를

위한 요양, 그 밖에 피해학생의 보호를 위하여 필요한 조치를 할 수 있다.
㉣ 가해학생에 대한 긴급조치 : 신고학생에 대한 접촉, 협박 및 보복행위의 금지, 출석정지, 학급교체(같은 학급일 경우)를 조치할 수 있다.

3. 관계회복

(1) **관련법률** : 학교폭력예방법 제13조의2(학교의 장의 자체해결)
① 학교의 장은 경미한 학교폭력(학교장 자체해결의 객관적 요건을 충족)에 대하여 피해학생 및 그 보호자가 심의위원회 개최를 원하는 경우 피해학생과 가해학생 사이의 관계회복을 위한 프로그램을 권유할 수 있다.

(2) **관계회복의 개념** : 두 명 이상의 관련 대상자들이 발생 상황에 대하여 이해, 소통, 대화 등을 통해 원래 상태 또는 일상생활로 돌아갈 수 있도록 함께 노력하는 것이다.

(3) **관계회복의 목적**
① 관련 당사자 사이에 발생한 사안을 중심으로 개입하여 양측 관계를 회복시키는 것을 목적으로 한다.
② 상호 이해 및 소통, 대화를 하는 과정을 통해 피해학생 측 입장을 충분히 고려한 진심어린 사과와 가해학생 측의 반성에 대한 올바른 인식 정립을 하고 나아가 관계 개선을 통한 회복을 도모한다.
※ 관계회복은 피해학생 측의 의사를 우선적으로 고려하여 확인하고 동의여부를 확인하여 진행해야 한다.

> ※ **저자의 한마디**
> 관계회복 프로그램은 학교폭력 은폐, 축소가 아닙니다. 관계회복 프로그램은 화해를 종용하기 위한 절차가 아닌 가·피해 학생의 소통을 목적으로 합니다. 자신의 감정과 욕구를 진솔하게 표현하고 상대의 이야기를 듣는 경험을 통해 관련 학생들의 성장과 회복을 촉진할 수 있는 프로그램입니다. 하지만, 관계회복 프로그램을 참여했다고 해서 피해학생 측에서 학교장 자체해결에 동의하는 것은 아니며 관계회복 프로그램 참여 여부와는 관계없이 학교폭력대책심의위원회 진행이 이루어 질 수 있습니다.

4 학교폭력 예방교육

학교폭력예방법 제19조(학교의 장의 의무) : 학교의 장은 학교폭력 예방을 위하여 필요한 경우 해당 학교의 학교폭력 현황을 조사하는 등 학교폭력 조기 발견 및 대처를 위하여 노력하여야 한다.

(1) **학교문화 책임규약 운영**
① 도입 배경 : 학교폭력 증가 및 유형의 다양화와 함께 학교폭력 및 생활지도와 관련한 문제를

학생의 개인적인 문제로 해결하기보다 학생, 학부모, 교직원이 문제 해결을 위해 함께 협력하려는 실천적 노력이 필요해졌다. 또한, **학교 구성원 스스로 각자의 책임을 인식하고 실천하여 행동 변화를 유도할 수 있는 바람직한 학교문화를 조성하는 것이 필요하여 도입**하게 되었다.

② 추진 목적
 ㉮ 교육 3주체(학생, 교사, 학부모)가 학교폭력 및 책임 준수를 확인하는 책임규약을 통해 안전한 학교문화 조성한다.(학교 구성원 간 학교폭력 관련 이해와 공감대를 바탕으로 규약 설정 및 서명을 한다.)
 ㉯ 학교 구성원 간 학교폭력 및 교원의 생활지도에 대한 이해도를 제고하고 책임의식을 확립하여 실천하는 학교문화를 조성한다.

③ 주요 내용
 ㉮ 책임규약의 목적
 ㉯ 학교폭력의 정의 및 가해·피해학생 조치
 ㉰ 학생생활지도 이행 및 준수 및 학교 구성원으로서의 책임 등

④ 활용 방안 : **신학기 초 학교폭력예방교육 집중운영기간 및 학교 교육과정과 연계하여 학교문화 책임규약 캠페인 운영**(입학식, 학부모 총회, 학부모 연수 등 프로그램과 연계)

모두의 학교를 위한 우리 학교 구성원으로서의 책임! 학교문화 책임규약	
〈 학 생 〉 • 친구들을 장난으로 괴롭히지 않고 존중하겠습니다. • 농담이라고 생각하는 것이 괴롭힘, 언어 폭력으로 여겨질 수 있으므로 언사를 신중히 하겠습니다. • 교내 괴롭힘을 담임 선생님과 주변 선생님에게 알리겠습니다. • 선생님을 존중하며 예의를 지키겠습니다. • 학교 규칙을 존중하고 준수하겠습니다. • 공손한 태도로 행동하겠습니다.	〈 학 부 모 〉 • 학교 규칙과 선생님을 존중합니다. • 자녀를 인격적으로 존중하고 고운말로 소통하겠습니다. • 학교 구성원으로 함께 노력하겠습니다. 〈 교 사 〉 • 학생을 공감하고 존중하겠습니다. • 학생의 바람직한 성장을 위해 학부모와 협력하겠습니다. • 내실있는 수업과 학생들의 행복한 학교생활을 위해 노력하겠습니다.
	학생 성명 (서명) 학부모 성명 (서명) 교사 성명 (서명)

(2) 사이좋은 관계가꿈 프로젝트

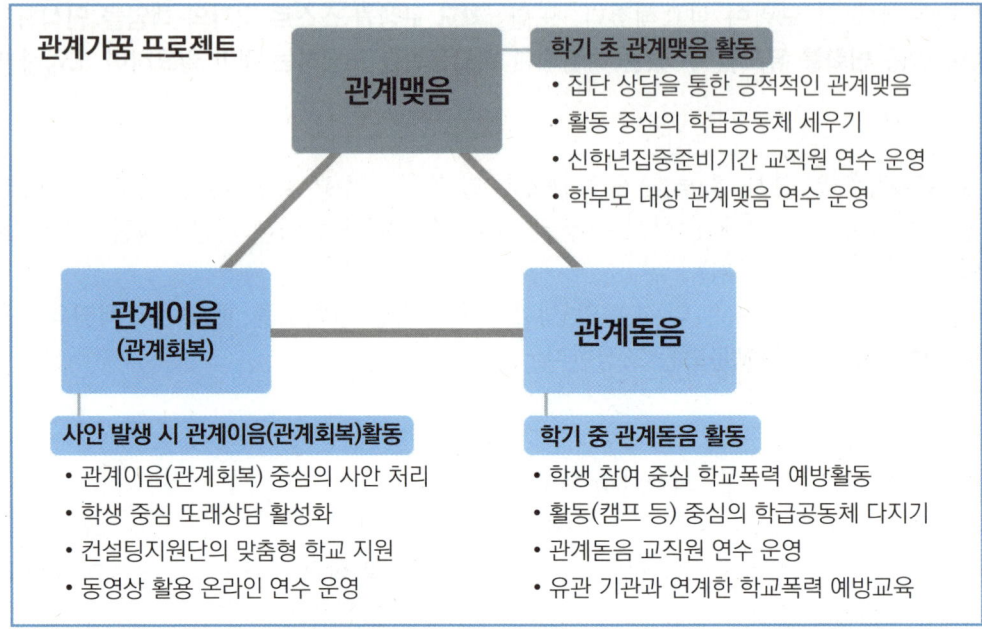

(3) 교육과정 기반 학교폭력 예방교육
① 국어, 도덕 등 관련 교과 수업을 최대한 활용하여 학교폭력 예방교육을 한다.

교과	대단원	중단원	학습주제
도덕	우리・타인과의 관계	친구관계와 도덕	친구 간의 갈등 사례, 갈등 예방과 해결 방법
국어	설득의 전략과 매체에 따른 글쓰기	욕설은 듣는 이에게 어떤 영향을 미칠까	폭력적인 언어 사용의 문제점을 알기

(4) 학생 중심의 학교폭력 예방 활동 확대
① 학생 주도의 학교폭력 예방 활동 : **학생회 및 학급별 학생 자치활동을 통해 학급 약속 들기, 회복적 생활교육을 적용한 자율적인 학급 프로그램을 운영**한다.
② 학생들의 토론・참여를 통해 학교 내 다양한 학교폭력 문제를 스스로 해결할 수 있도록 한다.
③ **학교폭력 예방 동아리 활동을 운영**하여 **학교폭력 예방 캠페인, 학폭없는 평화로운 교실 만들기 행사를 계획하여 실행**할 수 있도록 한다.

(5) 학교폭력 조기 발견 및 예방활동 : 학교폭력 실태조사
① 학기별 1회 실시하여 실태조사 결과를 분석 후 대책을 수립한다. 실태조사 결과 학교폭력이 인지되면 사안조사를 시작한다.

② 학교폭력 신고함을 운영하여 신고가 접수되면 즉시 사안조사를 통해 학생들이 학교가 학교폭력으로부터 안전한 장소임을 느낄 수 있도록 한다.

(6) 학교별 특색 있는 학교폭력 예방교육 수립·운영
　① 학교폭력 예방을 위한 1학교 1특색 사업
　　㉮ 바른말·고운말 쓰기 운동, 또래상담 활동 및 학교폭력 예방 동아리 운영
　　㉯ 조·종례 20분 확보를 통한 학교폭력 예방교육

Ⅱ 교육활동 침해행위 보호

21 경기 수업 시간에 수업 방해 행동을 지속적으로 하는 학생이 있어 주의를 주어도 수업 방해 행동을 지속적으로 하는 학생이 있다. 이 학생의 담임교사로서 수업 방해 행동을 하지 않기 위한 지도방안 2가지를 제시하시오.

> ※ **기품 포인트**
> 교육활동 침해행위 사안 발생 시 2024년 이전에는 학교에서 '교권보호위원회'를 개최했었습니다. 2024년부터는 학교의 교권보호위원회가 없어지고 교육지원청에 '지역교권보호위원회'가 새로 생겼습니다. 학교에서는 교육활동 침해 담당자가 사안을 교육지원청에 접수하면 교육지원청에서 사안을 다루게 됩니다. 교육활동을 침해받지 않고 학생과 교사가 서로 배려하고 존중하는 문화를 만들기 위해 무엇을 할 수 있을지 고민해보시기 바랍니다.

1 교육활동 침해행위의 정의 : 「교원의 지위 향상 및 교육활동 보호를 위한 특별법」(이하 '교원지위법')(2024. 3. 28. 시행) 제19조에서는 교육활동 침해행위를 '고등학교 이하 각급학교에 소속된 학생 또는 그 보호자 등이 교육활동 중인 교원에 대하여 교원지위법 관련 법규에서 정하고 있는 어느 하나에 해당하는 행위를 하는 경우'라고 규정하고 있다.

> ※ **저자의 한마디**
> '교권 침해행위'와 '교육활동 침해행위'
> 「교원지위법」 제19조에서 '교육활동 침해행위'를 규정하기 전에는 '교권 침해'라는 용어가 보편적으로 사용되었습니다. 「교원지위법」은 교원보호의 궁극적인 목적이 교육활동 보호에 있음을 밝히기 위해 '교권 침해' 대신 '교육활동 침해행위'로 명명하였습니다.

※ 「교육공무원법」 제43조(교권의 존중과 신분보장) 교권(敎權)은 존중되어야 하며, 교원은 그 전문적 지위나 신분에 영향을 미치는 부당한 간섭을 받지 아니한다.

2 교육활동을 침해하는 행위

> ※ **저자의 한마디**
> 2025학년도에 발생한 대표적인 교육활동 침해 사건
> ① 서울 양천구 신정동 소재의 S고등학교에서 휴대폰을 사용하는 학생을 제지하자 교사의 얼굴을 주먹으로 가격한 사건
> ② 경기도 화성시 초등학교에서 화성시청 6급 공무원의 자녀가 조퇴할 때 담임교사가 정문까지 데려다 주지 않았다는 이유로 학교를 찾아가 폭언과 협박성 발언, 특수폭행한 사건
> ③ 대구 B중학교에서 학부모가 자녀 상담을 위해 학교를 방문했는데 교장이 자신을 기다리지 않고 식사를 한 것에 격분해 급식실로 가서 교장선생님의 식판을 들어 음식물을 머리에 쏟고 멱살을 잡고 흔들어 특수상해 등의 혐의로 징역 1년 6개월에 집행유예 3년을 받은 사건

근거	교육활동 침해행위 유형	
「교원지위법」 제19조	「형법」 공무방해에 관한 죄, 무고의 죄, 상해와 폭행의 죄, 명예에 관한 죄, 업무방해, 손괴의 죄에 해당하는 범죄 행위	
	성폭력 범죄 행위	
	불법정보 유통 행위	
	그 밖에 다른 법률에서 형사처벌 대상으로 규정한 범죄 행위로서 교원의 교육활동을 침해하는 행위	
	교원의 교육활동을 부당하게 간섭하거나 제한하는 행위로서	목적이 정당하지 아니한 민원을 반복적으로 제기하는 행위
		교원의 법적 의무가 아닌 일을 지속적으로 강요하는 행위
		그 밖에 교육부장관이 정하여 고시하는 행위
「교육활동 침해행위 및 조치 기준에 관한 고시」 제2조	교원의 교육활동을 부당하게 간섭하거나 제한하는 행위	「형법」 공무방해에 관한 죄 또는 업무방해에 해당하는 범죄행위로 교원의 정당한 교육활동을 방해하는 행위
		교육활동 중인 교원에게 성적 언동 등으로 성적 굴욕감 또는 혐오감을 느끼게 하는 행위
		교원의 정당한 교육활동에 대해 반복적으로 부당하게 간섭하는 행위
		교원의 정당한 생활지도에 불응하여 의도적으로 교육활동을 방해하는 행위
		교육활동 중인 교원의 영상·화상·음성 등을 촬영·녹화·녹음·합성하여 무단으로 배포하는 행위

3 교육활동 침해행위 대응

(1) 지역교권보호위원회

① 지역교권보호위원회는 교육활동 침해행위 관련 법령을 토대로 학교의 특수성 및 실제 발생하는 침해행위 양상에 따라 교육활동 침해 기준을 마련하고 적합한 예방 대책을 수립하는 역할을 한다.

② 교사가 교육활동 침해행위 유형에 해당하는 내용 중 하나 또는 그 이상의 침해행위를 당하였을 때 학교에서 교육활동 침해 사안을 조사한 후 교육지원청으로 교육활동 침해 사안을 보고한다.

③ 교육지원청에서는 지역교권보호위원회를 개최하여 교육활동 침해행위 사안에 대해 심의한다.

④ 교원지위법 제25조제2항 각 호에 따른 교육활동 침해학생에 대한 조치는 다음과 같다.

> [교육활동 침해학생 조치]
> 1호. 학교에서의 봉사
> 2호. 사회봉사
> 3호. 학내외 전문가에 의한 특별교육 이수 및 심리치료
> 4호. 출석정지
> 5호. 학급교체
> 6호. 전학
> 7호. 퇴학처분(의무교육과정에 있는 자 미적용)

(2) 서울특별시교권보호위원회

① 지역교권보호위원회에서 조정되지 않은 분쟁을 조정한다.

② 교육감이 교권 보호를 위하여 서울특별시교권보호위원회의 심의가 필요하다고 인정하는 사항에 대해 심의한다.

(3) 교육활동 침해행위 상황별 대응 요령

① 수업진행 방해의 경우
  ㉮ 관련 학생과의 언쟁이나 감정적인 대응은 지양한다.
  ㉯ 학생들의 습관적인 욕설에 대해서는 관련 생활교육, 상담 등을 실시한다.
  ㉰ 학생에 대한 인신공격성 발언이나 신체 접촉, 체벌 등 학생 인권을 저해하지 않도록 주의한다.
  ㉱ 훈계 및 훈육의 목적과 불가피성을 학생에게 충분히 설명하며 공감대를 형성한다.

② 폭행의 경우
  ㉮ 피해교원은 즉시 사건 현장에서 벗어나 주변에 도움을 요청한다.
  ㉯ 응급처치 및 진단서 확보 등의 조치를 즉시 시행한다.
  ㉰ 폭행 및 상해의 정도가 심각한 경우 교육청 법률상담 등을 통한 대처 방안을 논의한다.

4 교육활동 침해행위 예방교육

(1) 교원지위법 제24조(교육활동 침해행위 예방교육)
① 고등학교 이하 각급학교의 장은 교직원・학생・학생의 보호자를 대상으로 교육활동 침해행위예방교육을 매년 1회 이상 실시하여야 한다.

(2) 교육활동 침해행위 예방교육 방법
① 교직원 : 교원 회의 등 연수를 활용하여 실시한다.
② 학생
  ㉮ 교과 수업 및 창의적 체험활동 시간, 교육공동체 토론회 등을 활용하여 교육활동 침해행위 예방에 대해 토의・토론 등 **학생 활동 중심의 예방교육 활동**을 한다.
  ㉯ 학생자치회를 활용한 교육활동 보호 문화 조성을 위한 캠페인과 홍보를 한다.
  ㉰ 스승의 날, 학생의 날 학생과 교사가 서로 존중할 수 있는 캠페인을 운영한다.
  ㉱ 사제동행 체육대회를 운영한다.
③ 학생의 보호자 : 학교교육과정 설명회, 학부모 연수 시간을 이용하여 교육활동 침해행위가 학생을 가르치고 돌보는 교사들에게 큰 마음의 상처가 될 수 있으며 교육 3주체가 서로 존중하는 문화를 형성할 수 있도록 설명한다.

Ⅲ 교원의 학생생활지도에 관한 고시

24 서울 교사가 수업 중 휴대폰을 사용하는 학생을 지도하였으나 학생은 교사의 지도를 따르지 않았다. 교사가 학생을 타일러 보았지만 학생은 개인의 권리로 휴대폰을 사용하고 있다고 주장하고 있다. 이 상황에서 학생을 지도해야 하는 교육적 이유와 지도방안에 대해 말하시오.

24 경기 교사는 수업 중 항상 친구와 떠드는 학생을 지속적으로 주의를 주며 지도했지만 불손한 태도를 보이며 수업 방해 행동을 지속하고 다른 학생의 학습권을 침해하고 있다. 교과 교사로서 이 학생의 행동에 대한 대응방안을 말하시오.

21 경기 수업 시간에 수업 방해 행동을 지속적으로 하는 학생이 있어 주의를 주어도 수업 방해 행동을 지속적으로 하는 학생이 있다. 이 학생의 담임교사로서 수업 방해 행동을 하지 않기 위한 지도방안 2가지를 제시하시오.

> **※ 기품 포인트**
> 점점 심해지는 학생과 학부모에 의한 교육활동 침해행위에 대응하기 위해 교육부에서는 교사를 학부모의 악성 민원과 아동학대 신고의 위험으로부터 벗어날 수 있도록 2023년에 「교원의 학생생활지도에 관한 고시」를 시행했습니다. 이 고시를 시행한 취지와 목적에 대해 이해하시고 학생과 교사가 서로 배려하고 존중하는 문화를 만들기 위해 무엇을 할 수 있을지 고민해 보시기 바랍니다.

1 교원의 학생생활지도에 관한 고시 : 학교의 장과 교원에게 부여한 학생생활지도 권한의 범위 및 방식 등에 관한 기준을 마련하여 무분별한 아동학대 신고로부터 교원의 정당한 교육활동이 보호받을 수 있도록 국가 차원에서 2023년 9월 1일부터 시행되었다.

(1) **교원의 학생생활지도에 관한 고시의 핵심**
　① 수업 중 휴대전화 사용 불가능
　　※ 학생은 수업 중 휴대전화를 사용해서는 안되지만 교육 목적의 사용, 긴급한 상황 대응 등을 위하여 교원이 허용하는 경우는 사용이 가능하다.

> **※ 저자의 한마디**
> 학생의 학습권 보호와 교사의 교육활동 보호를 위해 2026학년도 3월부터 초·중·고등학생들의 휴대폰 등 스마트기기 사용을 원칙적으로 금지시키기 위한 법안이 국회 본회의를 통과했습니다. 이제 수업시간 중 스마트기기 사용은 법으로 금지되어 학생들이 수업시간에 조금 더 집중할 수 있을 것입니다.

　② 학생 분리 가능
　　※ 학생이 교육활동을 방해하여 다른 학생들의 학습권 보호가 필요하다고 판단되는 경우
　　㉮ 수업시간 중 교실 내 다른 좌석으로 이동

㉯ 수업시간 중 교실 내 지정된 위치로의 분리(교실 뒤쪽 등)
㉰ 수업시간 중 교실 밖 지정된 장소로의 분리(성찰교실 등)
㉱ 정규수업 외의 시간에 특정 장소로의 분리
③ 보호자 인계 가정학습 가능
※ 학생이 교실 밖 지정된 장소로의 분리와 정규수업 외의 시간에 특정 장소로의 분리를 거부하거나 1일 2회 이상 분리를 하였음에도 학생이 지속적으로 교육활동을 방해하여 다른 학생들의 학습권 보호가 필요한 경우 보호자에게 학생 인계를 요청하여 가정학습을 하게 할 수 있다.
④ 물품 분리·보관과 소지 물품 조사 가능
※ 수업 중 허용되지 않는 휴대전화 사용과 같이 수업에 부적합한 물품을 사용하는 학생에게 2회 이상 주의를 주었음에도 계속해서 사용하는 물품, 학생이 학교 안전 및 학교 구성원의 건강에 위해를 줄 우려가 있는 물품, 학생에게 판매될 수 없는 물품을 소지한 경우 분리보관 가능하다. 특히 타인의 생명·신체에 위해를 끼치거나 재산에 중대한 손해를 끼칠 우려가 있는 물품을 소지하고 있다고 의심할 만한 합리적 이유가 있는 경우 필요한 범위 내에서 학생의 소지 물품을 조사하는 것이 가능해졌다.
⑤ 생활지도 불응 시 조치 가능
※ 학생 또는 보호자가 생활지도에 불응하여 의도적으로 교육활동을 방해하는 경우, 「교원의 지위 향상 및 교육활동 보호를 위한 특별법」 제15조에 따른 교육활동 침해 행위로 보아 조치를 취할 수 있음. 또한 지속적인 생활지도에 불응하는 학생에 대해 학교의 장은 징계를 할 수 있다.

(2) 생활지도의 방식
① 조언 : 교원이 학생의 문제를 인식하거나 학생 또는 보호자가 도움을 청하는 경우
※ 교사가 생활지도 과정에서 학생의 발달적 문제(ADHD 등) 등을 인식했을 때 학부모에게 전문 검사나 치료를 권고하기 어려웠다.(학부모의 거센 항의가 있었다. "내 자녀를 어떻게 보고 ADHD라고 말하냐! 학교장에게 따지겠다!") 하지만, 이제는 교원이 법적인 정당성을 가지고 학생의 문제 개선을 위해 보호자에게 전문가에 의한 검사, 치료 등 권고하는 것이 가능해졌다.
② 상담 : 학생의 문제 해결을 위한 원인 분석, 대안 모색 등이 필요한 경우
※ 학부모가 상담을 원할 경우 최소 7일 전 상담을 예약하는 상담예약제가 실시되고 있다. 상담 과정에서 교육활동 침해를 방지하기 위해 교원에게 상담거부권과 상담중단권이 부여되었다.
③ 주의 : 학교 안전 및 교내 질서 유지를 저해할 소지가 있는 경우
※ 교사는 학생이 수업 중 휴대전화를 사용하거나 수업에 부적절한 물품을 사용하는 경우 주의를 줄 수 있다.
④ 훈육 : 조언과 주의로 학생의 행동 중재가 어려운 경우

※ 바람직한 행동변화를 위한 특정 과업을 부여하는 지시와 법령과 학칙에서 금지된 특정 행동을 중지시키는 제지, 수업 방해 학생에 대한 분리, 수업에 부적합한 물품을 분리보관 하는 것이 가능하다.

⑤ 훈계 : 조언, 상담, 주의, 훈육 등에도 불구하고 자신의 잘못을 인정하지 않거나 잘못된 언행의 개선이 없는 경우

※ 학생이 잘못을 깨닫고 바람직한 행동을 할 수 있도록 성찰을 위한 반성문 작성 등 특정한 과제를 부여할 수 있다.

문제 행동에 대한 생활지도 절차

학생 문제행동 인식 시	조언	교사의 전문적 판단에 따른 문제해결 지원
		or
	상담	해결방안 탐색 지원
		or
	주의	문제점 지적, 문제행동 소거를 위한 경고
문제 행동 미인정・미개선 시	훈육	지시, 제지, 물품 분리 보관
		분리 → 필요시 보호자 인계 가정학습
	훈계	- 문제행동시정 대안행동 제시 - 성찰하는 글쓰기 - 훼손된 시설에 대한 원상 복구

Ⅳ 학생생활규정

18 서울 학교에 도난사고가 많이 발생하여 다른 교실에 출입할 수 없는 규정이 있다. 다른 반 A학생이 B교사의 담임반 교실로 들어가는 모습이 CCTV에 포착된 것을 확인하여 A학생에게 벌점을 주었다. A학생은 체육복을 빌리기 위해 들어갔다고 이야기했으며 벌점을 부여한 것은 인권 침해임을 주장하였고 이 내용을 국가인권위에 제소하였다. A학생과 B교사의 각각의 입장을 이야기하고 평화로운 학교 문화를 조성하기 위한 교육적 지도방안에 대해 말하시오.

20 경기 A학교의 급식시간에 "지켜야 할 규칙이 지켜지고 있는가?"라는 설문에서 학생57%, 교사60%가 그렇지 않다고 응답하였다. 급식시간 규칙을 잘 지키기 위한 방안을 구체적으로 말하시오.

> **※ 기품 포인트**
> 교사는 학생생활규정을 통해 학생들이 학교의 규칙과 규정을 스스로 지켜 민주시민으로 성장할 수 있도록 조력해야 합니다. 교사가 된 후 학생들이 학생생활규정을 잘 지킬 수 있도록 교육 방법에 대해 고민해 보시기 바랍니다.

1 학생생활규정의 내용

(1) **학교 규칙** : 학교라는 조직 내에서 그 구성원들이 지켜야 할 규범들의 집합을 의미하는 것으로, 초·중등교육법 시행령 제9조 중 제7호부터 제9호에 해당하는 '학생 생활에 관한 사항'이 학생생활규정에서 규정하는 부분이다.

> **[초·중등교육법 시행령]**
> 제9조(학교규칙의 기재사항 등) ①법 제8조에 따른 학교의 학교규칙(이하 "학칙"이라 한다)에는 다음 각 호의 사항을 기재해야 한다.
>   7. 학생 포상, 징계, 교육목적상 필요한 지도 방법, 학업 중단 예방 및 학교 내 교육·연구활동 보호에 관한 사항 등 학생의 학교생활에 관한 사항
>   8. 학생자치활동의 조직 및 운영
>   9. 학칙개정절차

(2) **학교구성원별 학생생활규정의 의의**
  ① 학생에게는 학습권을 폭넓게 보호하면서, 학교 내·외에서 학생 행동의 범위를 정하는 법규이자, 학생들이 여러 문제를 자율적으로 해결해가는 학생자치활동의 원동력이다.
  ② 보호자에게는 보호자로서 학생의 학교생활교육에 대한 책임과 의무를 갖도록 하는 기본적인 안내서 역할이다.
  ③ 교원에게는 학생에 대한 교원의 학교생활교육 기준으로써 학생의 잘못된 행동을 교육하는 규범이자 학생들의 자발적 참여를 지원하는 수단이며, 학생 및 보호자와 소통하고 공감대를 넓혀가는 역할이다.

2 생활평점제

(1) **생활평점제의 이해** : 학생생활규정을 모범적으로 준수하는 학생에게 상점을 부여하여 그 누계에 따라 다양한 보상을 부여함으로써 바람직한 행동 변화를 유도하는 상점제와 학생생활규정을 위반하는 학생에게 벌점을 부여하고 그 누계에 따라 단계별 선도 교육을 실시함으로써 학생들 스스로가 자기 행동에 책임질 수 있도록 하는 벌점제를 통합한 생활교육 방안이다.

(2) **생활평점제의 목적**
   ① 학생
      ㉮ 바람직한 생활 태도 자세 및 부정적인 행동 교정
      ㉯ 준법정신의 함양, 규정 준수의 생활화
      ㉰ 올바른 가치관 함양
   ② 학교
      ㉮ 학생의 기본 생활 습관 교육 및 인성 지도
      ㉯ 교원과 교원의 교육활동에 대한 올바른 존중 문화
      ㉰ 교육 3주체의 공감대 형성으로 민주적인 학교 문화 기여

(3) **생활평점제 운영 원칙**
   ① 생활평점제는 상점과 벌점제를 조화롭게 운영하여 긍정적인 행동의 동기를 부여할 수 있도록 노력해야 한다.
   ② 생활평점제의 운영 목적은 기본 생활 습관과 인성 지도에 그 목적이 있으므로 생활교육(소)위원회 회부 전까지 운영하는 것이 바람직하며, 반복적으로 위반하거나 부득이한 경우에는 생활교육(소)위원회를 개최하여 징계할 수 있다.

(4) **생활평점제 유의사항**
   ① 교원은 상·벌점에 해당하는 행위를 한 학생에게 본인 여부를 확인한 후, 상·벌점을 부과하는 사유를 반드시 안내한다.
   ② 생활평점제에 명시된 항목에 대한 벌점만 부여해야 하며, 벌점 부과 시 상황에 따라 학생 행동 개선에 대한 별도의 생활교육 적용도 필요하다.
   ③ 벌점을 부여하기보다 상점을 활용하여 긍정적이고 바람직한 행동변화를 유도해야 한다.
   ④ **모든 교사가 동일한 기준으로 일관성 있게 생활평점제에 근거하여 학생을 지도해야 한다.**

(5) **생활평점제 대처 방안**
   ① 학생생활협약 및 공동체 생활협약
      ㉮ 학생생활협약은 학생생활규정 중에서 학생들이 반드시 지켜야 할 사항이나 규칙을 간추려 협약 형태로 정한 것을 의미한다.

㉴ 운영의 장점 : 학생들이 생활협약 제정 과정에 직접 참여하고 생활협약을 지킬 때 준법정신이 향상되어 바람직한 사회구성원으로 성장할 수 있다.

3 생활교육위원회

(1) **생활교육위원회의 개념** : 학교 규칙에 근거하여 학생징계(선도)가 필요한 사항에 대해 심의·의결 기능을 갖는 학교 내 자치기구이다. 단위학교에서는 구체적인 징계 절차 및 기준 등에 관하여 학교 규칙 내 학생생활규정으로 생활교육위원회 운영 절차를 마련하여 운영한다.

(2) **운영 목적** : 민주적이고 인권이 존중받는 적법한 절차를 통해 학교 규칙 위반 학생에게 자발적 성찰과 반성의 기회를 제공하여 학생을 선도·교육하고 바람직한 교육적 대안을 제시한다.

(3) **기본 방침**
① 학생징계는 학생의 인격이 존중되는 교육적인 방법으로 한다.
② 징계 사유 및 경위 등을 고려하고 사안의 경중에 비례하여 징계한다.
③ 학생을 징계하려면 그 학생이나 보호자에게 의견을 진술할 기회와 방법을 제공한다.
④ 징계 심의 등을 위해 학교는 '생활교육위원회'를 구성하여 운영한다.
⑤ 학교는 생활교육위원회 개최 전 학생 또는 보호자에게 징계 사유에 대해 사전통지를 한다.

(4) 생활교육위원회 사안 처리 절차

처리 절차	주요 처리내용
사안 발생 및 사안 조사	• 사안 접수 및 사안 내용 확인(초기대응, 객관적인 증거 자료 확보) ※ 학생의 인권, 학습권이 침해되지 않도록 유의(강압, 회유 금지) ※ 필요시 위원장, 학교의 장 등에게 긴급 보고(구두 및 서면 등) • 정확한 사실관계 파악을 통한 사안조사보고서 작성
사안 보고 및 보호자 상담	• 생활교육위원회 위원장, 학교의 장 사안 보고 • 관련 사안 보호자 안내 및 상담 ※ 보호자 상담기록 작성(일자 및 시간, 내용 등)
생활교육위원회 개최 여부 결정	• 생활교육위원회 개최(상정) 여부 결정 ▶ 내부기안 ※ 단, 위임 전결 규정에 따라 담당 부서에 위임된 사항은 해당 부서에서 결정 • 위원회 미상정 시 징계 이외의 다양한 학생생활교육 가능 ※ 조언, 상담, 주의, 훈육, 훈계, 보상 등
생활교육위원회 개최에 관한 서면 통지	• 관련 학생, 보호자에게 **서면 통지 및 의견 진술 기회 보장** ※ 초중등교육법 제18조 제2항에 따라 의견 진술의 기회 필히 부여 • 생활교육위원회 위원 대상 개최 내용 통지

생활교육위원회 개최	• 개회(정족수 확인, 위원회 절차 및 규칙 안내 등)
	• 안건 상정 및 사안 보고(사안별 쟁점 사안 사전 논의 등)
	• 관련 학생 및 보호자 의견 진술
	   – **관련 학생, 보호자 진술 기회 반드시 부여**
	• 참고인 진술(관련 사실 증언, 선도 요청 사항 등)
	• 징계 심의 및 의결
	   – 징계의 공정성과 형평성 제고
	   – 사안의 경중과 당사자의 반성 정도 등을 고려
	   – 병과 조치 불가
	• 폐회('징계 의결서' 위원 서명)

학교의 장 징계 결정 및 심의 결과 통지	• 생활교육위원회 심의 결과(징계 조치)에 관한 학교의 장 결정
	• **관련 학생, 보호자 징계 결정 통지(심의 결과 반드시 서면 통지)**
	   – 징계내용 통지(징계 이행에 관한 사항 함께 통지 가능)
	   – 불복절차 안내(**퇴학의 경우 반드시 재심청구 안내**)
	   ※ 인권침해의 소지가 있는 징계 시행 공고문 부착 금지

징계(선도) 조치 시행 및 추수 지도	• 징계 조치 시행 계획 수립 • **징계 조치 시행 및 이행 사항 기록·관리(징계 관리 대장)** • 재발 방지를 위한 교육적 노력 ※ 조언, 상담, 주의, 훈육, 훈계, 보상 등

Ⅴ 범죄예방교육

18 경기 학급에서 가정폭력에 의한 아동학대가 의심되는 학생이 있다. 이 상황에서 교사의 대처방안에 대해 구체적으로 말하시오.

> ※ **기품 포인트**
> 학생들은 SNS와 인터넷을 통해 다양한 범죄에 노출되어 있습니다. 도박과 마약에 중독되고 디지털 성범죄의 가해자가 되어 경찰조사를 받고 법원에서 재판을 받는 경우도 많습니다. 학생들이 범죄에 연루되지 않게 하기 위해서는 실질적인 범죄예방교육을 해야 합니다. 다양한 범죄에 대한 예방교육에 대해 고민해보시기 바랍니다.

1 아동학대 예방교육

(1) **아동학대의 개념** : 보호자를 포함한 성인이 아동(만 18세 미만의 사람)의 건강 또는 복지를 해치는 행위, 정상적 발달을 저해할 수 있는 신체적, 정신적, 성적 폭력이나 가혹행위이다.

(2) **아동학대 예방교육**
　① 학생 대상 아동학대 예방교육
　　㉮ 아동학대와 학대행위자의 개념 및 아동학대 위험 상황에 따른 대처방법과 신고요령 교육
　　㉯ 신고 이후 교사의 도움을 받는 방법 교육
　　㉰ 아동학대 사례를 통해 아동학대 예방 및 조기 신고의 중요성 교육
　② 아동학대 신고의무자 교육
　　㉮ 학교의 교사는 아동학대 신고의무자로 아동학대 신고의무자 교육을 받아야 한다.
　　㉯ 교육내용 : 아동학대에 대한 법령과 신고 방법, 신고 의무자의 역할, 신고 의무자 보호 제도, 피해아동 보호 및 지원 절차, 학교 및 교사의 역할에 대해 배운다.
　　㉰ 교사는 이러한 교육을 받고 아동학대 징후를 인지하여 아동학대를 조기에 발견하여 신고절차에 따라 신고할 수 있는 역량을 갖춰야 한다.

(3) **아동학대 신고절차 및 후속조치**

아동학대 증거확보	- 증거사진 및 동영상 확보 - 성학대일 경우 증거 확보를 위해 몸을 씻거나 옷을 갈아입히지 않음.
아동학대 신고	- 교장 및 교감, 생활부장 교사에게 보고 - 112 또는 아이지킴콜에 신고 접수 　※ 학대행위자가 보호자인 경우 신고내용을 알리지 않도록 주의
아동학대 사안보고	- 학교에서 해당 교육지원청으로 사안 보고
아동학대 현장 조사협조	- 경찰과 아동학대전담공무원 출동 시 장소 및 시간 협조 - 아동학대 관련 자료 제공 및 필수면담자(담임교사, 상담교사) 협조
피해아동 후속조치	- 피해아동을 대할 때 이전과 크게 다르지 않은 태도 유지 - 아동의 심리나 재학대 여부를 세심하게 관찰

(4) 학교 현장에서 아동학대 유형별 사례

신체학대	- 교사가 학생에게 신체 또는 도구를 이용하여 체벌하는 행위 - 손 들고 서있기, 엎드려 뻗쳐 등 물리적 고통을 가하는 행위
정서학대	- 수업시간에 질문에 대한 답변을 하지 못한다는 이유로 폭언을 하거나 공개적으로 모욕을 주는 행위 - 훈계한다는 이유로 부적절한 발언을 하고 성별 비하, 외모 평가 발언을 하는 행위
성학대	- 피해 여학생에게 '후궁'이라고 표현하며 팔과 다리를 주무르는 행위 - 학교 일상 및 수업시간에 반복적으로 성적 행동과 발언을 하는 행위
방임	- 보호자가 아동을 특별한 사유 없이 학교에 보내지 않거나 아동의 미인정 결석을 방치하는 행위

2 도박 예방 교육

(1) 청소년 도박문제 실태
① 도박참여 : 고등학생보다 초·중학생, 여학생보다 남학생의 도박 참여 경험이 높으며 청소년 도박 동기로는 '재미', '친구와 어울리기 위해' 순으로 코로나 이후 도박의 동기가 변화하였다.
② 도박유형 : 스마트폰과 태블릿, PC로 시간과 장소에 구애받지 않고 온라인에 접속하여 카드, 화투, 카지노 게임, 불법 스포츠 토토에 참여한다.

(2) 청소년 도박참여의 문제점
① 청소년 도박 인식 및 사전 예방 노력의 부족
　㉮ 청소년 발달 특성상 도박 자체가 갖는 자극과 보상, 중독성에 취약하다.
　㉯ 도박은 쉽게 드러나지 않기 때문에 부모와 교사들이 실태를 파악하기 어렵고 단순한 게임으로 방치하는 경우가 많다.
　㉰ 청소년 도박은 성인도박 중독으로 이어져 자살과 같은 사회문제로 이어진다.
② 청소년 도박참여의 학교폭력 야기
　㉮ 도박을 위한 돈을 마련하는 과정에서 친구에게 돈을 빌리거나 빼앗는 '금품갈취' 등의 학교폭력 문제가 발생한다.
　㉯ 본인을 대신하여 친구의 명의로 아이디를 만들어 도박을 대신 하게 하거나 특정 계좌에 돈을 대리입금하도록 하는 학교폭력 문제가 발생한다.

(3) 청소년 도박 예방 교육(예시)
① 학생 대상 도박 예방 교육활동 – 도박의 늪 벗어나기 활동
　㉮ 5명 모둠을 구성하고 도화지 1장, 5가지 색의 펜을 준비한다.
　㉯ '청소년 도박'하면 떠오르는 단어나 그림을 마인드맵으로 작성하고 친구의 글이나

　　　　　그림에 이어서 마인드맵을 이어간다.
　　　　㉰ 작성한 그림이나 단어를 가지고 청소년 도박의 문제점을 찾아본다.
　　　　㉱ 모둠에서 작성한 청소년 도박의 문제점에 대해 발표하고 모둠별 의견을 교환한다.
　　② 도박 중독 학생 대상 예방 교육
　　　　㉮ 담임교사 및 생활부 교사가 한국도박문제예방치유원에 도박 중독 학생에 대해 도박 예방 교육을 신청하여 지속적인 치유프로그램을 통해 도박 중독에서 벗어날 수 있도록 한다.
　　③ 교원 및 학부모 대상 도박 예방 교육
　　　　㉮ 교원 : 청소년 도박문제 최신 경향 및 심화 이유, 징후 및 예방법, 대응역량을 교육한다.
　　　　㉯ 학부모 : 청소년 도박문제 실태 및 특성과 위험성, 도박문제 징후 및 예방법을 교육한다.
　　④ 창의적체험활동의 '자율활동' 도박예방교육 강화
　　　　㉮ 한국도박문제예방치유원과 같은 기관에서 전문강사를 섭외하여 교육한다.
　　　　㉯ 학교폭력전담경찰관 또는 '학교 변호사 명예교사'와 같은 법률전문가를 섭외하여 도박의 위험성과 처벌에 대한 교육을 한다.

3 마약 예방 교육

(1) **청소년 마약 문제** : 2023년 대치동 학원가에서 학생들에게 기억력과 집중력에 도움이 되는 음료 시음행사를 하며 마약을 탄 음료수를 마시게 했던 사건이 있었다. 그리고 다크웹과 SNS를 통해 청소년의 마약 접근이 쉬워지면서 심각한 사회 문제로 떠오르고 있다. 특히 액상형 전자담배 속 합성 마약류를 포함한 청소년 대상 마약 유통이 증가하고 있으며 유통 단계에서 청소년들이 마약 운반책으로 활동하고 있다.

(2) **학생 대상 맞춤형·체험형 마약 예방 교육(예시)**
　　① 서울시교육청에서 초·중·고 교육과정과 연계하여 발달 수준에 맞게 제작한 다양한 맞춤형 교육자료를 토대로 학생들에게 마약 예방 교육을 한다.
　　② 마약이 신체에 미치는 영향을 체험할 수 있는 VR·AR 프로그램을 통해 마약의 위험성을 교육한다.
　　③ 길거리에서 청소년을 대상으로 하는 시식, 시음 행사에서 주는 음식물을 먹지 않도록 교육한다.
　　④ 창의적체험활동의 자율활동 마약 예방 교육을 할 때 의사 또는 약사를 섭외하여 학생들이 마약 중독에 대한 경각심을 가질 수 있도록 한다.

(3) **교원 및 학부모 대상 마약 예방 교육**
　　① 교원
　　　　㉮ 청소년이 마약류에 접근하는 실질적인 사례 중심의 교육
　　　　㉯ 청소년 마약 예방 교육을 성공적으로 운영하는 외국학교의 사례 벤치마킹
　　　　㉰ 청소년 마약 예방에 대한 교원들의 전반적인 이해를 돕고 실제 학교에서 적용할 수 있는

실질적인 지식을 제공해야 한다.
② 학부모
㉮ 최신 마약류에 대한 정확한 정보를 제공하여 가정에서 자녀를 지도할 수 있도록 한다.
㉯ 서울시교육청에서 제공한 마약 예방 영상을 시청하고 가정 내에서 약물 예방 및 관리의 중요성을 강조하며, 자녀와의 소통을 통해 약물 오남용을 예방할 수 있도록 교육한다.

4 디지털 성범죄 예방 교육

(1) **디지털 성범죄의 개념** : 카메라 등 디지털 기기를 매개로 온·오프라인으로 상대방의 동의 없이 신체 일부나 성적인 장면을 불법 촬영하거나, 불법촬영물 등을 유포·유포 협박·저장·전시 또는 유통·소비하는 행위 및 사이버공간에서 타인의 성적 자율권과 인격권을 침해하는 행위를 모두 포괄하는 성범죄

(2) **청소년 대상 디지털 성범죄 유형**
① 딥페이크(Deepfake) 성범죄 : 딥페이크 기술을 활용하여 다른 사람의 얼굴, 신체, 목소리 등을 성적인 사진·영상과 합성·변형하거나 불쾌감을 불러일으키는 형태로 만들어 유포하는 범죄로 최근 학교까지 딥페이크가 침범하여 딥페이크 성범죄의 심각성이 커지고 있다.

② 아동·청소년 대상 성 착취 그루밍 : 가해자가 성 착취를 목적으로 정보통신망을 통하여 피해자의 호감을 얻거나 신뢰관계를 형성한 후 성범죄를 가하는 것

(3) **학생 참여형 딥페이크 성범죄 예방 교육(예시)**
① 딥페이크 성범죄 예방을 위해 개인의 노력, 학교의 노력 방안에 대해 토의하고 내용을 정리한다.
② 정리한 내용을 발표하고 다른 모둠과 함께 공유한다.

(4) 디지털 성범죄 예방 7가지 예방수칙
① 자신과 타인에 대한 개인정보를 올리거나 전송하지 않는다.
② 잘 모르는 사람이 보낸 인터넷 링크나 파일을 클릭하지 않는다.
③ 타인의 동의 없이 사진, 영상을 찍지도, 보내지도, 보지도 않는다.
④ 타인의 사진 및 영상에 성적 이미지를 합성하지 않는다.
⑤ 타인의 사진 및 영상을 퍼뜨리겠다고 위협하지 않는다.
⑥ 잘 모르는 사람이 개인정보를 묻거나 만남을 요구하면 부모님이나 선생님에게 알린다.
⑦ 불법촬영·유포·협박 등을 받고 있으면 반드시 부모님과 선생님, 경찰에게 도움을 요청한다.

VI 성평등 교육

22 경기 성인지 감수성 부족으로 학교 내에서 발생할 수 있는 문제 상황과 이러한 문제 상황이 발생하지 않도록 근본적인 대책을 말하시오.

> **※ 기품 포인트**
> 그동안 학교에는 성차별적 요소들이 많았습니다. 성인지 감수성이 부족한 교사들의 신중하지 못한 언행이 문제가 되었고 성차별적 요소들이 왜 성차별인지 이해하지 못하는 교사들이 아직까지 있습니다. 학교 현장에 남아있는 성차별적 요소가 무엇이 있으며 이를 바로잡기 위한 성평등 교육 방안에 대해 고민해보시기 바랍니다.

1 성평등 교육

(1) **성평등 교육의 개념 및 방향** : 성차별적 의식과 관행을 해소하고 성평등과 관련된 지식을 습득하여 성적 권리를 존중하는 태도와 감수성을 배양하며 성평등을 실천할 수 있는 민주시민으로 자라날 수 있는 모든 교육
  ① 학생 스스로 성 불평등의 원인과 구조의를 비판적으로 이해하여 성평등 사회 실현을 위한 적극적인 민주시민의 태도와 가치관을 함양하는 등 확장된 교육
  ② 제도적·물리적·문화적 측면에서 학교 전반의 성차별적 환경을 자율적으로 점검하고 개선하는 풍토가 조성되도록 교육

(2) **잠재적 교육과정으로서 교사의 성인지 감수성 제고 필요**
  ① 단순한 교과 내용 전달이 아닌 의식과 태도가 학생들에게 전달되므로 성평등 가치관과 태도를 지닌 민주시민으로 성장하기 위해 교사의 내면화된 태도, 가치, 관행의 변화가 중요하다.
    ㉮ 교과 수업 : 모둠을 편성할 때 남학생과 여학생 성비로 편성하는 것이 아닌 다양한 기준(학습능력 및 참여도, 리더십 등)을 토대로 모둠을 편성한다.
    ㉯ 생활 지도 : 학생의 외모와 스타일, 체형, 행동양식 등에 대해 교사 개인의 가치관을 잣대로 평가하지 않고 학생의 모습 그대로를 수용하고 존중한다.
    ㉰ 학급 운영 : 자리 편성 시 성별을 기준으로 하지 않고 학생 개개인의 특성과 수업 분위기 등 성별 이외의 요소를 토대로 편성한다.

(3) 서울특별시교육청의 성평등 학교문화 실천문 5가지 '함께 바꿔요.'

남자답게~ 여자답게~ 대신, '나답게!'	- 교훈, 급훈, 교과에 성별 고정관념이 있지는 않나요? - 줄 서기, 임원 선거, 동아리 구성에 성별 구분이 꼭 필요할까요? - 스포츠 활동 시 누구나 원하는 종목에 참여할 수 있도록 해요!
다른 사람의 외모와 옷차림에 대해 평가하지 않도록	- 외모는 그 사람의 개성, 옷차림은 그 사람의 취향! - 칭찬의 말도 그 사람에게는 평가로 느껴질 수 있음을 기억해요!
동의하지 않은 신체접촉은 ×	- 서로의 경계를 존중하고 지켜줘요! - 신체접촉이 필요할 때는 먼저 상대에게 동의를 구해요!
다름을 이해하고 다양성을 인정하도록	- 신체조건, 피부색 등의 차이가 차별이 되지 않도록 노력해요.
차별과 혐오를 평등과 존중으로	- 성별 비하·혐오 표현을 사용하지 않아요. - 잘못된 표현에는 분명하게 "차별", "혐오"라고 말하고 하나씩 고쳐가요!

2 성평등하고 안전한 교실을 만드는 수업준비

(1) 성평등한 수업자료 준비
① 수업 자료에 성별 고정관념에 기반한 내용이 포함되지 않도록 한다.
② 수업 자료에 성별이 고르게 인물이 포함되도록 한다.
③ 수업 자료에 등장한 인물의 직업이나 역할이 성별에 의해 고정되어 있지 않게 한다.

(2) 성평등한 수업 준비
① 다양한 방법으로 모둠을 구성한다.
   예) 성비로 구성하지 않고, 학생의 학습능력이나 태도를 고려하여 모둠을 구성한다.
② 특정 활동에서 성별이 능력에 영향을 미친다고 생각하지 않는다.
   예) "남학생은 수학과 과학, 체육을 잘하고 여학생은 국어와 음악, 미술을 잘한다."고 생각하지 않는다.
③ 성별이 평가에 영향을 주지 않는다.

(3) 성평등한 수업 실천
① 성차별적 발언인지 신중하게 생각하며 수업한다.
② 성별을 기준으로 특정 행동을 기대하지 않는다.
③ 학생의 외모를 평가 및 칭찬하지 않는다.
④ 학생을 호명할 때 남학생, 여학생이 아닌 이름을 사용한다.

(4) 성평등하고 안전한 학급 운영
① 성별에 따라 남성다움과 여성다움을 강조하지 않는다.
② 학급자치회 구성 시 성별에 따라 역할을 나누지 않는다.
③ 학급 1인 1역 배정 시 성별에 대한 고정관념이나 편견이 반영되지 않도록 점검한다.
④ 급훈에 성별에 대한 고정관념이나 편견, 혐오가 반영되지 않도록 점검한다.
　예) 공부를 잘하면 아내의 얼굴, 남편의 직업이 바뀐다.
⑤ 성별에 관계없이 스포츠 활동과 동아리 활동에 자유롭게 참여할 수 있도록 한다.
⑥ 성별 비하, 혐오 표현을 사용하는 학생들을 적극적으로 지도한다.

Ⅶ 생명존중 및 자살예방 교육

22 경기 우울증을 겪고 있는 학생들이 증가하고 있다. 자신의 교과와 연계하여 지역사회와 함께하는 건강회복 프로그램을 어떻게 적용할지 말하시오.

20 경기 학급에서 자해를 시도한 학생을 발견하였다. 이 학생의 지도방안에 대해 말하시오.

> ※ 기품 포인트
> 코로나19 이후 청소년의 자해와 자살률이 높아졌습니다. 학업에 대한 스트레스와 우울증, 낮은 자존감 등의 이유로 많은 청소년이 힘들어하고 있습니다. 생명존중 교육과 자살예방 교육보다 더 중요한 것은 담임교사의 관심과 격려입니다. 학급 학생이 자해를 하거나 자살을 생각하고 있을 때 어떻게 학생을 도울 수 있을지 고민해보시기 바랍니다.

1 자살예방 교육
(1) 청소년 자해·자살행동 관련 요인

구분	내용
학교 요인	학업 스트레스, 집단 따돌림, 학교폭력
정신질환 요인	우울증, 정신장애, 불안장애, 외상 후 스트레스 장애(PTSD)
가족 요인	가족해체(이혼, 별거, 한부모 가정, 조손 가정), 가정 학대, 부모의 정신병리 및 자살행동의 가족력, 부모와의 갈등(친구 문제, 성적 문제)
사회문화적 요인	자극적인 미디어의 노출, 동반자살 사이트 접속

(2) 청소년 자살 징후
① 직접적 행동 단서 : 수면제, 감기약 등 자살목적으로 약을 모으고 노끈(줄), 칼 등 자살도구를 감춘다.
② 직접적 언어 표현 : SNS와 일기장, 노트에 글과 그림으로 자살이나 죽음에 대해 언급한다.
③ 간접적 행동이나 상징적 단서 : 무단결석, 무단조퇴, 무단지각이 잦아지며 우울증이 있는 것처럼 말이 없어지고 항상 무기력하며 지쳐있다.

(3) 생명존중 및 자살예방 교육
① 담임교사의 교육 및 역할
  ㉮ 조회·종례 시간에 담임교사의 진심이 담긴 생명존중, 자살예방 교육을 한다.
  ㉯ 우울증이 있는 학생을 파악하여 면담을 진행하고 위클래스 선생님께 상담을 의뢰한다.
  ㉰ 학부모와 통화하여 학생의 상태를 구체적으로 알리며 외부기관 상담 및 정신과 전문의 치료를 받을 것을 안내한다.
  ㉱ 학급 회장에게 해당 학생을 관찰하고 이상 징후가 보일 때 담임교사에게 바로 알릴 수 있도록 한다.

※ 사안이 심각한 경우 관리자(교장 및 교감) 및 생명존중위원회 담당 교사와 논의한다.
② 생명존중 교육주간 운영을 통한 생명존중 홍보 및 캠페인 활동(예시)
　㉮ 생명♡사랑 챌린지 데이 운영: 학생회와 학급회 및 다양한 동아리가 함께 주관하여 학생 주도로 생명존중과 관련된 따뜻한 말 한마디 나눔, 등교 시 생명존중 행사를 운영한다.
　㉯ 계단에 생명존중과 자살예방 문구를 스티커로 만들어 붙이기
　㉰ 교문에 생명존중 및 자살예방 문구를 담은 따뜻한 말을 현수막으로 제작하여 게시
　㉱ 힘나는 문구가 적힌 포춘쿠키 나눔 행사
③ 학생발달 단계에 맞는 생명존중 및 자살예방 교육
　㉮ 교과 교육시간을 활용한다.(도덕, 사회, 보건, 체육 등)
　㉯ 창의적 체험활동 시간에 자살예방 전문 강사를 초빙하여 운영한다.
　㉰ 자살예방 상황극 및 역할극을 한다.

(4) 학생 정서·행동특성검사 결과 우선관리군(자살위험)인 학생을 학교 내에서 집중적으로 관리하고, 전문기관(병원, Wee센터, 정신건강복지센터 등)에 즉시 의뢰한다.

2 자해행동 대응 방법

(1) **자해행동** : 자신의 신체에 의도적으로 상처를 내는 행동이다. 자해행동을 하는 대표적인 이유는 자해행동을 통해서 자신을 괴롭히는 강렬한 부정적인 감각이나 공허함으로부터 벗어날 수 있기 때문이라고 한다. 반복적인 자해행동이 점차 발전하여 자살시도까지 이어지기도 한다. 이러한 위험성 때문에 아동·청소년기의 자해행동은 항상 주의를 기울여 보살펴야 한다.

(2) **자해행동을 대하는 교사의 태도**
① 자해학생을 대할 때 교사는 스스로 마음을 가다듬어 안정된 마음을 가지는 것이 필요하다. 그래야 학생도 안정된 마음으로 교사에게 다가갈 용기를 가질 수 있다.
② 비난하거나 단정짓지 않기 : 자해한 학생을 처음 만날 때, 자해행동에 대한 선입견을 가지고 대하거나, 특정한 이유 때문이라고 미리 단정하며 접근하기 쉽다. 하지만, 이러한 선입견으로 인하여 자해행동을 한 학생은 더욱 상처를 받고 자해행동을 숨기려고 하거나 본인의 행동에 죄책감을 더 가지게 된다. 자해행동을 한 학생에게 접근할때는 학생을 진심으로 도와주겠다는 마음과 열린 태도로 접근하는 것이 필요하다.

좋지않은 예시	좋은 예시
"네가 어떻게 이런 행동을 할 수 있니?" "자해하는 학생은 다 문제가 있어" "마음이 약해서 그래" "자해한다고 문제가 해결되니?" "선생님은 너의 행동을 정말 이해할 수 없어"	"선생님은 ○○이가 걱정이 된다." "어떤 이유 때문에 자해를 했는지 괜찮다면 말해줄 수 있을까?" "○○이가 어떤 상황에 처해있는지 선생님이 잘 몰라서 그러는데, 혹시 말해줄 수 있겠니?"

③ 공감하고 지지해주기 : 학생이 어떤 어려움을 경험하고 있는지 충분히 이야기할 수 있도록 들어주고, 심리적으로 지지를 해주는 것이 필요하며 학생의 어려움을 교사도 같이 이해하고 싶다는 태도로 접근한다.

(3) 자해행동을 학부모에게 알리기
① 자해의 정도, 학교에서 파악한 내용, 향후 필요한 조치, 외부기관에 의뢰해야 한다면 외부기관 정보와 학교에서 지원 가능한 범위 등을 알려야 한다.
② 학부모의 다양한 감정들을 우선 공감해 주어야 하고, 자해에 대한 정확한 정보와 자녀의 자해행동에 대한 대처 방법을 알려야 한다.

Ⅷ 7대 안전교육

19 인천 A학생이 축구를 하다 넘어져 피가 나고 다쳤지만 교사는 조치를 하지 않았다. 이에 학부모는 학교의 대응에 대한 항의를 하고 있는 상황이다. 학부모에게 대처할 교사의 자세와 내용에 대해 말하시오.

17 경기 7대 안전교육 요소 중 하나를 골라 자신의 교과와 연계하여 어떻게 교육할 수 있을지 말하시오.

17 인천 안전한 현장체험학습을 위해 안전교육을 할 때 포함되어야 할 내용 3가지를 구체적으로 말하시오.

> ※ **기품 포인트**
> 세월호 참사 이후 교육부와 교육청은 단위학교에 내실있고 실질적인 안전교육을 요구하고 있지만 실제 많은 학교현장에서는 그러지 못하고 있습니다. 7대 안전교육을 자신의 교과와 연계시켜 생각해보고 담임교사로서 학급 학생들에게 할 수 있는 내실있고 실질적인 안전교육 방안에 대해 고민해보시기 바랍니다.

> ※ **저자의 한마디**
> 체험학습 중 초등교사가 버스에서 내린 학생들과 이동할 때 초등학생 1명이 버스에 치여 사망하는 정말 안타까운 사건이 발생했습니다. 체험학습이나 외부활동을 할 때 학생들에게 이동 중 안전수칙에 대해 철저하게 교육하고 이동경로를 임의로 이탈하는 행위와 불필요한 행동을 자제하는 등의 안전수칙을 철저하게 교육해야 합니다. 또한, 응급처치 방법(심폐소생술 및 자동심장충격기 사용방법 등)을 교육하여 인명피해가 발생하지 않도록 주의를 기울여야 합니다.

1 생활안전

(1) 생활안전 항목

> 현장체험학습 안전, 체육 및 여가활동 안전, 실험·실습 안전, 실내 안전, 다중이용시설 안전수칙, 탈것(PM) 안전, 놀이 활동 안전, 계절 놀이 안전, 물놀이 안전, 등산 안전 등

① 현장체험학습 안전
  ㉮ 현장체험학습 시 발생할 수 있는 위험요소를 학생 스스로 탐색하고 사고예방을 위한 해결방안을 찾을 수 있도록 교육한다.
  ㉯ 유형별 안전사고 예방 수칙을 이해하고 익힐 수 있도록 교육한다.
  ㉰ 교통수단 및 일반적 위험요인별 위험성과 예방법에 대해 발표하는 시간을 갖는다.
② 체육 및 여가활동 안전
  ㉮ 체육수업과 학교스포츠클럽활동에서 안전사고의 원인과 안전수칙을 인지할 수 있도록 교육한다.
  ㉯ 스포츠 활동에 참여하기 전 준비운동의 중요성에 대해 교육한다.

㉰ 스포츠 활동은 가벼운 염좌부터 심한 골절까지 안전사고가 발생할 수 있다. 가벼운 염좌라도 반드시 선생님에게 알리고 보건실에서 치료를 받도록 교육한다.
③ 학교안전공제회: 학교안전공제회는 사고를 예방하고, 학생과 교직원, 교육활동 참여자가 학교 안전사고로 인하여 입은 피해를 신속하고 적정하게 보상해주는 지원을 하고 있다.

2 약물 및 사이버 과의존 예방

(1) 약물 및 사이버 과의존 예방 항목

스마트폰 과의존, 인터넷 게임 과의존, 마약, 음주, 흡연 예방, 고카페인 식품 폐해 및 예방 등

① 스마트폰 과의존 예방
㉮ 전문 기관에 의뢰하여 학생들의 스마트폰 과의존의 위험성을 진단한다.
㉯ 스마트폰 과의존 위험성 : 안구 건조증, 시력 저하, 거북목 증후군, 손목 터널 증후군, 우울, 불안, ADHD, 충동적 폭력 성향, 수업 집중력 저하 등이 있다.
㉰ 학생들이 직접 스마트폰 중독을 예방하기 위한 목표를 구체적으로 세워본다.
㉱ 스마트폰 고위험 사용자군에 해당하는 학생들은 관련 기관의 전문적인 지원과 도움을 요청하여 집중적인 치료를 받을 수 있도록 한다.
  ※ 고위험 사용자군 : 스마트폰 사용에 대한 통제력을 상실한 상태로 대인관계 갈등이나 일상의 역할 문제, 건강 문제가 심각하게 발생한 상태.

3 폭력 예방 및 신변보호

(1) 폭력 예방 및 신변보호 항목 → 학교폭력 파트 참고

학교폭력, 언어/사이버 폭력, 물리적 폭력, 성폭력, 성매매, 집단 따돌림, 아동학대, 가정폭력, 자살, 유괴, 미아사고 예방

4 교통안전

(1) 교통안전 항목

자전거 안전, 보행자 안전, 오토바이 안전, 자동차 안전, 대중교통 안전

① 자전거 안전
㉮ 자전거 교통사고 예방을 위해 교통법규, 신호체계를 숙지하고 사고사례를 통해 위험요소를 파악하도록 지도한다.
㉯ 자전거 점검 및 관리 방법을 실천하고 생활화한다.
㉰ 횡단보도를 건널 때 자전거에서 내려 손으로 자전거를 끌고 횡단보도를 건넌다.

5 재난안전
(1) 재난안전 항목

> 화재발생 시 안전수칙, 소화기 사용 및 대처방법, 감염병 예방 및 대처 방법, 지진발생 시 대처요령, 황사 및 미세먼지 발생 시 대처요령 등

① 화재발생 시 안전수칙
  ㉮ 학생들이 화재의 발생 원인과 화재 예방법을 숙지하고 소화기 사용 방법을 익힐 수 있도록 교육한다.
  ㉯ 실전처럼 화재발생 대처방법 및 대피훈련을 진행한다.
② 지진 발생 시 대처요령
  ㉮ 지진 발생 시 초기 행동요령을 파악하여 실전역량을 갖출 수 있도록 교육한다.
  ㉯ 실전처럼 지진 발생 대처방법 및 대피훈련을 진행한다.

6 응급처치
(1) 응급처치 항목

> 심폐소생술 및 자동심장충격기 사용, 기도폐쇄, 지혈 및 상처 처치, 염좌 및 골절 처치, 화상 응급처치 등

7 직업안전
(1) 직업안전 항목

> 산업재해의 이해와 예방, 작업병

> ※ **저자의 한마디**
> 7대 안전교육의 각 항목을 자신의 교과와 연계하여 어떻게 가르칠 것인지, 학생들이 적극적으로 참여할 수 있는 활동을 어떻게 설계할 것인지를 한 번씩 생각해 보아야 합니다.

8 안전교육 방법
(1) 학교 차원의 안전교육

① 학생이 직접 체험하는 안전교육을 계획한다.
  ㉮ 화재대피 훈련 및 소화기, 소화전 사용 방법에 대해 교육한다.
  ㉯ 지진대피 훈련을 통해 대피를 숙지시킨다.
  ㉰ 심폐소생술 방법 및 자동심장충격기 사용 방법을 교육한다.
② CCTV 설치 예산을 확보하여 사각지대가 없도록 하고, 저화질 해상도 CCTV를 고화질 해상도로 교체한다.
③ 교육청 및 소방서, 경찰서와 같은 유관기관과 협력하여 안전교육 프로그램 계획을 수립한다.

(2) **교사 차원의 안전교육**
   ① 학급 조·종례 시간을 이용하여 다양한 안전교육을 한다.
   ② 학급자치활동 시간에 학급회가 주도하여 '학급 안전 수칙'을 제작하도록 한다.
   ③ 체육관, 과학실, 가사실, 음악실 등 특별실에서 수업을 진행하는 교사들은 각 특별실에서 발생할 수 있는 안전사고를 대비하여 안전수칙을 학생들에게 교육한다.
   ④ 자신의 교과와 연계 가능한 안전교육을 한다.
   ⑤ 안전교육과 관련된 교원학습공동체를 운영한다.

(3) **학생 차원의 안전교육**
   ① 학생회 및 학급회를 통해 안전한 학교생활 캠페인을 한다.
   ② 안전사고가 빈번하게 발생하는 장소에 학생이 제작한 안전 포스터 및 스티커를 게시한다.
   ③ 대의원회의 시간에 안전사고 예방을 안건으로 상정하여 학생회 임원과 학급회장들이 심도있는 토의를 하여 학생 차원에서 안전사고를 예방할 수 있는 방법에 대해 논의한다.

PART 7.
창의적 체험활동과 학교 교육 공동체

Ⅰ 서론 : 창의적 체험활동 영역의 구성
Ⅱ 학생 자치 활동
Ⅲ 동아리 활동
Ⅳ 전환기 교육 및 진로교육
Ⅴ 예술교육
Ⅵ 민주적 학교문화
Ⅶ 지역사회연계 및 마을교육공동체

PART 7. 창의적 체험활동과 학교 교육 공동체

Ⅰ 서론 : 창의적 체험활동 영역의 구성

17 서울 자신이 '주도적으로 적극 개입하는 교사'인지 '학생이 시행착오가 있더라도 성장하도록 기다려 주는 교사'인지 이유와 함께 설명하고, 이에 근거하여 교과지도 방안과 창의적 체험활동 지도 방안을 각각 1가지씩 제시하시오.

> ※ 기품 포인트
> 2022 개정 교육과정에서는 창의적 체험활동 영역이 4개에서 3개로 재편성되어 **봉사 활동이 동아리 활동의 하위 활동으로 들어가게 되었습니다.**
> 해당 단원에서는 구체적인 시책 내용이나 절차를 묻기보다는, **교사로서 운영하고 싶은 교육 활동이 무엇인지, 태도나 가치관은 어떠한지를 묻는 문항이 대부분입니다.** 따라서 자신의 교과나 가치관과 관련지어, 어떤 창의적 체험활동을 운영하고 싶은지 미리 준비해 두는 것이 좋습니다.

1 2022 개정 교육과정에 따른 창의적 체험활동 영역

영역	활동	예시 활동
자율·자치 활동	자율활동	주제 탐구 활동, 적응 및 개척 활동, 프로젝트형 봉사활동
	자치활동	기본생활습관 형성 활동, 관계 형성 및 소통 활동, 공동체 자치활동
동아리 활동	학술·문화 및 여가 활동	학술 동아리, 예술 동아리, 스포츠 동아리, 놀이 동아리
	봉사활동	교내 봉사 활동, 지역사회 봉사 활동, 청소년 단체 활동
진로 활동	진로 탐색 활동	자아탐색 활동, 진로 이해 활동, 직업 이해 활동, 정보 탐색 활동
	진로 설계 및 실천 활동	진로 준비 활동, 진로계획 활동, 진로체험 활동

2 주요 변경 사항

(1) **영역 수 감소** : 기존의 자율 활동, 동아리 활동, 봉사 활동, 진로 활동 영역이 자율·자치 활동, 동아리 활동, 진로 활동 등 세 영역으로 재편성되었다. 기존의 봉사 활동은 동아리 활동의 하위 활동으로 편성되었으나, 그 성격상 창의적 체험활동의 다른 영역 활동과 연계·통합하여 운영할 수 있다.

(2) **명칭 변경** : '자율 활동'을 '자율·자치 활동'으로 변경하여, 2015 개정 교육과정 자율 활동의 하위 영역이었던 자치 활동을 강조하였다.

II 학생 자치 활동

16 서울 서울특별시교육청은 '교복 입은 시민' 육성을 목표로 하는 학생자치활동 활성화 지원 계획을 발표하였다. 학교에서 학생자치활동의 필요성과 구체적인 방안을 2가지 제시하고 교사의 지도 방법에 대해 각각 말하시오.

24 경기 존중, 배려, 협력, 책임 중 1개의 가치를 선택하여 해당 가치를 실현할 수 있는 인성 브랜드를 담임 교사 측면에서 이유와 함께 설명하고, 해당 가치를 함양할 수 있는 학생 중심의 자치 활동 2가지를 제시하시오.

22 충북 학생회장의 PC존 설치 공약에 동료 교사들이 우려하는 상황이다. PC존 설치를 지원할지 여부를 이유 2가지와 함께 제시하고, 업무 담당 교사 입장에서 해당 상황에 대한 대처·지도방안을 3가지 제시하시오

> ※ **기품 포인트**
> 해당 단원에서는 창의적 체험활동의 자율·자치활동과 학생회 중심의 학생 자치 활동으로 내용을 구성하였습니다. **매뉴얼·시책·절차 등의 내용은 참고**하시되, 이를 바탕으로 자신의 가치관과 부합하는 자율·자치활동을 구상해 보세요. 특히 활동의 취지를 자신의 가치관과 어떻게 연결할지도 생각해 보세요. 또한 자신의 가치관에 따라 학생 자치 활동을 어떻게 지원(또는 지도)할 것인지도 고민해 보시기 바랍니다.

1 자율·자치 활동

(1) **취지**

중학교	• 관심사와 관련된 분야의 탐구 활동 수행 • 사춘기의 신체적·정서적 변화에 성숙하게 대처 • 자신이 속한 공동체에 봉사하는 태도 함양 • 타인 이해를 바탕으로 **존중·배려** 관계 형성 • 민주적 의사결정을 통해 **공동체 문제 해결 능력** 함양
고등학교	• 진로·진학 연계 분야의 주제 탐구 활동 수행 • 생활 속 다양한 문제를 주체적으로 해결 • 다양성 이해를 바탕으로 타인 존중 및 의사소통 능력 신장 • 공동체 구성원으로서 주도적 역할과 **공동체에 봉사**하는 활동 수행 • 협력적 사고를 통해 **공동의 문제 해결 능력** 신장 • 학급·학년·학교 단위의 다양한 집단 활동 운영 • 학생이 주도적으로 프로그램 계획·운영

(2) **자율활동**
① 주제 탐구 활동 : 개인 연구, 소집단 공동 연구, 프로젝트 등
② 적응 및 개척 활동 : 입학 초기 적응, 학교 이해, 정서 지원, 관계 형성 등

③ 프로젝트형 봉사활동 : 개인 프로젝트형 봉사활동, 공동 프로젝트형 봉사활동 등

(3) 자치활동
① 기본생활습관 형성 활동 : 자기관리 활동, 환경·생태의식 함양 활동, 생명존중 의식 함양 활동, 민주시민 의식 함양 활동 등
② 관계 형성 및 소통 활동 : 사제동행, 토의·토론, 협력적 놀이 등
③ 공동체 자치활동 : 학급·학년·학교 등 공동체 중심의 자치활동, 지역사회 연계 자치활동

> **※ 저자의 한마디**
> 아래 예시들을 참고하여, 나만의 자율·자치활동을 구상해 봅시다.
> 예 : 사제 동행 활동, 또래 상담 활동, 1인 1역할 활동, 학급 미션 수행 활동, 독서 마라톤(1년간 다독하기) 활동, 텃밭 가꾸기 활동, 지역 문화재 탐방 활동, 자치 법정 활동, 학생회 활동 등

2 학생자치활동(서울)

(1) 주요 개념
① 학생자치활동
  ㉮ 학교에서 학생 스스로 자율·참여를 바탕으로 학급회·대의원회·학생회·동아리 등 학생조직을 구성하고 주도적으로 활동하는 등, 학생 권리를 옹호하고 민주시민의 자질을 키워가는 활동 전체를 뜻한다.
  ㉯ 자율과 책임이 존중되고 과정과 절차를 중시하는 민주시민교육 일환으로, 학생이 자기 삶의 문제와 공적 관심사에 대해 판단하고 참여하는 활동이다.
  ㉰ 학생이 주도하여 교사와 의사결정을 공유하고 참여를 이끌어내는 활동이다.
② 학생시민 실천 프로젝트
  ㉮ 교복 입은 시민 프로젝트에 이어 실천하는 시민으로서의 역량을 제고하는 프로젝트이다.

> **※ 저자의 한마디**
> 교복 입은 시민 프로젝트란?
> • 교복 입은 시민 프로젝트 1.0 : 학생자치 실행기반 구축
> • 교복 입은 시민 프로젝트 2.0 : 자율적 참여와 실천 구축
> • 교복 입은 시민 프로젝트 3.0 : 학생참여 선순환 체제 구축·운영
> → 학교의 의사결정·실천 과정에 모든 학생이 참여하고 학교의 공식적 피드백을 보장받는 실천적·민주적 학교문화 정착을 위한 학생자치활동 확산 프로젝트

  ㉯ 학생자치를 학교공동체 공동목표이자 학교문화로 인식하고, 학생이 모두 참여하여 '적극적으로 실천하는 시민'으로서의 역량이 성장하는 것이 목표이다.

(2) 필요성
① 자율·책임이 존중되고 과정·절차를 중시하는 민주주의 관점에서, **학생이 자기 삶의**

문제와 공적 관심사에 대해 판단하고 참여하는 자치활동에 대한 사회적 요청이 증가하고 있다.
② **미래 사회에 필요한 주도성과 자치 역량을 함양**하려면 학생이 행위 주체성을 갖추는 것이 필요하다.
③ 적절한 정보를 갖추어 기존 질서에 의해 마련된 절차 등에 잘 참여하고 스스로 문제 제기와 해결책 모색을 하는, **적극적으로 실천하는 학생시민으로서의 역량**을 키워야 한다.

(3) **목적**
① 실천하는 학생자치활동을 통해 권리와 책임을 갖춘 민주시민성을 함양한다.
② 참여 기회 확대를 통하여 적극적으로 실천하는 학생시민 역량을 제고한다.

(4) **기대효과**
① 학생자치 활성화를 통해 미래를 여는 협력교육을 구현한다.
② 민주시민성 제고 및 역량 강화를 통해 민주적인 학교 문화를 조성한다.
③ 학생자치 활동을 통해 적극적으로 실천하는 민주시민으로 성장한다.

(5) **지원 방안**
① 모두의 참여를 보장하는 학생자치 기반 조성
  ㉮ 학교교육과정 내 학생자치활동 운영

방안	내용
모든 학생이 참여하는 학생자치로 교원과 학생의 이해 확장	• 교원 : 관련 협의회 활성화, 주요 사업 안내 등 • 학생 : 학교특색사업을 학급회의 주제로 선정, 학생자치 활동 전체 과정 성찰·평가, 전교생 대상 토의·토론
학급자치 시간 확보	월 2회 이상 실시, 정규시간 외 활동 진행, 대의원회의 의견 수렴 통한 연간 학급회의 주제 선정
2022 개정 교육과정과 연계	학교자율시간, 고교학점제 등과 연계한 활동 진행

㉴ 학생참여 선순환 체제 정착

방안	내용
학생참여 선순환 체제 운영	• 학생 의견 수렴 절차 : 학급회의 → 대의원회 → 학생회 → 학교장과의 정담회 • 피드백을 학교 누리집, 학교 방송, 학급회의 등을 통해 투명하게 공개
학생 대표의 학교운영위원회 참여 및 의견 개진권 보장	학칙 제정·개정, 정규시간 외(방학 등) 교육활동, 수련활동, 학교급식 등(학생의 학교생활에 밀접하게 관련된 사항)
학교교육과정 운영 참여 보장	교수-학습 정담회, 선택과목 제안 및 과목 선택 참여 등

㉵ 학생자치참여예산제 운영

방안	내용
학생이 기획·운영하는 **학생자치참여예산제**	• **학생회 공약 이행을 위해 학생이 직접 사업을 기획하고 예산을 편성·운영하는 제도** • 학생 제안 아이디어 공모, 학급·동아리·학생회 제안 사업 및 학생회 공약 실천 사업 운영(초등 150만원, 중고등 350만원)
학교 내 학생자치참여예산제 선순환 체제 운영	학생 대상 사업 공모 → 대의원회에서 사업계획서 심사 및 사업 선정 → 제안자·학생회의 사업 운영 → 학생회·대의원회의 사업결과 보고·평가

② 변화와 성장을 이끌어가는 학생자치 실천 역량 강화
㉮ 학생자치활동 역량 강화

방안	내용
학급임원·학생참여위원회 역량 강화 교육	학급자치활동 및 민주시민 역량 함양을 위한 회의 운영 실습
서울학생참여위원회 리더십 아카데미 운영	학생자치활동 운영 역량 및 리더십 강화 프로그램 (본청에서 서울학생참여위원회 참여 학생 대상으로 운영)
학생자치활동 역량 강화를 위한 교원 직무연수(본청)	4·3 평화 인권교육과 연계한 학생자치활동 활성화 직무연수 (본청과 제주특별자치도교육청 주관으로 진행)

㉯ 학생자치 나눔 컨설팅단 운영(본청·지원청 주관)
㉰ 학생자치 모델학교 및 실천연구회 운영(본청 주관)

③ 나눔과 연대로 함께 성장하는 학생자치 실천 기회 확대
　㉮ 학생자치 네트워크 강화

방안	내용
학생참여위원회 운영 (교육지원청)	• 관내 중・고등학교 학생 대표로 구성 • 사업 추진 및 정책 제안, 교육장과의 정담회(연 2회 이상)
서울학생참여위원회 운영 (본청)	• 학생참여위원회에서 대표 선출 • 학생참여위원회 의견 청취, 교육감과의 대화(연 2회 이상) • 사업 진행 과정 논의, 지역사회・유관단체와 연대한 학생자치활동

　㉯ 학생자치활동 실천 문화 조성

방안	내용
민주적이고 자율적인 학생회 선거 운영	**• 선거 사전교육, 공정한 선거를 위한 '학교선거규정' 제정** **• 공정한 선거 실시**, 공약 이행 결과 자체 점검
당선증 수여 제도화	선거관리위원장 명의의 당선증 교부

> ※ **저자의 한마디**
>
> 1. 만약 학생회 선거와 관련하여 민원이 발생하면 어떻게 해야 할까요?
>
> 학생회 선거는 준비부터 결과에 이르는 전체 과정이, 민주적 의사결정 및 규칙 준수를 통해 민주시민으로서의 기본적인 권리・의무를 익히는 교육과정입니다. 만약 민원이 발생하였다면 먼저 아래 사항들을 준수하였는지 점검해야 합니다.
> - 학교규칙(학생 자치활동 조직과 운영에 관한 기본적인 사항)
> - 선거관리위원회의 공정한 선거 실시 : 공정・합리적 절차 합의, 선거관리규정에 의한 선거 실시
> - 학생회장 후보자 사전교육 : 공약 실현 가능성 검토, 선거 절차 합의 및 서약서(공약・연설에 관한 기준 준수 등) 작성
> 　　* 단, **후보자의 공약・연설문을 교사가 사전에 검토하고 수정을 지시하는 것은 표현의 자유를 부당하게 제한하는 인권침해에 해당**할 수 있으므로 학생 스스로 판단하게 해야 함.
>
> 위 사항들을 준수하였다면, 부정선거 관련 여부는 **학교규칙・선거관리규정 등에 명시된 내용을 확인** 후 판단해야 합니다. 만약 불명확하거나 예상치 못한 사례라면 **선거관리위원회의 의견을 수렴하고 필요시 학교운영위원회**를 열어 학교공동체의 의견을 수렴할 수 있습니다.
>
> 2. 학생회 주관 행사 사례로는 어떤 것이 있을까요?
> 　가족・선생님・친구 등에게 감사 인사말을 전하는 행사, 생태환경 및 기후위기 관련 행사(에너지 절약, 텀블러 사용 등), 입학 100일 기념 행사, 사제 동행 스포츠 대회, 학급 대항 민속놀이 대회, 학교축제 부스 운영 등이 대표적인 사례입니다.

Ⅲ 동아리 활동

21 인천 '지속 가능하고 모두가 실천하는 교육환경을 구축하고, 지역사회와 마을과 학교가 함께 협력하는 기후생태환경교육'과 관련한 동아리를 운영한다면, 해당 동아리의 명칭과 그 이유를 제시하시오. 또한 자신의 교과와 연계하여, 해당 동아리의 구체적인 활동 5가지를 제시하시오.

11 평가원 일부 인기 동아리에 학생들이 너무 많이 지원하면서, 결국 몇몇 학생을 제외한 나머지 학생은 다른 동아리에 들어가게 되었다. 이 때문에 동아리 활동에 대한 학생들의 불만이 발생하였다. 해당 상황을 해결할 방안을 3가지 제시하시오.

> ※ **기품 포인트**
> 교사가 되면 하고 싶은 동아리가 있나요? 자신의 가치관, 교과를 고려하여 동아리 활동을 구상해 봅시다. 활동의 취지를 자신의 가치관과 어떻게 연결할지도 생각해 보세요.

1 취지

중학교	고등학교
• 학생이 동아리 조직과 운영 계획 수립에 적극 참여 • 학생이 자신의 취미·특기를 살려 **주도적**으로 실천 • 관심 분야 탐구 활동을 통해 탐구·문제해결력 함양 • 다양한 문화·예술 영역에 대한 소양·소질 함양 • 스포츠 활동을 통해 건전한 심신 발달 도모 • 공동체 구성원으로서 사회에 봉사하는 나눔·배려 태도 함양	• 진로·진학 관련 전문 학술 분야 탐구 능력 신장 • 문화·예술적 안목 형성 및 창작 능력 배양 • 스포츠 활동을 통한 심신 능력 향상 • 학생이 주도적으로 사회에 봉사·기여하는 활동을 수행할 기회 부여 • 부서 조직·운영을 **학생이 주도**, 교사는 조력 • 유사한 진로·진학 계획을 세운 친구들과 활동을 함께 계획·실천

• 교과를 통해 배운 지식·기능을 다양한 방법으로 적용·체험할 기회 제공
• 학생의 **흥미·적성에 맞는** 취미·특기를 기르도록 체험 중심 운영
• 개별적 활동보다는 **협력하여 공동으로 문제를 해결하는** 경험 제공

2 학술·문화 및 여가 활동

(1) **학술 동아리** : 교과목 연계 및 학술 탐구 활동 등
    (예 : 문예 창작, 독서 토론, 역사 탐구, 답사, 발명, 실험, 생태환경, 코딩)

(2) **예술 동아리** : 음악 관련 활동, 미술 관련 활동, 공연 및 전시 활동 등
    (예 : 밴드, 뮤지컬, 사진, 공예, 웹툰, 연극, 방송, 영화 평론)

(3) **스포츠 동아리** : 구기 운동, 도구 운동, 계절 운동, 무술, 무용 등
  (예 : 축구, 농구, 배구, 배드민턴, 레슬링, 태권도, 요가, 체력 단련, 댄스, 등산)

(4) **놀이 동아리** : 개인 놀이, 단체 놀이 등 (예 : 보드 게임, 마술, 민속놀이)

3 봉사활동

(1) **교내 봉사활동** : 또래 상담, 지속가능한 환경 보호 등

(2) **지역 사회 봉사활동** : 지역 사회참여, 캠페인, 재능 기부 등

(3) **청소년 단체 활동** : 각종 청소년 단체 활동 등

(4) **예** : 또래 상담, 복지시설 위문, 문화재 보호, 자원 재활용, 식목 활동, 안전사고 예방 캠페인, 학교폭력 예방 켐페인 등

※ 저자의 한마디

1. 자신의 교과와 연계한 동아리를 구상해 봅시다. 아래는 예시입니다.

국어 : 매 시간 다른 글감을 주제로 문학(에세이, 단편 소설 등)을 쓰는 동아리, 독서 토론 동아리
영어 : 영미 문학(책, 영화 등) 비평 동아리, 해외 이슈에 대해 영어로 논평문을 작성하는 동아리
수학 : 수학적 발견·접근에 대한 책을 읽고 의견을 나누는 동아리, 수를 활용한 게임(퍼즐)을 푸는 동아리
사회 : 학교 주변의 지리적 요소를 고려한 마을 탐방 동아리, 사회 이슈에 대해 의견을 나누는 동아리
역사 : 역사 영화 비평 동아리, 문화재 탐방 동아리
도덕 : 인문학적 소양을 기를 수 있는 독서 동아리, 철학적(윤리적) 이슈에 대해 토론하는 동아리
과학 : 과학 실험 동아리, 관측 동아리
기술 : 3D 프린터 도면 및 사물 제작 동아리, 드론을 활용한 사진 촬영 동아리
가정 : 간식 및 과일청 등 간단한 음식을 만드는 동아리, 소비 패턴을 점검하고 계획하는 동아리
음악 : 교내 캠페인 뮤직비디오 제작 동아리, 뮤지컬 동아리
미술 : 일상 제품 디자인 동아리(기술 교과와 연계), AI를 활용한 미술 작품 제작 동아리
체육 : 교내 안전 저해 요소 발굴 및 개선 동아리, 체력 단련을 통한 신체 기능 증진 동아리
정보 : 코딩·프로그램을 활용한 미니게임 제작 동아리, AI 및 디지털 도구를 활용한 교내외 캠페인 동아리
외국어 : 해외 문학(책, 영화 등) 비평 동아리, 관련 지역 탐방 및 식문화 체험 등 해외 문화 체험 동아리

2. 자율 동아리는 무엇인가요?

개설된 동아리 중 학생이 원하는 동아리가 없으면, 학생 스스로 자율 동아리를 만드는 방법도 있습니다. 자율 동아리는 창의적 체험활동 시수 내에 이루어지는 동아리와는 별개로, **시수 외에 학생들이 자발적으로 조직·운영하는 동아리**입니다. 자율 동아리는 창의적 체험활동 시수 내 동아리와 연계·통합하여 운영되기도 합니다. 출석 횟수 충족, 결과 보고서 제출 등 일정 활동 조건을 충족하면, 학년말에 학교생활기록부에 자율동아리명(필요시 동아리 소개 글까지 30자 이내로)이 기재됩니다.

3. 학생들이 동아리 배정에 불만이 있으면 어떻게 해야 하나요?
- 원하는 동아리에 들어가지 못한 경우 : 수요 조사 결과보다 훨씬 인원을 초과하게 된 인기 동아리의 경우 다른 선생님들과 논의 후 추가 개설하는 방법이 있습니다. 학생들에게 자율 동아리 개설을 권유하는 것도 한 방법입니다. 학생과의 상담을 통해 다양한 관심사를 탐색해 보도록 조언하거나, 서로 다른 성격의 활동을 함께 하는 동아리(예: 봉사 동아리 + 뮤직비디오 제작 동아리 = 캠페인 뮤직비디오 제작 동아리)를 구성하여 여러 학생의 요구를 동시에 충족시키는 방법도 있습니다.
- 동아리 교체를 원하는 경우 : 먼저 해당 학생과 상담을 하여, 교체를 원하는 이유를 파악합니다. 단순 변심이라면 다양한 관심사를 탐색해 보도록 조언해 주시고, **학교폭력 징후 등이 원인인 경우 창의부 부장님 등 업무 담당 선생님들과 논의하여 관련 협의회를 열고 교체**를 해주시면 됩니다. 이때 **해당 학생 학부모님께 동아리 교체 사유, 변경된 동아리 등 진행 상황**을 공유해드리는 것도 잊지 마세요.

IV 전환기 교육 및 진로교육

20 서울 게임을 잘하진 않지만 1인 게임 방송 크리에이터가 되어 돈을 많이 버는 것을 희망하는 학생과 소소한 행복을 느끼며 평범하게 살길 희망하는 학생 중 먼저 도움을 주고 싶은 학생이 누구인지 이유와 함께 설명하시오. 또한 자신의 교직관을 설명하고 이에 근거하여 두 학생에게 각각 대화 형태로 조언을 제시하시오.

24 경기 경기도 중고등학생을 대상으로 학교생활 만족도 조사를 실시한 결과, 대체로 만족도가 높았으나 그 중 진로·진학 활동에 대한 만족도가 제일 낮게 나왔다. 학생들의 학교생활 만족도를 높이기 위한 방안을 담임교사 측면과 교과교사 측면에서 각각 제시하시오.

22 인천 스스로 무엇을 잘하고 좋아하는지 알지 못해 진로를 결정하지 못한 학생이 절반 이상인 학교에서, 이러한 상황을 개선하고자 실천할 수 있는 교육 방안을 5가지 제시하고, 이러한 방안을 실천하기 위해 교사가 지녀야 할 자질을 5가지 제시하시오.

> ※ **기품 포인트**
> 다른 창의적 체험활동 영역과 마찬가지로, 해당 단원에서도 구체적인 시책이나 절차를 묻기보다는, **교사로서 운영하고 싶은 교육 활동이 무엇인지, 태도나 가치관은 어떠한지를 묻는 문항이 대부분입니다.** 따라서 매뉴얼·시책·절차 등의 내용은 참고하시되, 자신의 교과나 가치관과 관련지어 어떤 진로 교육 활동을 **학생의 자발성에 입각**하여 운영하고 싶은지 미리 준비해 두는 것이 좋습니다. 또한 활동의 취지를 자신의 가치관과 어떻게 연결할지도 생각해 보세요.

1 진로연계교육
(1) **목적** : 학생들이 자신의 적성과 미래에 대해 탐색하고 학습의 즐거움을 경험할 수 있다.

(2) **필요성**
 ① **미래 역량 함양과 자기주도 학습 능력 향상** : 진로 탐색뿐 아니라 상급 학교(학년)에서의 생활 적응 및 학습을 준비한다.(중학생의 경우, 고등학교에서 스스로 과목을 선택하여 학업을 설계하고 이수 기준을 성취하는 방법을 준비한다.)
 ② **학생의 연속적인 학습·성장 지원** : 학교급 또는 학년 간 전환 시기에 교과별 학습 내용과 방법 등의 차이로 인한 어려움을 최소화하고, 교과 학습의 순조로운 연계를 지원한다.
 ③ 학생이 **자신의 적성과 미래에 대해 탐색하고 학습의 즐거움을 경험**한다.

(3) **중학교**
 ① 운영 시기 : 상급 학교(학년)로 진학하기 전 학기나 학년의 일부 시간을 활용한다.
  다만 학교의 필요에 따라 중학교 1, 2학년의 일부 시간을 활용하여 진로연계교육을 운영할 수 있다.

② 운영 방법

구분	내용(예시)
고등학교 생활 준비	• 고등학교 생활의 이해 • 고교학점제 및 고등학교 교과목에 대한 이해 • 고교학점제에서의 학업 설계 및 과목 선택 연습
교과 학습 준비	• 상급 학교(학년)의 교과별 학습 내용 및 방법을 고려한 준비 • 자기주도적 학습 능력 향상
진로 탐색	• 자기 이해 및 직업 세계 이해 • 진로 탐색 및 진로 설계
고등학교 진학 준비	• 고등학교 유형에 대한 이해 • 자신의 진로·적성에 적합한 고등학교 유형 탐색 및 준비

* 창의적 체험활동의 진로 활동 및 자유학기 활동과 연계하여 운영한다.

(4) **고등학교**
  ① 운영 시기 : 학교급이 전환되는 고등학교 1학년 1학기와 졸업 직전인 3학년 2학기 교과와 창의적 체험활동 시간을 활용한다.
  ② 운영 방법

구분	내용(예시)
진로·학업 설계 (1학년 1학기)	• 자신의 적성 및 능력 탐색 • 자신의 진로·적성에 맞는 과목 탐색 • 과목 관련 진로, 과목 내용, 수업·평가 방법, 선택 과목 이수 방법 상담
상급학교 진학 및 취업 준비 (3학년 2학기)	• 대학 생활에 대한 이해 및 적응 활동 • 대학 선이수 과목 개설 및 학점 취득 • 사회 생활 안내 및 적응 활동

2 진로 활동(창의적 체험활동)

(1) **취지**

중학교	고등학교
• 긍정적인 자아 개념 강화 • 실제적 경험을 통해 일·직업에 대한 폭넓은 가치 탐구 • 자신을 이해할 기회 및 자신에 맞는 진로를 찾는 과정 제공	• 긍정적 자아 개념 및 건강한 직업의식 함양 • 꿈·비전을 진로·진학에 연결하는 학업·진로 설계 능력 함양 • 적성에 따라 진로를 탐색하여 잠재 능력 개발 • 비슷한 진로·진학 계획을 지닌 친구들과

• 고등학교 진학과 연계하여 학업·직업 진로 탐색	관심 분야에 대한 주제 선정, 문제 탐구·해결 기회 제공 • 상급 학교 진학 및 취업에 따른 학업·직업 진로 탐색·설계
• 관련 교원 간의 협업으로 학생 개인·집단별 진로 상담 수행 • 학업·직업 진로에 대한 활동 계획을 수립하여 흥미·소질·능력 등에 적절한 진로 선택의 기회 부여	

(2) **진로 탐색 활동**
    ① 자아 탐색 활동 : 자기이해, 생애 탐색, 가치관 확립 등
    ② 진로 이해 활동 : 직업 흥미 및 적성 탐색, 진로 검사, 진로 성숙도 탐색 등
    ③ 직업 이해 활동 : 직업관 확립, 일과 직업의 역할 이해, 직업 세계의 변화 탐구 등
    ④ 정보 탐색 활동 : 학업 및 진학 정보 탐색, 직업 정보 및 자격(면허) 제도 탐색, 진로진학 및 취업 유관기관 탐방 등

(3) **진로 설계 및 실천 활동**
    ① 진로준비 활동 : 진로 목표 설정, 진로 실천 계획 수립 등
    ② 진로계획 활동 : 진로 상담, 진로 의사 결정, 진로 설계 등
    ③ 진로체험 활동 : 지역사회·대학·산업체 연계 체험활동 등

> ※ **저자의 한마디**
> 아래 예시들을 참고하여, 나만의 진로 활동을 구상해 봅시다.
> 예 : 버킷리스트 작성, 미래에 변화하는 직업 세계 탐구, 기업가 체험 보드게임, 대학 탐방 및 멘토링, 직업인 인터뷰, 직업인 초청 강연, 체험관 견학, 업장 견학

3 다양한 진로 교육 지원 방안(서울)
(1) **교원 역량 강화**
    ① 커리어넷(https://www.career.go.kr) 활용 : 진로연계교육 자료 제공
    ② 쎈(SEN) 진로교육 자료 몽땅 : 진로 설계 교육 자료, 진로연계교육 교수학습 자료, 중학교 교과연계 진로수업자료, 고등학생을 위한 진로연계교육 프로그램 자료 등 제공
    ③ 진로전담교사 운영 : '진로와 직업' 과목 또는 창의적 체험활동 중 '진로활동' 수업, 진로·진학(취업) 관련 학생 상담
    ④ 진로연계교육 교원 연수 및 지원단 운영(본청)

(2) **학생·학부모에 대한 진로 정보 제공 확대**
    ① 커리어넷(https://www.career.go.kr): 진로심리검사, 진로상담, 직업정보, 학과정보 제공

② 진로체험망(꿈길, https://www.ggoomgil.go.kr) : 체험처·체험프로그램 관리, 체험처-학교 매칭을 통한 맞춤형 진로 체험활동 지원
③ 서울진로진학정보센터 : 454개 직업 정보 제공과 직업군별 동영상 제공, 중·고등학생 대상 시기별 맞춤형 진로·진학 설명회 개최, 학생 맞춤형 상담 서비스 지원
④ 쎈(SEN) 진로교육 자료 몽땅 : 학부모 진로교육, 소외계층 진로교육, 진로 유관 사이트 및 진로직업체험지원센터 안내
⑤ 찾아가는 학부모 고입진로 설명회 : 고등학교 유형별 특징, 실제 진로진학사례를 통한 고등학교 선택 안내
⑥ 취약계층 대상 대학·기업 연계 진로체험 프로그램 운영: 학교로 찾아가는 진로체험교육 또는 대학 실험실 등 체험처 방문

(3) 지역사회와 연계한 진로 교육 방안
① 진로직업체험지원센터 운영
  ㉮ 학교와 직업체험장 간의 유기적 연계 지원, 현장직업체험 및 진로교육 프로그램 지원
  ㉯ 수요자 요구 진로체험 프로그램 및 상설 직업체험 프로그램 운영
  ㉰ 진로체험 취약 및 소외계층 대상 프로그램 운영
  ㉱ 서울진로직업박람회 참가 및 운영지원
② 서울직업교육 혁신지구『동행매력 프로젝트』운영(특성화고, 마이스터고 지원)
  ㉮ 교육청·시청·직업계고·기업·대학이 하나가 되어 지역수요 맞춤형 인재 양성 후 지역사회 정주를 위해 "함께 동행하여 매력적인 서울직업교육"을 만들어가는 프로젝트이다.
  ㉯ 교육과정, 취업·창업, 선취업 후진학, 지역사회 정주 등을 지원한다.
③ 기타
  ㉮ 직업 : 현장 직업(실무) 체험, 현장 견학, 서울학생창업교육(모의 창업 실습, 창업교육 특강, 창업 관련 기관 탐방, 서울청소년창업경진대회 등), 서울진로직업박람회 운영(상담·체험·특강·공모전·전시 등)
  ㉯ 진학 : 대학 전공(학과)체험(특강, 멘토링 등), 직업계고 교육과정을 반영한 진로체험관, 서울학생창업교육(모의 창업 실습, 창업교육 특강, 창업 관련 기관 탐방, 서울청소년창업경진대회 등)
  ㉰ 진로 : 진로 캠프(진로심리검사·직업체험·상담·멘토링·특강 등 종합 프로그램), 진로멘토링, 직업계고 교육과정을 반영한 진로체험관, 신산업분야 진로체험(디지털 기술·모빌리티·첨단바이오·신재생에너지·미래농업) 프로그램, 서울진로직업박람회 운영(상담·체험·특강·공모전·전시 등)

> **※ 저자의 한마디**
> 자신의 교과와 관련 있는 진로를 생각해 봅시다. 아래는 예시입니다.
> 국어 : 아나운서, 작가, 기자, 통번역가
> 영어 : 무역담당자, 여행 안내원, 외국계 기업 종사자, 호텔지배인
> 수학 : 통계학자, 금융자산운용가, 보험관리자, 수학 교사
> 사회 : 회계사, 은행원, GIS전문가, 기자
> 역사 : 큐레이터, 역사학자, 감정평가사, 역사 교사
> 도덕 : 노무사, 사회복지사, 평론가, 교육학연구원
> 과학 : 인공위성개발원, 의약품연구원, 기상연구원, 신재생에너지전문가
> 기술 : 산업디자이너, 로봇연구원, 항공기정비원, 전자공학기술자
> 가정 : 바리스타, 푸드스타일리스트, 패션디자이너, 식품영양전문가
> 음악 : 지휘자, 조율사, 뮤지컬음악감독, 음반기획자
> 미술 : 미술기획전시자, 미술평론가, 영화감독, 디자이너
> 체육 : 경찰관, 스턴트맨, 응급구조사, 스포츠트레이너
> 정보 : 클라우드시스템엔지니어, 시스템소프트웨어개발자, 증강현실(AR)제작자, IT컨설턴트
> 외국어 : 여행 프로그램 PD, 외교관, 출판물기획자, 통번역가

4 전환기(학년말) 교육

(1) **시기 및 문제점** : 전환기란 학년말 모든 평가가 종료된 이후부터 방학 직전까지의 시기이다. 이 시기에 학생은 모든 평가가 끝났다는 이유로, 교사는 업무가 과중하다는 이유로 교육 활동을 소홀히 생각하기 쉽다.

(2) **운영 방법** : 진로연계교육, 계기교육, 학교 자율 시간 등을 활용하여 교육 공백을 제거한다.

V 예술교육

20 서울 김교사는 자신이 맡은 협력종합예술활동에서 주제, 역할, 일정 등을 적극적으로 결정하는 모습을 보였으나, 반대로 학생 참여도는 낮아졌다. 김교사가 고려해야 할 점과 해결 방안을 제시하시오.

> **※ 기품 포인트**
> 지금까지 1회만 출제되었고, 문항 내용도 구체적인 내용을 묻기보단 교사 개입 최소화 및 학생 참여 방안과 관련하여 출제되었습니다. 그러나 예술교육은 학급, 교과, 창체 활동 등 다양한 교육 활동에서 유용하게 활용될 수 있으므로, 예술교육의 필요성을 숙지하면서 나만의 교육 활동을 구상해 보시기 바랍니다.

1 협력종합예술활동

(1) **정의** : 재학 중 최소 1개 학기 이상 교육과정 내에서 학급의 모든 학생이 뮤지컬·연극·영화 등의 종합예술활동에 역할을 분담하여 참여하고 발표하는 학생중심 예술체험교육

(2) **필요성** : 급변하는 미래사회 대비를 위한 창의융합적 사고력과 협력적 인성을 함양하는 학교예술교육에 대한 요구가 증대하고 있다.

(3) **목적**
　① 교육과정과 연계한 학교예술교육 및 교과 간 협력을 통해 융합교육을 활성화한다.
　② **협력적 인성, 창의적 사고, 의사소통, 공동체 역량** 등 미래 핵심역량을 강화한다.
　③ **자기 주도적 태도를 키우고, 타인을 이해하고 공감하는 능력**을 향상시킨다.
　④ 예술적 감수성 신장을 통해 **창의력을 발현하고 자신감을 키워 행복한 학교생활을 구현**한다.

(4) **운영 방법**
　① 뮤지컬·연극·영화 등의 종합예술분야 중 해당 학년의 학생·교원·학부모의 요구를 고려하여 선정한다.
　② 학교교육계획 수립 시 교과 또는 창의적 체험활동 영역에서 학급 내 모든 학생이 학기·학년단위로 프로젝트를 수행하도록 연간 계획(수업 후 발표 계획 등)을 수립한다.
　　㉮ 교과 간 협력을 통한 통합 수업 디자인, 학년 협의 통한 다양한 프로젝트를 권장한다.
　　㉯ 교과 간 융합 협력종합예술활동 운영 방법

운영 방향	• 교과 간 협력 문화 조성 • 교육과정 재구성 및 교과협력 융합수업 전개 • 학생 참여 중심 협력수업
운영 방법	• 교과 융합 교원학습공동체를 학년 초에 구성·운영 • 처음 시도하는 학교에서는 2~3개 과목으로 시작 후 단계별로 과목 확대

유의 사항	• 학생들의 흥미·요구가 충분히 반영될 수 있는 방안 모색 • 소규모의 활동이 점진적으로 확대될 수 있는 방안 구상 • 학교·학생 상황에 맞는 실현 가능한 협력종합예술활동 구상 • 학년 교과 중 융합 가능한 교과와의 구체적인 교육과정 재구성 필요 • 중장기적인 계획을 세우고 학년부 활동으로 진행될 수 있도록 협의

  ㈐ 관련 교과 간 교육과정 재구성으로 시수를 확보하거나, 특정 교과 시수를 증배하거나, 창의적 체험활동의 창의적 특색활동 시간 등을 통해 운영시간을 확보한다.
 ③ 예술강사와 협력수업(co-teaching) 시 교육 활동 계획수립 단계부터 수업 진행까지 상호 협력하여 진행한다.(※ 예술강사 단독수업 불가)
 ④ 학급 구성원들의 상호협력활동이므로, **학급의 모든 학생이 역할**(대본·음악·배우·**무대배경제작·댄스창작·스텝 등)을 맡아(1인 1역할 이상) 협력적으로 참여**하도록 운영한다.
 ⑤ 학기·학년 말에 발표회를 통해 결과를 공유한다.
  ㉮ 수업 과정·결과 공유 방식으로 종합예술 체험활동 결과를 발표·공유할 기회를 제공한다.
  ㉯ 수업 중 장면발표, 2~3개 학급 발표, 학년 발표, 학교 발표, 학교 축제, 지역축제 참여 연계 등 다양한 규모 및 형태로 발표회를 운영할 수 있다.
  ㉰ 비대면·온라인 발표 예시 : 학급별 영상 제작 발표, 온라인 스트리밍을 통한 실시간 방송 발표, 학교 방송 송출 이용 발표 등

(5) 운영 예시
 ① 교과 단독

교과	운영 예시
국어	국어 교과서에 실린 시나리오를 각색한 연극 발표(국어교사, 연극 예술강사 협력)
도덕	역할극 형식의 연극 활동(대본 제작 토론학습은 도덕교사, 연극 예술강사 협력)
역사	역사 주제 연극 만들기(대본 제작 역사교육은 역사교사, 연극 예술강사 협력)
음악	뮤직비디오(기술 포함) 제작, 뮤지컬 코러스 넘버를 활용한 합창(댄스 포함)(뮤지컬 예술강사 협력)
미술	애니메이션 또는 그림(음악, 문학, 편집 포함)을 활용한 주제별 동영상 제작 (영화 예술강사 협력)

② 교과 융합

영역	교과 간 융합 협력종합예술활동 운영 예시
연극	• (국어) 연극의 기초 및 이해 학습, 대본 창작, 시나리오 쓰기 • (도덕, 사회) 연극 주제 관련 학습 • (체육) 인물 및 장면 표현을 위한 움직임 학습 • (기술·가정, 정보, 음악, 미술) 의상, 무대 장치, 음악 준비
뮤지컬	• (도덕, 사회) 뮤지컬의 주제 및 키워드 찾기 관련 토론 수업 • (국어) 뮤지컬의 기초 및 이해 학습, 대본 창작 • (체육) 인물 및 장면 표현을 위한 움직임 학습 • (기술·가정, 정보, 음악) 발성 연습, 음악 믹싱 등 • (과학) 무대효과의 과학적 원리 실험, 조명, 음향 등 • (미술) 무대 소품 및 무대 장치, 발표회 초대장, 브로셔 제작 등 • (음악) 뮤지컬 넘버 연습 및 뮤지컬 완성
영화	• (국어+미술) 시나리오 읽기, 소설과 시나리오의 차이점 이해하기, 시나리오 작성하기 • (도덕) 서로 다름을 이해하기, 건설적인 토의 방법 익히기, 역할극을 통한 연기 연습 • (정보) 이메일, 클라우드(드라이브) 서비스 활용하여 파일 주고받기, 영상 촬영·편집 • (과학) 눈의 구조와 카메라의 원리 이해하기 • (미술) 영화 포스터 제작하기, 시나리오 작업 데생 스케치

2 학교예술교육

(1) **정의** : 학교 교육과정 내 예술교과 교육과 비예술교과 교육을 포함하여, 학교를 둘러싼 제반 환경에서 이루어지는 모든 예술교육을 총칭하는 것으로, 학교 또는 학교·지역사회가 연계된 예술 자원이나 소재를 교육적으로 기획하고 경험시킴으로써 '예술향유인(예술 언어감성이 풍부하고, 예술을 즐기고 누리며 예술과 더불어 살아가는 사람)'을 양성하는 학교교육이다.

(2) **필요성**
① 학생 개개인의 적성·특성에 맞는 예술적 역량을 길러줄 수 있는 예술교육 시스템으로 전환하여 미래 사회 변화에 대비한다. 이에 맞춤형 예술교육 경험을 다양화하고, 1학생 1예술 활동을 통해 **삶과 사회 속 예술활동 일상화**를 강화한다.
② 변혁의 시대를 살아가기 위한 **창의융합적 사고력과 협력적 인성을 함양**해야 한다.
㉮ AI 시대에 '인간 중심'으로 사고하고 '인간 고유의 창의성'을 발현하는 감성적 창조자를 육성한다.
㉯ AI가 대체할 수 없는 인간만의 특성인 직관적 사고, 정서, 공감, 감성, 윤리의식을 함양하는 교육이 필요하다.
③ AI의 발달, 미디어아트에 대한 요구 증대, 업사이클링을 포함한 생태 예술 등 예술 분야의 지평이 넓어지고 있다.
④ 학생의 경험과 예술교육의 다양화를 위해 지역 연계 자원을 활용할 필요성이 커지고 있다.

(3) 운영 방법

> ※ **저자의 한마디**
> 아래 내용은 달달 외우라고 드린 것이 아니라, 학교예술교육을 현장에서 어떻게 실현하면 좋을지 아이디어 참고용으로 제시해 드린 것입니다. 따라서 부담 갖지 마시고, 아래 내용을 참고하시어 나만의 학교예술교육 방법을 생각해보시기 바랍니다.

교육과정 연계	• 협력종합예술활동 2.0 운영·지원 • 1학생 1예술활동 활성화를 위한 학생예술동아리 운영·지원 • 서울학생 예술몽땅 페스티벌(학생예술동아리 발표회)
교원 역량 강화	모니터링·컨설팅 지원, 연수 운영 및 사례 공유(「예몽TV」), 교원 연구 및 예술활동 지원
도구 대여	악기공유마당(학교 유휴악기를 대여·공유), 화방공유마당(학교 유휴 미술도구를 대여·공유)
예술 경험 다양화	• 학교오케스트라 활동 운영·지원 : 합주를 통해 서로 조화·배려하는 인성 함양, 나눔 실천 • 국악관현악단 운영·지원 : 국악 연주활동으로 1학생 1예술활동 활성화
예술 경험 지원	• 제1서울창의예술교육센터 : 학교교육과정 연계 미래형 학생 맞춤 융합예술교육 프로그램 개발·운영, 교원 역량 강화) • 제2서울창의예술교육센터 : 다양한 예술 분야, 기술, 생태교육과 융합. 온·오프라인 병행 지원, 현장 예술가와 학생 간 소통 지원, 생태 감수성 함양 • 제3서울창의예술교육센터 : 학생의 예술자치역량 신장, 동아리 및 진로 연계, 학교예술교육발전을 위한 민관학협의체 운영 • 제4서울창의예술교육센터 : 가상현실 기반 쌍방향 소통 예술 프로그램 제공

지역사회 연계	• 지역사회와 협력
	  - 예술드림거점학교 : 인근 학교 또는 학생 연합 공동 프로그램 개설·운영, 유관기관 연계 통한 지역 공동 예술 프로그램 운영, 문화예술 소외지역 학생들에게 지속적이고 다양한 예술교육 실시
	  - 학교예술교육 성과공유마당 : 온·오프라인 상 학교예술교육 우수사례 공유
	  - 영화교육 활성화 : 협력종합예술활동 연계, 서울창의예술센터대학·유관기관·전문인력연계, 「서울국제어린이영화제」 등 청소년 영화제 우수 출품작 공유 지원
	• 지역사회의 도움
	  - 서울시 주관 학생 초청 예술공연 지원
	  - 서울 내 문화예술교육센터(서울문화재단)와 연계하여 프로그램 진행
	  - 전문 연주가 및 예술인이 학교로 찾아가는 예술공연 교육 진행

VI 민주적 학교문화

24 서울 학급자치회의와 학생생활규정 개정 시 학생들이 소극적으로 의견을 제시하는 상황을 개선할 방안을 담임 교사 차원과 학교 차원에서 각각 2가지씩 제시하시오.

23 세종 학교 자치 강화 방안을 3가지 제시하고, 학생회 내부 갈등으로 축제 준비가 되지 않고 취소될 수도 있는 상황에서 교사의 해결 방안 3가지를 제시하시오.

20 인천 '麗澤相主(이택상주, 맞닿은 두 개의 연못이 서로 물을 대며 마르지 않는다는 뜻)'의 교육적 의미를 제시하고, 교사로서 이를 실현할 수 있는 구체적인 방안을 5가지 제시하시오.

> ※ **기품 포인트**
> 민주적 학교문화가 조성되려면 학교 자치가 완전히 정착되어야 합니다. 이 단원에서는 학교 자치에 대한 서울특별시교육청의 시책을 살펴봄으로써, 학생・학부모・교직원(그리고 때로는 지역사회)의 학교 운영 참여율을 높이고 갈등을 줄일 수 있는 방안의 구상 근거를 제공하고자 합니다.

1 학교자치의 필요성

(1) 교육문제를 둘러싼 갈등・대립이 증가하고 사회 양극화 및 경쟁 체제가 심화함으로써, 약화되고 있는 학교 공동체 문화를 회복할 필요가 커졌다.

(2) 코로나19, 디지털 시대로의 급격한 전환 등 불확실성과 복잡성, 위험성이 높아지고 있는 상황에서 연대・협력으로 지속 가능한 미래를 만드는 학교 역할을 구현하고 시스템을 마련할 필요가 커졌다.

(3) 학생자치, 학부모회, 토론이 있는 교직원회의 운영 성과를 바탕으로 자치기구 간 소통을 활성화하며 '삶으로서의 교육과정'을 실현하는 학교자치 시스템의 필요성이 커졌다.

2 학교자치 정착 방안

(1) **소통・협력의 학교문화 활성화**
　① 참여・소통 체계 정착

구성원	참여・소통 체계 정착 방안
교직원	**토론과 숙론**(깊이 생각하여 충분히 의논함)이 있는 회의문화 조성 • 학교교육계획 수립 시 교직원회의 운영 계획 포함 　- 시기별 주요 협의 주제를 포함하여 운영 계획 수립 　- 회의별 참여 범위 및 운영 주기 등을 포함하여 회의 운영 체계화・효율화 • 교직원회의 규정 제・개정 　- 목적, 회의 조직, 의사결정 방식, 주요 안건, 회의 결과 처리・반영 등을 담은 교직원회의 규정 제・개정

교직원	* 규정 제정을 위한 과정, 절차, 확정 방법 등을 먼저 교직원회의에서 협의 후 진행 • 과정과 결과에서 효능감을 느끼는 회의 운영 - **참여자들의 경청·존중의 태도, 활발한 소통·협의**로 합의점을 도출하는 숙론장으로 회의 운영 - 회의 결과가 학교 운영에 반영되는 선순환으로 회의 효과성 담보
학생	'Ⅱ 학생 자치 활동' - '2 학생자치활동(서울)' - '⑸ 지원 방안' - '① 모두의 참여를 보장하는 학생자치 기반 조성' - '㉮ 학생참여 선순환 체제 정착' 참고
학부모	학부모회 기반의 학부모 참여 제도 안착 • 학부모 다수의 참여를 견인하는 학부모회 운영 - 대표성과 절차적 당위성을 높이는 학부모회 임원 구성 - 학급-학년 학부모들의 참여·소통을 활성화하는 방향으로 대의원회 구성·운영 - 학급별·학년별·기능별 학부모회 등 학부모회 산하 조직을 통해 다수 학부모가 소통하고 의견을 수렴하는 조직 구성·운영(필요시 학부모회 규정 개정) • 협력적 학교 운영을 강화하는 학부모회 역할 정립 : 제도로 보장된 학부모회 기능의 실질적 구현 - 학교 운영에 대한 의견 제시 및 학교교육 모니터링, 학교교육 활동 참여·지원 - 자녀교육 역량 강화를 위한 학부모교육 - 지역사회와 연계한 비영리 교육사업 - 그 밖에 학교의 사업으로서 해당 학교 학부모회 규정으로 정하는 사업

② 효능감을 높이는 토론·숙론 중심의 회의 운영

단계	내용
사전 협의를 통한 회의 계획 수립	• 회의 담당자들이 회의 목적을 공유하고 그 목적을 달성하기 위한 회의 운영과정 설계, 의사결정 방식 협의 • 회의 준비 사항 협의·점검 : 장소, 자리 배치, 회의 자료, 회의 용품, 간식, 사회자·기록자 등 역할 분담
안전한 회의 분위기 조성	• 본격적인 회의 진행에 앞서 참여자들이 편안하고 안정된 마음으로 참여할 수 있는 회의 분위기 조성 * 아이스 브레이킹(Ice-breaking) - 정의 : 얼음을 깨듯 딱딱하고 어색한 분위기를 깨는 활동 - 목적 : 본격적인 회의에 들어가기 전 부드러운 분위기를 형성하여 참여자들 간 낯설고 서먹한 관계 해소

안전한 회의 분위기 조성	- 예시 : 간단한 자기소개, 재미있는 팀 빌딩(team building) 게임, 분위기에 맞는 조별 역할 나누기 등 • 회의 절차 안내, 함께 정하는 회의 규칙 등을 통해 대화의 안전지대 구축 * 회의 규칙(Ground rule) 정하기 - 목적·방법 : 참여자들이 규칙을 직접 정하면 규칙을 지키고자 적극 노력하며 참여자 모두 평등하게 의견을 제시하고 서로 의견을 존중하는 분위기가 조성됨. 참여자들에게 회의에 필요한 규칙을 각자 제시하도록 하여 가장 많은 의견을 회의 규칙으로 정할 수 있음. - 예시 : 차례로 발언하기, 다른 사람 의견에 비판적 피드백을 제공할 때는 존중·이해의 태도 유지하기, 발언 시간 지키기, 모든 의견 기록·공유하기, 회의 중 핸드폰 사용하지 않기 등
충분한 소통과 숙의의 과정 거치기	• 참여자들이 서로 충분히 의견을 나누고 합의점을 찾아갈 수 있는 숙의 과정으로 회의 진행 • 필요시 사전 의견 수렴 과정을 통해 밀도 높은 본 회의 운영 • 숙의 시간 확보를 위한 방법 예시 - 온라인 공동문서 등을 통해 안건을 사전 공유하고 학년별, 팀별 회의에서 1차 의견 수렴 후 숙의하기 - 안건 성격에 따라 TF 팀 운영, 분임 토의, 전체 토론 등으로 회의 방식을 다양화하여 심도 있는 논의하기 - 단순 정보 전달은 온라인으로 공유하거나 핵심만 안내한 후 온라인 체크리스트로 내용 숙지하기(종이 사용 최소화로 생태전환적 회의 운영 가능)
회의 결과 공유 및 반영하기	• 회의 결과를 구성원들에게 알리고 학교 운영에 반영 • 필요시 실무 추진을 위한 계획 수립하여 진행 후 결과 공유

③ 연결·확장을 통한 소통의 일상화

학습공동체 연계를 통한 소통	• 학습공동체에서 학교 현안, 교육활동 관련 주제를 협의하도록 활동 연계 • 교원학습공동체, 학부모·직원이 함께 참여하는 학습공동체 등을 통해 다층적 소통-협력 체계 운영
각종 회의의 재배치를 통한 효율적인 소통	• 학년별·교과별 협의회, 각종 업무 회의 등을 통해 상시 소통·협의 체계 구축 • **안건 및 주제에 따라 회의 참석 범위를 다양화**하여 회의 운영
온라인을 활용한 상시 소통	• **온라인 방식과 혼합하여 회의 운영** : 사전 회의 온라인 운영, 시기별·주제별 온-오프라인 회의 병행 • 온라인 협업 도구를 활용한 회의 자료 공유, 공동 작업, 의견 수렴, 의사결정

다양한 회의 기법을 적용한 소통	• 토의·토론 기법, 퍼실리테이션* 등을 활용하여 회의 운영의 효과성 제고 : 전문 강사 초대하여 워크숍 운영, 담당자가 회의 기법 연수 참여 후 적용 등 * 퍼실리테이션 - 구성원들이 원활하게 의사소통하고 효과적인 결정을 내려 목표를 달성할 수 있도록 지원·촉진하는 기술·과정 - 진행자인 퍼실리테이터는 참여자 모두가 의견을 평등하게 나누고, 창의적이고 유용한 아이디어를 생성하며, 효율적으로 과제를 해결하도록 지원

(2) **자율과 책임의 학교자치 시스템 구축 : 학교자치협의회 구성**

① 정의 : 학교자치협의회는 학교 자치기구인 교직원회·학생회·학부모회의 대표 등이 참여하여, 학교의 **다양한 교육활동에 대해 구성원 간 의논·조정하는 역할을 하기 위한 협의체**이다.

② 목적 : 학교 구성원들의 자치 역량 강화를 통해 소통·협력의 민주적 학교자치를 구현한다.

* 학교운영위원회와의 차이 : 관련 법령·지침 등에서 정한 사항에 대해 주로 심의하는 학교운영위원회와는 달리, 학교 교육과정 계획·평가, 학교 운영 현안 등 학교 공동체의 필요에 따라 교육활동 전반에 대해 의논·조정하는 역할을 할 수 있다. 한편 학교자치협의회 의논 결과를 학교운영위원회 의안으로 발의하거나, 학교운영위원회 심의 안건을 사전에 학교자치협의회에서 충분히 숙의한 후 학교운영위원회에서 논의할 수 있다.

소통과 협력의 공통체

학교자치협의회
교직원회, 학생회, 학부모회 대표 등이 참여하여
학교의 다양한 교육활동에 대해 토의하고 조정하는 협의체

↑ 조정협의

학생자치회	교직원회	학부모회
대의원회	학년·교과 협의회	대의원회
학급회	위원회, TF회의 등	학년·학년별 학부모회
동아리 등	교사회, 직원회	기능별 학부모회
	교직원학습공동체	지역사회

↓ 심의

학교운영위원회
학부모, 교직원, 지역사회가 함께
학교 운영에 대해 논의하는 법적 기구

③ 논의 주제 예시

- 학교 비전 및 핵심 가치 수립
- 학교 교육과정 설계 및 운영
- 학교자율시간(학교 자율적 교육활동) 개발 및 운영
- 교육활동 평가 등 학교평가 운영
- 학교 공동체 생활협약 추진 및 운영
- 학교 민원 대응 시스템 등 학교 소통-협력 체계 운영 방안
- 학교 공간 혁신 기획 및 추진(예 : 학교 복합시설 활용 방안, 치유정원 만들기 등)
- 안전한 학교 만들기
- 학교 축제, 체험활동 등 추진
- 지역과 함께하는 교육활동 계획(방과후 교육 프로그램 등)
- 구성원이 함께 만드는 AI·디지털 리터러시 교육 방안

(3) **인권존중 학교 문화 정착** : 교육공동체의 인권감수성 향상을 통해 학생 인권을 증진·보호한다.
  ① 학생인권 증진 지원: 학교로 찾아가는 인권교실, 학생인권교육 지원단(교원·시민단체), 관련 연수
  ② 학생인권 보호체계 강화 : 학생인권 상담, 권리구제 및 학교로 찾아가는 학생인권 컨설팅, 학생인권기구, 학생인권 영향평가
  ③ 학교 노동인권교육 내실화 : 학교로 찾아가는 노동인권·진로탐색교실, 노동인권교육 자문위원회 구성·운영, 관련 연수

(4) **서울교육플러스** : 학생·학부모·시의회·지역사회·교직원·학교운영위원회 등 다양한 정책 참여자들로부터 서울교육과 관련한 정책 메시지를 자유롭게 주고받는 정책 좌담회, 원탁토론회 및 온·오프라인의 다양한 공론장을 마련하고, 주요 정책 의제에 관한 민주적 숙의과정을 통해 서울교육 정책에 대한 사회적 합의를 도출하는 제도이다.

> ※ **저자의 한마디**
> 교사 개인이 학생의 참여를 유도하고 갈등을 낮추기 위해 다음과 같은 방법들을 사용할 수 있습니다.
> - 상담 : 문제가 발생한 원인을 파악할 수 있습니다. 또한 충분한 개별 상담을 거친다면 집단 상담을 통해 갈등 회복의 실마리를 발견할 수 있습니다.
> - 공평한 발언 기회 부여 : 특정 의견이 발언을 독점하여 갈등이 발생하는 상황을 예방할 수 있습니다.
> - 온라인 플랫폼 활용 : 발언을 어려워하는 학생들이 효과적으로 발언하도록 도와줍니다.
> - 정기적인 학급 회의 개최 : 학생들이 스스로 안건을 내보고 결정을 하는 연습을 지속적으로 하여, 학교 운영에 참여하는 것에 익숙해지도록 도와줍니다.
> - 교과와 연계한 토의 학습: 상대적으로 학교에서 많은 비중을 차지하는 시간인 교과 시간에 토의

학습을 진행한다면, 토의에 필요한 기본적인 자세(경청, 존중, 자신감, 책임감 등)와 토의 방법을 자연스럽게 익힐 수 있습니다. 특히 평가에 반영한다면 학생들이 더욱 집중하여 토의 방법을 숙지할 수 있습니다.
- 참여 결과 공유를 통한 긍정적 피드백 제공 : 학생들이 자신이 의견을 제시했을 때 실제로 학교 운영에 반영이 되었음을 확인한다면, 자기효능감을 통해 학교에 대한 주인 의식이 형성될 수 있습니다. 따라서 의견 제시 결과를 실시간으로 학생과 공유하는 것이 중요합니다.
- 강화물을 활용한 참여 유도 : 한편 조종례 시간을 활용하여 '최다 참여상'과 같은 학급 내 시상을 한다면, 나머지 학생들의 참여도 자연스럽게 유도할 수 있을 것입니다.

Ⅶ 지역사회연계 및 마을교육공동체

15 평가원 "학교 교육을 계획·운영하는 것은 학교 내부 구성원이 맡되, 지역사회의 교육 자원을 활용하여 학교 교육 활동을 강화한다."라는 주장과 "학교 교육 계획·운영에 지역사회 구성원의 참여를 늘리되, 학교의 교육 자원을 활용하여 지역사회 발전에 도움을 준다."라는 주장 중 지지하는 주장과 그 이유를 제시하고, 학교와 지역사회 간 협력 사례를 1가지 제시하시오.

25 경기 경기도교육청은 2024 유네스코 교육의 미래 국제포럼에서 학교를 중심으로 지역과 온라인까지 공교육의 범위를 확장하여 모든 학생에게 필요한 교육을 제공할 수 있는 혁신적 교육 시스템을 구축하였음을 밝혔다. 한편 학생A는 학교에 영화 관련 수업이 없어 고민이고, 학생B는 다른 나라 학생들과 함께 생태환경 보호 프로젝트를 하고 싶어한다. 교사에게 필요한 역량이 무엇인지 제시하고 교사로서 학생A, B를 지원할 방법을 1개씩 제시하시오.

22 충북 지역사회와 연계한 교육 환경이 필요한 이유를 2가지 제시하고, 지역사회와 연계한 교육 방안을 자신의 교과와 관련지어 2가지 제시하시오.

> **※ 기품 포인트**
> 해당 단원에 해당하는 시책이 기출문제로 나온 적은 아직 없습니다. 그러나 학교교육과 지역사회 간의 연계는 단순히 시책에만 존재하는 개념이 아닙니다. 우선, 이전 대부분 단원에서 지역사회와의 연계를 한 번씩은 다루고 있습니다. 또한, 대부분의 기출문제는 해결 방안에 대해 물을 때 3~4가지 방안을 제시할 것을 요구합니다. **문제에 특별한 조건이 없다면, 3가지 방안은 교원·학생·학부모 측면에서, 4가지 방안은 교원·학생·학부모·지역사회 측면에서 구상**을 하시는 것이 좋습니다.
> 따라서 모든 주제를 접하실 때, '이러한 문제 상황은 지역사회 측면에서 어떻게 접근할 수 있을까?'를 항상 습관적으로 생각하시기 바랍니다.

1 서울미래교육지구

(1) **정의** : 어린이·청소년의 미래역량 신장을 위해 서울시 자치구와 교육청이 함께 추진하는 지역연계 교육협력 사업이다.

(2) **목적(필요성 : 지역과 연계한 다양한 성장경험 제공**으로 어린이·청소년의 미래역량을 함양한다.
 ① 어린이·청소년의 행복한 성장을 지원하는 교육(지원)청-자치구 협력 체제를 구축한다.
 ② 자치구 특성을 바탕으로 어린이·청소년의 미래 역량을 강화하는 교육 플랫폼을 구축한다.
 ③ 지역사회와 함께 삶에 기반한 배움과 성장이 있는 지역연계 교육과정 운영을 활성화한다.
 ④ 어린이·청소년의 건강한 성장을 도모하는 학교와 지역 자원의 맞춤지원을 강화한다.

(3) **운영 방법**
 ① 지역연계·협력 강화

학교-지역사회 협력 체계 구축	• 운영위원회 및 협의체 운영 • 자치구 특성 및 학교 수요를 반영한 자치구 특화 사업 운영
지역연계 협력 강화를 위한 행정적 운영 지원	계획 수립, 정책 포럼 운영, 홍보 및 자원 공유 활성화

② 지역연계 교육과정 운영·지원
  ㉮ **지역연계 교육과정** : 2022 개정 교육과정에 따라 학생들의 깊이 있는 학습을 위해 배움의 범위를 교실에서 학교·가정·지역사회로 확대하여 현재·미래 학생에게 요구되는 지식·역량을 키우도록 운영하는 교육과정이다.
  ㉯ 지역사회 네트워크 구축

지역 전문가 협업	학교 - 지역 전문가 협업 지역연계프로그램 개발
학교교육과정 풍부화	배움의 공간을 확장하여 학교 교육자원으로 활용
지역자원 연계	과학관·도서관·수학관 등 다양한 프로그램 운영

  ㉰ 지역 교육자원을 활용한 지역연계 교육과정 운영(학교 차원)

내용	문화·역사적 배경, 사회적 여건 등 지역 특성을 반영하여 학생·학부모·교직원·지역사회가 함께 수립

방법	• **학교 교육과정 수립 단계부터 지역교육자원 연계 방안 협의 및 반영**
	  - 배움의 공간을 확대하여 학교 - 지역기관 간 다양한 교육프로그램 공동 기획·구성
	  - 지역 공간(박물관·과학관·미술관·도서관 등), 대학·기업·연구소 등 지역사회 자원을 활용한 풍부한 교육과정 운영
	  - 학습의 장을 서울시로 확장하여 학생의 삶과 연계한 깊이 있는 학습으로 교과 간 연계·통합, 학생 참여형 프로젝트 학습 운영
	  - 학생 참여 중심의 주제 선택 및 진로탐색 활동의 자유학기제와 진로연계교육 운영
	  - 학교의 필요에 따라 지역(대학·기업·관공서 등) 기관 연계 학교 밖 교육 운영

  ㉱ 지역연계 교육과정 지원 프로그램 운영(자치구 차원)

내용	2022 개정 교육과정 연계 지역의 특색을 반영한 자치구 특화 사업 운영
분야	기초소양교육, 독서·토론·글쓰기 교육, 민주시민교육, 생태전환교육, 안전·건강교육, 역사·통일교육, 예술교육, 인성교육, 지능정보교육, 진로교육 등
방법	• 지역 내 초·중·고 간 진로, 자율·자치, 동아리 활동을 위한 프로그램 운영 • 교육 공간의 확대로 지역 소재 교육자원 방문 체험 학습 및 교육 연구 지원 - 지역 공간(박물관·과학관·미술관·도서관 등), 대학·기업·연구소 등 지역사회 자원을 활용한 풍부한 교육과정 운영

방법	• 자치구 - 학교 - 지역기관(대학・기업 등) 간 교육프로그램 공동 기획 및 구성 • 청소년 센터, 진로직업체험지원센터 등 지역사회 내 학습 자원 및 인력풀 구축 • 자치구 지역사회 연계 프로그램 운영 - 예 : 은평구 청소년 전일제 '마을로 등교' 청소년 센터의 '학생 동아리, 미래역량 강화 프로그램' • 교원・학부모・지역자원 연계 동아리 운영(연수 등)으로 학교와 지역의 협력 강화

    ㉮ 지역교육자원을 활용한 학교 교육과정 풍부화 지원 : 자치구별 초・중등 마을알기 배움책 및 지역자원자료집 제작・배부, 모니터링 및 우수사례 나눔
    ㉯ 지역연계 교육과정 운영 역량 강화 : 교원지원단, 교원학습공동체, 연수 운영
  ③ 지역연계 학생성장지원체계 구축・운영

지역연계 학생맞춤통합지원 네트워크 구축	• 지역 유관기관 학생맞춤통합지원 협력 체계 구축: Wee센터, 지역학습진단성장센터, 지역교육복지센터, 자치구・동 주민센터, 지역 유관기관, 운영지원단 등 • 학교 - 지역사회 연계 학생맞춤통합지원 네트워크 구축 : 학교 구성원, 동주민센터, 주민자치회, 지역 심리・상담 및 복지전문가 등
지역연계 학생맞춤통합지원 운영・지원	• 자치구 특화 사업으로서 학생 성장 지원 프로그램 운영 : 유관기관 연계 아동학대 예방, 위기관리 및 관계 개선 프로그램, 개별 맞춤 학습 프로그램, 교육복지 프로그램, 이주배경학생 맞춤형 프로그램 등 • 지역연계 학생맞춤통합지원 자원 및 우수사례 발굴 • 학생맞춤통합지원 공감대 형성 및 역량 강화 : 지구별 컨설팅단 및 교원 학습공동체 운영, 연수

(4) 학교와 지역사회의 역할
  ① 교육 현안과 지역의 특성에 맞는 학생 생활권 단위 협의체를 구성・운영한다.
  ② 지역 단위의 학교 - 지역교육공동체에 참여하고, 학교-지역연계 협력 활동을 한다.
  ③ 삶의 현장에 기반한 실천적 배움을 위한 지역연계 교육과정을 운영한다.
  ④ 어린이・청소년의 건강한 성장을 위한 학생맞춤통합지원을 운영한다.

2 다가치 학교

(1) **정의** : 학교 일부 공간을 리모델링하여 본교 학생을 포함한 지역 어린이・청소년들의 행복한 삶과 주체적 성장을 위한 다양한 프로젝트 활동이 이루어지는 마을결합형 청소년 자치배움터이다.

(2) **필요성**
  ① 방과후 교육 공백과 사교육 편중을 극복하고 주체적 삶을 새롭게 디자인하는, 새로운

프로젝트 활동 활성화 정책이 필요하다.
② 미래사회 변화와 저출산 고령화 사회에 조응하는 학교의 기능 다양화를 모색한다.
③ 청소년 방과후활동 인프라가 매우 부족하고 구축 여건도 좋지 못하다.

(3) 목표
① 어린이・청소년의 행복한 삶과 주체적 성장을 위한 실험과 상상의 플랫폼을 구축한다.
② 지역의 어린이・청소년을 위한 다양한 활동 공간 및 프로그램을 제공한다.
③ 청소년 자치・배움・돌봄과 학부모, 지역 주민 평생학습이 함께하는 마을결합형 교육 공간을 구축・운영한다.

(4) 특징
① 무상으로 운영된다.
② 학생 자치 기반으로 운영되며, '길잡이교사'를 운영한다.
  * 길잡이교사(마을주민・학부모・단체 등) : 어린이・청소년의 배움을 위해 학습 계획・실행・평가의 전 과정에서 조력자 역할을 수행하고, 학생 간 소통・관계 형성 지원 및 안전 책임 지도를 수행한다.
③ 평생학습이 가능한 별도 공간이 있고, 학습활동 지원과 연계 운영한다.
④ 어린이・청소년 교육 지역기관 및 사회적 기업 프로그램과 함께 운영한다.

(5) 프로그램 운영

심층 독서 토론 모임, 학습보충 및 심화	전문 연구자와 청소년을 연결시켜 특정 분야 심화 지식을 찾아 나서는 토론 모임 활성화
청소년 주도형 프로젝트 활동 지원	학습자의 학습 욕구에 기반한 프로젝트 주제 도출, 계획 수립, 추진 등을 할 수 있도록 길잡이 교사들과 함께 촉진・지원
진로 탐색 및 성장 지원	프로젝트 활동을 통해 인문사회(역사・외국어・법・경제・독서토론), 자연과학(수학・과학・생태환경), 문화예술(미술・음악・체육) 등과 관련된 다양한 진로 탐색 기회 제공
마을결합형 봉사활동	지역사회와 함께하는 학생 봉사활동 기획 운영
청소년 카페 운영	청소년들이 경제적 부담없이 편안하게 쉬고 자율적인 모임을 가질 수 있는 카페 운영
다가치학교 자치조직 운영	청소년자치회・길잡이교사회 운영 및 전체 운영 방향을 협의하는 운영위원회 구성 운영

3 교육후견인

(1) **정의** : 교육지원이 필요한 아동·청소년과 지속적으로 만나 학습 지원, 정서·심리 지원, 특별 돌봄 등 아동·청소년 입장에서 적절한 교육 프로그램을 지원하여, 교육 공백을 메우는 교육적 동반자 역할을 하는 지역사회(마을)의 건강한 이웃을 뜻한다.

(2) **목적**
  ① 학생 가까이의 동단위 교육안전망을 구축한다.
  ② 교육안전망 구축 및 돌봄 사각지대 예방을 위한 교육자치 - 일반자치 협력을 강화한다.
  ③ 교육안전망 실현을 위해 동단위 수준에서 학교 - 지역사회 협력을 확대한다.

(3) **활동 내용**

통합 교육후견 활동	심각한 복합위기 학생을 위한 종합 교육후견활동
전문 교육후견 활동	• 부분적 결핍 요소를 찾아 지원하는 맞춤형 교육후견활동 - 학습 지원 : 기초·심화학습 맞춤형 지원 - 정서·심리 지원 : 심리 상담, 마음 열기, 전문 상담 등 지원 - 돌봄 지원 : 틈새 돌봄, 등하교 지원 등 긴급 돌봄 지원 - 활동 지원 : 문화예술 활동, 스포츠, 놀이, 독서 활동 등 지원 - 진로 탐색 지원 : 꿈찾기, 진로 모색 활동 지원 등 - 기본 생활 지원 : 의복, 음식, 긴급 구제 등 기본 생활 지원 활동 - 기타 교육후견활동 : 그 밖의 다양한 교육후견활동

4 지역사회 공유학교(추진) : 학교와 지역사회가 자원(부지·시설)을 효율적으로 공유하여 운영하는 새로운 학교 운영 모델이다. 학생 교육활동에 집중 활용되는 공간을 학교블록으로, 학교 및 지역사회가 함께 사용하는 공간을 커뮤니티블록으로 구분한다.(학교블록은 학교장, 커뮤니티블록은 자치단체장이 관리·운영)

5 국제공동수업 : 세계 각국의 언어·문화를 배우고 다양한 친구들을 사귈 수 있는 서울 - 해외 학교 간 수업 교류 프로그램이다.

6 서울온라인학교 : 서울특별시교육청 소속 학생을 대상으로 **온·오프라인 학교 간 공동교육과정을 운영하여 학교 교육과정을 다양화하고 학생 과목 선택권을 확대**함으로써, 고교학점제의 안정적인 운영을 지원하는 시간제수업 운영 공립 각종학교이다.
  * 학교는 고교학점제 선택 과목 개설 부담을 줄이고자, 필요시 학교 간 공동교육과정 및 학교 밖 교육 운영을 할 수 있다. 한편 교육청은 필요에 따라 온라인 학교를 구축하여, 단위 학교에서 개설하기 어려운 과목에 대한 온라인 교육과정 개설을 지원한다.

7 서울교육플러스 : 'Ⅵ 민주적 학교문화' - '2 학교자치 정착 방안' - '(4) 서울교육플러스' 참고

> ※ **저자의 한마디**
> 자신의 교과와 연계한 마을교육공동체 활동을 구상해 보세요. 아래는 예시입니다.
> 국어 : 작가와의 대화를 바탕으로 한 소설 비평
> 영어 : 인근 대학 외국인 교환학생과 인터뷰 활동
> 수학 : 인근 초등학교 학생 대상 멘토링 활동
> 사회 : 사회적 기업 탐방 보고서 작성
> 역사 : 지역 역사 문화재 안내문 제작
> 도덕 : 인근 학교와 연계한 학교폭력 예방 캠페인 활동
> 과학 : 인근 공원 및 하천 생태 환경 조사 및 플로깅
> 기술 : 인근 직업계고등학교와 연계한 로봇 제작 실습
> 가정 : 지역사회 조리시설, 공간을 활용한 요리 실습
> 음악 : 지역 축제와 연계한 음악 발표회
> 미술 : 벽화 마을 답사 및 우리 마을 벽화 디자인 고안
> 체육 : 지역사회 종합체육시설을 활용한 스포츠 수업(골프, 수영, 피겨 스케이팅 등)
> 정보 : IT 전문가의 강연 내용을 토대로 학교 홈페이지 재디자인
> 외국어 : 지역 다문화 거리 및 세계 음식 소개글 작성

PART 8.
서울특별시교육청 심층면접 기출문제(2025~2016)

Ⅰ 기출문제
Ⅱ 정답 해설(예시답안)

서울특별시교육청 중등학교교사 임용후보자 선정경쟁시험(제2차 시험) 심층면접 연도별 기출문제 (2025학년도~2016학년도)

2025학년도 서울특별시교육청 중등학교교사 임용후보자 선정경쟁시험 심층면접 기출문제

구상형 1번

[가], [나]를 읽고 수업을 설계할 때 고려해야 하는 사항을 3가지 말하고, 구체적인 교수·학습 방안을 3가지 제시하시오.

[가]

> 김 교사는 2022 개정 교육과정에 대한 연수를 들은 후, 학생들이 '깊이 있는 학습'을 통해 핵심역량을 함양할 수 있도록 수업을 설계해야겠다고 생각하였다.

[나]

> 김 교사 : 기후 위기를 주제로 수업을 준비하고 있습니다. 다른 선생님들께서는 해당 주제로 수업을 하셨을 때 어떠셨나요?
>
> 이 교사 : 학생 참여형 프로젝트 수업을 했어요. 그런데 학생들이 수업 시간에는 활동에 적극적으로 참여했지만, 수업이 끝난 후에는 학습한 내용이 실천으로 이어지지 않았어요.
>
> 박 교사 : 학생들이 다른 교과에서 이미 탄소발자국에 대한 내용을 학습하였지만, 그 내용을 제 수업에서는 잘 활용하지 못하였어요. 학생들이 자신의 학습 과정을 돌아보지 못한 것도 아쉬웠습니다.

구상형 2번

다음은 고교학점제를 적용 중인 학교의 상황이다. [가]와 [나]에서 문제점을 각각 1가지씩 말하고 [다]를 참고하여 [가]와 [나]의 문제를 통합적으로 해결할 수 있는 방안 3가지를 구체적으로 말하시오.

[가]

A 학생 :	선생님. 저는 ○○과목을 듣고 싶은데 이번 학기에 개설되지 않았어요.
B 학생 :	선생님. 저는 이번 학기에 어떤 과목을 들어야 할지 모르겠어요.

[나]

A 교사 :	이번 고교학점제로 맡아야 하는 과목이 늘어났어요.
B 교사 :	저희 교과도 마찬가지예요. 맡게 되는 과목이 늘어나서 수업 준비 부담이 가중되었어요.
C 교사 :	수업 준비와 평가 준비를 당장 어떻게 해야 할지 막막하네요.

[다]

바람직한 학생상 :	스스로 진로를 설계하는 자율적이며 자기주도적인 학생
바람직한 교사상 :	학생의 진로 설계를 돕고 성장을 지원하는 교수·학습과 평가 전문가

추가질문 1번

학교의 고교학점제 운영상 A교사는 본인의 담임 반 학생 중 일부의 수업을 담당하지 못하는 상황에 처해있다. 이 상황에 따른 문제점과 이에 대한 해결방안 3가지를 말하시오.

● 기품있는 서울 심층면접

즉답형

다음 신문 기사의 헤드라인을 읽고 본인이 교사가 되어 교사의 긍지를 높일 수 있는 방안 3가지를 구체적으로 말하시오.

> '교권 추락으로 교단을 떠나는 MZ 교사들.'
> '저경력 교사 중 다수가 교직을 떠나고 싶다고 밝힘.'
> '청소년들의 장래희망 상위권인 교사, 현실은 10명 중 6명은 그만두고 싶다고 함.'

추가질문 2번

2022 개정 교육과정 총론의 인간상 중 가장 중요하게 여기는 두 가지를 고르고, 두 가지 인간상을 교육하기 위한 방안을 각각 2가지씩 말하시오.

2024학년도 서울특별시교육청 중등학교교사 임용후보자 선정경쟁시험 심층면접 기출문제

구상형 1번

[가]의 생성형 AI 서비스 사용 방침을 참고하여 [나]의 프로젝트 수업 활동에서 생성형 AI 서비스를 사용했을 때 발생할 수 있는 문제점 3가지와 이에 대한 교사의 지도 방안에 대해 말하시오.

[가] 생성형 AI 서비스 사용 방침
- 생성형 AI 서비스를 수업 시간에 학생들이 사용하기 전 교사는 학생들에게 생성형 AI의 한계점과 윤리적 측면에 대한 사전교육을 해야 한다.
- 생성형 AI 서비스를 사용하고자 할 때 서비스 사용 가능 연령을 약관을 통해 반드시 확인한다.

[나] 프로젝트 수업 활동
- 1차시 : 생성형 AI 서비스를 활용하여 생태전환과 환경보호(기후 위기, 탄소중립)에 대해 조사한 자료를 수합하여 보고서 작성
- 2차시 : 보고서를 토대로 영상을 제작
  ※ 한 학생이 음성을 합성하는 AI 기술을 활용하여 다른 학생의 목소리를 생성하여 영상을 제작하여 자신의 SNS 계정에 업로드함. SNS 계정은 공개 계정으로 누구나 볼 수 있음.

구상형 2번

[가]의 학급자치회의 상황과 [나]의 학생생활규정 개정 상황에서 나타나는 공통적인 원인 1가지를 찾아 말하시오. 그리고 이러한 공통적인 원인을 개선하고 해결하기 위한 방안을 담임교사 차원과 학교 차원에서 각각 2가지 방안을 구체적으로 말하시오.

[가] 학급자치회의	
• 학교 축제에서 학급 부스의 주제를 정하기 위해 학급자치회의에서 토론을 했다. • 귀신의 집을 하자는 학생이 60%, 포토 부스를 하자는 학생이 40%로 집계되었다.	
학급회장 :	다수결의 원칙에 따라 학급 부스는 귀신의 집으로 정해졌으니 잘 준비해 보자.
학생 1 :	다수결의 원칙으로 귀신의 집으로 정하는 건 좀 아닌 것 같아. 조금 더 논의해 보자
학급회장 :	회의를 시작할 때 의견이 나뉠 경우 다수결로 정하기로 한 거 기억하지? 우리 합의한 내용에 대해서는 다시 이야기 하지 말자.
학생 2 :	나는 우리 반 부스를 귀신의 집으로 하는 것도 싫고 포토 부스로 하는 것도 싫어.
학생 3 :	너희는 회의 초반에 논의할 때 아무 의견도 내지 않다고 왜 이제와서 불만을 표출하니?
[나] 학생생활규정 개정	
• ○○중학교에서 학생생활규정 개정을 위해 교육 3주체의 의견을 모으기 위해 교사와 학생, 학부모의 의견을 모았다. 교사들의 의견은 교직원 회의에서, 학부모의 의견은 학부모 총회 및 가정통신문으로 모았다. 학생들의 의견을 듣기 위해 공청회 자리를 마련했다. 하지만, 공청회에서 학생들이 적극적으로 발표를 하지 않고 학생생활규정 개정에 대한 의견을 거의 내지 않았다. 결국 학생들의 의견을 충분히 반영하지 못한 채로 학생생활규정이 개정되어 반영되었다.	

추가질문 1번

교과 교사가 수업 시간에 핸드폰을 사용하는 학생에게 휴대폰을 사용하지 않도록 제지하였다. 하지만 학생은 핸드폰을 사용하는 것은 개인적인 권리를 주장하며 교사의 교육적 지도에 응하지 않는다. 이 상황에서 핸드폰을 사용하는 학생을 지도해야 하는 교육적 이유를 말하고 이 학생을 지도할 방법에 대해 구체적으로 말하시오.

즉답형

다음 대화를 읽고 A교사와 B교사 중 자신은 어떤 교사의 입장과 가까운지 선택하고 그 이유를 말하시오. 그리고 C교사의 입장에서 A교사와 B교사의 갈등을 중재하기 위한 말을 할 때 자신이 선택하지 않은 교사에게 어떻게 조언할지 제시하시오.

A 교사 :	선생님 퇴근 시간이 다 되었는데 급하게 회의가 잡혔어요. 선생님의 업무와 관련된 문서를 작성해서 자료를 저에게 주세요.
B 교사 :	선생님, 곤란해요. 퇴근 후 중요한 약속이 있어서 근무 시간 이외에 일을 할 수 없어요.
C 교사 :	선생님, "＿＿＿＿＿＿＿＿＿＿＿＿＿＿＿＿＿＿＿＿＿＿＿＿＿＿＿＿＿＿"

추가질문 2번

언론에서 교사의 권위가 예전에 비해 낮아졌다는 보도가 연일 이어지고 있다. 교사의 권위는 어디에서 오는지 3가지를 우선순위에 따라 말하시오.

2023학년도 서울특별시교육청 중등학교교사 임용후보자 선정경쟁시험 심층면접 기출문제

구상형 1번

[A]의 관점에서 [B]의 학부모에게 스마트기기를 활용한 교수·학습 활동 3가지와 각각의 교육적 효과를 설명하시오. 그리고 [C]의 박 교사의 사례에서 스마트기기를 활용한 수업을 진행할 때 고려해야 할 유의 사항 2가지를 말하시오.

[A]	서울시교육청에서 모든 학생에게 제공하는 스마트기기 「디벗」은 'Digital + 벗'의 줄임말입니다. 서울시교육청의 스마트기기 휴대 학습 정책으로, 중학교 1학년부터 1인 1 스마트기기를 지원하여 디지털 역량 강화와 맞춤형 교육을 목표로 합니다. 디벗의 궁극적인 목적은 학생들의 디지털 역량을 향상시키고, 교수·학습 활동을 혁신하여 개별 맞춤형 교육의 기반을 마련하는 것입니다.
[B]	학부모의 질문 내용 : 학교에서 나누어준 스마트기기를 활용해서 수업과 평가를 어떻게 진행하는지 알고 싶습니다. 또한 스마트기기를 활용한 수업과 평가가 학생들에게 어떤 도움을 주는지, 어떤 장점이 있는지 알고 싶습니다.
[C]	박 교사는 디벗을 활용한 수업을 진행하면서 많은 고민을 하고 있다. 수업 시간에 스마트기기의 사용법을 설명하며 수업 시간을 소모하고 있다. 그리고 학생들의 참여도가 높은 흥미 위주의 게임 활동 수업을 진행하다 보니 학생의 학습이해도를 확인하지 못해 고민이 많다.

구상형 2번

다음은 학교 만족도에 대한 설문조사의 주관식 결과이다. [A] 학생 의견 조사 결과와 [B] 교사 의견 조사 결과가 나타난 공통적인 문제의 원인을 말하시오. 그리고 이러한 문제점을 해결할 수 있는 구체적인 방안을 4가지를 설명하시오.

> [A] 학생 의견 조사 결과
> - 국어, 영어, 수학, 과학, 사회 등 과목에서 동일하게 신문 제작 활동 수업을 해서 지루했다.
> - 여러 과목들의 수행평가 일정이 중간고사 후 몰려있어서 수행평가 준비하기가 힘들었다.
>
> [B] 교사 의견 조사 결과
> - 동 교과 교사들과 타 교과 교사들이 수업을 어떻게 진행하는지 궁금하다.
> - 교사마다 학생 생활지도 방법이 달라 학생들이 혼란스러워 한다.

추가질문 1번

담임 반 학급에 수업을 들어오는 동료 교사가 학급 학생 몇 명이 수업을 방해하며 문제를 일으킨다고 말한 상황이다. 자신이 이 학급의 담임교사라면 동료 교사에게 어떻게 이야기할 것인지 말하시오.

즉답형

다음 밑줄 친 내용에 대한 실현 방안과 이유를 하나씩 이야기하시오.

[A] 학생과 교사의 대화
학생 : 제 꿈은 선생님이에요. 교원 임용시험에 합격하면 더 이상 공부를 안 해도 되니까요.
교사 : 교사가 된 이후에도 꾸준히 발전하고 성장하기 위해 많은 노력과 공부를 해야 한단다.

[B] 멘토 교사와 멘티 교사의 대화
멘티 : 멘토 선생님처럼 좋은 교사가 되고 싶습니다. 어떻게 해야 하는지 알려주세요.
멘토 : 좋은 교사는 수업도 잘해야 하지만 그 이외에 교직 생활 전반에 대한 성찰을 해야 합니다.

추가질문 2번

학교 내부에는 다양한 공간과 시설이 있다. 이 중 개선이 필요한 부분과 개선 방법을 자신의 교직관과 연계하여 설명하시오.

2022학년도 서울특별시교육청 중등학교교사 임용후보자 선정경쟁시험 심층면접 기출문제

구상형 1번

[A]의 지구온난화 환경위기시계 기사를 토대로 [B]의 생태전환교육 프로그램을 계획하여 내부결재를 받으려고 한다. [C]의 관점에서 [B]생태전환교육 프로그램의 문제점을 2가지 제시하고 이에 대한 개선 방안을 각각 설명하시오.

[A]

환경 시민단체인 환경재단은 2021년 한국 환경위기시각이 전년 대비 18분 빨라진 9시38분으로 조사됐다고 8일 밝혔다.
국내 환경문제 가운데 가장 시급한 요소는 기후변화(38%)로 꼽혔다. 이어 생물다양성과 생활 습관이 각각 16%로 공동 2위를 차지했다.

[B]

○○중학교 생태전환교육 프로그램 계획(안)		
일시	생태전환교육 내용	기타
3월 15일(화)	탄소중립선언 플랜카드 만들기	교문에 플랜카드 게시
4월 5일(목)	종이컵, 플라스틱 컵 사용하지 않기	학생회와 협력하여 캠페인 진행
5월 8일(수)	잔반 없는 날 운영	잔반 없는 학생의 수에 따라 학급에 간식 제공
6월 23일(화)	북극곰 다큐멘터리 시청	방송부원 사전협의 필요

[C]
아리스토텔레스는 인간이 추구해야 할 최고선은 행복이며, 행복은 인간의 실천을 통해 얻어진다고 하였다. 또한 행복은 "마치 제비 한 마리가 왔다고 봄이 되는 것이 아니며, 하루의 실천만으로는 행복한 사람이 되는 것도 아니다."라고 보았다.

구상형 2번

다음 학교 현장에서 [A]와 [B] 상황의 공통적인 문제의 원인을 '학교문화'와 '교사 개인' 관점에서 각각 설명하시오. 그리고 [A]와 [B] 교사의 입장에서 상황의 문제점을 해결할 수 있는 방법을 제시하시오.

[A]
> A교사는 교육과정 협의회에서 교육과정 재구성을 통해 특정 주제를 중심으로 교과 간 융합수업을 다른 교과 선생님들께 제안했다. 하지만 다른 교과 선생님들은 교과 특성 상 교과 간 융합수업을 하기에는 무리가 있다며 A교사의 제안을 거절했다.

[B]
> B교사는 코로나19가 지속되고 있는 상황에서 학생들이 대면수업을 받으면서 블렌디드 수업을 효율적으로 사용하면 좋으니 다른 선생님들께 블렌디드 수업을 하자고 제안하였다. 하지만 다른 교사들은 코로나19가 끝나면 대면수업으로 진행할 예정이라며 블랜디드 수업을 하자는 B교사의 제안을 거절했다.

추가질문 1번

자신이 교사가 되면 운영하고 싶은 교원학습공동체의 영역과 주제를 고르고 그 이유를 설명하시오. 그리고 교원학습공동체의 활동 방안을 구체적으로 설명하시오.

즉답형

[A]의 학생들의 생각과 [B]의 미래학자 앨빈 토플러의 주장에 대한 자신의 의견에 대해 설명하시오. 그리고 이를 토대로 공교육을 토대로 학교 교육이 앞으로 나아가야 할 방향 3가지를 구체적으로 제시하시오.

[A]

> 학생 1 : 학교의 원격 수업과 사설 인터넷 강의 수업이 비슷해서 무엇이 다른지 모르겠어..
> 학생 2 : 원격수업을 듣는 시간에 1인 미디어방송을 활용해 내가 원하는 것을 공부하고 싶어.
> 학생 3 : 학교에 왜 다녀야 하는지 모르겠어. 졸업장을 받으러 다니는 것 같아.

[B]

> 한국의 학생들은 하루에 15시간 동안 학교와 학원에서 미래에 필요하지도 않은 지식과 존재하지 않을 직업을 위해 소중한 시간을 낭비하고 있다. -앨빈 토플러-

추가질문 2번

자신이 교사가 되어 학생들을 가르칠 때, 학생들이 어떤 모습으로 성장하기를 바라는지 말하고 학생의 성장을 위해 교사에게 필요한 자질 2가지를 말하시오.

2021학년도 서울특별시교육청 중등학교교사 임용후보자 선정경쟁시험 심층면접 기출문제

구상형 1번

자신이 김 교사라고 가정하고 홍원이와 정아가 긍정적 관계 회복을 위해 두 명의 학생들에게 조언할 내용을 말하시오. 그리고 화해와 공감, 배려, 공존, 긍정적 관계 회복을 위한 학급 분위기를 조성하기 위한 활동을 구체적으로 설명하시오.

3월	교실에서 홍원이가 정아를 실수로 치고 사과하지 않아 홍원이가 주먹으로 정아의 복부를 때리는 신체폭력과 욕설을 하는 언어폭력을 가했다. 교실에 있던 모든 학급 학생들이 이 광경을 목격했다.
4월	3월에 있었던 일이 학교폭력 사안으로 접수가 되었다. 생활교육부에서 사안조사 후 학교폭력 전담기구 회의를 개최했다. 경미한 학교폭력 사안으로 정아와 정아 부모님의 동의를 받아 학교장 자체해결로 학교폭력 사안이 마무리 되었다.
5월	학교장 자체해결이 되어도 홍원이와 정아의 사이는 서먹하다. 무엇보다 학급 구성원들이 이 두 학생을 의식하여 학급 분위기도 좋지 않다.

〈학생 면담 일지〉

홍원	제가 정아에게 신체폭력과 언어폭력을 한 것은 잘못된 언행이었어요. 하지만 정아가 바로 사과했다면 제가 그런 언행을 하지는 않았을 것 같아요. 학교폭력 사안 접수 후 부모님께도 많이 혼났고 학급 친구들도 저를 학교폭력 가해자라고 이상하게 보는 것 같아서 불편해요.
정아	학급 친구들이 모두 보는데서 신체폭력과 언어폭력을 당해서 자존심이 많이 상했어요. 홍원이가 사과는 했지만 아직 홍원이랑 불편한 사이에요.

구상형 2번

다음은 코로나19로 비대면 온라인 실시간 원격수업이 지속되고 있는 상황에서 각 학생의 사례를 요약해 놓은 자료이다. 원격수업 사례 1, 2, 3에서 나타난 문제점과 이에 대한 해결 방안을 설명하시오.

사례 1	은영이는 원래 수업 참여도와 몰입도가 높은 학생이었는데 온라인 원격수업 이후 수업 참여도와 몰입도가 낮아졌다. 은영이는 원격수업이 교사에 의한 일방향적 강의식 수업으로 진행되고 모르는 내용이 있을 때 선생님께 즉각적으로 질문해서 피드백을 받지 못해 이해하지 못하는 내용이 많다고 한다.
사례 2	진영이는 실시간 원격수업에서 출석체크가 되는 부분까지 수업을 듣고 그 이후 부분에 대해서는 수업을 듣지 않는다. 담임교사인 나는 진영이를 수업에 참여시키기 위해 지속적으로 전화를 해보았지만 진영이가 수업에 참여하려는 노력을 하지 않는다.
사례 3	수업태도와 평가 결과가 항상 좋았던 진현이는 실시간 쌍방향 원격 수업에서 교과교사가 하는 과정중심평가에 불만을 가지고 있다. 그 이유는 몇 명의 학생들이 다른 외부 사람의 도움을 받거나 같은 반 친구들끼리 SNS를 통해 몰래 풀이과정과 정답을 공유하고 있는 것을 알게 되었기 때문이다.

추가질문 1번

새 학기 담임교사를 하게 되었다. 신학기 3월에 첫째 주에 하고 싶은 온라인 학급 활동의 내용과 방법을 자신의 교직관과 관련지어 설명하시오.

즉답형

다음은 ○○중학교의 서울 중등 기초학력 책임지도제를 통해 나타난 철수 학생의 특징이다. 자신의 교직관을 토대로 철수의 기초학력 성장을 지원해야 하는 필요성에 대해 설명하시오. 그리고 철수를 지원할 수 있는 방법을 인지적 영역 측면과 정의적 영역 측면에서 각각 구체적으로 설명하시오.

- 국어, 영어, 수학 과목의 기초학력이 부족하다.
- 정서 행동·특성 검사에서 주의력 결핍 과잉 행동장애(ADHD)가 있는 것으로 확인되었다.
- 자존감이 낮으며 대인관계 능력이 좋지 못해 친구들과 잘 어울리지 못한다.
- 밥을 잘 안먹고 옷을 세탁하지 않으며 잘 갈아입지 않는 등 기본생활습관이 잡혀있지 않다.

추가질문 2번

서울 중등 기초학력 책임지도제 프로그램에 학생이 참여 거부 의사를 나타내는 경우가 있을 때 참여를 독려하기 위한 해결방안 3가지를 설명하시오.

2020학년도 서울특별시교육청 중등학교교사 임용후보자 선정경쟁시험 심층면접 기출문제

구상형 1번

다음 지문의 두 사례를 읽고 성 교사가 고려하지 못한 점을 말하고 이에 대한 올바른 해결방안을 각각의 사례별로 말하시오.

[사례 1]
성 교사의 학급 학생인 ○○이는 오랫동안 백혈병 투병 생활을 하며 2년 동안 서울○○병원의 병원학교를 다니고 있었다. 백혈병 회복 후 원 소속 학교로 돌아왔고 담임교사인 성 교사는 ○○이의 학교 적응과 회복을 위해 체육수업 시간에 휴식을 할 수 있도록 체육교사에게 부탁하였다. 또한, ○○이의 학교생활을 보다 편하게 하기 위해 생활도우미 친구를 붙여 학교생활에 불편함이 없도록 환경을 조성해 주었다. 하지만 ○○이는 아직도 학교생활에 적응하지 못하고 학교에 다니는 것이 힘들다고 말하는 상황이다.

[사례 2]
환경문제에 관심이 많은 성교사는 협력종합예술활동을 할 때 자신의 학급의 뮤지컬 주제를 '환경을 보호하는 학생들'로 정했다. 성 교사는 주도적으로 학생들의 뮤지컬 역할을 설정해주고 대본 작성 시 적극적으로 검토하며 피드백을 주었다. 하지만, 학생들은 뮤지컬에 대한 참여도가 낮았으며 대부분 하기 싫다는 반응을 보이는 상황이다.

구상형 2번

○○중학교는 서울인성교육 시행계획에 근거하여 창의적체험활동의 자율활동에서 학기별 인성교육을 다음과 같이 계획하였다. 인성교육 계획표를 보고 개선해야 할 부분 3가지를 말하고 자신의 교과와 연계하여 인성교육을 어떻게 할 수 있을지 구체적인 교육 방법에 대해 설명하시오.

학기	프로그램	대상	장소	날짜	임장 지도교사
1학기	명사강의 〈도덕적 삶의 아름다움〉 강사 : 한국대학교 박○○ 교수	전교생	강당	6월 26일 6교시	해당 시간 교과교사
2학기	인권 다큐멘터리 시청 후 감상문 작성 〈정직의 중요성〉	전교생	교실	10월 5일 6교시	담임교사

추가질문 1번

서울인성교육을 위해 교사에게 가장 필요한 자질에 대해 설명하고, 이러한 자질을 함양하기 위해 평소에 자신이 어떤 노력을 했는지 구체적으로 말하시오.

즉답형

다음 대화 내용을 읽고 두 학생 중 먼저 도움을 주고 싶은 학생을 선택하고 그 이유에 대해 설명하시오. 그리고 자신의 교직관을 설명하고 자신의 교육관에 근거하여 먼저 도움을 주고 싶어 한 학생에게 대화 형식으로 조언을 하시오.

> A 학생 : 저는 인터넷 게임을 그렇게 잘 하지는 못해요. 그런데 게임으로 1인 방송을 하면서 팔로워 수를 늘리면서 돈을 벌고 싶어요.
> B 학생 : 저는 일확천금의 꿈보다는 아르바이트를 하면서 돈을 벌고 취미생활을 하면서 행복하게 살고 싶어요.

추가질문 2번

선택하지 않은 학생에게 자신의 교육관에 근거하여 대화 형식으로 조언을 하시오.

2019학년도 서울특별시교육청 중등학교교사 임용후보자 선정경쟁시험 심층면접 기출문제

구상형 1번

다음 제시문을 읽고, [A] 상황의 문제점을 2가지 제시하고, [B] 상황과 관련하여 [A] 상황을 해결하기 위한 지도방안 3가지를 제시하시오.

[A]

김 교사는 학급 자치 시간에 학급 학생들을 대상으로 '학생용의복장규정은 과연 반드시 필요한가?'를 주제로 토론을 실시하였다. 김 교사는 토론을 시작하기 전에 학생용의복장규정의 필요성을 강조하였다. 하지만 토론이 시작되자 학생용의복장규정을 반대하는 일부 학생들이 발언 기회를 독점하였고, 다른 학생들은 발언 기회를 제대로 얻지 못 하였다. 결국 토론은 학생용의복장규정을 반대하는 것으로 결론이 났고, 학생용의복장규정을 반대하는 학생들은 승리했다고 기뻐하였으나 의견이 달랐던 다른 학생들은 화가 나 있는 상황이다.

[B]

민주시민교육이 활성화되면서 민주시민교육 방법론으로 독일의 보이텔스바흐 합의가 주목되기 시작했다. 보이텔스바흐 합의는 1976년 서독의 보수와 진보 및 중도를 망라하는 교육자, 정치가, 연구자 등이 이 작은 도시에 모여 정립한 일종의 민주시민교육 방법론이다. 보이텔스바흐 합의는 모든 공교육의 영역으로 확대 적용되어 오늘날까지 독일의 민주시민교육 헌법으로서 기능을 하고 있다.

구상형 2번

[가]~[라] 유형의 학생들이 있는 학급의 담임교사로서 각 유형의 학생들을 어떻게 지도할 것인지 말하고 그 이유를 설명하시오.

학급 목표 : 모두의 가능성을 열자

[가]	14명	• 학교생활을 성실하게 하고 모두 대학 입시를 목표로 학교생활을 한다. • 일부 학생은 장래희망, 진로가 명확하지 않다.
[나]	9명	• 학습에 흥미가 없으며 무기력하다. • 학교생활을 지루해 하고 수업 시간에 엎드려 잔다.
[다]	2명	• 정서적 문제가 있으며 수업 시간에 교사에게 지적을 많이 받는다. • 주의력 결핍, 불안감이 많고 폭력적 성향을 보인다.
[라]	1명	• 특수 교육 대상 학생으로 열심히 참여하고자 한다. • 수업과 학급 활동에 관심이 많지만 소극적이고 의존적인 태도가 강하다.

추가질문 1번

학급 담임교사로서 [가]~[라] 학생 모두가 참여할 수 있는 프로그램을 제시하고 어떠한 교육적 효과가 있는지 말하시오.

● 기품있는 서울 심층면접

즉답형

기능론의 교육적 관점과 갈등론의 교육적 관점의 특징을 각각 설명하고, 본인이 선호하는 교육관은 무엇이며 그 교육관의 한계점 2가지를 말하시오.

추가질문 2번

서울특별시 교육청에서 추구하는 '정의로운 차등' 정책의 필요성을 말하고 교사로서 정책을 실현하기 위한 방안 2가지를 말하시오.

2018학년도 서울특별시교육청 중등학교교사 임용후보자 선정경쟁시험 심층면접 기출문제

구상형 1번

[A]를 보고 [B]의 학급 운영의 문제점과 개선 방안을 각각 3가지 말하시오.

[A]
통합 교육이란 특수교육대상자가 일반학교에서 장애유형·장애정도에 따라 차별을 받지 아니 하고 또래와 함께 개개인의 교육적 요구에 적합한 교육을 받는 것을 말한다.
- 장애인 등에 대한 특수 교육법 제2조 -

[B]
학급에 청각장애인이 있는 김 교사는 청각장애학생이 교사의 입모양을 알아볼 수 있도록 맨 앞자리에 앉도록 하고, 교과 교사에게 청각장애학생의 과제를 면제해 줄 것을 요청하였다. 또한 교실 청소와 특별실 청소를 면제해 주고 학생들 중 도우미를 지정하게 하여 학교생활을 돕게 하였다. 그런데 학생들은 장애 학생만 배려해 준다며 불만을 가지게 되었고 오히려 "나머지 학급 학생들이 역차별을 당하고 있다."고 토로하였다.

구상형 2번

[A]를 보고 [B]의 교사와 학생의 입장을 각각 말하시오. 향후 평화로운 학교를 만들기 위한 생활지도 방안 3가지를 말하시오.

[A]
- 모두가 바람직한 결과를 얻기 위한 것이라면 그 행동은 정당화할 수 있다.
- 옳은 결과라도 일부의 희생을 통해 얻어지는 것이라면 정당할 수 없다.

[B]
도난 사고가 잦은 학교에서 도난 사고를 예방하기 위하여 복도에 CCTV를 설치하였다. 평소에 도난 문제가 종종 발생해서 도난 관련 규칙인 '타반 출입금지'라는 벌점 항목이 정해져 있었다.
어느 날 학급 내에서 도난 사고가 발생하였다. 김 교사가 CCTV를 돌려보니 한 학생이 빈 교실에 들어가는 걸 봤다. 그 학생은 "친구의 체육복을 빌리러 간 것뿐이라고 억울하다."고 했지만 김 교사는 다른 반 빈 교실에 출입 금지라는 규칙이 있고, 다른 학생도 비슷한 일로 벌점을 받았기 때문에 이 학생에게 벌점을 주었다. 그리고 교사는 전에도 그 학생이 다른 교사에게 폭언 등을 하는 행동을 한 적이 있어서 이번 기회에 생활지도를 하고자 학교 규정에 의해 생활교육위원회에 회부하게 되었다.
그런데, 그 학생이 국가인권위원위에 청원을 했다. 다른 교실에 못 들어가게 하는 것은 학생의 권리를 침해하는 것이라는 입장이다.

즉답형

다음 그림을 보고 우리 교육과 관련하여 자신이 생각하는 바람직한 교육관과 경계해야 할 교육관을 나타내는 그림을 고르고 그 이유를 구체적으로 말하시오.

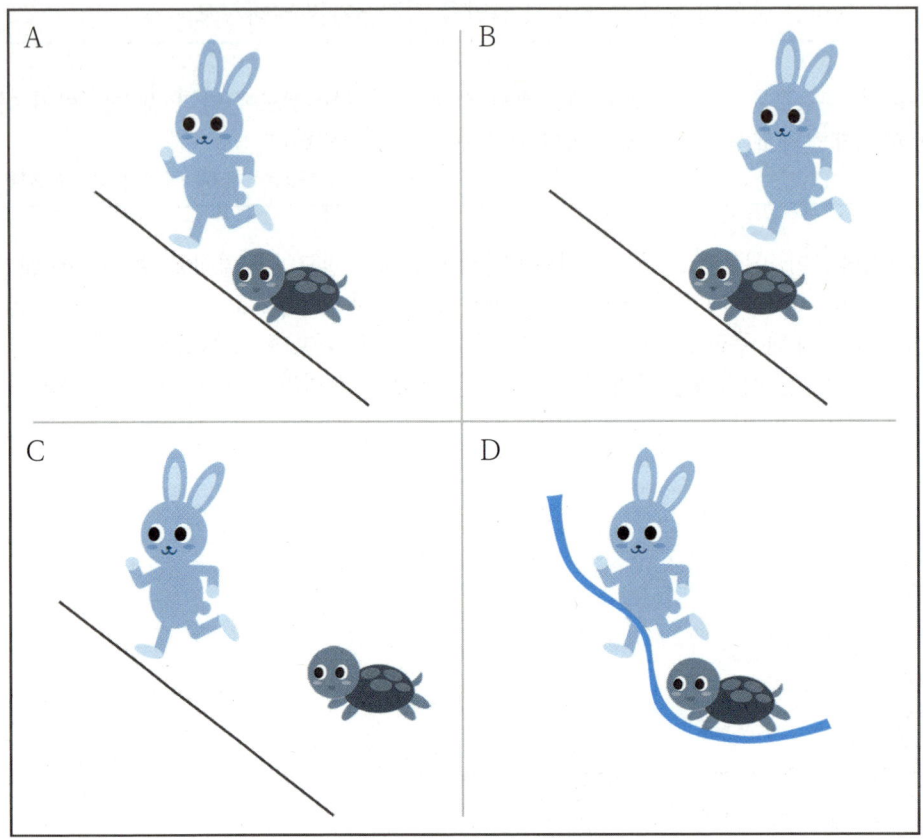

[거북이와 토끼가 달리기 하는 그림 4가지]
A : 거북이와 토끼가 같은 출발선에 서 있음.
B : 출발선에 선 거북이보다 더 뒤에 토끼가 서 있음.
C : 출발선에 선 토끼보다 더 뒤에 거북이가 서 있음.
D : 거북이와 토끼가 결승선에 같이 들어옴.

추가질문

위에서 자신이 생각한 경계해야 할 교육관의 장점과 활용 방안을 구체적으로 말하시오.

2017학년도 서울특별시교육청 중등학교교사 임용후보자 선정경쟁시험 심층면접 기출문제

구상형 1번

[A]에 근거하여 [B]에서 박 교사의 수업 방법 혁신을 위한 방안 3가지를 말하시오.

[A]
가르치는 자의 권위는 흔히 교육받고자 원하는 자를 해친다. -키케로-

[B]
박 교사가 평소에 수업에 대한 열정이 가득하다.
잘 가르치기 위해 노력하여 동교과뿐 아니라 타교과 동료 교사도 박 교사의 노력을 인정한다. 수업시간에 수업도 잘 진행하며, 수업 중 학생들에게 질문하고 학생들도 대답을 잘한다. 그러나 학생들의 교원평가 결과 박 교사는 낮은 점수를 받았다.

구상형 2번

다음 글을 읽고 [A]에서 복장 자율화에 대한 최 교사 견해의 타당성을 설명하고 [B]에서 요구되는 미래핵심역량을 길러주기 위한 생활지도 방안 2가지를 말하시오.

[A]
최 교사는 학생의 복장에 자율성을 보장해야 주어야 한다고 생각한다. 복장의 자율성은 학습분위기와 학습권에 방해되지 않는다. 하지만 학부모님들은 학교 규칙의 중요성과 함께 학습분위기 조성과 학업성취를 위해 복장규제를 하는 지도를 학교에서 적극적으로 해주기를 원한다.

[B]
복잡하고 실생활과 관련 있는 문제를 해결하는 방법이 요구되고 있다. 여러 나라에서도 현재 역량중심 교육과정을 적용하고 있다.

즉답형

자신이 원하는 교사상을 아래에서 고르고 그 이유에 대해 설명하시오. 그리고 이에 근거한 교과 지도 방안과 창의적 체험활동 지도 방안을 각각 한 가지씩 설명하시오.

[A] 교사가 주도적이고 적극적 개입을 하는 교사, 결과중심지도
[B] 학생의 시행착오가 있더라도 성장하도록 기다려 주는 교사, 과정중심지도

추가질문

즉답형 질문에서 선택한 교사상에 의해 발생할 수 있는 문제점과 그 문제점을 해결하기 위한 대처방안을 말하시오.

2016학년도 서울특별시교육청 중등학교교사 임용후보자 선정경쟁시험 심층면접 기출문제

구상형 1번

인성교육이 필요한 이유에 대한 설문조사 자료를 보면 부정적 자아개념, 낮은 학습 동기 및 무기력 때문에 인성교육이 필요하다는 답변이 생각보다 많다. 이를 해결하기 위한 수업 방법 2가지와 평가 방법 2가지를 구체적으로 제시하시오.

구상형 2번

응시자를 교사라고 가정한다. 선생님이 동교과 동학년을 맡고 있는 B 교사와 함께 평가 문항을 개발하였다. 그런데 B 교사가 만든 문항은 사고력, 창의성을 측정하기보다 단편적인 지식만을 묻는 문항으로 구성되어 있었다. 당신은 B 교사에게 문항의 수정을 요구하였으나 B 교사는 "내가 만든 문제에는 오류가 없다."며 이를 거절하였고, "문제를 고치고 싶으면 당신 혼자 알아서 고쳐라."고 가버린 상황이다. B 교사가 앞에 있다고 가정하고 B 교사를 설득하는 말을 아리스토텔레스의 설득의 3요소(에토스, 파토스, 로고스)를 포함하여 말하시오.

〈아리스토텔레스의 설득의 3요소〉
에토스(인격, 신뢰), 파토스(친밀, 공감), 로고스(논리, 유창)

즉답형 1번

서울특별시교육청은 '교복 입은 시민' 육성을 목표로 하는 학생자치활동 활성화 지원 계획을 발표하였다. 학교에서 학생자치활동의 필요성과 구체적인 방안을 2가지 제시하고 교사의 지도 방법에 대해 각각 말하시오.

즉답형 2번

최근 한 조사에 따르면 교사의 직업 선호도는 높으나 교사의 직무만족도는 낮은 것으로 밝혀졌다. 교사의 직무만족도가 낮은 이유를 설명하고, 자신이 교사로서 부족한 자질은 무엇이며 그로 인해 발생할 수 있는 어려움과 극복 방법을 말하시오.

서울특별시교육청 중등학교교사 임용후보자 선정경쟁시험(제2차 시험) 심층면접 연도별 기출문제 정답해설(2025학년도~2016학년도)

2025학년도 예시답안

구상형 1번

구상형 1번 답변드리겠습니다.

제시문 [가]에서는 2022 개정 교육과정에서 강조하고 있는 '**깊이 있는 학습**'에 대한 내용이 제시되고 있습니다. '깊이 있는 학습'의 핵심은 삶과 연계한 학습, 교과 간 연계와 통합, 학습 과정에 대한 성찰을 통해, 학습자가 학습 내용을 새로운 상황에 적용할 수 있도록 핵심적인 학습 내용을 내면화하는 것입니다. 이를 바탕으로, 제시문 [나]의 내용을 통해 확인할 수 있는 수업 설계 시 고려 사항 3가지를 말씀드리겠습니다.

첫째, 학습한 내용을 학생들의 **실제 생활과 연관시킬 수 있는 활동**이 수업 시간에 있어야 한다고 생각합니다. 제시문 [나]의 이 교사의 수업 사례에서는 학습한 내용이 실천으로 이어지지 않는 모습이 보이는데요, 이는 학생의 실제 삶과 경험과 동떨어져 있는 수업이라는 점에서 제시문 [가]에서 언급하고 있는 '깊이 있는 학습'을 추구하기 어렵습니다.

둘째, 학습한 내용을 **다른 교과와 연계할 수 있도록 교수・학습을 구성**해야 한다고 생각합니다. 제시문 [나]의 박 교사의 수업 사례에서는 특정 교과에서 학습한 내용이 다른 교과에서 활용되지 못하는 모습이 보이는데요, 이는 교과 간 연계가 이루어지지 않는 데다가 학생이 자신이 학습한 내용을 다양한 분야와 상황에 적용할 수 없는 수업이라는 점에서 제시문 [가]에서 언급하고 있는 '깊이 있는 학습'을 추구하기 어렵습니다.

셋째, 학생들이 핵심적인 학습 내용을 제대로 학습하였는지 **스스로 성찰하는 과정**이 수업 시간에 있어야 한다고 생각합니다. 제시문 [나]의 박 교사의 수업 사례에서는 학생들이 자신의 학습 과정을 돌아보지 못하는 모습이 보이는 데요, 스스로 성찰하는 과정이 없다면 학생들은 자신들이 어떻게 배우고 문제를 해결하는지 확인할 기회가 없으므로 제시문 [가]에서 언급하고 있는 학습 내용을 새로운 상황에 적용할 수 있게 하는 '깊이 있는 학습'을 추구하기 어렵습니다.

이러한 점들을 토대로, 깊이 있는 학습을 추구할 수 있는 교수・학습 방안 3가지를 말씀드리겠습니다.

첫째, 학습한 내용을 실생활에서 실천할 수 있는 **캠페인 활동 계획을 세우고, 실제로 실천한 내용을 학급 친구들과 공유**하는 시간을 수업 시간에 마련하겠습니다. 학생들이 실제 자신의 생활 속에서 학습한 내용을 직접 수행해 봄으로써, 학습한 내용이 자신의 삶과 깊은 관련이 있다는 사실을 자연스럽게 깨달을 수 있게 하고자 합니다.

둘째, 여러 교과 선생님들과 미리 협의한 후, **교과 간 내용이 연계되는 학생 활동**을 진행하겠습니다. 예를 들면, 사회 시간에 '주어진 자료를 바탕으로 탄소발자국의 의미를 자신만의 방식으로 정의 내리기' 활동을 한 후, 미술 시간에 '탄소발자국 타이포그라피' 활동을 진행하겠습니다. 학생들이 이러한 교과 간 연계 활동을 통해 자신이 학습한 내용을 다양한 분야에 적용할 수 있는 창의적이고 융합적인 사고를 기를 수 있게 하고자 합니다.

셋째, 수업 시간마다 학생들이 **스스로 학습일지를 작성**하는 시간을 갖게 하겠습니다. 학생들이 학습일지를 작성하는 과정에서 자신이 학습한 내용과 그렇지 못한 내용을 스스로 깨닫고 정리할 수 있게 하고자 합니다. 한편 교사도 학생들이 작성한 학습일지를 통해 수업의 보완점을 얻을 수 있을 것으로 생각합니다. 이상입니다.

> ※ **기품 아이디어**
>
> 해당 문항은 직접적으로 제시문 [가]에서 2022 개정 교육과정 총론의 '깊이 있는 학습'을 명시하였지만, 제시문 [가] 없이 제시문 [나]로만 이루어져 있다고 해도 답변의 아이디어를 2022 개정 교육과정 총론에서 충분히 빌려올 수 있습니다. 즉 2022 개정 교육과정 총론이 일종의 '답변의 만능 방향성'이 되는 것입니다.
>
> 해당 문제의 [가]에서 제시하고 있는 '깊이 있는 학습'은 앞서 총론의 삽화에서도 볼 수 있었듯 각각 '삶과 연계한 학습', '교과 간 연계와 통합', '학습 과정에 대한 성찰'을 토대로 이루어지는 학생들의 학습 내용 내면화 과정입니다. 한편 해당 문제의 [나]에서는 '학습한 내용이 실천으로 이어지지 않았다'(이 교사)는 점, '학습한 내용을 다른 교과에서 활용하지 못하였다'(박 교사)는 점, '학생들이 자신의 학습 과정을 돌아보지 못했다'는 점이 수업의 문제점으로 제시되고 있습니다. 이러한 문제점들은 정확히 '깊이 있는 학습'의 세 요소와 연결되고 있습니다. 따라서 **먼저 '깊이 있는 학습'의 세 요소를 간단히 언급**한 후, **수업 설계 시 고려 사항과 구체적인 교수·학습 방안 모두 이 세 요소와 연결**지어 제시하여야 합니다. 중요한 점은, 일반적인 수업 설계 시 고려 사항이 아니라 2022 개정 교육과정의 '깊이 있는 학습'을 실현할 수 있는 수업 설계 시 고려 사항을 제시하여야 한다는 것입니다. 따라서 고려 사항을 제시할 때 '깊이 있는 학습'과의 연결을 계속 신경 써야 합니다. 또한 '기후 위기'를 주제로 수업을 준비하고 있다고 하였으므로, **구체적인 교수·학습 방안을 제시할 때는 기후 위기에 대한 내용을 반드시 반영**하여야 합니다.

구상형 2번

구상형 2번 답변드리겠습니다.

(가)는 학생 측면에서 나타나는 문제점으로 학습자의 요구와 필요에 맞는 교육과정이 제공되지 않아서 학생들이 과목 선택에 어려움을 겪는 것을 보여줍니다. 반면 (나)는 교사 측면에서 나타나는 문제점으로 많은 과목을 개설함으로써 수업 준비와 평가에 대한 교사의 부담이 늘고 교사 수급의 문제점이 발생할 수 있음을 보여줍니다.

이에 대한 해결 방안 3가지는 다음과 같습니다.

첫째, 학교 간 공동교육과정을 활용하는 것입니다. 공동교육과정은 단위 학교에서 개설하기 어려운 과목을 학교들이 서로 협력하여 교육과정을 공유하는 것입니다. 이를 통해 학생들의 과목 선택권을 확대하고 학생들 개개인의 진로에 맞는 교육과정을 안내할 수 있습니다. 또한 이렇게 지역 학교들이 협력함으로써 단위 학교 교사들은 자신의 전공과 관련한 수업을 담당하고, 학생들의 수요에 따라 지나치게 많은 과목을 열어야 하는 부담도 줄일 수 있습니다.

둘째, 에듀테크를 활용하는 것입니다. 학기 초에 학생들을 대상으로 온라인 설문조사를 실시하여 학생들의 니즈를 확인하고, 적성 검사를 실시하여 학생들의 진로에 맞는 과목 선택에 도움을 줄 수 있습니다. 또한 학기 말에 학생들의 수업 관련 만족도 조사도 온라인 설문을 활용하여 내년 교육과정 설계 및 과목 개설에 참고할 수 있습니다. 바쁜 학기 초와 학기 말에 에듀테크를 활용한 정보 수합은 학생과 교사 모두의 효율성을 높일 수 있습니다. 교사들은 학생들의 정보를 참고하여 수업을 더욱 효율적으로 설계할 수 있으며, 온라인 퀴즈 등을 활용하여 학생들의 학습 상황을 점검하고 평가 또한 효율적으로 진행할 수 있습니다.

셋째, 교사 간 협력입니다. 고교학점제를 주제로 한 교원학습공동체를 만들어서 같은 교과뿐만 아니라 다른 교과 교사와도 협동함으로써 학생들이 원하는 수업을 개설하거나 융합 프로젝트를 진행하여 학생들의 수업 만족도를 높일 수 있습니다. 또한 교사들이 함께 협력하여 수업을 구상하면서 더 많은 아이디어를 얻을 수 있고, 혼자 모든 수업을 준비해야 하는 부담을 줄일 수 있습니다. 이상입니다.

> ※ **기품 아이디어**
> 항상 문제를 꼼꼼히 읽어야 합니다. [가], [나]의 문제를 통합적으로 해결할 방안을 제시하라고 하였으므로 각 방안의 장점을 [가]학생 측면과 [나]교사 측면에서 모두 제시하는 것이 고득점을 받기 유리합니다.

추가질문 1번

고교학점제를 운영하면서 담임 반 학생 중 일부의 수업을 담당하지 못할 때는, 해당 학생들을 조·종례 시간 등 한정된 시간만 대면할 수 있어서 수업 태도나 생활 태도 등을 지속적으로 관찰할 수 없고, 따라서 해당 학생들의 특성을 파악하는 데 어려움이 있다는 문제점이 있습니다. 이를 해결하기 위한 방법은 다음과 같습니다.

첫째, 지속적인 상담과 관찰입니다. 학기 초뿐만 아니라 중간고사 이후 등 틈이 날 때 짧게라도 일대일 개별 상담을 자주 하겠습니다. 또한 조종례 시간뿐만 아니라 쉬는 시간과 점심시간 등 지속적으로 학급에 방문하여 학생들의 평소 생활 태도를 관찰하여 학생들의 교우 관계와 특성 등을 파악하도록 노력하겠습니다.

둘째, 서울희망교실 또는 키다리샘과 같은 프로그램을 운영하는 것입니다. 일부 학생들을 교과 시간에 보지 못하더라도 다른 담임 프로그램을 운영하여 해당 학생들과의 라포 형성에 힘쓰겠습니다. 수업 시간에 보지 못하는 일반 학생들과 그 외 도움이 필요한 아이들을 함께 대상자로 신청하여 담임형 서울희망교실을 운영하면, 해당 학생들과 다양한 사제동행 활동을 통해 가까워질 수 있습니다. 또는 키다리샘 프로그램을 신청하여 일부 학생들과 교과 보충, 독서 활동, 그리고 상담 등을 체계적으로 실시하겠습니다.

셋째, 교과 교사들과의 협력입니다. 교과 시간에 직접 관찰하지 못하는 학생들에 대한 정보를 다른 교과 교사들에게 얻도록 노력하겠습니다. 평소 학급 아이들의 수업 태도나 분위기 등을 다른 교사들에게 물으며 학생들의 학업 수준과 특성을 파악하고 도움이 필요한 학생들은 함께 지도할 수 있도록 돕겠습니다. 이상입니다.

> ※ **기품 아이디어**
> 현직 고등학교 교사들에 따르면, 실제로 고교학점제가 실시되면서 자주 있는 일이라고 합니다. 이러한 문제에 대한 해결책은 지나치게 이상적이거나 두루뭉술한 이야기보다 당장 현장에서 실천할 수 있는 구체적인 방안을 제시하는 것이 좋습니다. 또한 '교사 간 협력'은 여러 문제에 만능 답변으로 쓸 수 있으며 실제로도 매우 중요합니다. 다만 부연 설명은 각 문제에 맞게 어떻게 협력할 것인지 조금 더 구체적으로 말해야 합니다.

즉답형

제가 교사가 된 후, 교사로서 긍지를 높일 수 있는 방안을 3가지 말씀드리겠습니다.

첫째, 학생의 성장을 위해 힘쓰겠습니다. 교사는 학생들이 학업적으로, 정서적으로, 그리고 인격적으로 성장할 때 뿌듯함과 긍지를 느낀다고 생각합니다. 따라서 교과 교사로서는 수업 전문성을 키우고 양질의 수업을 제공함으로써 학생들의 학업적 성장을 지켜보고, 담임교사로서는 학생들과 일상적으로 소통하고 생활지도를 함으로써 학생들의 성장을 지켜보겠습니다. 또한 이러한 학생들의 변화와 성장에 스스로 기여했다는 것을 교직일기를 쓰며 기록함으로써 힘들 때 되돌아보며 긍지를 갖도록 하겠습니다.

둘째, 학부모로부터 신뢰 얻도록 노력하겠습니다. 최근 민원으로 힘들어하는 교사들이 늘고 있습니다. 교사는 학생뿐만 아니라 학부모에게도 신뢰를 얻을 때 긍지를 느낄 수 있다고 생각합니다. 따라서 평소에 학부모 상담, 가정통신문 발송, 오픈 단체 메시지방 등을 통해 저의 교육관과 학급 운영 방침, 학급 활동 사진 등을 공유하여 학부모로부터 신뢰를 얻고 교사로서의 자긍심을 갖겠습니다.

셋째, 교사 간 교류 활동에 적극 참여하겠습니다. 학교에 있는 다양한 교원학습공동체, 교사 동아리 또는 외부 대면 연수나 수업·평가나눔교사단과 같은 학교 간 교원학습공동체에 참여하는 등 다양한 교사 교류 활동에 적극적으로 참여하겠습니다. 이를 통해 다양한 수업과 평가의 아이디어를 얻고 수업 전문가로서의 유능감을 키우며 협력을 통해 당당한 교육 주체로서의 긍지를 얻을 수 있습니다. 또한 다른 교사들과 다양한 학교 경험을 공유함으로써 '우리 모두 이렇게 노력하고 있구나.' 서로 공감하고, 정서적인 위안을 얻고, 교사로서의 긍지를 함께 키울 수 있습니다. 이상입니다.

> ※ **기품 아이디어**
> '서울교육방향'에서 제시하는 교육비전은 '미래를 여는 협력교육'이며, 교육지표 3가지는 '학생의 꿈', '교사의 긍지', '부모의 신뢰'입니다. 이러한 서울시교육청의 큰 방향성을 항상 염두에 두고 답변을 하는 것이 좋습니다. 해당 내용은 이론 부분 첫 파트에도 요약되어 있으니 꼭 읽어보시기를 바랍니다(Part 1. 교육 철학 - 2 서울교육방향 알아보기). 또한 어떠한 어려움을 해결할 때는 혼자 해결하기보다는 항상 학생들, 동료 교사, 학부모, 지역 사회 등 다른 주체들과의 협력을 함께 이야기하는 것이 좋습니다.

추가질문 2번

답변드리겠습니다.
제가 가장 중요하게 여기는 인간상은 〔추구하는 인간상 1〕 과 〔추구하는 인간상 2〕 입니다.
제가 〔추구하는 인간상 1〕 을 중요하게 여긴 이유는 〔중요하게 여기는 이유 1〕 입니다.
그리고 제가 〔추구하는 인간상 2〕 을 중요하게 여긴 이유는 〔중요하게 여기는 이유 2〕 입니다.

추구하는 인간상	중요하게 여기는 이유
전인적 성장을 바탕으로 자아정체성을 확립하고 자신의 진로와 삶을 스스로 개척하는 **자기주도적인 사람**	사회의 불확실성이 커지고 사회가 복잡하고 다양해지면서, 정해진 방식이나 획일화된 모습으로 살기보다는 스스로 삶과 진로를 주도적으로 설계하는 역량을 갖추는 것이 필요하게 되었기 때문
폭넓은 기초 능력을 바탕으로 진취적 발상과 도전을 통해 새로운 가치를 창출하는 **창의적인 사람**	사회의 복잡성과 다양성이 커지면서 해결해야 할 문제도 복잡성과 다양성을 띠는 경우가 많아지고 있고, 따라서 기존의 관점과 방식이 아닌 새로운 관점과 방식을 통해 문제를 해결할 수 있는 창의적 사고가 필요하게 되었기 때문
문화적 소양과 다원적 가치에 대한 이해를 바탕으로 인류 문화를 향유하고 발전시키는 **교양 있는 사람**	출신 국가, 문화 등 사회의 다양성이 커지면서 다양한 종류의 사람들과 공존하며 살아가게 되었고, 공존의 바탕으로써 여러 종류의 삶의 형태와 가치에 대한 이해가 필요하게 되었기 때문
공동체 의식을 바탕으로 다양성을 이해하고 서로 존중하며 세계와 소통하는 민주시민으로서 배려와 나눔, 협력을 실천하는 **더불어 사는 사람**	사회의 복잡성과 다양성이 커지면서 사회적 문제 해결을 위한 협력의 필요성도 증가하여, 상호 존중과 공동체 의식 함양의 중요성이 커졌기 때문

이러한 인간상을 길러 내기 위한 방안 2가지를 말씀드리겠습니다.
먼저, 〔교육 방안 1-1〕 을 통해 〔추구하는 인간상 1〕 을 길러내고자 합니다. 〔추가 설명 1-1〕
그리고 〔교육 방안 1-2〕 을 통해 〔추구하는 인간상 1〕 을 길러내고자 합니다. 〔추가 설명 1-2〕
한편, 〔교육 방안 2-1〕 을 통해 〔추구하는 인간상 2〕 을 길러내고자 합니다. 〔추가 설명 2-1〕
그리고 〔교육 방안 2-2〕 을 통해 〔추구하는 인간상 2〕 을 길러내고자 합니다. 〔추가 설명 2-2〕
이상입니다.

추구하는 인간상	교육 방안	추가 설명
전인적 성장을 바탕으로 자아 정체성을 확립하고 자신의 진로와 삶을 스스로 개척하는 **자기주도적인 사람**	학급 나무 활동	학급 나무 활동이란 학급 전체가 스스로 정한 특정한 생활 습관을 지켜나갈 때마다 학급 나무 열매에 도장을 부여하고, 일정 개수 이상의 도장이 모이면 학급 전체에 교사가 보상을 지급하는 활동입니다. 이를 통해 학생들이 삶의 작은 영역에서 삶을 스스로 설계하고 실천하는 기쁨과 경험을 쌓아갈 수 있게 하고자 합니다.
	학습 미션 수행 활동	학습 미션 수행 활동이란 아침 조회 시간과 자투리 시간을 활용하여, 학생이 스스로 학습 진도와 분량을 정해 학습 플래너를 작성하고 해당 진도를 달성할 때마다 교사가 보상을 지급하는 활동입니다. 이를 통해 학생들이 학습 계획을 스스로 세우고 실천하면서 삶을 주도적으로 설계하는 역량을 기르고자 합니다.
폭넓은 기초 능력을 바탕으로 진취적 발상과 도전을 통해 새로운 가치를 창출하는 **창의적인 사람**	우리 동네 문화재 브로슈어 제작 활동	우리 동네 문화재 브로슈어 제작 활동은 국어, 역사, 미술 교과를 융합한 활동으로, 역사 교과를 통해 얻은 기초 지식과 국어, 미술 교과를 통해 얻은 기초 능력을 함께 활용하여 결과물을 제작한다는 특징이 있습니다. 이를 통해 학생들이 기초 능력을 바탕으로 복잡한 문제를 해결하고 새로운 가치를 만들어내는 기회와 경험을 얻을 수 있게 하고자 합니다.
	생태 환경 관련 카드 뉴스 제작 활동	생태 환경 관련 카드 뉴스 제작 활동은 국어, 도덕, 사회, 과학 교과를 융합한 활동으로, 사회 및 과학 교과를 통해 생태 환경과 관련된 기초 지식을 얻고 도덕 교과를 통해 생태 환경 보호의 태도를 함양하며 국어 교과를 통해 카드 뉴스 제작 능력을 활용합니다. 이를 통해 학생들은 자신의 삶과 관련된 주제 속에서 다양한 교과를 넘나들며 창의적 사고를 발휘하여 문제 해결 능력을 기를 수 있을 것으로 생각합니다.
문화적 소양과 다원적 가치에 대한 이해를 바탕으로 인류 문화를 향유하고 발전시키는 **교양 있는 사람**	또래 도우미 활동	또래 도우미 활동이란 학교생활 적응에 어려움을 겪는 다문화 학생들을 교과 및 쉬는 시간에 도와주는 또래 도우미를 자원 받아(또는 순번을 정하여) 진행하고 활동 노트를 작성하는 활동입니다. 이를 통해 학생들이 나와 생활 모습이나 문화가 다른 사람들을 깊게 이해할 수 있는 기회를 얻을 수 있게 하고자 합니다.

	식문화 체험 부스 운영	특히 여러 교과와 연계하여 다양한 국가, 민족, 문화권의 식문화를 체험할 수 있는 부스를 운영하고자 합니다. 예를 들면 국어 시간에는 음식별 소개글을 작성하고, 역사 시간에는 배경 자료를 수집하고, 가정 및 수학 시간에는 조리 방법과 칼로리 계산 방법을 학습합니다. 이를 통해 학생들이 다양한 삶의 모습을 경험하고 존중하는 자세를 기르고자 합니다.
공동체 의식을 바탕으로 다양성을 이해하고 서로 존중하며 세계와 소통하는 민주시민으로서 배려·나눔·협력을 실천하는 **더불어 사는 사람**	학급 안건 토의 활동	우선 학급 내 건의사항을 온라인으로 접수 받고, 학급 자치 시간을 활용하여 해당 건의사항들의 적용 여부를 결정하고자 학급 토의를 진행합니다. 이때 학생들이 학급 내 다양한 입장을 고려하고 존중하면서 학급 토의를 진행하도록 유도합니다. 이러한 활동을 통해 학생들이 존중과 배려를 토대로 문제를 함께 해결하는 경험을 쌓을 수 있게 하고자 합니다.
	학교폭력 예방 뮤지컬 활동	이 활동은 별도의 시간을 마련하여 진행하지 않고 교과와 연계하여 진행합니다. 예를 들어 도덕 시간에는 주제를 선정하고, 국어 시간에는 대본을 작성하고, 음악 시간에는 뮤지컬을 구성하고 연습합니다. 이를 통해 학교에서 가장 많은 시간을 차지하는 교과 시간 동안 이루어진다는 점에서 공동체 의식 함양의 일상화가 가능하고, 뮤지컬을 만드는 과정에서 갈등을 해결하고 서로 협력하는 경험을 쌓을 수 있을 것으로 생각합니다.

※ 기품 아이디어

해당 문항은 2022 개정 교육과정 총론에서 추구하는 인간상을 잘 알고 있는지 묻는 문제입니다. 구상형 문제가 아니라 즉석에서 대답하는 추가질문이므로 답변 구성이 지나치게 세밀할 필요는 없지만, **'추구하는 인간상', '중요하게 생각하는 이유', '교육 방안' 간의 논리적 연관성**은 반드시 갖추고 있어야 감점을 최소화할 수 있습니다. 예를 들어 '자기주도적인 사람'의 경우, '불확실하고 복잡한 사회의 여러 가지 문제를 해결하기 위한 진취적인 자세의 필요성'과 '주도성을 기르는 활동(학습 미션 수행, 학급 나무 활동, 진로 탐색 일지 작성 등)'이 각각 '중요하게 생각하는 이유'와 '교육 방안'에 해당하는 논리적인 답변이 될 수 있을 것입니다.

한편 **자신이 제시한 '교육 방안'이 어떻게 '추구하는 인간상'을 길러낼 수 있을지 그 이유도 살짝 덧붙인다면** 더욱 완벽한 답변이 될 것입니다. 예를 들어 단순히 '학급 나무 활동을 하겠다'라고만 답변하는 것이 아니라, '학급 나무 활동은 이러이러한 활동이므로, 학생들을 자기주도적인 사람으로 길러내는 데 적절하다'라는 식으로 답변을 구성하는 것이 좋습니다.

2024학년도 예시답안

구상형 1번

구상형 1번 답변드리겠습니다. [가]를 참고할 때 [나]의 프로젝트 수업 활동에서 발생할 수 있는 문제점과 지도 방안은 다음과 같습니다.

첫째, AI를 통해 잘못된 정보의 자료를 수집할 수 있다는 문제점입니다. AI는 무분별하게 정보를 수집하기 때문에 허위 정보가 생성되기도 합니다. 생성형 AI 서비스를 활용하여 학생들이 자료 조사를 할 때 잘못된 정보를 사실로 받아들여 보고서를 작성할 수 있습니다. 이러한 문제를 해결하기 위해서는 디지털 리터러시 교육을 반드시 사전에 실시해야 합니다. 학생들에게 AI로 생성된 정보를 비판적으로 분석하고, 사실 여부를 점검하고, 자신의 목적에 맞게 정보를 새롭게 조합하도록 가르쳐서 올바르게 보고서를 작성할 수 있도록 해야 합니다.

둘째, 개인 정보 침해가 일어날 수 있다는 문제점입니다. 학생들이 타인의 목소리를 영상 제작에 사용하거나 SNS 계정에 게시하는 것은 개인 정보, 초상권, 저작권 등에 대한 지식이 부족하기 때문입니다. 이를 해결하기 위해서는 사전에 AI 윤리 교육을 반드시 실시해야 합니다. 학생들에게 개인 정보의 개념을 명확하게 설명하고 타인의 개인 정보를 침해하지 않도록 지도해야 합니다. 또한 타인의 동의 없이 SNS에 사진이나 음성, 영상 등을 올리지 않도록 온라인상에서 발생할 수 있는 여러 윤리적인 문제들을 사전에 설명하여 학생들이 온라인 도구들을 바르게 사용할 수 있도록 지도해야 합니다.

셋째, AI 서비스의 연령 약관을 지키지 않았다는 문제점입니다. AI 서비스의 사용 약관과 안내 사항을 제대로 살펴보지 않았기 때문에 학생들이 AI 기술에 타인의 목소리를 사용하고 SNS에 게시하는 문제 상황이 발생하였습니다. 이를 해결하기 위한 방법은 가정통신문을 제작하여 학부모와 학생의 동의를 받는 것입니다. AI 서비스의 연령 약관과 주의 사항을 가정통신문에 작성하여 학생들과 같이 살펴보고, 가정에서도 학부모님이 인지할 수 있도록 학생과 학부모의 동의를 받아 수합한다면 더욱 안전하게 온라인 도구를 사용할 수 있습니다. 이상입니다.

> ※ **기품 아이디어**
> 이제 AI는 학생들이 많이 사용하는 도구가 되었습니다. 실제로 학교 현장에서도 다양하게 활용되고 있습니다. 따라서 AI로 발생할 수 있는 문제점과 해결방안은 꼭 고민하시기 바랍니다. SNS상의 학생 간 갈등도 매우 빈번한 일입니다. 따라서 디지털 리터러시, 저작권, 허위 사실 유포 등 온라인 도구 사용 관련 교육은 필수적입니다.

구상형 2번

구상형 2번 답변드리겠습니다.
학급자치회의와 학생생활규정 공청회는 학생들이 **민주시민으로의 성장을 돕는 활동**입니다. 이 상황에서 나타나는 공통적인 원인 한 가지는 다수의 학생들이 자신의 의견을 적극적으로 표현하지 못하여 교복입은 민주시민으로서의 역할을 하고 있지 못한다는 것입니다.

이러한 공통적인 문제를 해결하기 위한 담임교사 차원의 방안 두 가지는 다음과 같습니다.

첫째, 정기적으로 학급자치회의를 개최합니다.

학생들은 회의에서 자신의 의견에 반대 의견이 있을 것이라는 막연한 두려움에 발언을 하지 못하는 경우가 있습니다. 따라서 정기적인 학급자치회의에서 발언을 하지 않는 학생들도 발언을 할 수 있도록 교사가 지도하고 회의에서 민주적인 방식으로 의사결정을 진행하면서 소수의 의견도 존중하는 법을 알려주어야 합니다.

둘째, 디벗으로 의견 공유 앱(패들렛, 맨티미터 등)을 활용합니다.

패들렛과 맨티미터 등 의견을 공유할 수 있는 앱으로 자신의 의견을 적어 발언하도록 지도합니다. 이를 통해 발언 자체를 두려워하는 학생들이 자신이 작성한 내용을 보고 발언하며 발언 자체의 두려움의 장벽을 낮출 수 있습니다. 이를 통해 학급자치회의 또는 공청회에서 적극적인 발언 의지를 갖고 적극적으로 참여하여 교복입은 민주시민으로 성장하게 할 수 있습니다.

학교 차원의 방안 두 가지는 다음과 같습니다.

첫째, 교사가 '역지사지 공존형 토론수업' 직무연수를 수강하여 학생들에게 교육합니다.

토론수업 직무연수를 수강한 교사들이 교과 수업시간 또는 창의적 체험활동 시간을 활용하여 학생들에게 토론하는 방법을 지속적으로 교육하고 토론 과정에서 피드백을 제공합니다. 이를 통해 학생들은 성숙한 비판능력과 자립적인 견해를 갖고 학급자치회의와 공청회에서 적극적인 자세로 토론에 임할 수 있습니다.

둘째, 모든 학생이 참여하는 학생자치활동을 활성화 시킵니다.

학급회장 또는 학생회 임원이 아니라면 그동안 학생들은 학교 운영에 직접적으로 참여하는데 제한이 있었습니다. 이러한 문제를 해결하기 위해 학교는 모든 학생들이 학생자치활동에 참여할 수 있는 환경을 만들고 교사는 학생자치활동을 적극적으로 지원하여 학교생활과 관련된 문제들을 학생들이 직접 해결하면서 의사소통 능력, 협력 등의 역량을 함양하여 민주시민으로 성장할 수 있도록 조력할 수 있습니다. 이상입니다.

> ※ 기품 아이디어
>
> 학급자치회의는 학생자치활동의 근간입니다. 학생자치활동이 내실 있게 운영되기 위해서는 학급자치회의가 활성화 되어 모든 학생들의 참여를 이끌어 낼 수 있을 때 가능합니다. 실제 학교 현장에서는 학급자치회의에서 아무 의견도 제시하지 않는 학생들이 많습니다. 학급의 모든 학생들이 적극적으로 학급자치회의를 하기 위해 담임교사가 회의 진행 방식을 교육할 수 있고 다양한 방법으로 참여를 이끌어 낼 수 있습니다. 예시 답안의 방법도 좋은 방법이지만 예비 선생님들이 더 좋은 방법을 개발해 내어 면접 답변에 녹여낸다면 좋은 점수를 받으실 수 있습니다.

추가질문 1번

핸드폰을 사용하는 학생을 지도해야 하는 교육적 이유를 말씀드리겠습니다.

수업중 핸드폰을 사용하는 '개인적 권리'보다 의무교육과정에 있는 학생의 '의무'인 학습에 더 충실해야 함을 교육하겠습니다. 또한, 개인적 권리를 이유로 다른 학생들의 학습권과 교사의 수업권을 침해할 수 있는 권리가 없다는 것 또한 강조하며 교육하겠습니다.

핸드폰을 사용하는 학생 지도방법은 다음과 같습니다.

첫째, 학생과 면담을 통해 학생이 스마트폰 과의존 상태인지 파악하겠습니다. 만약 학생이 스마트폰 과의존 상태일 경우 교사와 학생이 중독을 예방하기 위한 구체적인 계획을 함께 수립하고 지킬 수 있도록 지도가 필요합니다.

둘째, 학생과 면담을 통해 수업시간에 핸드폰 사용했던 이유에 대해 묻겠습니다. 급한 일 때문에 핸드폰을 사용했다면 사용 전 선생님께 사용요청을 하도록 지도하고 단순히 수업을 듣기 싫어 핸드폰을 사용했다면 수업 중 핸드폰을 사용하지 못하는 것은 법으로 명시되어 있음을 정확하게 알려주고 훈육하겠습니다.

셋째, 다음 시간에도 핸드폰을 사용하여 교육활동을 방해하는 경우 교원의 학생생활지도고시에 근거하여 수업시간 중 교실 내 다른 좌석으로 이동시키거나 지정된 위치의 분리, 또는 교실 밖 지정된 장소로의 분리의 조치를 하여 지도할 것을 사전에 예고하겠습니다. 이상입니다.

> **※ 기품 아이디어**
> 학생의 학습권 보호와 교사의 교육활동 보호를 위해 2026년 3월부터 초·중·고등학생들의 휴대폰 등 스마트 기기 사용을 원칙적으로 금지시키기 위한 초·중등 교육법 개정안이 국회 교육위원회 전체회의에서 여야 합의로 통과되었습니다. 또한 교원의 학생생활지도에 관한 고시에서도 수업 중 휴대폰 사용을 금지하는 것을 명시하고 있습니다. 하지만 법령에 근거하여 교육하는 것 보다는 학생이 휴대폰을 사용하지 않도록 면담하고 훈육하는 것이 교육의 본질에 더 가깝습니다.

즉답형

저는 A교사의 입장을 지지합니다. 학교는 유기체와 같아서 각 업무가 독립적으로 존재하는 것이 아니라 연속성을 띄고 서로 연결되어 있습니다. 따라서 B교사의 비협조로 A교사의 업무가 미루어지면 다른 업무들도 영향을 받게 되고, 결국 학생들에게도 피해를 줄 수 있습니다. 퇴근이 조금 늦어지더라도 자신의 업무에 대한 책임감을 갖고 서로 돕고 협력한다면 더 효율적으로 업무를 끝낼 수 있으며, 결국 학생들에게도 더 좋은 교육 환경을 제공할 수 있게 됩니다.

제가 C교사라면 B교사에게 다음과 같이 조언하겠습니다.

첫째, 먼저 B교사에게 공감하며 시작하겠습니다. "선생님, 퇴근 시간이 되었는데 갑자기 업무 관련 요청이 들어와서 당황하셨죠. 저도 난감할 것 같습니다."와 같이 B교사의 상황에 공감하겠습니다.

둘째, A교사의 상황을 설명하고 함께 성장하기 위한 방안을 제시하겠습니다. "A 선생님도 갑자기 회의가 잡혀서 곤란하신 거 같더라고요. 그래도 같이 한다면 조금 더 빨리 끝낼 수 있지 않을까요?"와 같이 설득한 후, 다음에 B교사에게도 비슷한 상황이 발생할 수 있음을 인지시키고, 그때도 서로 협력하는 것이 좋지 않겠냐며 조언하도록 하겠습니다. 이상입니다.

> **※ 기품 아이디어**
> 선택지가 있지만 답이 정해진 문제입니다. A교사를 선택하여 교사로서의 책임감을 보여주어야 합니다. C교사는 중재자이기 때문에 B교사를 가르치듯이 조언하기 보다는 부드럽게 설득하는 것이 좋습니다. 이론 파트에서 Ⅲ **동료 교사 관계 형성** – (2) **대화의 자세** 4가지와 대화체 예시를 제시했는데, 즉답형은 시간이 부족할 수 있습니다. 4가지를 다 하기보다는 위와 같이 공감과 방안 제시만 해도 괜찮습니다. 면접은 답이 길어져서 끊기기보다는 문제와 시간에 따라 유연하게 대처하시기를 추천합니다.

추가질문 2번

교사의 권위는 다음 3가지에서 나온다고 생각합니다.

첫째, 1 순위는 학생들의 존중과 신뢰입니다. 교사가 학교에서 가장 많은 시간을 함께 보내는 대상이 학생들입니다. 따라서 학생들로부터 존중과 신뢰를 얻을 때 교사의 권위가 생성됩니다. 교사는 학생들로부터 존중을 얻을 수 있도록 학교생활에서 솔선수범하고, 학생들에게 늘 관심을 갖고 진정성 있게 대해야 합니다. 또한 자신의 교육 신념을 갖고 체계적으로 학급을 운영하고, 일관되고 공평하게 학생들을 대해서 신뢰를 얻어야 합니다.

둘째, 2 순위는 교사의 수업 전문성입니다. 학생들이 교사의 수업이 자신의 성장과 발전에 도움이 된다고 느낄 때 교사의 권위가 올라갑니다. 따라서 교사는 장학 활동, 교원학습공동체, 연수 등 다양한 방법을 통해 꾸준히 역량을 개발하고 전문성 신장에 힘쓰는 교과 전문가가 되어야 합니다.

셋째, 3 순위는 학부모의 존중과 신뢰입니다. 교사의 권위는 학생들과의 관계뿐만 아니라 학부모와의 관계에서도 나옵니다. 교사가 학부모와 긍정적인 관계를 맺고 학부모의 존중과 신뢰를 얻을 때 그 영향이 학생들에게도 미칩니다. 따라서 주기적으로 학부모 상담을 실시하고, 가정통신문과 학급 소식지 등을 통해 학부모에게 자신의 교육철학과 학급 운영 상황을 공유하여 학부모의 존중과 신뢰를 획득해야 합니다. 이상입니다.

2023학년도 예시답안

구상형 1번

구상형 1번 답변드리겠습니다.

스마트기기를 활용한 교육활동과 교육적 효과는 다음과 같습니다.

첫째, 학생들의 협업 프로젝트 활동입니다. 패들렛, 구글 시트, 노션 등 온라인 도구를 활용하면 학생들이 각자의 스마트기기로 동시에 작업물에 접근할 수 있기 때문에 효율적으로 협업 활동을 실시할 수 있습니다. 이러한 활동의 교육적 효과는 모든 학생의 참여도를 높일 수 있다는 것입니다. 기존의 모둠 활동은 목소리가 큰 학생, 지식이 더 많은 학생, 적극적인 학생 등 일부 학생이 주도할 수 있습니다. 하지만 스마트기기를 활용하면 모든 학생이 동등하게 작업물에 접근할 수 있기 때문에 소극적인 학생도 의견을 글로 남길 수 있고, 지식이 부족한 학생도 바로 인터넷에 검색하여 내용을 추가하는 등 더 많은 학생들이 적극적으로 참여할 수 있습니다.

둘째, 앱을 활용한 창작 활동입니다. 스마트기기를 활용하면 미술 실력이나 재료와 상관없이 누구나 창의적인 작품을 창작할 수 있습니다. 학생들에게 스마트기기를 활용하여 학습한 내용을 각자의 방식으로 창작하게 하면, 학생들은 AI 이미지 생성, 사진 편집, 동영상 편집 어플 등을 활용해서 다양한 작품을 만들 수 있습니다. 이러한 활동의 교육적 효과는 학생들의 창의성을 키울 수 있다는 것입니다. 또한 글뿐만 아니라 다양한 형태로 결과물을 제작하게 함으로써 학생들 각자의 강점에 맞게 맞춤형 교육이 가능하다는 장점이 있습니다.

셋째, 형성평가와 피드백 활동입니다. 학생들의 학습 상황을 점검하기 위해 온라인 퀴즈를 활용하여 형성평가를 실시하고 피드백을 제공할 수 있습니다. 이러한 활동의 교육적 효과는 효율적으로 개별 피드백이 가능하다는 것입니다. 모든 학생을 대상으로 평가를 실시하고, 채점을 한 후, 개별 피드백까지 제공하는 데는 많은 시간이 소요됩니다. 하지만 스마트기기를 활용하면 시간을 절약하고 효율적으로 실시할 수 있습니다. 예를 들어, 구글 설문지를 통해 형성 평가를 실시하면 교사가 따로 채점할 필요 없이 바로 학생들의 정답과 학습 수준을 확인할 수 있습니다. 따라서 이를 바탕으로 개별적인 피드백을 작성할 수 있는 시간이 확보됩니다. 학생들에게 채점한 답안뿐만 아니라 개별 피드백을 메모로 작성하여 돌려주면 개별 맞춤형 교육을 실현하고 학생들의 성장을 도울 수 있습니다.

[C]의 사례를 고려하여 스마트기기를 활용한 수업을 진행할 때 다음과 같은 유의 사항을 지켜야 합니다.

첫째, 스마트기기와 관련된 사전교육이 반드시 진행되어야 합니다. 학생들이 스마트기기 사용에 익숙하지 않으면 매시간 사용법을 설명을 하느라 수업 활동 시간이 부족할 수 있습니다. 따라서 첫 시간에 스마트기기 사용과 관련된 주의 사항을 전달하고, 자주 사용하는 어플에 대한 안내문을 제공하는 등 꼼꼼한 사전교육을 실시해야 합니다. 또한 이때 스마트기기를 사용하는 목적과 교육적 효과를 설명한다면 학생들이 게임 활동만 좋아하는 것이 아니라 스마트기기가 다양한 교육 활동에 사용될 수 있음을 이해할 것입니다.

둘째, 학생들의 이해도를 지속적으로 점검해야 합니다. 스마트기기는 게임 활동뿐만 아니라 다양한 평가 활동에도 활용될 수 있습니다. 따라서 학생들의 이해도를 수업 중간에 지속적으로 확인해야 합니다. 학생들의 의견을 패들렛에 남기게 할 수도 있고, 채팅창을 열어 질문을 던질 수도 있습니다. 또한 카훗이나 띵커벨과 같이 게임과 접목된 퀴즈 활동을 실시하여 학생들의 학습 수준을 점검할 수도 있습니다. 다만, 학생들이 단순히 퀴즈 게임의 점수나 등수에만 흥미를 가지지 않도록 반드시 정답 오답, 그리고 학습 내용에 대한 부연 설명을 꼼꼼하게 해야 합니다. 이상입니다.

> **※ 기품 아이디어**
> 스마트기기를 활용한 교육활동은 무궁무진합니다. 자신의 교과와 연결하여 더욱 구체적으로 설명해도 좋습니다. 면접은 조건을 빠트리지 않고 모두 답하는 것이 고득점의 비법입니다. [B]에서도 학부모가 수업과 평가에 대해 물었으니 수업에 대해서만 이야기하지 않고 평가와 관련한 내용도 넣는 것이 좋습니다.

구상형 2번

구상형 2번 답변드리겠습니다.

제시문 A, B와 같은 문제가 나타난 공통적인 원인은 **교내 교사 간 소통과 협업이 원활하게 이루어지고 있지 않은 것**이라고 생각합니다. 만약 교사 간 소통과 협업이 원활했다면 제시문 A의 상황처럼 여러 과목에서 동일한 방식의 수업을 반복하고 같은 기간 동안 수행평가를 실시하거나, 제시문 B의 상황처럼 교사가 다른 교사들의 수업과 생활지도 방식을 모르는 일은 일어나지 않았을 것입니다.

따라서 제시문과 같은 문제점들을 해결하려면 교내 교사 간 원활한 소통과 협업이 필요한데요, 그 구체적인 방안 4가지를 말씀드리겠습니다.

첫째, 다양한 교과 교사들이 모여 함께 수업을 고민하고 연구하는 교원학습공동체를 조직하여 다양한 **교과 간 융합 수업**을 구상하고 실천하는 방법이 있습니다. 예를 들어 제시문 A의 첫 번째 내용처럼 각 교과에서 신문 제작 활동을 하더라도, 사회 시간에는 사회 이슈에 대해 조사 및 논평하고, 영어 시간에는 해외 소식에 대해 조사하고, 국어 시간에는 기사문과 광고문 형태의 글을 작성하는 등 각 교과의 기초 지식과 능력을 활용할 수 있도록 활동을 조금씩 달리 구성한다면 학생들도 지루함을 느끼지 않고 창의적 사고 역량을 함양할 수 있을 것으로 생각합니다.

둘째, 교육과정위원회를 통해 모든 교과의 대표 **교사들이 모여 평가 계획과 수행평가 일정을 공유하고 조율**하는 방법이 있습니다. 특히 앞서 말씀드렸던 융합 수업을 활용하여 평가 계획을 조율한다면, 한 가지의 일관된 교과 융합 활동에 대해 각 교과에서 개별적으로 수행평가를 할 수 있으므로 학생들이 수행평가에 대한 부담감을 덜 수 있을 것으로 생각합니다.

셋째, **수업 공개와 연구 수업을 동반한 교내 수업 나눔 활동**을 하는 방법이 있습니다. 앞서 말씀드린 교원학습공동체와 교과협의회를 활용하여 수업을 함께 연구, 실천, 성찰함으로써 동 교과 및 타 교과 선생님들의 수업 방식을 알 수 있고, 이를 바탕으로 자신의 수업 또한 성장시킬 수 있을 것으로 생각합니다.

넷째, 신학년 준비 기간 교직원 연수와 학년 협의회를 통해 **교사들이 다 같이 생활지도의 기준과**

방법을 마련하는 방법이 있습니다. 동 학년에 들어오는 모든 교사들이 숙의를 거쳐 함께 생활지도의 기준과 방법을 마련하고 숙지한다면 학생들의 혼란도 줄고 학년 특성에 적합한 생활지도를 할 수 있을 것으로 생각합니다. 이상입니다.

> ※ 기품 아이디어
>
> 해당 문항은 제시문 A, B에서 나타난 문제들의 공통적인 원인이 교내 교사 간 소통과 협업의 부재에 있음을 빠르게 파악한 후, **교내 교사 간 소통과 협업을 어떤 방식으로 발휘할 것인지 제시문의 각 사례에 적합하게 구상**하는 것이 중요합니다.
>
> 제시문 A의 문제를 해결하는 가장 무난한 접근 방식은 아마도 첫 번째 사례의 경우 '교과 교사 간 협의를 통해 서로 다른 활동을 하는 것'이고, 두 번째 사례의 경우 '교과 교사 간 협의를 통해 서로 다른 수행평가 일정을 잡는 것'일 것입니다. 다만 2022 개정 교육과정에서 **교과 간 연계와 통합**을 강조하고 있으므로, 이 점을 활용한다면 '**융합 수업을 통해 다양한 교과에서 한 가지의 종합 프로젝트 완성하기**', '**한 가지 종합 프로젝트 활동에 대해 여러 교과에서 수행평가 진행하기**'라는 좀 더 시의적절하면서 특별한 답안을 구성해 낼 수도 있습니다.
>
> 한편 제시문 B의 첫 번째 사례의 경우 교원학습공동체, 교과협의회, 동료 장학 등의 방법을 통해 문제를 해결할 수 있으며, 핵심은 **수업을 서로 공유하고 함께 고민**한다는 것입니다. 두 번째 사례의 경우 교사마다 **생활지도에 대한 원칙과 관점**이 달라 발생하는 문제이므로, 이를 함께 **조율하고 공유**하는 과정이 문제 해결에 필수적입니다.
>
> 여기서 주의할 점은, **제시문의 문제를 해결하는 데에는 적합하지만 '교내 교사 간 소통과 협업'과는 무관한 방식을 답변으로 제시해선 안 된다**는 점입니다. 예를 들어 학생들이 직접 수업 내용을 구성하게 한다거나, 선도 교원 연수를 통해 다른 교과에서는 하지 않는 독창적인 수업 방식을 활용한다거나, (교과 교사들의 대표성이 없는) 학업성적관리위원회에서 수행평가 일정을 결정한다거나, 학교 간 교원학습공동체에서 활동한다거나, 학생들이 직접 학급 규칙을 정한다는 답변은 점수를 얻을 수 없거나 크게 감점될 수 있습니다.

추가질문 1번

우선 동료교사에게 진심을 다하여 사과하고 다음 시간부터 몇 명의 학생이 수업방해를 하지 않도록 하겠다고 말하겠습니다. 그 후에 수업 방해를 하는 학생이 누구인지, 어떻게 방해를 하고 있는지 물어보겠습니다. 수업을 방해한 학생들과 개별적인 면담을 통해 문제 행동의 원인을 찾고 이를 해결하기 위해 노력하겠다고 말하겠습니다. 문제 행동을 하는 학생들을 교육하고 수업 방해 행동의 빈도가 낮아지면 동료교사에게 수업 방해를 하지 않고 집중해서 수업을 들은 점에 대해 학생들에게 격려를 해줄 것을 부탁하겠습니다. 이를 통해 학생들이 앞으로는 수업 시간에 문제행동을 하지 않고 동료교사와 상호작용을 활발하게 하여 수업에 더욱 몰입할 수 있다는 점을 말하겠습니다. 이상입니다.

즉답형

저는 교사가 된 후에도 꾸준히 성장하고 교직 생활 전반에 대해 성찰하기 위해 학교 안 교원학습공동체에 참여하겠습니다. 교사로서 성장하기 위해서는 혼자서도 다양한 연수를 찾아 듣고, 책을 읽고, 공부를 하는 등 교과 전문성과 생활지도 능력을 키워야 하지만, 혼자보다는 여러 선생님과 함께 협력할 때 더 많은 발전과 성장을 할 수 있다고 생각합니다. 따라서 학교의 교원학습공동체들을 살펴보고, 한 곳에 참여하여 선생님들과 꾸준히 연구를 실천하고 전문성을 키우겠습니다. 학교 안 교원학습공동체의 장점은 여러 선생님과 함께 하는 것이기 때문에 연구와 실천뿐만 아니라 종종 학교생활 전반에 대해서도 선배 선생님들과 이야기를 나눌 수 있다는 것입니다. 따라서 수업이나 연구 주제 외의 교직 생활 전반에 대해서도 함께 성찰할 수 있을 것입니다. 이상입니다.

> **※ 기품 아이디어**
> 즉답형에서는 교사의 역량 개발, 교사의 직무 만족도, 교권과 같은 내용이 반복적으로 출제되고 있습니다. 기출을 살펴보고 여러 답안을 꼭 고민해 보시기 바랍니다.

추가질문 2번

저는 소통을 통해 성장한다는 교직관을 갖고 있습니다. 사람은 혼자서 살 수 없고 타인과의 소통을 통해 배움을 얻고 성장하고 발전할 수 있습니다. 따라서 저는 학생들이 모여서 소통하고 아이디어를 나눌 수 있도록 학교 공간을 개선하고 싶습니다. 학교 도서관은 조용하게 이용해야 하므로 자유롭게 이야기를 나눌 수가 없고, 홈베이스나 복도와 같은 공간은 지나치게 개방되어 집중이 어려울 수 있습니다. 따라서 사용하지 않는 교과교실을 개선하여 별도의 작은 회의 공간들을 마련하고 학생들의 소통과 협력을 지원하고 싶습니다. 대학교에서는 학생들이 팀프로젝트를 할 때 회의실을 빌릴 수 있습니다. 중·고등학교에서도 조별 과제가 늘고 있으므로 이와 비슷하게 학생들이 모여서 편안하게 과제뿐만 아니라 여러 일상 이야기를 나눌 수 있는 작은 회의실들을 만들면 많은 학생이 이용할 것입니다. 안전을 위해 내부가 보이는 투명한 문의 작은 공간들을 만들고 그 안에 의자와 테이블, 그리고 큰 화이트보드를 배치하여 학생들이 자유롭게 의견을 나누고 소통할 수 있는 공간들을 만들고 싶습니다. 이상입니다.

2022학년도 예시답안

구상형 1번

구상형 1번 답변드리겠습니다. [C]의 관점에 따르면 [B] 프로그램의 문제점은 다음과 같습니다.

첫째, 지속성이 부족하다는 것입니다. 생태전환교육이 연간 4회만 이루어졌으며, 모두 일회성 행사와 같은 캠페인으로 계획되었습니다. 이렇게 지속성 없는 일회성 교육은 학생들에게 환경 문제의 중요성을 전달하지 못하며 학생들의 환경보호를 위한 동기부여나 교육적 효과가 미미합니다.

둘째, 학생들의 직접적인 실천이 연계되지 않았다는 것입니다. 학생들의 적극적인 참여보다는 플랜카드 제작이나 영상 시청과 같이 소극적이고 수동적인 프로그램입니다. 따라서 학생들은 일회용품 적게 사용하는 것과 음식물 남기지 않는 것 외에 다른 환경보호 실천법을 배우기 어려우며 실생활에서 다양한 환경보호 행동을 실천하기가 어렵습니다.

이를 해결하기 위한 방법은 다음과 같습니다.

첫째, 수업과 연계하여 지속적인 생태전환교육을 실시하는 것입니다. 중학교 1학년 자유학기 주제선택 수업으로 생태전환교육을 실시하거나, 자율 동아리를 운영하거나, 일부 교과에서 융합 프로젝트를 실시하는 등 학교생활 전반에서 지속적으로 생태전환교육을 실시해야 합니다. 이를 통해 학생들에게 환경보호의 중요성을 꾸준히 인지시킬 수 있고, 학생들의 일상 속 실천을 더욱 효과적으로 촉구할 수 있습니다.

둘째, 연간 기후행동 달력을 만드는 것입니다. 학교에서 매달 실천할 수 있는 기후행동을 달력으로 만들어서 학생들에게 안내하고, 연말에 학급별 보상을 제공하는 장기 프로젝트를 실시할 경우 학생들의 적극적인 행동을 이끌어낼 수 있습니다. 예를 들어, 학급 식물 기르기, 바르게 분리수거 하기, 에너지 절약 수칙 만들고 실천하기, 업사이클링 작품 만들기 등 매달 다양한 환경보호 활동을 실천하도록 한다면 학생들이 일 년 동안 다양한 환경보호 행동을 체득하고 이를 일상에까지 확산시킬 수 있습니다. 이상입니다.

구상형 2번

구상형 2번 답변드리겠습니다.

제시문 A, B 상황의 공통적인 문제는 **교사들이 새로운 수업 방식을 받아들이지 못하고 있는 것**이며, 그 원인을 학교문화와 교사개인 관점에서 각각 설명드리도록 하겠습니다.

우선 **학교문화의 관점에서는, 소통과 협력의 부재**가 문제의 원인이라고 생각합니다. 제시문 A의 경우 A교사는 여러 교과 특성에 대한 검토와 타 교과 선생님들과의 충분한 사전협의 없이 협의회에서 융합수업을 제안하고 있으며, 다른 선생님들은 융합수업의 가능성에 대해 충분히 숙고하지 않고 제안을 곧바로 거절하는 등 새로운 수업 방식에 도전하려는 교사에 협력하려는 자세를 보이지 않고 있습니다. 제시문 B의 경우 B교사는 대면수업에 비해 블렌디드 수업이 얼마나 효과적인지에 대한 설명이나 설득 없이 블렌디드 수업을 제안하고 있으며, 다른 선생님들은 블렌디드 수업의 효용성을 검토하지 않고 곧바로 대면수업을 결정하는 등 새로운 수업 방식을 적용하려는 교사에 협력하지 않고 있습니다.

한편 **교사개인의 관점**에서는, **자신의 수업 방식에 대한 방어적인 태도**가 문제의 원인이라고 생각합니다. 제시문 A와 B 모두에서 다른 선생님들은 교과 간 융합수업이나 블렌디드 수업과 같이 기존에 자신이 하던 방식이 아닌 다른 방식의 수업을 교과 특성 등을 이유로 거부하는 모습을 보이고 있으며, 제시문 B의 B교사의 경우 자신이 하는 블렌디드 수업 방식을 대면수업보다 효율적이라는 이유로 대면수업을 더 선호하는 교사들에게 권하는 모습을 보이고 있습니다.

A와 B교사의 입장에서 이러한 문제점을 해결할 수 있는 방법을 말씀드리겠습니다.

먼저 **A교사의 입장**에서는, 주변 학교나 서울시의 융합수업 **사례**를 교직원 연수 등을 활용하여 다른 선생님들께 **충분히 소개**한 후 융합수업을 희망하는 교과 선생님들과 **교원학습공동체**를 구성하여 융합수업을 **함께 연구하면서 조금씩 실천**해 나가는 방법이 필요하다고 생각합니다.

한편 **B교사의 입장**에서는, 공개 수업이나 연구수업을 활용하여 자신의 블렌디드 수업 **사례**를 다른 선생님께 **충분히 소개하고 공유**한 후 블렌디드 수업을 희망하는 선생님들께 수업 구성과 운영에 도움을 드리거나 **교원학습공동체**를 구성하여 **함께** 블렌디드 수업 사례를 **개발하고 성찰**하는 방법이 필요하다고 생각합니다.

이 두 가지 방법을 활용한다면 학교문화 차원에서는 교내의 선생님들이 서로 적극적으로 소통하고 협력하는 분위기를 확산하고, 교사개인 차원에서는 자신의 수업 방식만을 강조하는 방어적인 자세 대신 다른 선생님들의 조언을 받아들이고 스스로도 성찰하면서 자신의 수업을 변화하는 것에 개방적인 자세를 차근차근 길러나갈 수 있을 것으로 생각합니다. 이상입니다.

> ※ 기품 아이디어
>
> 해당 문항은 '제시문 속 공통적인 문제 확인' – '문제 원인 파악' – '해결 방안 제시'의 순서로 접근해야 하며, 위 세 가지 내용은 서로 밀접한 **논리적 연관성**을 지녀야 합니다. 이를 위해서는 단순히 문제의 원인만 제시하는 것이 아니라, 예시 답안처럼 문제의 원인이라고 생각하는 이유를 제시문 속 구체적인 사례와 관련지어 추가로 설명해야 합니다. 또한 해결 방안을 제시할 때, 자신이 제시한 해결 방안이 문제의 원인들을 해결할 수 있을 것임을 구체적으로 함께 언급한다면 답변의 논리성이 더욱 부각될 것입니다.
>
> 다만 답변을 구성할 때 주의할 점이 있습니다. 아마 여러분은 해당 문항의 제시문 속에서 공통적인 문제가 무엇인지, 그 원인이 학교문화와 교사개인 관점에서 각각 무엇인지 비교적 쉽게 찾았을 것입니다. 하지만 문제의 원인을 제시할 때, '**다른 교사들에게 도전적인 자세가 부족하다**'거나 '**다른 교사들이 자신의 수업을 개선하는 데에 소극적이고 나태한 모습을 보인다**'는 뉘앙스를 풍기지 않도록 주의해야 합니다. 제시문 속 A교사와 B교사의 입장에서 문제 해결 방법을 제시하라는 것은, A교사와 B교사가 여러분과 같이 신규교사라는 것입니다. 그에 비해, 제시문 속 다른 선생님들은 여러분이나 A, B교사보다 경력이 많은 선생님들일 것입니다. 신규교사의 제안을 경력교사가 거절하는 것은 단순히 도전적인 자세가 부족해서 때문일까요? 경력교사들은 여러분보다 훨씬 긴 기간 동안 다양한 수업 사례들을 경험해 온 분들입니다. 그럼에도 **경력교사들이 제안을 거절했다는 것은, 도전적인 자세가 부족한 것 외에 그분들만의 근거가 있을 수 있습니다.**

> 그리고 다른 선생님들의 이러한 태도를 '도전적인 자세가 부족하다' 또는 '나태하다'라는 식으로 단정지어 답변한다면, 면접관들에게 다른 선생님들로부터 배우려는 자세(또는 다른 선생님들과 협력하려는 자세)가 갖추어지지 않은 사람으로 비칠 수도 있습니다. 따라서 **자신의 입장과 관점을 명확하게 정리해서 말하는 것과는 별개로, 결론을 단정짓듯이 말해선 안 됩니다.** 이는 다른 문항에서도 마찬가지입니다.

추가질문 1번

제가 교사가 된다면 **에듀테크 주제의 교원학습공동체**를 운영하고 싶습니다. 그 이유는 코로나 이후 교육 관련 온라인 도구들이 많이 활용되고 있고, 2022년부터 서울시교육청에 디벗이 활용되는 등 미래 사회에 디지털 관련 역량이 중요해졌기 때문입니다. 저도 교사로서 미래사회가 요구하는 역량을 기르고 전문성을 키우기 위해 에듀테크 주제로 동료 선생님들과 교원학습공동체에서 연구하고 싶습니다. 저는 이 교원학습공동체에서 다음과 같은 활동들을 실시하겠습니다.

첫째, 에듀테크 수업에 대한 공동 연구를 실시하는 것입니다. 카훗, 띵커벨, 패들렛, 노션 등 다양한 온라인 도구가 있습니다. 이를 어떻게 수업에 적용할 것인지 주기적으로 모여 함께 아이디어를 나누고 교육활동을 개발하는 등 동료 교사들과 공동 연구를 먼저 실시하겠습니다.

둘째, 수업 공개를 통해 공동 실천과 성찰을 하는 것입니다. 함께 연구한 것을 적용한 수업을 공개하여 서로 참관한 후, 배운 점을 함께 나누겠습니다. 피드백을 통해 다음 수업 때 어떻게 적용할 것인지를 성찰하면서 더 나은 교육 활동을 실천할 수 있을 것입니다. 이상입니다.

> ※ **기품 아이디어**
> 다양한 답변이 가능한 문제입니다. 에듀테크뿐만 아니라 기초학력 교육, 독서교육, 생태전환교육과 같은 다른 수업·평가 영역의 교원학습공동체도 운영할 수 있고, 회복적 생활교육, 학급 운영, 위기 학생 지원 등 생활교육 영역의 교원학습공동체도 운영할 수 있습니다.

즉답형

[A]의 학생들은 공통적으로 학교의 필요성을 느끼지 못하고 있습니다. 학교에서 배우는 내용을 인터넷 강의나 개인적으로 학습할 수 있다고 여기며, 학교의 졸업장만을 목표로 하고 있습니다. 이러한 학생들의 잘못된 생각은 학교에서 배우는 것이 오로지 지식이라고만 생각하기 때문입니다. 그 외에 학교에서 배우는 공동체 생활, 정서적인 발달, 신체 활동 등 다양한 교육 활동을 고려하지 못한 것입니다. [B]는 학교에서 배우는 것이 미래에 필요하지 않다고 말하는 데, 이 또한 학교에서 일방적인 지식 전달 또는 암기 위주 교육만을 실시할 경우를 비판하는 것입니다. 따라서 지식뿐만 아니라 학교가 무엇을 가르쳐야 하는지 생각해 보아야 합니다.

이를 토대로 학교 교육이 나아가야 할 방향은 다음과 같습니다.

첫째, 미래 역량을 길러주어야 합니다. 미래 사회는 변화의 속도가 과거보다 빠르며 사회의 불확실성이 증가하여 단순 지식만으로는 살아남기 어렵습니다. 따라서 학생들이 미래에 유연하게 대응할 수 있도록 단순 지식 주입보다는 비판적 사고와 창의적 사고 능력을 키워주고, 협력적 소통 능력과 공동체 역량 등 여러 핵심 역량을 길러주어야 합니다.

둘째, 인성교육을 강조해야 합니다. 학교는 지식 습득만을 위해 다니는 곳이 아닙니다. 학생들의 바른 인성을 길러주고 단체 생활을 통해 사회화를 배우며 학생들이 사회의 바른 시민으로 자라도록 하는 것입니다. 지식은 독서, 온라인, 학원 등 다양한 방법으로 얻을 수 있지만, 학생들의 인성 교육은 공교육이 가진 책무성입니다. 따라서 학교는 가정과 지역사회와 연계하여 학생들의 인성 교육을 강화하는 방향으로 나아가야 합니다.

셋째, 개별화 교육을 실시해야 합니다. 미래에는 학습자의 성향도 다양화됩니다. [A]에서도 학생들의 생각이 다양한 것을 확인할 수 있습니다. 따라서 개별 성장을 지원하기 위해 학생의 성향, 학습 수준, 진로 등에 맞게 맞춤형 교육을 실시해야 합니다. 이는 온라인과 스마트기기의 보급으로 더욱 현실화가 가속되고 있습니다. 이상입니다.

추가질문 2번

저는 학생들이 자기주도적으로 삶을 개척하는 모습으로 성장하기를 바랍니다. 그 이유는 언젠가 학생들은 홀로서기를 해야 하는데 부모님이나 선생님, 그리고 친구들에게 모든 선택이나 결정을 의지하면 나중에는 혼자서 아무것도 할 수 없기 때문입니다. 따라서 저는 학생들이 어릴 때부터 자기 스스로 생각하고, 계획을 세우고, 결정을 내리고 자기 삶을 개척하는 자기주도적인 사람이 되도록 지도하겠습니다.

이러한 학생의 성장을 위해서 교사에게 필요한 자질은 다음과 같습니다.

첫째, 인내심입니다. 학생들의 성장은 하루아침에 이루어지지 않고 오랜 시간이 걸립니다. 조급함에 학생에게 정답을 바로 알려주거나, 교사가 직접 모든 것을 대신 해주면 학생은 스스로 생각하거나 실천해 볼 기회를 잃게 됩니다. 따라서 학생이 자기주도적으로 성장하도록 인내심을 갖고 기다려주는 자세가 필요합니다.

둘째, 의사소통 능력입니다. 학생마다 성향, 흥미, 성장 속도가 다르기 때문에 교사는 이를 세심하게 관찰하고 상담을 통해 파악해야 합니다. 상담을 통해 학생의 특성을 파악한 후에는 개개인에 맞게 동기를 부여하고 방향을 제시하는 등 학생의 자기주도적 성장을 돕는 안내자 역할을 해야 합니다. 따라서 학생의 상황에 공감하고 학생과 깊은 대화를 나눌 수 있는 의사소통 능력이 필요합니다. 이상입니다.

2021학년도 예시답안

구상형 1번

구상형 1번 답변드리겠습니다.

홍원이와 정아가 긍정적 관계 회복을 위해 정아에게 다음과 같은 조언을 하겠습니다. 학교생활을 하며 본의 아니게 다른 학생에게 실수를 하게 되면 그 실수가 크고 작음을 떠나 자신이 한 실수에 대해 진심으로 사과해야 함을 조언하겠습니다. 3월에 발생한 학교폭력 사안도 정아가 홍원이에게 바로 사과를 했다면 홍원이도 폭언과 폭력을 하지 않았을 것을 이야기하며 3월에 발생한 정아의 실수에 대해 홍원이에게 진심으로 사과할 수 있도록 조언하겠습니다.

홍원이에게는 다음과 같은 조언을 하겠습니다. 폭력은 어떤 상황에서든 정당화 될 수 없으며 타인에게 폭력을 행사하는 것은 그 사람의 인권을 침해하는 잘못된 행동으로 다시는 어떤 상황에서도 폭력을 사용하지 않도록 조언하겠습니다. 또한 정아의 사소한 실수에 다소 과잉대응하여 폭력을 행사한 부분에 대해 정아에게 진심 어린 사과를 다시 하도록 조언하겠습니다. 또한 회복적 성찰문을 작성하여 자신이 잘못한 행동의 의미를 이해하고 정아에게 어떤 영향을 미치게 되었는지 느껴보게 하며 자신의 문제 행동에 대해 다시한 번 생각해볼 수 있도록 지도하겠습니다.

제가 생각하는 화해와 공감, 배려, 공존, 긍정적 관계 회복을 위한 학급 분위기를 조성하기 위한 활동은 **회복적 서클을 통한 또래조정과 문제해결 서클을 병행**하는 것입니다. 교사는 학급에서 가장 친화력이 좋은 학생에게 '또래 조정자' 역할을 교육하고 학생들 사이에 갈등이 있을 때 또래 조정자가 갈등 당사자 간에 회복적 대화를 통해 일어난 일에 대해 서로의 입장을 조정하여 문제해결의 합의에 이르도록 하겠습니다. 그 후에 문제해결 서클을 통해 학급 학생들 전원이 문제 상황에 대해 자신의 생각을 순서대로 이야기하고 문제 해결 방안을 순서대로 돌아가며 제안하여 제안을 선택하고 해결방안을 실행하는 활동을 하겠습니다. 이를 통해 상호배려와 존중을 토대로 긍정적인 학급 문화를 조성할 수 있다고 생각합니다. 이상입니다.

> ※ **기품 아이디어**
> 경미한 학교폭력 사안의 경우 **학교장 자체해결**로 사안을 종결지을 수 있습니다. 그러나, 피해학생 측에서 학교폭력심의위원회(학폭위) 개최를 원하는 경우 피해학생과 가해학생 사이의 **관계회복을 위한 프로그램**을 권유할 수 있습니다. 이를 통해 피해학생 측 입장을 충분히 고려하여 가해학생이 진심어린 사과를 하고 반성하며 관계 개선을 통한 회복을 도모할 수 있습니다.
> (관계회복 프로그램이 진행된다고 하여 학폭위 개최가 취소되는 것은 아닙니다.)

구상형 2번

구상형 2번 답변드리겠습니다. 첫 번째 사례의 문제점은 학생과 교사의 상호작용이 부족하다는 것입니다. 교사의 일방적인 강의식 수업이 진행되기 때문에 학생은 집중력과 흥미가 떨어지고 교사는 학생의 이해도를 확인하기가 어렵습니다.

이를 해결하기 위한 방법은 다음과 같습니다. 첫째, 수업 중 학생의 참여를 늘리는 것입니다. 온라인 수업 중간에 학생들의 의견을 묻거나 학생들에게 퀴즈를 제시하여 채팅창에 남기게 하는 등 학생들의 지속적인 참여를 이끌어내야 합니다.

둘째, 학생들과의 소통 창구를 마련하는 것입니다. 온라인 설문지, 오픈 채팅방, 패들렛 등 학생들과 소통할 수 있는 창구를 마련하여 피드백을 주고받으면 학생들은 수업 중 어려움을 빠르게 해소할 수 있고 교사도 학생들이 어려워하는 부분을 파악하여 다음 차시 수업을 준비할 때 참고할 수 있습니다.

두 번째 사례의 문제점은 학생의 학습 동기와 흥미가 유발되지 않았다는 것입니다. 수업에 대한 흥미와 동기가 없기 때문에 출석 체크만 하고 그 이상의 자발적인 참여가 이루어지지 않는 것입니다.

이를 해결하기 위한 방법은 다음과 같습니다. 첫째, 수업 내용을 학생의 삶과 연결하는 것입니다. 수업 내용이 구체적으로 어떻게 실생활과 연결되고 더 나아가 학생의 진로와 어떤 연관이 있는지를 알게 되면 학생의 학습 동기가 올라갈 것입니다.

둘째, 흥미로운 자료를 제시하는 것입니다. 온라인 수업은 오프라인보다 집중력이 떨어질 수 있습니다. 따라서 수업과 관련된 흥미로운 동영상이나 기사 등의 링크를 첨부하여 학생의 흥미를 유발할 수 있습니다.

세 번째 사례의 문제점은 평가의 공정성이 떨어진다는 것입니다. 원격수업 때 교사의 눈을 피해 타인의 도움을 받거나 학생들끼리 답을 공유한다면 일부 학생들이 불공평하다고 느낄 것입니다.

이를 해결하기 위한 방법은 다음과 같습니다. 첫째, 학생들의 생각을 묻는 문제를 과제로 제시하는 것입니다. 하나의 정답만 있는 문제가 아니라 배운 것을 바탕으로 이를 적용하여 자신의 생각을 적는 문제를 과제로 제시할 경우, 정보를 나눌 수 있겠지만 다양한 답이 나올 수 있으며 오픈북 시험과 같이 학생들이 온라인 상황에서도 공정하다고 느낄 것입니다.

둘째, 온라인 평가와 오프라인 평가의 형태를 다양하게 하는 것입니다. 예를 들어, 온라인 수업의 과정중심평가는 수업 때 배운 것을 스스로 정리하는 포트폴리오 형태로 진행하고, 오프라인 출석 때는 개별 형성평가를 실시하는 등 다양한 평가 방법을 사용하여 종합적으로 평가할 경우 그 결과에 대한 학생들의 신뢰를 높일 수 있습니다. 이상입니다.

추가질문 1번

답변드리겠습니다. (코로나 상황이 종료되어 온라인이 아닌 오프라인 학급활동으로 답변합니다.) 저의 교직관은 학교생활이 행복한 학생들과 행복한 시간을 보내는 것입니다. 학교에서 학생들과 행복하기 위해 저는 담임교사로서 다음과 같은 두 가지 학급활동을 하고 싶습니다.

첫째, **학급생활협약**을 만들겠습니다.

평화롭고 행복한 학급을 만들기 위해 모두가 지켜야 할 약속, 학급 구성원이 함께 행복하게 생활하기 위해 정하는 최소한의 약속을 정하는 활동을 하겠습니다. 약속을 정하고 협약이 잘 지켜지지 않는 상황이 발생하면 비난과 처벌보다는 협약을 잘 지킬 수 있도록 도와줄 방법에 대해서도 학생들과 함께 의논하여 정하겠습니다.

둘째, 학급 SNS를 만들고 우리 학급 학생들만 팔로잉할 수 있도록 계정을 비공개하여 운영하겠습니다. 학급 생활과 학교 행사에서 행복한 모습을 사진으로 남겨 업로드하고 댓글에는 칭찬과 긍정적인 댓글을 남길 수 있도록 하겠습니다. 이상입니다.

> **※ 기품 아이디어**
> 학기 초 모든 학급 학생들이 참여하는 학급 활동은 1년 동안 학급 분위기를 조성하는데 매우 중요한 역할을 합니다. 단순 레크리에이션 보다는 토킹스틱과 서클 모임을 통해 한 명씩 자신에 대한 소개와 가치관을 이야기하는 시간을 갖는 것이 중요합니다. 또한 지속적인 대화와 소통을 통해 학급생활협약을 만들어 평화롭고 행복한 학급을 위해 서로 노력하며 협약의 내용을 지킬 수 있는 약속을 하는 것이 중요합니다.

즉답형

답변드리겠습니다.

저의 교직관은 '모든 학생이 사회에서 자신의 몫을 책임감 있게 다하면서 다른 사람들을 도우며 살아가는 사람이 될 수 있도록 가르치고 도와주는 것'입니다. 제시문 속 '철수'는 기초학력과 정서 행동, 기본생활습관 등의 문제가 자존감 하락과 대인관계 악화와 서로 악순환을 일으키는 상황에 놓여있습니다. 따라서 철수가 자신의 상황을 해결하고 다른 사람들을 돕는 사람이 될 수 있도록 도와주려면, 인지적, 정의적 영역에서 다양한 지원이 필요하다고 생각합니다.

먼저 인지적 영역 측면에서는 다음 방법들을 말씀드리고자 합니다.

첫째, 국어·영어·수학 과목 기초학력 향상을 위해 기초학력 책임지도제의 **키다리샘 프로그램**을 운영하고자 합니다. 1:1 지도를 통해 집중적으로 **학생 맞춤형 학습코칭**이 가능한 데다가, 교내 문화체험 및 노작활동을 통해 **교사와 라포를 형성**할 수 있어 나중에 **교사가 학생을 더 심도 있게 지원할 수 있는 발판**이 될 수 있기 때문입니다.

둘째, **학습지원대상학생 지원협의회를 통해 해당 학년의 국어·영어·수학 선생님께 철수의 기초학력 상황을 공유**해 드리고자 합니다. 이를 토대로 **정규수업 시간 중 학습결손이 일어나지 않도록** 맞춤형 학습지 등 개별 학습자료와 개별적인 학습 피드백을 정중하게 부탁드리고자 합니다.

한편 정의적 영역 측면에서는 다음 방법들을 말씀드리고자 합니다.

첫째, **교내 위클래스 선생님과 논의**하여 주의력 결핍 과잉 행동장애를 치료할 방안을 찾아 **학부모님과 상담**을 나누고자 합니다. 이때 학부모님이 거부감을 느끼시지 않도록, 학생의 일상적인 학교 생활 모습은 어떠하고 그 속에서 나타나는 장점과 가능성은 무엇인지 등을 함께 말씀드려 **평소 교사가 학생에게 얼마나 많은 관심을 두고 있는지를 표현**하고자 합니다.

둘째, **서울희망교실 프로그램**을 활용하여 대인관계 능력을 향상하고 기본생활습관을 형성하고자 합니다. 4~5명 정도 소그룹으로 팀을 구성하여 다양한 **사제동행 프로그램**을 함께 하고, 해당 학생들을 중심으로 점심 식사 등 학교에서의 생활을 돕는 **또래 도우미 활동**을 병행함으로써 철수가 친구들과 조금씩 어울려나갈 기회와 용기를 제공하고자 합니다. 그리고 옷을 세탁하지 않고 잘 갈아입지 않는 것은 가정 환경이 문제의 원인일 수 있으므로 학부모님과의 상의 하에 의류 및 세탁 용품 구매 등 희망교실 중 **가정(긴급) 지원** 활동을 하고자 합니다. 이상입니다.

> ※ 기품 아이디어
> 해당 문항의 재미있는 점은 단순히 기초학력 향상 지원 방안만을 묻지 않고, 교직관을 먼저 묻는다는 것입니다. 이때 주의할 점은, 답변 시 단순히 교직관만 언급하는 것이 아니라 간단하게나마 '**나의 교직관이 기초학력 성장 지원과 무슨 관련이 있는지**'를 함께 **설명**해야 한다는 점입니다. 한편 교직관을 묻는 질문은 어떠한 문항에서든 출제될 가능성이 높으므로, 식상한 것이라 할지언정 2~3가지 정도는 꼭 미리 준비하시길 바랍니다.
> 또한 해당 문항에서는 기초학력 책임지도제를 통해 나타난 학생의 특징을 다루고 있으므로, **학생 지원 방법에도 기초학력 책임지도제를 활용한 방법을 포함**하는 것이 좋습니다. 다만, 키다리샘과 같이 구체적인 프로그램 내용을 언급할 때에는 그 **내용을 정확하게 알고 언급**하는 것이 중요합니다.(만약 이가 어려우시다면, 차라리 '방과후 보충지도'와 같이 좀 더 간단하거나 일반적인 방법을 말씀하시는 것이 낫습니다.)
> 그리고 비록 즉답형이긴 하나, **제시문에 나와 있는 학생의 특징을 모두 활용**하여 학생 지원 방법을 하나하나 제시하는 것이 좋습니다. 예를 들어 '옷을 세탁하지 않고 잘 갈아입지 않는다'는 특징은 지나치기 쉽지만, 해당 학생의 가정 환경(경제적 수준, 부모의 관심도 등)을 파악할 수 있는 중요한 단서이며 어쩌면 자존감이 낮고 대인관계가 좋지 않은 결정적인 원인일 수 있습니다. 따라서 특징 하나하나가 답변 구성의 중요한 단서라고 생각하시고 학생 지원 방법을 구상하시기를 권합니다.
> 마지막으로 인지적 영역 측면과 정의적 영역 측면에서 지원 방법을 설명하라고 하였으므로, **두 측면을 균형 있게 설명**하는 것이 좋습니다. 예를 들어 인지적 영역 측면에서는 지원 방법을 1가지만 제시하였는데, 정의적 영역 측면에서만 5가지를 제시하는 것은 다소 아쉬운 답변 구성이 될 수 있습니다.

추가질문 2번

답변드리겠습니다.
　기초학력 책임지도제 프로그램에 참여 거부 의사를 나타내는 학생에게 참여를 독려할 방안 3가지를 말씀드리겠습니다.
　첫째, 학생에게 **학습에 대한 긍정적인 피드백을 계속 제공**하겠습니다. 학생들은 학습에 대한 의욕이 없어서 기초학력 책임지도제 프로그램 참여를 거절하는 것일 수 있으며, 학습에 대한 의욕이 없는 것은 학습에 대한 긍정적인 피드백이 없었기 때문일 것입니다. 이에 평소 정규수업에서 작은 성장에도 칭찬과 격려를 제공하고 점진적으로 학습자료의 난이도를 높여가면서 학습에 대한 의욕을 높이고, 진학·진로 상담과 체험활동을 통해 학생들에게 학습의 필요성을 깨달을 수 있게 하고자 합니다.
　둘째, 학생과의 **라포를 키울 수 있는 활동을 지속적으로 진행**하겠습니다. 학생들이 기초학력 책임지도제 프로그램에 참여하지 않으려는 것은 학습에 대한 의욕이 없어서일 수도 있지만, 프로그램을 운영하는 선생님과 친밀도가 충분하지 않아서일 수도 있습니다. 따라서 수시로 상담을 진행하여 학교 내 형제, 자매 여부나 공통 관심사 등을 파악하거나, 서울희망교실 등 다양한 교내외 체험이 가능한 사제동행 활동을 하면서 라포를 차근차근 쌓아가고자 합니다.

셋째, 학생과 라포를 쌓아가면서 알게 된 **학생의 흥미와 관심사를 토대로 구체적인 프로그램을 소개**하겠습니다. 방과후 보충학습, 문화예술체험, 노작활동, 관계성 회복 친교 활동, 대학생 멘토링 중 학생과 제일 잘 맞는다고 생각되는 프로그램에 참여하도록 독려한다면 학생의 프로그램 참여 가능성을 높일 수 있을 것으로 생각합니다. 이상입니다.

> ※ **기품 아이디어**
>
> 해당 문항에서 제시된 상황은 실제 학교 현장에서 많은 선생님들이 고민하시는 부분이기도 합니다. **참여를 거부하는 이유는 대체로 학습 의욕 부족, 교사와의 라포 부족, 프로그램에 대한 학생과 학부모의 신뢰 부족**입니다. 따라서 이러한 점을 고려하여 답변을 구성하시면 됩니다.
>
> 이때, 학생이 거부한 것이 일반적인 사제 동행 프로그램이나 방과후 수업이 아닌 '기초학력 책임지도제 프로그램'임을 고려하여 답변을 구성하셔야 합니다. 예를 들어, **단순히 '상담을 통해 설득한다'는 답변을 하기보다는** '상담을 통해 학생의 특성을 파악하고, 학생의 흥미나 관심사에 적합한 프로그램을 구성하여 제공한다', '진단검사 결과를 활용하여, 상담을 통해 학생과 학부모에게 학생의 현재 학력 상태를 정확하게 전달하고 프로그램 참여를 독려한다' 등의 **내용을 덧붙여 답변**을 하는 것이 좋습니다.

2020학년도 예시답안

구상형 1번

구상형 1번 답변드리겠습니다. 먼저 사례 1에 대해 말씀드리겠습니다.

성 교사는 다음 두 가지를 고려하지 못했다고 생각합니다. 첫째, ○○이에게 체육수업 시간에 휴식을 하도록 한 행위가 ○○이의 학습권을 침해하여 **학습 속도를 늦추고** ○○이를 팀 활동이 많은 체육수업에서 배제시켜 **교우관계 형성이 어려워지도록** 만드는 결과로 이어질 수 있다는 것을 고려하지 못했다고 생각합니다.

둘째, 생활도우미 친구를 붙인 행위가 ○○이가 **스스로 학교생활을 해낼 기회를 줄이고** '○○이는 항상 도움이 필요한 아이'라는 **낙인을 형성**하는 결과로 이어질 수 있다는 것을 고려하지 못했다고 생각합니다.

따라서, 제가 생각하는 성 교사의 올바른 해결방안은 다음과 같습니다.

첫째, 학생 및 학부모 상담과 **학생 동의를 바탕으로 학생이 참여할 수 있는 활동 또는 지속시간을 체육교사와 공유한 후 체육수업에 참여**하게 하는 것입니다. 이때 혹시 모를 응급 상황에 대비할 수 있도록, 체육교사와 담임교사가 학생의 상태를 보건교사의 협조를 통해 지속적으로 확인합니다.

둘째, 생활도우미를 붙여주는 대신 오히려 해당 학생에게 **신체 무리 없이 수행할 수 있는 적절한 학급 내 역할을 맡게** 하고 이를 통해 자기효능감을 높여주는 것입니다. 만약 학생의 학교생활을 보조해야 하는 사람이 꼭 필요하다면 학생의 동의 하에 생활도우미 역할을 맡은 학생을 둬야 하며, 이때 생활도우미 역할을 맡은 학생이 해당 학생뿐 아니라 학급 내 도움이 필요한 모든 학생을 돕게 함으로써 낙인 효과를 방지해야 합니다.

셋째, 서울희망교실 등을 활용한 **사제 동행 및 친교 프로그램이나 학급 단합대회를 마련**하는 것입니다. 이를 통해 해당 학생은 자연스럽게 친구들과 교류하고 어울릴 기회를 얻게 될 것입니다.

다음으로 사례 2에 대해 말씀드리겠습니다.

성 교사는 다음 두 가지를 고려하지 못했다고 생각합니다. 첫째, 협력종합예술활동의 주제를 학생이 아닌 교사의 관심사에 근거하여 정해줌으로써 협력종합예술활동의 본래 목적인 '**학생들의 자기 주도적 태도 향상**'을 이루기 어려워질 수 있다는 것을 고려하지 못했다고 생각합니다.

둘째, 역할과 대본을 모두 교사가 직접 정해줌으로써 협력종합예술활동의 본래 목적인 '**학생들의 협력적 인성, 창의적 사고, 의사소통, 공동체 역량 강화**'를 이룰 기회가 없어질 수 있다는 것을 고려하지 못했다고 생각합니다.

따라서, 제가 생각하는 성 교사의 올바른 해결방안은 다음과 같습니다.

첫째, **모든 학생이 직접 주제, 역할, 대본을 모두 정할 수 있도록 독려**하는 것입니다. 학생들은 교사의 통제가 아닌 자신들의 의사로만 결과물을 만들어 나가기 때문에 그 과정에서 자기 주도적 태도와 창의적 사고를 기를 수 있을 것입니다.

둘째, 협력종합예술활동이 진행되는 과정에서 **발생할 수 있는 다양한 갈등이나 문제가 건강하게 해소될 수 있도록 지도**하는 것입니다. 예를 들면, 무임승차 학생이나 미참여 또는 비협조적인 태도로 인해 활동 모둠 내에서 갈등이 발생할 수 있습니다. 이때 교사는 순회 지도 등을 통해 모둠 내 갈등을 학생들 스스로 적절하게 해결하고 있는지 또는 갈등이 오히려 싸움으로 번지려 하는지를 확인하고, 후자의 경우 서로 공간을 분리하여 감정을 누그러뜨리는 등 적절하게 개입하여 싸움을 방지합니다. 이를 통해 학생들은 협력적 인성과 의사소통, 공동체 역량을 기를 수 있을 것입니다. 이상입니다.

> **※ 기품 아이디어**
>
> 해당 문항의 사례 1은 투병 중인 학생이 아닌, 투병 생활을 마치고 2년 만에 원적교로 돌아온 학생의 사례라는 것이 포인트입니다. 따라서 학생의 상태가 염려될 수는 있으나, 교사의 조치가 너무 과한 것은 아닌지 고민해 볼 필요가 있습니다. 사례 2의 경우, 협력종합예술활동에 대해 정확하게 알지 못해도 교사의 지나친 개입이 문제라는 것을 쉽게 알 수 있습니다.
> 해당 문항처럼 문제 상황이 먼저 주어지고 올바른 방안을 답변으로 제시하라는 문항에서 올바른 방안을 구성하는 **제일 쉬운 접근 방법은, 문제 상황과 완전히 반대되는 행동을 올바른 방안으로 내놓는 것**입니다. 예를 들어, 사례 1의 경우 '체육수업에 쉬게 한다'와 '생활도우미를 붙인다'가 문제 상황으로 주어졌으므로 '체육수업 시간에 활동에 참여하게 한다'와 '생활도우미를 붙이지 않는다'가 올바른 방안입니다. 사례 2의 경우 '교사가 다 정한다'가 문제 상황으로 주어졌으므로 '학생이 다 정한다'가 올바른 방안입니다.(다만 예시 답안에서는 사례 1과의 균형을 위해 문제 상황과 해결 방안을 모두 2가지로 늘려 제시하였습니다.)

구상형 2번

구상형 2번 답변드리겠습니다.

인성교육 계획표를 보고 개선해야 할 부분 세 가지는 다음과 같습니다.

첫째, 프로그램 측면의 개선점으로 일방향 강의 중심의 인성교육보다는 학생 참여형·활동형 실천중심 인성교육을 계획하여 프로그램을 운영해야 합니다. 다양한 교과 수업에서 토의·토론 수업을 진행하며 상대방의 말을 경청하고 상대방을 존중하며 발언하는 방법에 대해 가르치고, 협동 학습 및 프로젝트 학습을 진행하며 같은 모둠원에 대해 부정적인 평가보다는 격려와 칭찬을 해줄 수 있도록 가르쳐야 합니다.

둘째, 교실과 강당이라는 한정된 장소에서 인성교육을 하는 것이 아닌 가정과 마을 더 나아가 SNS라는 사이버 공간까지 확장시켜야 합니다. 이를 위해 학교는 학부모의 인성교육 역량을 함양하기 위한 프로그램을 운영하고 자녀의 올바른 디지털 기기 활용에 대한 연수를 해야 합니다. 이를 통해 학교 교과 수업에서 인성교육과 가정에서의 인성교육을 통해 시공간이 확장된 인성교육을 할 수 있습니다.

셋째, 교사는 임장지도가 아닌 실제 교육을 해야 합니다. 2022교육과정의 적용을 받는 모든 교과는 인성교육 요소가 반영되어 있습니다. 수업 내용 중 인성교육 할 수 있는 내용을 강조하여 가르치거나 학생 참여형·활동형 수업을 통해 학생들이 올바른 인성을 함양할 수 있도록 해야 합니다.

저의 도덕 교과와 관련된 인성교육 방법에 대해 답변드리겠습니다. 교과 내용 중 갈등 상황을 평화적으로 해결해야 하는 이유와 구체적인 방법을 교육하기 위해 인성교육 프로그램 연계 활동인 친구와의 대화 솔루션을 하겠습니다. 짝을 지어 자신의 좋지 않은 대화 습관과 이런 습관이 갈등을 유발하는 상황에 대해 고민하고 짝과 이야기를 통해 짝에게 솔루션을 제공하는 활동을 하여 바른 인성을 가질 수 있는 교육을 하겠습니다. 이상입니다.

추가질문 1번

답변드리겠습니다. 서울인성교육을 위해 교사에게 가장 필요한 자질은 다름의 차이를 인정하는 것입니다. 다름의 차이를 인정하는 것은 사람 존재의 존엄성을 인식하고 서로의 차이와 다양성을 포용하고 함께 협력하는 태도를 갖게 합니다. 저는 이러한 자질을 함양하기 위해 대학 학부시절부터 토의·토론 수업이나 팀 플레이에 참여할 때 이해충돌이 있기도 하였지만 타인의 관점을 최대한 존중하고 의견을 경청하며 공동의 목적을 구현하기 위한 협력적 관계를 갖기 위해 노력했습니다. 이상입니다.

즉답형

답변드리겠습니다.
저는 A/B 학생에게 먼저 도움을 주고 싶습니다. 그 이유는 다음과 같습니다.
`돕고 싶은 이유 1` 저의 교직관은 '모든 학생이 자신의 삶을 주도적으로 만들어 나갈 수 있도록 돕는 것'입니다. 즉 학생이 어떠한 삶의 방향을 선택하든, 교사는 그 방향을 존중하고 학생이 그 방향으로 스스로 잘 나아갈 수 있도록 격려해 주고 필요한 자원을 지원해 주어야 한다고 생각합니다. 따라서 저는 A/B 학생에게 다음과 같이 조언을 하려고 합니다.
" `조언 1` " 이상입니다.

추가질문 2번

답변드리겠습니다.
저는 B/A 학생에게 다음과 같이 조언을 하려고 합니다. " `조언 2` " 이상입니다.

학생	A
돕고 싶은 이유	A학생은 진로를 B학생보다 뚜렷하게 정했지만, 오히려 B학생보다 자신이 원하는 삶을 이루기 어려울 수 있기 때문입니다. A학생은 게임을 잘 못 해도 돈을 벌 수 있다는 이유로 게임 인터넷 방송가라는 진로를 선택했는데, 이는 게임 인터넷 방송가가 되는 방법이나 게임 인터넷 방송가가 실제로 하는 일 등 **자신의 진로에 대한 이해가 부족**한 것으로 보입니다. 또한 '**게임을 못 해도 돈을 벌 수 있다**'는 동기로는 자신의 진로와 자신이 원하는 삶을 계속 **유지하기 어려울 수 있습니다.**

조언	A야, **벌써 구체적으로 하고 싶은 일을 정해두었다니 정말 대단하구나.** 선생님이 너에게 해주고 싶은 말이 두 가지가 있어. 먼저, **게임 인터넷 방송가가 어떤 직업인지 좀 더 구체적으로 조사**해 보면 좋을 것 같아. 기본적으로 게임을 다루는 직업이겠지만, 선생님 생각에는 컨텐츠 시나리오 작성이나 영상 연출과 편집도 함께 하는 직업 같거든. **커리어넷**이나 **꿈길** 같은 사이트에서 관련 정보도 얻고 가끔은 직업 체험도 해볼 수 있으니, 선생님의 도움이 필요하면 꼭 말해줘. 그리고 게임 인터넷 방송가가 A의 적성에 맞는 일인지 한 번 더 확인해 보면 좋을 것 같아. A는 팔로워 수를 늘려 돈을 벌고 싶다고 했지? 물론 선생님은 A가 잘 해낼 거라고 생각하지만 어떤 시기에는 팔로워가 별로 없을 수도, 돈을 잘 못 벌 수도 있어. 그렇게 힘든 상황에서 A에게 필요한 건, 선생님 생각에는 '게임과 방송에 대한 애정'일 거라 생각해. A가 게임을 잘 못 한다고 했는데, 혹시 그래도 게임을 좋아하니? 한 번 더 생각해 보고, 선생님의 조언이나 **진로적성검사**와 같은 도움이 필요하면 꼭 말해줘.

학생	B
돕고 싶은 이유	A학생은 뚜렷한 진로가 있어 앞으로 구체적인 삶의 계획을 세울 수 있는 반면, B학생은 **막연하게 행복한 삶을 이야기 하면서도 구체적으로 어떤 일을 하면서 어떻게 살아야 하는지 잘 모르는** 것으로 보이기 때문입니다. 자신이 어떤 분야에 관심이 있는지, 자신의 적성과 장점은 무엇인지 **잘 모르는 상태에서 직업을 구하게 된다면 자신과 전혀 맞지 않은 일을 하게 될 수 있습니다.** 그렇다면 같은 일을 하더라도 더 빨리 지치게 되어, 자신이 원하는 삶을 추구하기 어려울 수 있습니다.
조언	B야, **벌써 삶에서 제일 중요한 가치가 무엇인지를 스스로 생각하고 있다니 정말 대단하구나.** 선생님이 너에게 해주고 싶은 말이 두 가지가 있어. 먼저, **어떤 분야나 직업에 흥미나 적성을 갖고 있는지 확인**해 보면 좋을 것 같아. B는 아르바이트를 하면서 돈을 벌겠다고 했지? 선생님은 혹시 B가 스스로 적성과 장점을 잘 몰라서 어떤 일을 해야 할지도 모르겠고, 그래서 이렇게 말을 한 건 아닐까라는 생각도 들었어. 만약 그래서였다면, **커리어넷**이나 **꿈길** 같은 사이트에서 여러 직업이나 분야에 대한 정보를 얻을 수도 있고 **서울진로진학정보센터**에서 진로적성검사나 진로 상담도 받아볼 수 있으니 선생님과 함께 진로를 고민하고 탐색해 봤으면 좋겠어. 그리고 너의 적성과 흥미, 적합한 분야와 직업을 알게 되면, **그 분야에서 일을 할 수 있는 방법을 구체적으로 조사해 보고 실천할 계획도 세워**보면 좋을 것 같아. **서울진로직업박람회**나 진로 캠프 같은 프로그램에 참여하는 것도 많은 도움이 될 거야. 혹시 혼자서 고민하기에 막막하면, 꼭 선생님에게 말해줘. 선생님도 B와 함께 방법과 계획을 찾아볼게.

※ 기품 아이디어

해당 문항에서도 수험생의 교직관을 묻고 있습니다. 학생의 진로 상담과 관련된 문항이므로 **진로와 관련된 교직관**이 제시되어야 합니다. 미리 구상이 불가능한 즉답형 문항이므로 교직관 제시에 큰 부담을 갖지 마시길 바랍니다. 다소 **상투적일 수 있는 교직관이어도, 내용이 논리적으로 완전히 벗어나거나 비윤리적이지 않는다면 괜찮습니다.** (물론 이런 문항에서는 어느 경우에나 사용할 수 있는 일반적인 교육관이 더 도움이 되긴 합니다.) 오히려 너무 깊이 생각하시면, 다른 문제에서 답변할 수 있는 시간을 소비하게 되니 주의하시길 바랍니다.

제시문 속 A학생은 무엇을 하면서 살 것인지는 매우 뚜렷하게 정해두었으나 그 진로에 대한 동기와 가치관이 부적절해 보이고, B학생은 삶에 대한 가치관은 나름 스스로 정해두었으나 무엇을 하면서 살 것인지는 전혀 생각하지 않고 있습니다. 즉 **서로 정반대의 사례**이며, 수험생에게 둘 중 한 명을 선택하게 하고자 의도된 것입니다. 따라서 '먼저 도움을 주고 싶은 학생'을 고를 때에는 단순히 해당 학생을 고른 이유보단, **다른 학생이 아닌 해당 학생을 고른 이유**를 말씀하시면 더 좋습니다.

한편 조언하는 답변을 구성할 때 구체적인 시책을 함께 활용하면 정말 좋겠지만, 이가 어렵다면 일반적인 내용(진로 체험, 적성검사, 진로 상담, 대학생 멘토링, 직업인 인터뷰 등)을 활용하시는 것이 더 좋습니다.

2019학년도 예시답안

구상형 1번

구상형 1번 답변드리겠습니다.

A 상황의 문제점으로 다음 두 가지를 말씀드리겠습니다.

첫째, **김 교사가 학생용의복장규정의 필요성을 강조**하고 있다는 점입니다. 김 교사는 토론 주제에 대해 **중립을 지켜야 하는데** 그러지 못하고 있기 때문입니다.

둘째, **특정 학생들이 발언권을 독점**하고 있다는 점입니다. 토론 교육의 목적은 의사소통 능력을 기르는 것입니다. 가령 경청, 자기 의사 표현 등이 그렇습니다. 그러나 이 경우 몇몇 친구들이 발언을 독점하고 경청하는 자세를 보이지 않아 오히려 역효과가 나타나고 있습니다.

그럼 B 상황이 말하는 것과 관련하여, A 상황을 해결하기 위한 지도방안 3가지를 말씀드리겠습니다.

우선 B 상황은 **보이텔스바흐 합의**로, 다음 세 가지 규칙을 내세우고 있습니다. **첫 번째 원칙은 강제적 주입 금지입니다. 두 번째 원칙은 논쟁 상황 가져오기입니다. 세 번째는 각 학생들의 이해관계에 따라 가치 판단하기**입니다.

따라서 저는 다음 지도방안 3가지를 말씀드리겠습니다.

첫째, 교사는 이슈나 관련 용어의 뜻만 언급하고 **특정 가치관을 강요하지 않도록** 하겠습니다.

둘째, 특정 학생뿐 아니라 **찬반 의견 골고루 발언 기회를 부여**하는 자세를 갖겠습니다.

셋째, 결론이나 승리가 아니라, **개별 학생들이 토론 주제에 대해 자신의 입장에서 생각해보는 기회**를 갖도록 하겠습니다. 그 예로는 토론 후 소감문을 작성하는 것이 있습니다. 이상입니다.

> **※ 기품 아이디어**
>
> 해당 문항의 핵심은 '보이텔스바흐 합의의 세 가지 규칙을 숙지하고 있는가?'입니다. 보이텔스바흐 합의의 세 가지 규칙을 숙지하고 계신다면, 해당 문항은 정말 간단하게 해결할 수 있습니다. **세 가지 규칙을 위배한 사례 2가지를 A 상황에서 찾아 제시하면 A 상황의 문제점 2가지를 구성할 수 있고, 세 가지 규칙을 A 상황에 맞게 변형하면 지도방안 3가지를 구성할 수 있기 때문입니다.**
>
> 한편 해당 문항처럼 'B 상황과 관련하여 A 상황을 해결하기 위한 지도방안을 제시'하라는 문제가 나왔을 때 주의할 점은, **A 상황을 해결할 수 있는 일반적인 지도방안이 아니라 'B 상황과 관련한' 지도방안을 제시해야 한다**는 점입니다. 지금은 너무나 당연하게 들리시겠지만, 실제 시험장에서 수험생들이 제일 많이 하는 실수 중 하나이므로 주의가 필요합니다.

구상형 2번

구상형 2번 답변드리겠습니다.

[가] 유형의 학생들을 지도할 때 학생들에게 진로탐색검사를 통해 자신의 능력과 흥미, 성격 등 다양한 심리적 특성을 측정하여 학생 자신에 대한 이해를 도울 수 있도록 하겠습니다. 검사 결과를 토대로 학생과 지속적인 면담을 통해 장래희망과 진로를 정할 수 있도록 지도하겠습니다.

[나] 유형의 학생들은 학습에서 성취경험이 없거나 학습 결손 등의 이유로 인해 학습된 무기력을 겪고 있을 확률이 높습니다. 따라서 교사는 [나] 유형의 학생들은 학습된 무기력을 극복할 수 있는 환경을 제공해주어야 합니다. 쉽고 난이도가 낮은 문제를 맞추는 성취 경험을 제공해주고 조금씩 난이도를 높여 나간다면 학습된 무기력을 극복하여 학습에 흥미가 생기고 수업시간에 적극적으로 참여할 수 있을 것입니다.

[다] 유형의 학생들은 특성은 ADHD(주의력 결핍 과잉행동장애)에 해당됩니다. 이러한 ADHD 학생들을 지도하기 위해 교사는 좋은 역할 모델이 될 수 있는 집중을 잘하는 친구와 짝을 지어 공부를 할 수 있도록 하여 ADHD 특성을 가지고 있는 학생이 집중하는데 도움을 주도록 지도하겠습니다.

[라] 유형의 학생에게는 붙임성이 좋고 성격이 활발한 학생이 도움을 줄 수 있도록 지도하겠습니다. 소극적이며 의존적인 태도를 가진 특수교육대상학생이 활발한 학생과 짝을 지어 활동을 같이 하게하여 활발한 학생의 성격을 배우게 되어 적극적이며 주체적으로 학급생활을 할 수 있도록 하겠습니다.

추가질문 1번

답변드리겠습니다.

[가]~[라]의 특성을 가진 학생 모두가 참여할 수 있는 학급 단합대회를 개최하겠습니다. 학급 단합대회에서 다양한 프로그램에 함께 참여하며 [A] 대학입시 준비로 그동안 하지 못했던 대화를 통해 서로를 알아갈 수 있는 시간을 보낼 수 있습니다. [B] 학교생활을 지루해하는 학생들에게는 단합대회가 학교생활의 활력소로 작용을 할 수 있는 효과가 있습니다. [C] 정서적 문제를 겪는 학생들에게는 스트레스를 해소할 수 있는 기회가 되며 [D] 특수교육대상학생은 학급 친구들과 이야기를 나누며 소극적인 성격을 적극적인 성격으로 바꿀 수 있는 전환점이 될 수 있다는 점에서 교육적 효과가 있다고 생각합니다.

> ※ **기품 아이디어**
> 실제 학교 현장에서도 학급에는 [가]~[라]와 같은 다양한 특성을 지닌 학생들이 생활하고 있습니다. 다양한 특색을 가진 학생들이 학급에서 함께 어울리며 평화롭고 행복하게 지낼 수 있도록 담임교사는 다양한 프로그램을 운영해야 합니다. 자신의 학창시절을 생각해보고 행복했던 학급을 위해 담임선생님께서 어떻게 하셨는지 생각해보시고 답변에 활용하시면 좋습니다.

즉답형

기능론의 교육관은 교육이 사회화와 선발을 통해 사회 전체의 유지와 발전에 기여한다고 보는 반면, 갈등론의 교육관은 학교가 지배계급의 문화와 이데올로기를 가르쳐서 지배계급에 유리한 사회 불평등 구조를 재생산한다고 보는 것이 특징입니다.

저는 기능론의 교육관을 선호합니다. 학생들이 학교에서 보편적인 지식과 규범을 배우고 사회화를 통해 우리 사회의 한 구성원으로 자랄 수 있다고 생각하기 때문입니다. 하지만 기능론이 갖고 있는 한계점은 다음과 같습니다.

첫째, **경쟁이 심화될 수 있습니다.** 기능론은 능력주의에 따라 학생을 선발하고 배치하기 때문에 학생들 간의 성적 경쟁이 심화되고, 이는 지나친 사교육과 학생들의 학업 스트레스와 같은 사회 문제로도 이어질 수 있습니다.

둘째, **계층 간 양극화가 심화될 수 있습니다.** 갈등론에 따르면 학교에서 가르치는 것은 지배계급의 문화와 이데올로기입니다. 따라서 이러한 문화에 익숙한 학생들이 학교생활에서도 더 유리해집니다. 또한 사회·경제적 배경에 따라 사교육이나 교육 관련 정보에 대한 접근성이 다르기 때문에 능력에 따른 상급학교 진학이 계층 간 양극화를 더욱 심화시킬 수 있습니다. 이상입니다.

> ※ 기품 아이디어
> 1차 공부할 때의 교육학 이론이 나와서 일부 수험자들이 당황했던 문제입니다. '교육복지'는 면접에 자주 출제되는 주제이므로 이와 관련된 교육학의 '교육사회' 파트는 2차 준비할 때도 한번 읽어보시기를 추천합니다.

추가질문 2번

태어나는 집은 달라도 교육은 같아야 하기 때문에 정의로운 차등 정책이 필요합니다. 학생들의 사회·경제적인 배경이 다르더라도 모두 일정 수준에 도달하도록 가르치는 것이 공교육의 책무이기 때문에 교육 불평등을 완화하는 교육복지 정책이 필요합니다.

저는 교사로서 다음과 같이 정의로운 차등 정책을 실현하겠습니다.

첫째, **서울희망교실을 운영하겠습니다.** 학업, 경제, 정서 등 여러 측면에서 도움이 필요한 교육 취약 학생들을 선별하여 함께 다양한 문화 체험, 독서 활동, 상담, 보충 학습 등을 실시하여 모든 학생들이 즐겁게 학교생활을 하고 성장할 수 있도록 지원하겠습니다.

둘째, **방과 후 수업을 개설하겠습니다.** 방과 후 수업을 개설하여 기초학력이 부족한 학생들을 집중적으로 지도하고 정규 수업 때의 격차를 줄이도록 노력하겠습니다. 또한 해당 학생들이 수강료를 지원받을 수 있는지 담임 선생님 또는 담당 선생님과 논의하여 복지 지원 대상자들도 놓치지 않도록 하겠습니다. 이상입니다.

2018학년도 예시답안

구상형 1번

구상형 1번 답변드리겠습니다. B학급의 문제점은 다음과 같습니다.

첫째, 청각장애 학생의 과제가 면제되어 청각장애 학생의 학습결손이 발생할 수 있습니다. 청각장애 학생은 들을 수 있는 능력에 문제가 있으나 인지적 능력이 낮지 않아 충분히 과제를 수행할 수 있습니다. 이로 인해 다른 학생들과 학생들과 학습능력의 격차가 발생할 수 있습니다.

둘째, 청각장애 학생의 교실 및 특별실 청소를 면제해주는 것입니다. 청소를 하는 데 어려움이 없음에도 청소를 면제해줄 경우 다른 학생들이 역차별을 받고 있다고 생각하게 되며 특수교육대상자에 대한 선입견이 생길 수 있습니다.

셋째, 특수교육대상학생이 스스로 자립할 수 있는 환경을 조성하지 않는 것입니다. 듣는 것을 제외한 다른 활동에 특수교육대상학생이 도우미 학생의 도움을 받을 경우 수업과 학급 활동에 적극적으로 참여하여 자아존중감이 높아질 수 있는 기회가 없어집니다.

이러한 세 가지 문제점에 대한 개선 방안은 다음과 같습니다.

첫째, 청각장애 학생에게 듣고 활동하는 과제가 제시되지 않는다면 다른 학생들과 동일하게 과제를 수행할 수 있도록 해야합니다. 만약 듣는 활동이 포함되어있는 과제라면 도우미 학생의 도움을 받아 과제를 수행할 수 있도록 조력해야 합니다.

둘째, 청각장애 학생도 교실 및 특별실 청소를 학생들과 같이 할 수 있도록 해야 합니다. 청소시간에 학생들 간의 상호작용이 활발하게 일어납니다. 또한, 학급 구성원으로서 자신이 맡은 역할을 하여 소속감을 느끼고 장애를 가지고 있어도 할 수 있다는 자신감을 가질 수 있습니다.

셋째, 특수교육대상 학생에게 필요 이상의 지원을 하지 않음으로써 다른 학생들이 역차별을 당하고 있다는 느낌을 받지 않도록 해야합니다. 선생님이나 도우미 친구의 지원이 필요할 경우 청각장애 학생이 원하는 것을 담임교사에게 직접 요구할 수 있도록 교육한다면 다른 학생들이 오히려 청각학생을 더 많이 배려하는 문화가 자연스럽게 조성될 것입니다. 이상입니다.

> **※ 기품 아이디어**
> 특수교육대상학생에게 과도한 혜택을 제공하는 것은 일반 학생들이 역차별로 생각하여 특수교육대상학생을 곱지 않은 시선으로 바라볼 수 있습니다. 담임교사는 특수교사와 긴밀하게 소통하여 반드시 지원해주어야 하는 부분에 대해서만 지원을 해 주어야 합니다. 또한 특수교육대상학생이 스스로 할 수 있는 환경을 조성하여 자립심을 키워주고 일반 학생들이 지지하며 도움이 필요할 때 담임교사가 시키지 않아도 자발적으로 도울 수 있도록 해야 합니다.

구상형 2번

구상형 2번 답변드리겠습니다.

교사의 입장은 모든 학생에게 교칙을 평등하게 적용하는 것입니다. 그리고 평소 문제행동을 하는 학생의 생활지도를 위해 타반 출입금지를 위반하여 생활교육위원회에 회부한 것은 모두가 바람직한 결과를 얻기 위한 것이라면 그 행동은 정당화할 수 있다는 입장입니다.

학생의 입장은 기본권을 침해당한 것입니다. 옳은 결과라도 일부의 희생을 통해 얻어지는 것이라면 정당화할 수 없다는 입장입니다.

평화로운 학교를 만들기 위한 생활지도 방안 세 가지는 다음과 같습니다.

첫째, **학교문화 책임규약**을 운영합니다. 학교폭력 및 생활지도, 교육활동 보호와 관련한 문제를 학생, 학부모, 교사가 협력하는 실천적 노력을 통해 책임 준수를 확인하는 책임규약을 만들어 운영한다면 평화롭고 바람직한 학교문화가 조성될 수 있습니다.

둘째, **학급자치회의와 학생자치활동을 통해 학생들이 상·벌점 규정과 학교규칙 개정에 적극적으로 참여**하여 학생의 인권과 기본권이 지켜질 수 있도록 참여를 독려합니다. B 상황에서 학생이 절도를 했다는 정황상 의심이 들 수는 있지만 CCTV가 교실 안까지 비추어 절도하는 것이 확인되지 않았습니다. 따라서 명확한 증거가 없이 생활교육위원회에 회부되지 않도록 학교규칙 개정에 적극적으로 참여하여 인권친화적인 학교규칙으로 개정될 수 있도록 해야 합니다.

셋째, 벌점 규정에 있는 행동을 했으니 누구나 벌점을 부여하는 방식이 아니라 **대화와 훈육, 조언을 통해 교육하여 행동의 변화를 지켜보아야 합니다.** 또한, 벌점을 부여하고 벌점을 받은 이유에 대해 학생이 납득할 수 있도록 설명하고 추수지도를 통해 학생이 똑같은 행동을 반복하지 않도록 교육해야 합니다. 이상입니다.

> ※ **기품 아이디어**
> 학칙은 누구에게나 예외 없이 평등하게 적용해야 합니다. 어떤 학생은 평소 행실이 바르다고 하여 봐주고, 어떤 학생은 평소 행실이 좋지 않다고 벌점을 부여하게 된다면 교육의 일관성이 없어 학생들에게 신뢰를 잃을 수 있습니다.

즉답형

주어진 그림 중 가장 바람직한 교육관은 D입니다. 공교육은 모든 학생의 성장과 발전을 지원하는 것을 목표로 합니다. 모든 학생이 일정 수준의 역량을 갖추어 사회구성원으로서 바르게 삶을 살아가고 자신의 꿈을 이룰 수 있도록 도와야 합니다. 따라서 개개인의 강점과 약점이 다를지라도 개별적 특성에 맞게 지원하여 일정 수준에 모두 도달할 수 있도록 하는 것이 바람직합니다.

반면, 가장 경계해야 할 교육관은 C입니다. 타고난 능력이 더 우수한 토끼가 출발선에 가까이 서는 혜택을 받고 오히려 능력이 부족한 거북이가 출발선보다 뒤에 있기 때문입니다. 이러한 교육관은 능력에 따른 차이를 더욱 심화시켜서 일부 학생들의 학습 동기를 더 떨어뜨리고 사회 양극화와 갈등으로 이어질 수 있습니다.

> ※ 기품 아이디어
> 2018년 당시 많은 수험자가 당황했던 문제입니다. 바람직한 교육관으로 D 대신 B를 선택했더라도, 능력이 부족한 학생에게 더 많은 도움을 제공한다는 것을 설명함으로써 D와 비슷한 맥락으로 답할 수 있습니다.

추가질문

제가 경계해야 할 교육관으로 선택한 C는 능력이 뛰어난 학생에게 더 많은 혜택과 지원을 제공하는 것입니다. 이러한 교육관의 장점은 일부 학생들이 가진 강점을 더욱 키워줄 수 있다는 것입니다. 구체적인 활용 방안은 다음과 같습니다.

첫째, **영재교육을 통해 국가의 인재로 키우는 것**입니다. 과학영재고등학교와 예술고등학교가 대표적인 예입니다. 학생들이 어릴 때부터 자신의 관심사에 집중하고 자신이 가진 재능을 키울 수 있도록 지원하여 과학과 예술 분야의 발전에 기여하도록 하는 것입니다.

둘째, **멘토로 활용하는 것**입니다. 예를 들어 의사소통과 공감 능력이 뛰어난 학생에게는 상담 기술과 방법을 더 알려주어 다른 친구들의 또래 상담가로 활동하도록 가르칠 수 있습니다. 또는 학업으로 뛰어난 학생들에게 재밌는 교수 자료를 제공하여 학업에 어려움을 겪는 친구에게 멘토링을 하도록 할 수 있습니다. 이상입니다.

2017학년도 예시답안

구상형 1번

구상형 1번 답변드리겠습니다.

제시문 A는 수업의 주도권을 교사가 완전히 가져가는 **교사 중심 수업에 대한 경고로도 해석할 수 있다**고 생각합니다. 이러한 교사 중심 수업은 제시문 B의 박 교사의 수업처럼 **학생들이 학습의 즐거움을 느끼지 못하게 하여** '깊이 있는 학습'이 일어나지 못할 수 있습니다.

이러한 제시문 A에 근거하여, 제시문 B의 박 교사가 학생 중심 수업으로 수업방법을 혁신하는 방안 3가지를 말씀드리겠습니다.

첫째, **학생들이 직접 학습 주제에 관한 질문을 만들고 문제를 해결하는 수업**을 구성해야 한다고 생각합니다. 학생들이 교사의 질문에 대답만 하는 것이 아니라 직접 질문과 질문에 대한 대답을 만든다면, 학생들이 학습 내용에 좀 더 관심과 호기심을 가지면서 문제해결력도 기를 수 있으리라 생각합니다.

둘째, **학생들이 직접 학습 주제를 탐구하는 활동**을 구성해야 한다고 생각합니다. 물론 교사가 잘 가르치고 수업을 잘 진행하는 것도 중요하겠지만, 학생 활동을 활성화한다면 학생들의 자기주도 학습 능력과 학습에 대한 흥미와 동기가 향상되리라 생각합니다. 그 예로는 토의 토론 학습, 실험, 소집단 협동 학습 등이 있습니다.

셋째, **학생들에게 자신의 학습 과정을 직접 점검하고 개선할 기회**를 제공해야 한다고 생각합니다. 학생들이 수업 시간에 배운 내용을 얼마나 이해 했고, 어떤 점이 보충이 필요한지를 스스로 되돌아본다면 반성적 사고와 자기주도 학습 능력이 향상되면서 진정한 의미의 '학습'이 이루어질 수 있으리라 생각합니다. 그 예로 탐구 활동 종료 후 자기평가 및 동료평가를 하는 것이 있습니다. 이상입니다.

※ 기품 아이디어

제시문 A에 나온 키케로의 어록은 '수업에서 교사의 힘이 강해지면 학생들의 배움이 약해질 수 있다'는 뜻으로 해석할 수 있습니다. 즉 **교사 중심 수업을 경계**하자는 것이지요. 따라서 제시문 B의 박 교사의 수업을 제시문 A에 근거하여 개선하려면 **학생 중심 수업이 필요**합니다.

제시문 B의 **박 교사 수업의 특징을 3가지로 분석**하자면, '잘 가르치기 위해 노력한다(수업을 잘 진행한다)', '학생들이 질문에 대답을 잘한다', '학생들은 박 교사의 수업에 낮은 점수를 주었다'라고 볼 수 있습니다. 따라서 **개선 방법도 학생 중심 수업을 활용하여 이 3가지에 각각 대응**하도록 구성하시면 됩니다.

예시 답안에서는 '수업을 잘 진행한다' → '학생들도 직접 활동해야 한다', '학생들이 대답을 잘한다' → '학생들이 질문을 직접 만들고 해결해야 한다', '학생들이 낮은 점수를 주었다(학습이 일어나지 않았다)' → '스스로 학습을 점검할 기회를 주어야 한다'의 구조로 답변을 구성하였습니다.

> 구상형 2번

구상형 2번 답변드리겠습니다.

최 교사는 학부모님들이 생활지도를 엄격하게 요구하고 있고 그 이유를 잘 알고 있습니다. 하지만 학생들에게 복장을 스스로 선택하여 자신들의 행동과 선택에 대해 책임을 질 수 있도록 자율성을 보장해야 한다는 견해를 보이고 있습니다. 학생들은 자신들이 입고싶은 옷을 입고 학생으로서의 본분을 다하여 학습분위기와 학습권을 방해하지 않으면서 자신들에게 당면한 문제를 해결할 수 있는 문제해결 역량을 갖출 수 있습니다.

학생들의 문제해결 역량을 길러주기 위한 생활지도 방안 두 가지는 다음과 같습니다.

첫째, 학생들이 주체적으로 학생생활규정을 제·개정 할 수 있도록 학급자치회의와 학생자치활동을 할 수 있도록 환경을 조성합니다. 학생생활규정을 제·개정 하는 과정에서 학급자치회의가 활성화되고 회의를 통해 다양한 의견을 모으고 종합하는 과정에서 의사소통 역량, 문제해결 역량과 공동체 역량을 함양할 수 있습니다.

둘째, 학생자치활동에서 학생회가 중심이 되어 복장 자율화에 대한 토론회와 공청회를 주관합니다. 이때 교육 3주체인 학생과 교사, 학부모가 함께 복장 자율화에 대해 논의를 하고 결론을 도출하는 과정에서 의사소통 역량을 함양할 수 있습니다. 이상입니다.

> 즉답형

답변드리겠습니다.

제가 원하는 교사상은 A/B입니다. 그 이유는 다음과 같습니다. ｜ 이유 ｜

이에 따른 교과지도 방안과 창의적 체험활동 지도방안을 말씀드리겠습니다.

먼저, 교과지도 방안을 말씀드리겠습니다. ｜ 교과지도 방안 ｜

다음으로, 창의적 체험활동 지도방안을 말씀드리겠습니다. ｜ 창의적 체험활동 지도방안 ｜

이상입니다.

> 추가질문

답변드리겠습니다.

방금 말씀드린 교사상에 의해 발생할 수 있는 문제점은 다음과 같습니다. ｜ 문제점 ｜

이러한 문제점을 해결하기 위한 대처방안을 말씀드리겠습니다. ｜ 대처방안 ｜

이상입니다.

교사상	A
이유	B의 교사상은 학생이 스스로 성장하고자 하는 의지가 없다면 실현하기 어렵지만, A의 교사상은 **교사의 의지로 실현 가능**하다고 생각하기 때문입니다. 또한 학생의 성장 과정에서 교사가 적절한 방법과 경로를 알려준다면, **학생은 시행착오로 인한 시간과 비용, 감정 소모 없이 자신의 목표를 달성**할 수 있을 것으로 생각합니다.
교과지도 방안	저는 **수업 마무리 활동으로 경쟁형 게임 형식의 복습 퀴즈 활동**을 마련하고자 합니다. 게임 형태의 활동이므로 학습에 관심이 없던 학생들도 즐겁게 참여할 수 있고, 특히 경쟁형 게임이므로 복습에 대한 동기를 쉽게 유발할 수 있습니다. 또한 정답이 존재하는 퀴즈 활동이므로, 학생들이 자신이 제대로 학습 내용을 이해하고 있는지를 쉽게 점검할 수 있습니다.
창의적 체험활동 지도방안	저는 **진로를 아직 정하지 못한 학생들을 대상으로 진로 검사와 진로·진학 탐방을 진행하는 진로 활동**을 마련하고자 합니다. 해당 학생들은 진로에 대한 정보가 부족하여 결정을 못 한 경우도 있지만, 자신의 진로에 대해 아직 생각해 보지 않은 경우가 많을 것으로 생각합니다. 교사가 학생들의 이러한 상황에 적극적으로 개입하여, 진로 검사를 통해 자신의 적성을 알게 해주고 다양한 탐방 및 체험활동을 통해 다양한 직업 세계를 경험할 수 있게 해준다면 이러한 학생들도 자신의 진로를 진지하게 고민해 보는 기회를 가지면서 자신의 진로를 좀 더 수월하게 결정할 것으로 생각합니다.
문제점	만약 **교사가 학생의 학습 상황이나 특성에 대해 정확하게 알지 못한다면, 학생에게 부적합한 지도**를 하게 되어 오히려 학생이 시행착오를 겪게 될 수 있습니다.
대처방안	저는 **학생들과 수시로 소통하면서 학생들의 상황과 특성을 정확하게 파악**하고자 노력하겠습니다. 소통 방법은 정기적인 일대일 및 일대다 상담뿐 아니라 조회 시간, 쉬는 시간, 점심시간, 학급 행사 시간을 활용한 교실 임장 및 학생 관찰, 학생과의 대화, 온라인 소통방 운영 등이 있습니다.

교사상	B
이유	A의 교사상은 학생이 스스로 무언가를 해낼 기회를 제공하지 않는 반면, B의 교사상은 **학교를 졸업한 이후에도 자신의 삶을 스스로 살아갈 힘을 학생들에게 길러주기 때문**입니다. 또한 학생의 수만큼이나 다양한 삶의 모습이 있다고 생각하기에, 교사가 정해진 방향을 안내해 주기보다는 학생 스스로 방향을 찾는 능력을 기르는 것이 더 적절할 것으로 생각합니다.
교과지도 방안	저는 **프로젝트 수업을 마련하여 학생들이 스스로 문제를 해결할 기회를 제공**하고자 합니다. 학생들은 모둠을 구성하고 스스로 탐구 주제를 선택함으로써 스스로 학습하는 자기 주도적 학습 태도를 기를 수 있고, 모둠 내 협업을 통해 문제를 해결함으로써 갈등 조정 능력과 협력적 소통 역량을 자연스럽게 길러나갈 수 있을 것입니다.

창의적 체험활동 지도방안	저는 **학급 미션 수행 활동**을 마련하고자 합니다. 학급 미션 수행 활동이란 학생들이 스스로 자신들이 학급 내에서 지켜야 할 목표를 정하고, 해당 목표를 학급 내 모든 학생들이 지키고자 노력하는 활동입니다. 학생들은 자신들에게 필요한 목표가 무엇인지 고민하면서 직접 목표를 세워보고, 가끔은 목표 달성에 실패하면서 다음 목표는 어떻게 달성할지 스스로 마음가짐을 다잡고 계획을 세우는 경험을 할 수 있게 됩니다. 이를 통해 삶을 스스로 설계하는 자기관리 역량을 기를 수 있을 것입니다.
문제점	만약 **학생이 스스로 성장하고자 하는 의지가 없다면, 교사의 의도와는 달리 해당 학생이 오히려 수업과 창의적체험활동 등 학교의 다양한 활동에서 소외**될 수 있습니다. 예를 들면 프로젝트 수업에서는 무임승차자가 되고, 학급 미션 수행 활동에서는 목표 달성 실패의 원인 제공자가 될 수 있습니다.
대처방안	저는 **스스로 성장하고자 하는 의지가 없는 학생에게 긍정적인 피드백을 제공하여 성장의 동기를 만들어주고자 노력**하겠습니다. 우선 주기적인 상담과 사제 동행 프로그램을 통해 해당 학생과 라포를 쌓고, 수업 시간이나 학급 자치 시간 등에서 자그마한 성장의 모습을 보일 때마다 칭찬과 격려를 할 것입니다. 이렇게 작은 성장의 기쁨을 조금씩 알게 된다면, 해당 학생도 스스로 성장하고자 하는 의지를 갖게 될 것입니다.

> ※ 기품 아이디어
>
> 해당 문항에서는 A와 B의 교사상 중 하나를 선택하라고 하고 있습니다. 그러나 아마 예시 답안을 보시면서도 느끼셨겠지만, **해당 문항은 정답이 어느 정도 정해져 있습니다. 바로 B의 교사상**입니다. 서울시교육청뿐 아니라 우리나라의 모든 공교육 기관에서는 현재 학생 중심 수업과 과정중심 평가를 강조하고 있기 때문입니다.
>
> 만약 A의 교사상을 선택하고 싶으시다면, 학생의 주도성을 너무 침해하지 않는 범위 내에서 적절하게 교사의 주도성을 강조하는 답변을 논리적으로 구성하시길 바랍니다. 다만 즉답형 문항의 특성상 적절한 아이디어를 떠올릴 시간이 부족할 수 있으므로, 안전한 길을 가시는 것이 점수를 안정적으로 확보하는 데에는 더 좋을 수 있습니다.
>
> 한편 해당 문항과 같이 **문제점과 대처방안을 함께 제시해야 하는 경우, 대처방안을 먼저 머릿속에 떠올리신 후 문제점을 이에 맞추어 구성**하시는 것이 좋습니다. 문제점을 먼저 머릿속에 떠올리는 경우 적절한 대처방안을 즉각 떠올리기 힘들 수 있고, 이는 답변 구상 및 답변 시간을 지나치게 소모할 수 있기 때문입니다.
>
> 그리고 **문제점과 대처방안에 대한 아이디어**를 선택하지 않은 교사상으로부터 가져올 수도 있겠지만, **선택한 교사상 내에서 마련하는 것이 더 논리적으로 완결성**이 있어 보입니다. 예를 들어 '시행착오가 커서 성장하지 못할 수 있다'는 문제점과 '시행착오가 커지지 않도록 경우에 따라서는 교사가 적극적으로 개입한다'는 대처방안은 현실적인 답변일 수 있으나, 이는 B의 교사상이 아닌 A의 교사상을 선택해야할 이유가 된다는 점에서 논리적 완결성이 부족한 답변이라고 볼 수 있습니다.

2016학년도 예시답안

구상형 1번

구상형 1번 답변드리겠습니다.

첫째, **토의·토론 수업을 통해 인성교육**을 할 수 있습니다. 토의·토론 주제는 학생들의 관심과 수준을 고려하여 선정할 수 있습니다. 토의·토론 시 상대방의 말을 경청하고 상대방의 생각이 자신과 다를 수 있음을 학생들에게 이해시키며 상대방의 말이 끝난 후 자신의 생각을 말할 수 있도록 지도하는 방법이 있습니다. 또한, 상대방을 존중하며 발언하여 상대방이 들었을 때 불쾌하거나 기분이 나쁘지 않도록 교육을 해야 합니다. 토의·토론에 대한 평가는 발언과 내용의 유창성이 아닌 상대방을 존중하고 배려하며 발언을 하고 있는가, 상대방의 의견을 경청하고 있는가에 대해 평가를 진행할 수 있습니다.

둘째, **협동 학습을 통해 인성교육**을 할 수 있습니다. 협동 학습은 다양한 학생들이 모여 결과를 만들어내는 과정을 중요시 하기 때문에 학습 모둠 내에서 지켜야 할 수칙을 정해줄 수 있습니다. 예를 들어 다른 학생의 의견에 대해 부정적인 평가하지 않고 경청하기, 좋은 의견에 대해 칭찬하기, 갈등 상황에서 중재와 화해를 위한 노력하기와 같은 수칙을 교육하여 협동 학습을 통해 인성교육을 하는 방법이 있습니다. 협동 학습에 대한 평가는 결과물을 평가하기 보다는 모둠 내에서 지켜야 할 수칙을 잘 지키며 협동 학습을 했는지를 평가를 할 수 있습니다. 이상입니다.

> **※ 기품 아이디어**
> 가장 중요한 인성교육은 가정에서 이루어집니다. 가정과 연계한 인성교육을 통해 가정에서 친밀한 관계를 바탕으로 가족 대화의 시간을 운영하여 올바른 대화법, 올바른 생활 습관 형성 및 실천, 올바른 디지털 기기 사용에 대해 교육할 수 있도록 학부모에게 필요한 연수를 제공할 수 있습니다.

구상형 2번

구상형 2번 답변드리겠습니다.

(파토스) B 선생님. 생각해보니 선생님께서도 나름의 평가 기준을 가지고 평가 문항을 만드신 것인데, 제가 **선생님께 무턱대고 문항 수정을 요청드린 것이 선생님의 의견과 노고를 무시한 것 같아 죄송**한 마음이 들었습니다.

(로고스) 그런데 최근 **국가 교육과정을 보면, 단편적 지식 암기를 지양하고 문제 해결 능력과 사고 과정을 중시하는 평가를 강조**하고 있습니다. 또한 **창의적 사고 역량을 길러 창의적인 사람을 추구**한다고도 명시하고 있습니다. 따라서 지식을 확인하는 평가도 중요하지만, 저희가 이번에는 학생들의 창의력과 사고력을 대상으로 하는 평가 문항을 제작해보는 것은 어떨까요?

(에토스) 저도 어떻게 평가 문항을 제작해야 할지 많은 고민이 되어서 **교육청에서 주관하는 다양한 수업평가 관련 연수**를 들어봤는데요, 좋은 평가 문항 사례들을 알게 되었습니다. 제가 선생님께 **해당 사례들을 공유해 드리고, 이러한 사례들을 바탕으로 선생님과 함께 평가 문항을 제작하고자 하는데 괜찮으신가요?** 선생님과 함께 평가 문항을 제작한다면 오류가 없으면서도 학생들의 사고력과 창의력을 확

인할 수 있는, 주변에도 모범이 되는 좋은 평가 문항이 될 것이라고 기대합니다. 이상입니다.

> ※ 기품 아이디어
>
> 아리스토텔레스의 설득의 3요소는 구체적으로 다음과 같습니다. 에토스는 말하는 사람의 신뢰성, 전문성 등 좋은 인격을 통한 설득을 의미합니다. 파토스는 상대방에 대한 공감, 말하는 사람의 열정 등 감성을 통한 설득을 의미합니다. 로고스는 논리를 통한 설득을 의미합니다.
>
> 보통 나의 의견을 반대하는 사람을 **설득할 때는 먼저 상대방의 입장을 헤아리고, 그 후에 자신의 의견을 제시**해야 합니다. 따라서 아리스토텔레스의 설득의 3요소를 활용한다면, 파토스-로고스-에토스(또는 파토스-에토스-로고스)의 순서로 설득을 해야 합니다.
>
> 이에 따라 해당 문항은 파토스(B교사에 대한 감성적 공감)-로고스(사고력, 창의력을 측정하는 문항을 제작해야 하는 논리적인 이유)-에토스(답변자의 문항 제작 전문성, B교사와의 협업에 대한 진정성)의 순서로 답변을 구성할 수 있습니다.
>
> 이때, 사고력과 창의력을 측정하는 문항을 제작해야 하는 **논리적인 이유에 교육과정이나 시책의 내용을 반영**한다면 더욱 설득력이 있고 현장 적합성이 높은 답변이 될 수 있을 것입니다.

즉답형 1번

답변드리겠습니다.

'교복 입은 시민' 프로젝트란 학교의 의사결정과 실천 과정에 모든 학생이 참여하고 학교의 공식적 피드백을 보장받는 실천적이고 민주적인 학교문화 정착을 위한 학생자치활동 확산 프로젝트입니다. 이러한 학생자치활동은 **학생이 민주적인 절차에 따라 자기 삶의 문제와 공적 관심사에 대해 스스로 문제 제기와 해결책 모색을 하는, 적극적으로 실천하는 학생시민으로서의 역량을 키우기 위해 꼭 필요**합니다.

그럼, 학생자치활동의 구체적인 방안과 교사의 지도 방법을 각각 2가지씩 말씀드리겠습니다.

첫째, **민주적이고 자율적인 학생회 선거를 운영**하는 방안이 있습니다. **학생들이 교사와 함께 학교선거 규정을 제정하고, 학생들이 스스로 실현할 수 있는 공약을 세우고 공약 이행 결과를 자체적으로 점검**하는 과정에서 학생들은 민주적인 의사결정과 규칙 준수를 통해 민주시민으로서의 기본적인 권리와 의무가 무엇인지 익힐 수 있습니다. 이때 **교사는 공약이나 연설문을 사전에 검토하고 수정을 지시해선 안 되며, 모든 학생에게 선거 사전교육을 하고 당선자에게 당선증을 교부하는 방식으로 학생들을 지도**해야 합니다. 이러한 지도 방법을 통해 학생들이 학교에서의 선거가 단순한 민주사회 간접 체험에 불과한 것이 아닌, 직접 민주시민으로서 권리와 의무를 행사하는 중요한 의사결정 행위임을 알게 해야 합니다.

둘째, **학생회에서 학생들 사이의 주요 현안을 학교장 선생님과 정기적으로 논의**하는 방안이 있습니다. 학급회의, 대의원회를 순차적으로 거치면서 학생들의 의견을 수렴하는 과정에서 스스로 자기 삶 속에서 문제를 발견하는 역량을 기르고, 학교장 선생님과 논의하며 결과를 실현하는 과정에서 스스로 해결책을 모색하는 능력을 키울 수 있습니다. 이때 **교사는 각급 회의에서 자신의 견해를 학생들에게 강요하지 않고, 학생들의 참여를 골고루 유도하는 방식으로 학생들을 지도**해야 합니다. 예를 들면 토킹 스

● 기품있는 서울 심층면접

틱과 같은 도구를 활용하여 특정 학생의 발언 독점을 방지하고, 온라인 플랫폼을 활용하여 공개 발언을 어려워하는 학생들이 효과적으로 발언할 수 있도록 도와주어야 합니다.
이상입니다.

> ※ **기품 아이디어**
> **교복 입은 시민 프로젝트는 여전히 서울시교육청에서 중요하게 생각하는 학생시민 실천 프로젝트**입니다. 따라서 **관련 시책을 숙지하였다가 학생자치활동 방안을 묻는 문항이 나왔을 때 적절하게 활용**하여 답변을 구성하는 것이 좋습니다. 대표적으로 학생 의견을 수렴하여 학교장과의 정담회를 개최하고 피드백을 전교에 투명하게 공개하는 '**학생참여 선순환 체제**', 학생회 공약 이행을 위해 학생이 직접 사업을 기획하고 예산을 편성 및 운영하는 '**학생자치참여예산제**' 등의 방안이 있습니다. 이런 방안이 너무 거창하게 느껴지시거나 답변 구상 시간이 부족하시다면, 1가지 방안은 시책에서 찾아서, 나머지 1가지 방안은 일반적인 학생자치활동(사제 동행 스포츠 대회, 학급 대항 민속놀이 대회, 생태환경 및 기후위기 관련 행사 등)으로 구성하셔도 됩니다.
> 한편 **교사의 지도 방법**은 구체적인 활동 방안과 별개로 제시하지 마시고, '**구체적인 활동 방안을 제대로 실현하려면 교사가 어떤 지원을 해야 하는가?**'를 함께 고민하시면서 제시하시는 것이 논리적 완결성 측면에서 좋습니다.

즉답형 2번

교사의 직업 선호도는 높으나 직무만족도가 낮은 이유는 **교권 하락** 때문입니다. 과거와 달리 학생들이 더 이상 교사를 존중하지 않고 신뢰하지 않는 경우가 늘면서 교사들의 만족도가 떨어지고 있습니다. 따라서 교권을 회복하기 위해 일관되고 체계적인 교육관으로 학생들을 지도하여 신뢰를 얻고, 진심 어린 관심과 소통을 통해 학생들과 라포를 형성하고, 수업 전문성을 신장시켜 학생들의 성장과 발전을 돕도록 노력해야 합니다. 이러한 노력을 통해 학생들로부터 신뢰와 존중을 얻고, 교사 스스로 전문가로서의 자긍심을 높여 직무만족도를 높일 수 있습니다.

제가 교사로서 부족한 자질은 **카리스마**입니다. 아직 교사로서의 경험이 부족하기 때문에 예상치 못한 상황이 발생했을 때 노련하고 카리스마 있게 학생들을 다루지 못하는 어려움을 겪을 수 있습니다. 이를 극복하기 위해서 다음과 같은 방법으로 보완하겠습니다. 첫째, **철저한 사전 준비로 대응**할 것입니다. 담임으로서는 다양한 학급 운영 자료를 조사하여 체계적으로 사전에 준비하고, 교과 교사로서는 다양한 상황과 질문에 대비하여 수업 자료를 꼼꼼하게 미리 준비하여 여러 상황에서도 당황하지 않고 대응할 수 있도록 노력할 것입니다. 둘째, **경험이 많은 동료 선생님과 협력**하겠습니다. 동료 선생님들께 자주 질문하며 배우고, 저 또한 신규로서 참신한 아이디어를 공유하며 서로 협력하고 함께 성장하는 교사가 되겠습니다. 이상입니다.

PART 9.
기품있는 심층면접(IN SEOUL) 영역별 모의고사

Ⅰ 문제
Ⅱ 정답 해설(예시답안)

기품있는 심층면접(IN SEOUL) 영역별 모의고사

1회 영역별 모의고사 – 교육 철학

구상형 1번

[가]를 참고하여 [나]의 1~4번 정책 방향에 맞는 교육활동을 각각 2가지씩 제시하시오.

[가]

> 서울시교육청은 경쟁 중심의 교육에서 벗어나 협력 중심의 교육으로 전환함으로써 학생에게는 꿈을, 교사에게는 긍지를, 학부모에게는 신뢰를 제공하는 희망찬 교육을 만들겠습니다.

[나] 서울시교육청 정책 방향

> 1. <u>모두를 위한 맞춤형 교육</u> : 평등하고 포용적인 맞춤형 교육으로 모든 학생들이 기초적 학업 역량을 갖춰 교육 격차를 극복하고 자신의 꿈을 실현하는 교육
> 2. <u>창의와 상생의 미래역량 교육</u> : 미래사회에 필요한 창의와 협력의 역량을 학생들이 키워 상생과 포용의 미래사회를 열어갈 주체로 성장하도록 하는 교육
> 3. <u>자치와 참여의 교육공동체</u> : 문제를 교육적 방법으로 해결하기 위해 구성원들의 협력과 책임감을 바탕으로 자치와 참여가 실질적으로 실현되는 교육공동체
> 4. <u>안전하고 행복한 학교</u> : 안전한 교육환경 속에서 학생들의 몸과 마음이 건강하게 성장할 수 있도록 지원하는 행복한 교육공간
> 5. <u>공감과 소통의 찾아가는 행정</u> : 소통을 통해 교육 현장의 의견을 적극 반영하여 협력교육이 사회적 기반을 바탕으로 실현될 수 있도록 지원하는 교육행정

구상형 2번

[가], [나]를 읽고 [나]와 같은 상황이 발생한 원인을 2가지 제시하고, 내가 김 교사라면 어떻게 할 것인지 해결 방안을 2가지 제시하시오.

[가]

> 김 교사 : 담임교사로서 교육복지를 실천해야겠어. 우리 반에서는 A가 기초학력이 부족하고 B가 학교 적응을 어려워하고 있네. 키다리샘 프로그램을 활용해서 두 친구랑 방과 후에 공부도 하고, 같이 독서랑 상담도 진행해 봐야겠어.

[나]

> A 학생 : 기초학력 방과후수업을 들으면 애들이 저를 놀릴 거예요. 수강하고 싶지 않아요.
> B 학생 : 학교 끝나면 빨리 집에 가고 싶어요. 집에 가서 게임도 해야 하고 저 바빠요. 선생님이랑 방과 후에 다른 활동들 하고 싶지 않아요.

추가질문 1번

미래에는 교사의 역할도 변할 것으로 보인다. 미래사회에서 교사의 역할은 무엇인지 2가지 제시하고, 그러한 역할을 잘 수행하기 위해 교사로서 실천할 방안을 2가지 제시하시오.

즉답형

다음 두 사람 중 나는 어떤 교사의 말에 더 동의하는지 이유와 함께 말하고, 내가 선택하지 않은 교사를 어떻게 설득할 것인지 말하시오.

> (2월 교과 협의회 중)
> A 교사 : 작년에 연수 때 배운 내용인데, 이런 평가 방법이 있대요. 올해는 이렇게 새로운 평가 방법을 도입해 보고, 수업자료도 디벗을 활용할 수 있는 활동들을 섞어서 새롭게 만드는 거 어떨까요? 아이들이 흥미로워할 것 같습니다.
> B 교사 : 작년 평가도 아무 이상 없었고 괜찮았어요. 민원을 막기 위해서 안전하게 가는 게 낫지 않을까요? 디벗도 와이파이라든가 변수가 너무 많아요. 작년 자료도 내용이 풍부하고 좋았어요. 그대로 쓰는 것 어떨까요?

추가질문 2번

위의 즉답형 문제에서 내가 선택하지 않은 교사의 의견에도 타당한 면이 있다. 내가 선택하지 않은 교사의 의견에서 찾을 수 있는 장점을 2가지 제시하시오.

2회 영역별 모의고사 – 디지털 교수·학습

구상형 1번

[가]를 읽고, AI 서·논술형 평가지원시스템의 장점을 교사 측면과 학생 측면에서 각각 제시하시오. 또한 [나]를 참고하여 AI 서·논술형 평가지원시스템의 단점 2가지와 해결 방안 2가지를 각각 말하시오.

[가]

- 서울특별시교육청은 학생들의 깊이 있는 사고력과 창의력을 평가할 수 있도록 서·논술형 평가를 지원하는 AI 시스템 개발을 본격적으로 시작한다. 기존의 객관식 위주 평가 방식에서 벗어나, 학생의 생각을 직접 글로 표현하고 평가하는 새로운 평가 시스템을 도입하는 것이다.
- 'AI 서·논술형 평가지원시스템'은 학생이 쓴 글을 AI가 채점하고, 그에 맞는 피드백을 제공하는 시스템이다.
- 일정 : 2025년 개발 시작 → 2026년 시범 운영 → 2027년 일반 학교 도입 예정

[나]

김 교사 : AI를 사용해 보니 문장의 숨은 의미, 문화적 배경, 새로운 표현 같은 건 잘 이해를 못하는 것 같더라고요.
박 교사 : 맞아요. 그리고 저는 애들의 이야기를 쓰게 하려고 했더니 AI가 아이들의 민감한 정보나 개인 정보를 수집하게 될까봐 걱정이에요. 쓰기 주제를 바꿔야 할까요?

구상형 2번

[가]를 참고하여 [나]를 예방하는 방안을 2가지 제시하시오. 또한 [다]와 같은 상황을 극복하기 위해 디지털 활용 수업 설계 시 주의해야 할 점을 2가지 제시하시오.

[가]

- 디지털 리터러시는 단지 디지털 기기와 온라인 도구를 활용할 수 있는 기술적 능력에만 국한되지 않고, 정보를 이해하고 분석할 수 있는 분석적 능력, 새로운 콘텐츠를 창조할 수 있는 비판적 사고와 창의력, 기술과 콘텐츠의 올바른 지향점을 인식하고 실천할 수 있는 도덕적 능력을 모두 포함하고 있다.
- 한 설문조사에 따르면, "학부모의 91.4%가 학부모도 디지털 리터러시 교육 필요하다고 응답" 그러나 "실제 교육 경험은 5.7%에 불과"

[나]

기사 1 : 허위 폭발물 테러 협박으로 인한 경찰력 낭비가 지속되고 있다. 온라인 테러 글 301건을 검거했는데, 이 중 19세 미만이 122명으로 40% 이상을 차지하면서 청소년들의 문제로 직결되었다.

기사 2 : 청소년 딥페이크 성범죄가 급증하였다. 경찰은 10대 청소년 사이에서 성범죄가 증가하게 된 배경으로 AI 기반 이미지 합성 기술인 딥페이크의 상용화를 꼽았다.

[다]

김 교사 : 최근에 모둠 활동을 시켰더니 아이들이 AI로 자료 조사를 해서 최종 과제물에 거짓 정보들이 섞여 있더라고요.

박 교사 : 맞아요. 저는 수업 중 디지털 도구를 활용한 활동을 시도했는데, 애들이 정답을 전부 검색해서 찾아 적으니 애들이 생각을 하고 적는 건지, 교육 효과가 있는 건지 잘 모르겠더라고요.

추가질문 1번

AI를 비롯한 디지털 도구의 활용은 학습의 효율성을 높일 수 있지만, 학생 간 디지털 도구를 다루는 역량 차이로 인해 오히려 교육격차를 심화시킬 수 있다는 지적이 있다. 이러한 문제를 극복하기 위한 지도 방안을 교과 교사 측면과 담임교사 측면에서 각각 제시하시오.

즉답형

다음은 AI에 관한 기사와 학생들의 설문조사 응답이다. 이러한 상황에서 학생들의 학습 동기를 높이기 위해 할 수 있는 조언을 3가지 제시하시오.

> 기사 제목 : "AI로 숙제하는 Z세대" 청소년 77%가 AI로 숙제한다.
> - 김○○ (중1) : 이제 문제도 AI에 풀어달라고 하면 되고, 번역도 AI가 해주고, 기술이 발전했는데 공부를 왜 해야 하는지 모르겠어요.
> - 박○○ (고1) : AI 때문에 미래에는 대부분의 직업이 없어진다고 하는데, 지금 진로 고민을 하는 게 무슨 의미가 있는지, 어떤 진로를 선택해야 하는지 모르겠어요.

추가질문 2번

본인의 수업에서 디벗을 어떻게 활용하고 싶은지 구체적인 교육활동 2가지를 제시하시오.

3회 영역별 모의고사 - 교육 정책

구상형 1번

[가], [나]를 참고하여 [다]의 김 교사 수업의 문제점 3가지와 해결 방안 3가지를 말하시오.

[가]

〈역지사지 공존형 토론수업 흐름도〉
(1) 1차 자료 분석 : 찬반 입장 정하기(무작위)
(2) 1차 토론
(3) 2차 자료 분석 : 입장 바꾸기 (찬성→반대 / 반대→찬성)
(4) 2차 토론
(5) 자신의 입장 정하기 & 모둠별 합의안 만들기

[나]

- 역지사지 공존형 토론수업은 주제와 논거를 정하고 누가 더 논리정연하게 주장을 펼치는가를 평가하여 승패를 가리는 기존의 토론수업과 달리, 찬반 양측이 서로의 입장을 이해하고 민주적인 합의를 이끌어내는 데 초점을 둡니다.
- 학생들은 역지사지 공존형 토론의 과정에서 찬반 양측의 입장을 균형 있게 경험하고 앞으로의 삶에서 맞닥뜨리게 될 갈등 상황에서 상대방을 존중하고 대화를 통해 평화로운 해결책을 찾는 능력을 기를 수 있게 됩니다. 또한 교사는 일방적 교화나 주입에 의한 편향성 논란에서 벗어나 안전하고 균형 잡힌 민주시민교육을 할 수 있습니다.

[다]

김 교사 : 역지사지 공존형 토론수업을 처음 시도해 보았는데, 제가 의도한 대로 되지 않았어요. 아이들이 상대방의 말을 중간에 끊거나 이기려고 말을 세게 하면서 서로 기분이 상하더라고요. 또한 아이들이 자신의 주장을 뒷받침할 근거들을 일부 부정확한 자료를 제시하거나 출처가 불분명한 것을 가져왔어요. 마지막 합의도 원만하게 진행되지 않아서 결국 제가 방향을 잡아주었는데 일부 아이들이 불만이 생겼어요.

구상형 2번

[가]를 참고하여 독서교육이 중요한 이유 3가지를 설명하고, [나]에서 박 교사의 독서교육 지도 방안의 문제점 3가지와 해결 방안 3가지를 제시하시오.

[가]

> 기사 1 : "읽어내지 못하는 청년들... 문해력 위기의 시대"
> 기사 2 : "집중력 부족, 도파민 중독의 시대... 사고력 저하 유발하는 숏폼 콘텐츠의 위험성"
> 기사 3 : "AI 혁명 시대... 공감 능력이 사라지고 있다"

[나]

> 박 교사는 학기 초에 학생들에게 청소년 필수 독서 목록을 제공하였다. 목록에 있는 도서를 읽고 독후감을 제출하면 생활기록부에 기재하겠다고 하였다. 그러나 학기 말에 확인해 보니 꾸준히 책을 읽은 학생은 거의 없고, 독후감도 인터넷에서 베껴 쓴 학생들이 많았다.

추가질문 1번

자신의 교과와 연계하여 실시할 수 있는 독서교육 지도 방안을 제시하시오.

즉답형

다음은 글을 읽고, 내가 김 교사라면 A 학생의 질문들에 대해 어떻게 답할 것인지 설명하시오.

> A 학생 : 선생님! 이번에 생태전환교육 동아리 운영하신다고 들었어요. 구체적으로 무슨 활동 하시는 거예요?
> 김 교사 : _____ .
> A 학생 : 요즘 학교에서 생태전환교육을 계속 강조하더라고요. 근데 생태전환교육을 왜 해야 하는 거죠?
> 김 교사 : _____ .

추가질문 2번

자유학년제가 자유학기제로 축소되면서, 일부 학생들은 자유학기제 때도 오로지 다음 학기의 시험과 교과 학습에만 관심을 가지고 자유학기제의 중요성을 간과하고 있습니다. 자유학기제는 왜 필요한지 3가지 설명하시오.

4회 영역별 모의고사 - 교과 수업

구상형 1번

[나]를 통해 알 수 있는 박 교사 수업의 문제점을 4가지 제시하고, [다]의 내용을 실현하기 위해 박 교사가 지녀야 할 역량 3가지와 구체적인 수업 방안 3가지를 제시하시오.

[가]

> 박 교사는 한 학기 수업이 끝난 후 자신의 수업이 어땠는지 되돌아보고, 다음 학기 수업은 어땠으면 좋겠는지 학생들의 의견을 듣기 위해 설문조사를 진행하였다.

[나] 박 교사의 학생 대상 설문조사 - 〈이번 학기 수업은 어땠나요?〉

> A 학생 : 저에게는 수업이 너무 어렵게 느껴져서, 수업 내용을 따라가기 힘들었어요.
> B 학생 : 학습 주제에 대한 다른 친구들의 생각도 궁금했는데, 결국 알지 못해 아쉬웠어요.
> C 학생 : 모둠활동에서 저보다 참여를 훨씬 덜 한 친구가 저랑 같은 점수를 받아 속상했어요.
> D 학생 : 수업 내용은 재미가 있긴 했지만, 개인적으로 궁금한 내용을 수업 시간에 해결할 수 있었으면 더 좋았을 것 같아요.

[다] 박 교사의 학생 대상 설문조사 - 〈다음 학기 수업은 어땠으면 좋겠나요?〉

> A 학생 : 공부를 잘하는 방법을 얻을 수 있는 수업이었으면 좋겠어요.
> B 학생 : 다른 친구들과 의견을 자유롭게 공유할 수 있는 수업이었으면 좋겠어요.
> C 학생 : 노력한 만큼 점수가 나오는 수업이었으면 좋겠어요.
> D 학생 : 저처럼 소심한 학생도 의견을 제시할 수 있는 수업이었으면 좋겠어요.

구상형 2번

[가]와 [나]는 각각 최 교사와 성 교사의 수업일지이다. 두 교사의 수업에서 나타난 문제의 공통적인 원인 2가지를 설명하고, 문제 해결 방안을 [다]를 고려하여 최 교사와 성 교사의 입장에서 각각 3가지씩 제시하시오.

[가] 최 교사의 수업일지

> 요즘 수업 방식에 대한 고민이 많다. 3월 첫 주에는 집중해서 수업을 잘 듣던 학생들이, 지금은 내 수업을 잘 듣지 않는다. 교실에 들어가 학생들과 인사를 하고 수업을 시작하려 하자마자 곧장 엎드려 버리는 학생들도 있고, 수업 시간 내내 잠을 자는 학생들도 있다. 심지어 몰래 학원 숙제를 하는 학생들도 있다.
> 내가 수업 방식을 본격적으로 고민하게 된 것은 이러한 학생들을 어떻게 지도해야 하나 싶어 한 동료 선생님과 대화를 나눈 뒤부터였다. 내가 수업 시간에 학생들이 어떤 태도를 보이는지 동료 선생님께 말씀드리자, 동료 선생님은 깜짝 놀라셨다. 동료 선생님 말씀으로는, 자신의 수업 시간에는 해당 학생들이 집중도 매우 잘하고 참여도 활발하게 한다고 하셨다. 학생들은 왜 동료 선생님 수업은 잘 들으면서 내 수업은 잘 듣지 않는 것일까? 나는 어떻게 수업을 이끌어 가야 할까?

[나] 성 교사의 수업일지

> 며칠 전 한 학생의 담임 선생님으로부터 당혹스러운 말씀을 전해 들었다. 화가 난 학부모님을 달래시느라 힘드셨다는 것이다. 무슨 일이냐고 여쭙자, 한 학생의 학부모님께서 특정 과목 선생님이 자신의 자녀만 싫어하고 혼을 내는데 이건 아동학대에 해당하는 행위가 아니냐고 항의 전화를 하셨다고 한다.
> 담임 선생님의 말씀을 들으니 해당 학생이 어떤 학생인지 생각이 났다. 해당 학생은 수업 시간에 큰 소리로 수업 내용과 상관없는 말을 내뱉거나, 교실을 돌아다니면서 다른 친구들의 학습을 방해하는 행위를 하는 학생이었다. 이러한 수업 방해 행위가 너무 심해서 저번 주에 수업이 끝난 후 따로 불러서 혼을 낸 적이 있었는데, 학부모님께서는 이 일에 대해서 말씀하시는 듯했다. 나는 정당한 지도를 했다고 생각하는데, 이런 일이 일어나 억울하기도 하다.

[다] 2022 개정 교육과정 구성의 중점

- 깊이 있는 학습을 통해 역량을 함양하도록 교과 간 연계와 통합, 학생의 삶과 연계된 학습, 학습에 대한 성찰을 강화한다.
- 교육과정을 자율화·분권화하고, 교육 주체들(학교, 교사, 학부모, 교육청 등)이 협조한다.

추가질문 1번

점수에 반영되는 활동에는 적극적으로 참여하지만, 그렇지 않은 활동에는 전혀 참여하지 않는 학생을 지도할 수업 방안 2가지와 지도 시 유의 사항 2가지를 말하시오.

즉답형

다음 학생들을 공통으로 지도할 방안을 학습적 측면과 정서적 측면으로 나누어 각각 2가지씩 제시하시오.

> A학생 사례 : 수업 시간마다 계속 교사의 말을 끊고 수업 내용과 관련이 없는 질문을 하며, 자신과 다른 의견을 제시하거나 자신의 행동을 제지하는 학생에게 자신의 말과 행동이 무조건 맞다며 싸움을 건다.
> B학생 사례 : 수업 시간에 어떠한 말과 활동 및 참여도 전혀 하지 않는다.

추가질문 2번

기초학력 미도달 학생을 지원하기 위해 필요한 교사의 역량이 무엇인지 2가지 제시하고, 문해력 등 학생역량을 강화할 구체적인 방안을 담임교사 측면과 교과교사 측면에서 제시하시오.

5회 영역별 모의고사 – 학급경영

구상형 1번

학생들의 대화를 참고하여 학급생활협약을 제정하기 위한 방법 2가지를 말하고 학급생활협약이 제정된 이후 학급에 적용하기 위한 원칙 3가지를 생각하여 구체적으로 말하시오.

학급회장 :	얘들아, 우리 학급에서 일어나는 다양한 일과 문제 상황을 해결하기 위해 우리 스스로 학급생활협약을 제정해야 할 것 같아. 학급회장인 내가 학급자치회의 시간에 학급생활협약을 제정하자고 선생님께 말씀드릴게.
최○학생 :	굳이 학급생활협약을 머리 아프게 제정해야 할까? 학교 규칙도 있는데 말이야. 그리고 상벌점 규정도 있잖아. 학교 규칙만 잘 지키면 되지 않을까?
박○학생 :	아니야. 나는 학급회장 의견에 찬성해. 학급생활협약은 우리에게 꼭 필요한 것 같아. 작년 담임선생님이 일방적으로 정한 학급 규칙 때문에 가끔 지각할 때마다 학교가 끝나고 성찰문을 작성하고 교실 청소까지 해서 1시간 늦게 집에 간 적이 몇 번 있어. 우리가 스스로 학급생활협약을 정해보자.
학급회장 :	학급자치회의를 통해 우리 학급만의 학급생활협약을 만들어보자. 먼저 어떤 내용이 학급생활협약에 들어가면 좋을지 생각날 때마다 패들렛에 작성해 보자.

● 기품있는 서울 심층면접

구상형 2번

다음은 서울시교육청에서 실시한 서울인성교육 설문 조사 결과에 대한 요구 분석 및 시사점을 나타낸 자료이다. 자료를 보고 자신의 교과 수업에서 할 수 있는 인성교육 방안 2가지와 가정에서 학부모가 인성교육을 하기 위해 가장 중요한 준비와 가정에서의 인성교육 방안 2가지를 설문조사 결과와 시사점에 근거하여 말하시오.

서울인성교육 요구 분석 및 시사점

1 설문조사 개요
 ① 설문 기간 : 2025. 3. 5.(월) ~ 3. 10.(금)
 ② 설문 대상 : 관내 초·중·고 교원 및 학생, 학부모
 ③ 설문 내용 : 인성교육에 대한 인식 및 평가, 내실화 방안 등
 ④ 설문 방법 : 온라인 설문 응답
2 설문조사 결과 개요
 ① 응답 인원 : 총 5,7147명 (교원 2,894명, 학부모 1,439명, 학생 1,327명)
 ② 주요 결과

> **[인성교육 강화]** 교원, 학생, 학부모 모두 학생들의 인성·시민성의 수준이 낮다고 인식하고 있으며 인성교육을 더 강화해야 한다고 응답한 비율이 매우 높음.
> **[인성 영향 요인]** 교원, 학생, 학부모 모두 공통적으로 학생들의 올바른 인성 함양에 가장 큰 영향을 미치는 요인을 '가정'이라고 응답함.
> **[위기 요인]** 교원은 '가정에서의 기본 습관 형성 부족'을, 학생 및 학부모는 '유해한 매체에 과도한 노출'을 가장 큰 이유로 생각함.
> **[인성교육]** 학생 및 학부모는 가정에서 인성교육을 위해 가장 필요한 실천 방법으로 '올바른 언어습관 형성을 위한 교육'이라고 생각하며 이를 가정에서 가장 많이 실천하고 있다고 응답함.

3 시사점
 ① 교원, 학생, 학부모 모두 인성교육에서 가정의 역할이 중요하다는 인식을 공통적으로 함.
 ② 유해한 매체에 과도한 노출로 발생하는 인성교육 위기 상황에서 디지털 윤리를 중시하는 인성 교육이 요구됨.

추가질문 1번

서울인성교육인 공동체형 인성의 핵심가치와 덕목은 다음과 같다. 3가지 핵심 가치 중 자신이 교사가 되어 학생에게 가장 교육하고 싶은 핵심가치를 말하고 그 이유를 덕목을 포함하여 말하시오.

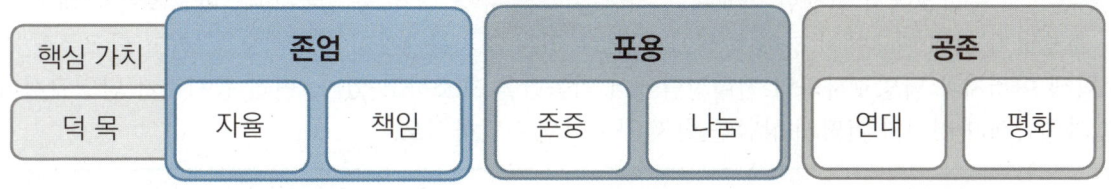

즉답형

다음 신문기사를 읽고 ADHD 학생이 교과 수업에 집중할 수 있는 환경을 만들기 위해 학급 담임교사가 할 수 있는 방법에 대해 말하시오.

> "서울시교육청, ADHD·우울증 등 '금쪽이' 지원 강화 조례 제정·공포"
> 서울시교육청이 '정서행동 위기학생'을 진단·지원하는 조례를 제정해 교실 문제에 적극 대응하기로 했다. 정서행동 위기학생은 '주의력결핍과잉행동장애(ADHD)', '반항장애', '우울증 등 심리·정서적으로 어려움을 겪는 학생'들을 뜻한다. 이들에게 제대로 대처하지 못하면 교사들로서는 수업 활동이 어려워지고 주변 학생들도 곤란을 겪을 수 있다. 조례에 따르면 서울시교육감은 정서행동 위기학생에 대한 지원계획을 매년 수립·시행해야 한다. 교육감은 매년 전 학년을 대상으로 정서행동 위기학생 실태조사를 실시한다.
> 2025.1.12. ChosunBiz

추가질문 2번

면접 응시자를 통합 학급의 담임교사라 가정한다. 학급에서 특수교육대상학생이 비장애학생에게 필통을 집어 던졌다. 다행히 비장애학생이 맞지 않았고 이 상황을 학급 회장이 담임교사에게 전달하였다. 이 상황에서 담임교사로서 할 수 있는 대처방법에 대해 말하시오.

6회 영역별 모의고사 - 생활지도

구상형 1번

다음은 ○○중학교에서 발생한 학교폭력 사안을 다룬 뉴스 내용 중 일부이다. 학교폭력 피해 학생을 보호하기 위해 학교에서 가해 학생에게 할 수 있는 조치를 3가지 말하시오. 그리고 학교폭력 가해학생 아버지가 담임교사와의 전화상담에서 억울함을 호소하고 있다. 면접 응시자가 담임교사라면 가해학생 아버지와 어떻게 상담을 할지 구체적으로 말하시오.

가해 학생의 폭력은 교실 안팎을 가리지 않았습니다. 폭행·폭언은 물론 성추행, 대리 구매, 갈취까지 이어졌고, 신고 후 조사 결과 피해 학생만 7명으로 확인됐습니다.

피해 학생 B군 보호자 : 일단 계속 폭행이 있었고 가장 충격이었던 건, 저희 아이 같은 경우는 백초크를 당해서 아이가 기절을 잠깐 했었나 봐요. 그 상황에서 사탕을 코에다 집어넣고 다시 입에다 집어넣고 아이를 뒤집어서 바지를 벗기고 대걸레로 항문을 가격했다고 하더라고요

가해 학생은 학급 내 '계급'을 만들고 자신을 '관리자'라 부르며 군림했습니다. 직접 폭행할 뿐 아니라 학생끼리 서로를 괴롭히게 만드는 방식이었습니다.

피해 학생 A군 학부모 : 가해자가 직접적으로 한 것도 많지만 다른 친구가 다른 친구를 괴롭히게끔 상황을 만드는 거예요.

전문가는 피해자를 굴복시키는 행위가 매우 악질적인 학교폭력이라고 지적합니다. 더 나아가 가해 학생 아버지는 동네 커뮤니티에 억울함을 호소하는 글을 올렸습니다.
가해 학생 아버지는 학생끼리 한 장난이 성추행이라고 단정 지어서 억울하다는 입장이었습니다. 그러나 피해자들은 여전히 두려운 상황입니다. 가해 학생은 2호 '접촉, 협박, 보복금지(졸업 시까지)', 5호 '출석정지 10일', 6호 '강제 전학' 처분을 받은 뒤, 행정 절차 이유로 피해 학생과 같은 공간에서 수업을 듣고 있었습니다.

피해 학생 B군 보호자 : 강제 전학 처분이 나왔지만 바로 전학을 가지는 못한다고 서류 절차에 시일이 필요하대요. 가해자의 학습권을 보장해야 하기 때문에 등교할 수밖에 없대요. 다시 또 걔가 온다는 그 자체만으로 공포인 거예요.

전문가는 학교의 미흡한 대처와 권리 균형의 필요성을 지적합니다.

2025.8.26. -SBS NEWS-

구상형 2번

다음은 우리나라에서 처음으로 국가급 차원에서 청소년의 도박 문제의 심각성을 인지하여 통계청의 국가통계 승인을 받은 결과이다. 학생이 도박에 참여했을 때 정서적으로 발생할 수 있는 문제점 2가지와 통계를 바탕으로 도박을 경험한 학생들과 아직 도박에 참여하지 않은 학생들의 도박 참여를 예방하기 위한 교육방안을 학교 차원에서 각각 2가지씩 말하시오.

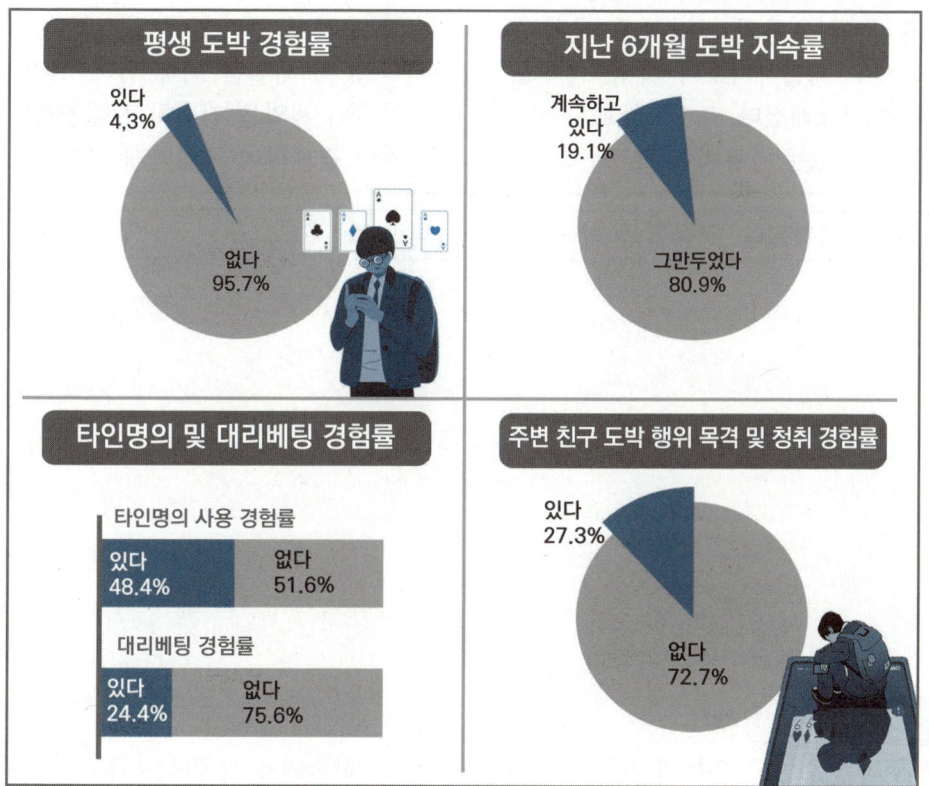

추가질문 1번

학생들의 온라인 불법 도박 참여로 인해 발생할 수 있는 학교폭력의 유형 2가지를 도박 참여와 연결지어 말하시오.

즉답형

다음은 학교문화 책임규약 운영의 도입 배경이다. 학교문화 책임규약에 넣고 싶은 테마를 다음 3가지 중에서 1가지를 선택하여 이유를 말하고, 교육 3주체(학생, 학부모, 교사)의 학교문화 책임규약에 넣고 싶은 내용을 각각 1가지씩 말하시오.

> "서울시교육청, 학교문화 책임규약 운영"
> 학교폭력 증가 및 유형의 다양화와 함께 학교폭력 및 생활지도와 관련한 문제를 학생의 개인적인 문제로 해결하기보다 학생, 학부모, 교직원이 문제 해결을 위해 함께 협력하려는 실천적 노력이 필요해졌다. 또한, 학교 구성원 스스로 각자의 책임을 인식하고 실천하여 행동 변화를 유도할 수 있는 바람직한 학교문화를 조성하는 것이 필요하여 도입하게 되었다.

테마 : 학교폭력, 생활교육, 교육활동 침해

추가질문 2번

수업 시간에 주의를 주어도 계속 장난을 치며 다른 학생들의 학습권을 침해하는 학생이 있다. 교원의 학생생활지도에 관한 고시의 학생 분리에 근거하여 수업 방해를 하는 학생을 대처하는 방법을 말하시오.

7회 영역별 모의고사 – 창의적 체험활동과 학교 교육 공동체

구상형 1번

[가]의 내용과 [다]의 상황을 고려하여 [나]의 B, C학생을 지원할 방안을 각각 2가지씩 제시하시오. 그리고 이러한 지원이 지니는 교육적 효과 3가지를 제시하시오.

[가]

- 서울미래교육지구란 어린이청소년의 미래역량 신장을 위해 서울특별시 자치구와 서울특별시 교육청이 함께 추진하는 지역연계 교육협력 사업이다.
- 지역연계 교육과정이란 2022 개정 교육과정에 따라 학생들의 깊이 있는 학습을 위해 배움의 범위를 교실에서 학교·가정·지역사회로 확대하여 현재·미래 학생에게 요구되는 지식·역량을 키우도록 운영하는 교육과정이다.

[나] A교사의 학생 상담 일지

B학생 : 저는 웹툰 작가가 되고 싶어요. 그래서 스토리를 구성하는 방법에 대한 수업을 이제부터 본격적으로 듣고 싶은데, 어떤 학교에서도 이런 수업이 열리질 않는 것 같아요. 그래서 비싼 학원비를 내고 학원을 따로 다녀야 할지, 아니면 독학을 해야할지 고민 중이에요.

C학생 : 저는 3D 프린터 도면을 만드는 데 관심이 많아요. 그래서 이번에 3D 프린터 관련 동아리를 만들어서 또래 친구들과 함께 도면을 만들고 직접 인쇄도 해보고 싶어요. 그런데 학교에 3D 프린터가 없어서, 동아리를 만들 수 있을지 잘 모르겠어요.

[다]

D교사 : B학생과 같은 학생들을 위해 웹툰 작가를 초빙하여 자유학기 과목을 개설하고, C학생과 같은 학생들을 위해 3D 프린터도 구매하고 싶어요. 그렇지만 예산 문제도 있고, 현실적으로 가능한 일인지 고민이에요.

연구부장 : 물론 선생님께서 말씀하신 방법은 하기 어려울 거예요. 그렇지만 다른 방법도 있으니, 같이 고민해 봐요.

구상형 2번

[나], [다]와 같은 상황이 발생한 공통적인 원인 2가지를 찾아 제시하시오. 그리고 B교사의 입장에서 이러한 상황을 해결할 방안을 [라]에 근거하여 4가지를 제시하고, 이를 바탕으로 [가]의 A학생에게 조언할 내용 2가지를 제시하시오.

[가]

학생회장 후보 A학생은 자신이 학생회장 후보가 된다면 학교에 매점을 설치하겠다는 공약을 내걸었다. 결국 A학생은 55%의 득표율로 학생회장이 되었고, 매점 설치 공약을 이행하고자 업무 담당 교사인 B교사를 찾아왔다.
A학생 : 선생님, 매점 설치 공약을 이행하고 싶습니다. 제가 무엇을 하면 될까요?
B교사 : _____

[나]

A학생이 매점 설치 공약을 이행하려 한다는 소식을 듣게 된 일부 교사들은 B교사를 찾아와 하소연하였다.
C교사 : 매점이 생긴다면 교실과 복도에 쓰레기가 많아질 텐데, 결국 치우는 건 담임교사의 몫이 되겠죠? 가뜩이나 담임교사는 일도 많은데, 업무 부담만 증가시키는 것 아닙니까?
D교사 : 흔히 '빵셔틀'이라고 불리는 학교폭력도 다시 생길까 걱정입니다. 학생회장의 공약이라는 이유로, 교사들이 반대하는 일을 하게 둘 수는 없습니다.

[다]

A학생이 매점 설치 공약을 이행하려 한다는 소식을 듣게 된 일부 학부모들이 B교사에게 전화로 의견을 제시하였다.
학부모 E : 선생님, 드디어 우리 학교에도 매점이 생긴다니 정말 잘됐네요. 우리 아이가 급식은 잘 안 먹어도 간식은 잘 먹거든요. 이제 점심에 굶을 일이 없겠어요. 매점이 생길 수 있도록 잘 좀 부탁드립니다.
학부모 F : 선생님, 안 그래도 우리 아이가 군것질이 심해 밥을 잘 안 먹는데, 매점까지 생기면 그나마 먹던 급식도 먹지 않을까 걱정입니다. 아이의 건강을 위해서라도 매점은 생기지 않도록 꼭 힘써주세요.

[라] 학교자치협의회

- 정의 : 학교 자치기구인 교직원회·학생회·학부모회의 대표 등이 참여하여, 학교의 다양한 교육 활동에 대해 구성원 간 의논·조정하는 역할을 하기 위한 협의체
- 목적 : 학교 구성원들의 자치 역량 강화를 통한 소통·협력의 민주적 학교자치 구현

추가질문 1번

최근 학부모들은 맞벌이 등으로 인해 학교의 다양한 교육활동 및 자치활동에 참여하기 어려운 상황이다. 학부모들의 참여를 활성화할 방안을 학교 차원과 교사 개인 차원에서 각각 2가지씩 제시하시오.

즉답형

다음은 창의적 체험활동에 대한 학생 설문조사의 서술형 응답 내용 중 일부이다. 응답 내용 속 문제 상황을 해결할 방안을 4가지 제시하시오.

> 응답 내용 1 : 진로 활동 시간에는 유튜브 영상만 보고, 가끔 외부 체험장에 가긴 하지만 전교생이 다 같이 매번 갔던 곳으로만 간다. 진로 활동 시간은 나에게 무의미한 시간이다.
> 응답 내용 2 : 가위바위보에 져서 원치 않는 동아리에 들어갔는데, 그마저도 우리는 선생님이 준비한 흥미가 전혀 가지 않는 활동만 한다. 이럴 거면 그냥 수업을 듣는 게 더 도움이 될 것 같다.

추가질문 2번

학기 중 동아리를 바꾸고 싶어 하는 학생이 있을 때, 대처 방안과 주의 사항을 각각 2가지씩 제시하시오.

기품있는 심층면접(IN SEOUL) 영역별 모의고사 정답해설

1회 영역별 모의고사 - 교육 철학

구상형 1번

구상형 1번 답변드리겠습니다.

저는 서울시교육청의 협력 중심 교육을 다음과 같이 실천하겠습니다. 먼저 맞춤형 교육을 실천하기 위해서 첫째, **디지털 도구를 활용**하겠습니다. 구글 설문지와 같은 온라인 플랫폼을 활용하여 형성평가를 실시하면 채점의 시간을 줄이고 빠르게 학생들의 학업 수준을 확인할 수 있습니다. 디지털 도구로 채점의 시간은 절약하고, 대신 학생들의 수준에 맞는 개별 피드백을 제공하여 맞춤형 교육을 실시하겠습니다. 또한 기초가 부족한 학생들에게는 수업 시간 외에 보충할 수 있는 학습 영상이나 자료를 링크로 제공하고 온라인 과제를 제공함으로써 효율적으로 많은 학생들의 학습을 세심하게 돌볼 수 있습니다. 둘째, **키다리샘 프로그램을 활용**하겠습니다. 정규 시간에 학업을 따라오지 못하는 학생들은 방과후 키다리샘 프로그램을 활용하여 기초학력 보충 학습을 실시하고, 상담을 병행하여 학업과 진로에 대한 방향을 잡는 데 도움을 제공하고 교육 격차를 극복하도록 노력하겠습니다.

다음으로, 미래역량 교육을 실천하기 위해서는 첫째, **문제 해결 중심 수업 활동**을 실시하겠습니다. 학생들에게 실생활과 밀접한 문제를 제시하여 다양한 답을 탐구하고 창의적인 해결 방안을 찾을 수 있도록 할 것입니다. 이를 통해 문제해결 능력, 비판적 사고, 창의적 사고 등 미래 사회에 필요한 역량을 키워줄 수 있습니다. 둘째, **다양한 협동 학습**을 실시하겠습니다. 미래사회에는 여러 사람과 협력하고 의사소통 하는 능력이 필요합니다. 학생들에게 다양한 협동 학습을 실시하여 각자 모둠 내에서 역할을 분담하고 토론을 하면서 함께 배우는 경험을 제공하겠습니다. 또한 미래사회에는 온라인 협업 도구를 활용하는 능력도 필수적이므로 구글 문서나 패들렛과 같은 온라인 플랫폼도 협동 학습에 활용하겠습니다.

자치와 참여의 교육공동체를 실천하기 위해서는 첫째, **1인 1역할**을 활용하겠습니다. 학생들에게 학급 내 역할을 하나씩 부여하여 학생들이 서로 돕고 각자 책임감 있게 학급 운영에 참여하고 성취감을 느낄 수 있도록 하겠습니다. 둘째, **학생 주도 동아리를 운영**하겠습니다. 동아리를 운영할 때 큰 틀은 제시하되, 세부적인 활동 내용을 학생들이 스스로 결정할 수 있게 하여 교내 활동에 참여를 높이겠습니다. 예를 들어, 저는 환경 동아리를 운영하여 생태전환교육을 실시하고 싶습니다. 학생들과 플로깅을 할 때는 평소 주변에 쓰레기가 많은 장소가 어디였는지 생각해서 스스로 장소를 선택하게 하고, 캠페인 활동을 할 때는 어떤 방식으로 실시하면 좋을지 학생들이 직접 기획하도록 하겠습니다.

마지막으로 안전하고 행복한 학교를 만들기 위해서 첫째, **매달 안전 점검의 날을 활용**하겠습니다. 매달 안전 점검의 날에 학생들과 함께 교실의 위험 요소를 파악하고 해결 방안을 함께 찾겠습니다. 교실뿐만 아니라 등하굣길 또한 안전하게 다닐 수 있도록 조종례 시간을 활용하여 보행자 안전 교육도 실시하겠습니다. 둘째, **지속적인 학교폭력 예방 교육**을 실시하겠습니다. 학생들이 안전하고 행복한 학교생활을 할 수 있도록 학교폭력의 심각성을 지속적으로 인지시키고, 예방 교육을 실시하겠습니다. 학생들에게 사소한 장난이나 다툼도 상대방에겐 학교폭력이 될 수 있음을 가르치고, 서로 배려하고 존중하며 지내는 법을 교육하겠습니다. 이상입니다.

> ※ **기품 아이디어**
> 2025년 초등 임용 서울 2차 면접에 출제된 문제와 거의 같지만, 최근 서울 기출의 경향이 많은 가짓수를 요구하고 있으므로 우리 모의고사는 각 정책 방향에 대한 교육활동을 2가지씩 제시하는 것으로 변형하였습니다. 서울시교육청의 정책 방향을 어떻게 실천할 것인지를 묻는 문제는 중등 임용에도 출제될 수 있으므로 교과 교사로서, 그리고 학급 담임으로서도 어떠한 교육활동을 실천할 수 있을지 다방면으로 고민해 보아야 합니다. [나]의 정책 방향 중 5번은 교육행정에 관한 내용이므로 초등 임용에서도 1~5번을 제시문에 제시하되, 문제는 1~4번만 물었습니다. 5번까지 답하느라 주어진 시간을 낭비하지 않도록 문제를 항상 꼼꼼히 읽어야 합니다.

구상형 2번

구상형 2번 답변드리겠습니다.
[나]와 같은 상황이 발생한 원인은 다음과 같습니다.
첫째, **친구들의 낙인이 두렵기 때문**입니다. 방과후수업을 수강하지 않으면, 학생들 간에는 누가 기초학력이 부족한지 잘 알 수 없지만, 방과후에 남아서 수업을 들어야 한다는 것을 친구들이 알게 되면 본인의 학업 능력이 부족하다고 보일까 봐 두려워하는 것입니다. 둘째, **방과후 프로그램에 대한 동기와 흥미가 부족하기 때문**입니다. 학생이 키다리샘 프로그램에서 어떤 재밌는 사제동행 활동을 할 수 있는지 모르기 때문에 흥미가 부족하고, 방과후에 기초학력 보충을 하는 것이 본인에게 어떤 도움이 되는지 잘 모르기 때문에 해당 프로그램에 대한 동기가 부족한 것입니다.
제가 김 교사라면 다음과 같이 이 문제를 해결하겠습니다.
첫째, **평소에 다양한 학급 프로그램을 운영하여 일부 학생들의 방과후 활동이 눈에 띄지 않도록 하겠습니다.** 학생들 입장에서는 담임 선생님이 평소에도 일부 학생들과 방과후에 개인이나 집단 상담을 진행하고, 사제동행 프로그램을 종종 운영한다면 키다리샘 프로그램으로 일부 학생들이 방과후에 남아있는 것을 보아도 기초학력 부족으로 바로 연관 짓기 어려울 것입니다. 저는 특히 서울희망교실을 병행해서 운영하겠습니다. 희망교실은 교육복지 대상 학생들뿐만 아니라 일반 학생들도 함께 참여할 수 있기 때문에 많은 학급 아이들과 사제동행 활동을 할 수 있습니다. 그러면 매주 키다리샘 프로그램을 하는 것 또한 학생들은 선생님이 하는 여러 학급 활동 중 하나라고 생각할 것입니다.
둘째, **키다리샘 프로그램의 목적과 효과를 사전에 정확하게 설명할 것입니다.** 일부 학생들은 방과후 프로그램이 자신에게 큰 도움이 안 된다고 생각해서 참여하기를 꺼려합니다. 따라서 이 프로그램을 통해서 공부 방법을 함께 점검하고, 기초학력을 보충하여 정규 수업도 자신감 있게 더 잘 따라갈 수 있음을 사전에 잘 설명할 것입니다. 또한 교과 공부뿐만 아니라 함께 독서와 진로 상담을 진행하여 문해력을 기르고 좋아하는 책에 대해 이야기를 나눌 수 있으며, 진로에 대한 고민도 함께 할 수 있음을 알려줄 것입니다. 이상입니다.

> ※ **기품 아이디어**
> 학교 현장에서 실제로 자주 일어나는 일입니다. 방과후 수업과 키다리샘 프로그램을 운영할 때는 대상 학생과 학부모의 동의가 필요합니다. 그런데 학생이 하고 싶지 않다고 하는 경우가 종종 있습니다. 주로 학구열이 높은 학교에서는 첫 번째 이유로, 학구열이 낮은 학교에서는 두 번째 이유로 학생들이 참가를 꺼리곤 합니다. 이런 경우에 어떻게 학생을 설득하고 교육복지를 실천할 수 있을지 고민해 보시기 바랍니다.
> 이 문제는 키다리샘 프로그램 운영상의 어려움과 해결 방안을 묻고 있으므로 해결 방안으로 '키다리샘 대신 서울희망교실을 운영하겠다.'와 같은 답변이 나오면 감점입니다. 키다리샘도 학교에 예산이 배부되므로 누군가 운영을 해야 합니다. 예시 답안과 같이 서울희망교실을 병행하겠다는 답변은 가능합니다.

추가질문 1번

답변드리겠습니다. 미래 사회에서 교사의 역할은 다음과 같습니다.

첫째, **학습 코치**입니다. 과거에는 교사가 단순 지식을 전달하는 데 집중했지만, 미래에는 인터넷과 AI를 통해서 학생들이 많은 지식과 정보를 스스로 습득할 수 있습니다. 따라서 그 중에서 학생에게 필요하고 적합한 정보가 무엇인지 선별하는 능력을 키워주고, 학생의 성향에 맞는 학습법과 진로를 상담해 주고, 비판적 사고와 창의력을 길러줄 수 있는 학습 코치와 같은 역할을 해야 합니다.

둘째, **정서적 지원자**입니다. 미래 사회에는 기술의 발달로 학생들이 혼자서도 학습은 할 수 있지만, 타인과의 사회적 관계 형성, 자기 이해, 인성교육 등은 성장기에 학교에서 배울 수 있는 것입니다. 따라서 미래에는 교사가 학생들의 정서적 성장을 돕는 정서적 지원자로서의 역할을 많이 하게 될 것입니다.

이러한 역할을 잘 수행하기 위해서 다음과 같이 실천하겠습니다.

첫째, **지속적으로 전문성을 개발**하겠습니다. 빠르게 변화하는 미래 사회에서 학생들에게 좋은 학습 코치가 되기 위해서는 교사도 끊임없이 배우며 새로운 기술과 정보를 익혀야 합니다. 따라서 저는 교사를 대상으로 하는 연수를 열심히 수강하고, 동료 교사들과 교원학습공동체를 형성하여 전문성을 개발하겠습니다.

둘째, **다양한 사제동행 프로그램을 운영**하겠습니다. 저는 서울희망교실을 신청하여 학생들과 함께 문화생활을 하고, 독서를 하고 생각을 나누거나, 운동을 좋아하는 학생들과 함께 운동을 하면서 학교생활에 대한 이야기를 나누는 등 다양한 사제동행 프로그램을 운영하면서 학생들을 정서적으로 지원하겠습니다. 이렇게 여러 학생들과 함께 사제동행 프로그램을 실시하면 학생들은 교사와 학생과의 관계뿐만 아니라 함께 하는 또래 친구들과의 관계에서도 사회성을 기르고 정서적으로 성장할 수 있습니다. 또한 평소에도 일대일 상담을 자주 실시하고, 조종례 시간을 활용하여 학생들에게 다양한 자기 이해 활동과 인성교육을 실시하겠습니다. 이상입니다.

> ※ 기품 아이디어
> 교사의 역할이나 자질에 관한 문제는 종종 출제되는 기출이므로 미래사회와 연관지어 출제해 보았습니다. 좋은 교사가 되기 위해 어떻게 실천할 것인가에 대한 문제도 교사의 역할과 함께 자주 출제되는 문제입니다. 이 문제의 답은 여러 가지가 될 수 있으니, 좋은 교사와 미래의 교사상에 대한 자신의 생각을 정리해보는 계기가 되기를 바랍니다.
> 교사로서 실천 방안 중 두 번째에는 '사제동행 프로그램'을 제시하였는데, 그에 대한 부연 설명 후 마지막 줄은 추가적인 방안을 덧붙였습니다. 실제 면접 때도 시간이 남거나 내 답변이 조금 아쉽다고 느껴진다면 이처럼 추가로 다른 내용을 덧붙여도 좋습니다.

즉답형

답변드리겠습니다. **저는 두 사람 중 A 교사와 더 가깝습니다.** 그 이유는 다음과 같습니다.

첫째, 새로운 것에 도전하면서 교사도 성장할 수 있기 때문입니다. 새로운 평가 방법이 처음에는 낯설 수 있지만 더 효율적일 수 있고, 장기적으로는 교사에게 더 유용한 방법일 수 있습니다. 수업자료 또한 새로운 활동을 해보면 학생들이 기존의 것과 어떻게 다르게 반응하는지 살펴보면서 더 효과적인 교육 방법을 찾아낼 수 있고 그 과정에서 스스로 교사로서 성장하는 성취감을 느낄 수 있습니다.

둘째, 빠르게 변화하는 미래 사회에 학생들을 적응시키기 위해서입니다. 미래 사회는 빠르게 변화하며 새로운 기술도 계속 등장할 것입니다. 이러한 사회에 학생들이 적응할 수 있도록 교육도 변해야 합니다. 예를 들어, 학생들이 살아가게 될 미래에는 디지털 활용 능력이 필수입니다. 따라서 디벗을 활용한 디지털 기기 수업도 실시하고, AI 윤리 교육도 실시하는 등 최신 트렌드에 맞게 교육을 해서 학생들의 미래 사회 적응력을 키워주어야 합니다.

따라서 저는 B 교사를 다음과 같이 설득하겠습니다.

첫째, 일부 수행평가에만 새로운 방법을 적용하는 것을 제안하겠습니다. 모든 평가 방식을 갑자기 새롭게 바꾸는 것은 교사 입장에서도 부담이 될 수 있습니다. 새로운 평가 방식을 일부 적용해보고, 함께 피드백을 거쳐서 내년도에 점진적으로 바꾸거나 개선하는 방향으로 조금씩 도전해보는 것을 제안하겠습니다.

둘째, 교원학습공동체를 제안하겠습니다. B 교사는 아직 디지털 기기를 수업 때 활용해보지 않아서 막연히 두려운 것일 수도 있습니다. 따라서 함께 어떤 교육 웹사이트들이 있는지, 어떻게 수업 때 활용할 수 있는지, 그리고 어떤 에듀테크 사례들이 있는지 함께 연구를 하자고 제안하겠습니다. 에듀테크 교원학습공동체를 형성하여 함께 수업 사례를 나누고 공동 연구를 진행함으로써 혼자 도전하기 두려웠던 수업들 함께 기획하고 성장할 수 있습니다. 이상입니다.

> ※ 기품 아이디어
> A 교사와 B 교사 중 누구를 택하든 이유를 잘 설명해서 답할 수 있지만, 의도된 답은 A 교사입니다. 기출에서는 수업자료를 반복해서 사용하고 발전하지 않는 교사를 부정적으로 묘사하곤 했습니다. 교사는 제자리에 머물고 안주하기보다 끊임없이 전문성을 개발하고 발전하려고 노력해야 합니다.
> 문제에서는 이유나 설득 방법을 몇 개 제시하라고 묻지 않았지만, 여러 가지를 말할 때는 '첫째, 둘째'로 구분을 지어서 전달력 있게 말하는 것이 좋습니다.

추가질문 2번

답변드리겠습니다. 제가 선택하지 않은 B 교사의 의견에서 찾을 수 있는 장점은 다음과 같습니다.

첫째, **평가의 안전성을 고려한 것**입니다. 평가는 학교 현장에서 매우 중요한 일 중 하나입니다. 학생들의 고입 또는 대입과 밀접한 연관이 있기 때문에 민원이 발생하지 않도록 공정성과 형평성이 확보되어야 합니다. 따라서 이 부분을 중요하게 고려한 B 교사의 말에도 타당성이 있으며, 새로운 평가를 도입할 때는 반드시 평가의 안전성을 점검해야 합니다.

둘째, **수업 시간의 효율성을 고려한 것**입니다. 학생들이 디지털 기기를 잘 다루지 못하거나, 학교의 와이파이 상태가 좋지 않으면 에듀테크 수업 때 기기 사용법을 설명하거나 학생들의 기기와 인터넷 연결을 확인하는 데 수업 시간의 많은 부분을 할애할 수 있습니다. 그러면 매시간 교육활동에 사용할 수 있는 수업 시간이 줄어들기 때문에 수업의 효율성이 떨어집니다. 따라서 이 부분을 고려한 B 교사의 말에도 타당성이 있으며, 디지털 기기 활용 수업 때는 반드시 사전에 학교의 상황을 확인하고 학생들에게도 사전 OT를 꼼꼼하게 진행하여 수업의 효율성을 놓치지 않도록 해야 합니다. 이상입니다.

※ 기품 아이디어

토끼와 거북이 그림이 나온 2018년 서울 기출 문제에서 '가장 경계해야 한다고 택한 그림의 장점과 활용 방안'을 묻는 추가 질문이 나와서 많은 수험생들이 당황했습니다. 내가 선택하지 않은 선택지의 단점만 생각하다가 갑자기 장점을 생각하려니 순간 답변이 떠오르지 않을 수 있습니다. 그래서 항상 다방면으로 고민해 보는 연습이 필요합니다.

이 문제에서는 B 교사의 말을 하나씩 풀어서 장점으로 정리해 볼 수 있습니다. 어렵게 생각하기보다 때로는 지문에 제시된 것을 나의 말로 잘 정리하는 것만으로도 답변을 할 수 있습니다. 또한 B 교사의 장점을 언급하다 보면 즉답형에서 말한 나의 의견에 반하는 느낌이 들어 마지막에 한 줄씩 보완책을 덧붙였습니다. 이는 문제에서 요구한 것은 아니지만 추가 점수를 얻을 수 있는 답변 방식입니다.

2회 영역별 모의고사 - 디지털 교수·학습

구상형 1번

구상형 1번 답변드리겠습니다. AI 서·논술형 평가지원시스템의 장점은 다음과 같습니다.

첫째, **교사 측면에서는 평가의 효율성을 높일 수 있는 것**입니다. 교사의 채점 부담을 줄이고 AI를 통해 평가의 일관성과 공정성을 높일 수 있으므로 평가 업무의 효율성을 높이고 객관식 위주의 평가보다 다양한 평가를 자주 실시할 수 있습니다.

둘째, **학생 측면에서는 미래 역량을 기를 수 있는 것**입니다. 기존의 객관식 위주 평가 대신 서·논술형 평가를 봄으로써 학생들은 깊이 있는 사고력과 창의력을 키울 수 있습니다. AI의 채점 결과와 피드백을 통해 자기 글의 장단점을 파악하고, 필요한 경우 추가적인 상담을 교사와 하면서 더욱 깊이 있는 공부를 할 수 있습니다.

반면, AI 서·논술형 평가지원시스템의 단점과 해결 방안은 다음과 같습니다.

첫째, **AI의 한계로 채점 오류가 발생할 수 있습니다.** AI는 훈련된 데이터에 따라 결과가 달라지므로 일부 사투리나 신조어, 창의적인 표현이나 문화적 배경 등을 이해하지 못할 수 있습니다. 그 과정에서 학생의 글을 제대로 채점하지 못하는 문제가 발생할 수 있습니다. 이를 해결하기 위한 방안은 **교사가 반드시 채점 결과를 다시 검토하는 것**입니다. AI가 놓친 부분이나 편향된 부분이 있는지 반드시 살펴보고 필요한 경우 수정과 추가 피드백을 제공해야 합니다.

둘째, **프라이버시 및 데이터 윤리 문제가 생길 수 있습니다.** 학생들이 서술형 답안에 민감한 정보를 입력한다면 AI가 이를 학습하거나 저장하면서 다른 학생의 피드백에 활용하는 등 개인정보 및 윤리 문제가 발생할 수 있습니다. 이를 해결하기 위한 방안은 **사전에 학생들을 대상으로 AI 윤리 교육을 실시하는 것**입니다. AI가 민감한 개인 정보를 저장할 수 있으므로 자신 혹은 타인의 개인 정보로 함부로 적지 않도록 학생들에게 반드시 강조를 해야 합니다. 이상입니다.

> **※ 기품 아이디어**
> 서울시교육청은 네이버, 민간 AI기업, 서울대학교, 그리고 현장 교사들과 AI 서·논술형 평가지원시스템을 개발하고 있습니다. 이러한 최신 교육 정보는 서울시교육청 블로그(https://blog.naver.com/seouledu2012/)에서 접할 수 있습니다. 2차 면접을 준비할 때는 서울시교육청 블로그도 종종 들어가서 읽어 보시기 바랍니다.

구상형 2번

구상형 2번 답변드리겠습니다. [나]를 예방하는 방안은 다음과 같습니다.

첫째, **학생 대상 디지털 리터러시 교육 강화**입니다. 최근 학생들이 온라인 테러 글이나 딥페이크 성범죄에 연루되는 것은 해당 문제에 대한 심각성을 제대로 인식하지 못하기 때문입니다. 학생들에게 구체적인 사례들을 기반으로 허위 정보 및 딥페이크의 위험성, 사이버 범죄에 대한 법적 책임 등을 가르쳐서 온라인상의 윤리적 문제에 대해 인식할 수 있게 해야 합니다.

둘째, **학부모 대상 디지털 리터러시 연수를 정기적으로 운영**해야 합니다. 학생들은 어디에서나 스마트폰을 사용하기 때문에 가정에서의 지도도 매우 중요합니다. 따라서 학부모가 디지털 기술 및 청소년 문화에 대한 이해를 갖출 수 있도록 주기적으로 가정통신문을 배부하고, 학부모 상담을 실시하며, 학교 차원의 워크숍 또는 사례 나눔을 하여 학부모의 디지털 리터러시 교육을 실시해야 합니다. 이를 통해 가정과 학교 간 협력을 이끌어내고 학생들의 올바른 디지털 생활을 지도할 수 있습니다.

또한 [다]와 같은 상황을 극복하기 위해 디지털 활용 수업 설계 시 주의할 점은 다음과 같습니다.

첫째, **AI 및 디지털 도구 활용에 대한 사전 교육을 실시**해야 합니다. 학생들이 도구를 단순히 '정답을 찾는 수단'으로 사용하는 것이 아니라, 정보의 진위 여부를 분석하고 적절하게 활용할 수 있도록 가르쳐야 합니다. 이를 위해서는 정보 검증 방법, 출처 밝히기, AI 윤리 등 디지털 리터러시 교육을 수업 사전 활동으로 구성하는 것이 효과적입니다.

둘째, **정답이 있는 문제보다는 사고력을 묻는 과제를 제시**해야 합니다. 정답이 있는 문제는 학생들이 검색을 통해서 쉽게 정보를 찾아낼 수 있습니다. 따라서 디지털 활용 수업 때는 여러 정보를 비교하여 자신의 의견을 정리하는 활동, 자기 생각을 온라인 플랫폼을 활용하여 창의적인 그림이나 영상으로 표현하는 활동 등 학생의 사고력과 창의력을 요구하는 과제를 제시해야 합니다. 또는 팀 협력이 필요한 모둠 과제를 제시하여 학생들의 탐구 과정과 사고의 흐름이 드러나는 과제를 제시하는 것이 바람직합니다. 이상입니다.

> ※ **기품 아이디어**
>
> 2025년 평가원 문제에서도 가짜 뉴스와 SNS 허위 사실 유포에 대한 문제가 나왔습니다. 디지털 교수·학습 관련해서 자주 이슈가 되는 부분이므로 모의고사 문제로 출제하였습니다. 디지털 리터러시는 학생뿐만 아니라 학부모를 대상으로도 교육되어야 합니다. 실제로 서울시교육청 홈페이지에도 디벗 도움 자료 중 학부모 디지털 리터러시 지원 자료가 있습니다. AI 사용이 대중화되면서 이를 교육에 적용했을 때 발생할 수 있는 문제점과 해결 방안도 중요한 면접 주제 중 하나입니다.

추가질문 1번

답변드리겠습니다. 디지털 도구를 다루는 역량 차이로 인해 학생들 간에 발생할 수 있는 교육격차를 해결하는 방법은 다음과 같습니다.

첫째, **교과 교사로서는 교과 목표와 연계하여 디지털 도구 활용법도 체계적으로 지도**해야 합니다. 학생마다 AI나 디지털 플랫폼을 사용하는 능력이 다르기 때문에 수업 전 도구 활용법을 익히는 시간을 별도로 구성하거나 단계별 매뉴얼을 제공하는 등 디지털 도구를 다루는 능력 차이를 최소화할 수 있도록 해야 합니다. 예를 들어, AI 글쓰기 도구를 사용할 때도 검색 방법, 결과 해석하는 법, 정보 활용의 윤리적 기준 등을 교과 활동에 앞서 체계적으로 함께 지도해야 합니다.

둘째, **담임교사로서는 다양한 학급 프로그램을 통해 학생들의 디지털 역량을 직접적으로 길러줄 수 있습니다.** 조회 시간에 함께 정보 찾기 활동을 하거나, 모둠을 구성하여 학생들에게 AI 활용 미션을 제공하여 상품을 주는 등 다양한 학급 프로그램을 운영하여 디지털 도구 활용에 서툰 학생들도 자주 사용하여 익숙해지도록 지도할 수 있습니다. 또는 방과 후 시간을 활용하여 디지털 활용 역량이 낮은 학생들을 소그룹으로 직접 보충 지도하거나 학급에 잘하는 학생과 또래 튜터링을 하도록 연계할 수 있습니다. 이상입니다.

> **※ 기품 아이디어**
> 학교 현장에서는 부장 교사와 일부 비담임 교사 외에 대부분의 교사가 담임을 맡습니다. 특히 신규 교사라면 담임을 하게 될 가능성이 매우 높습니다. 따라서 면접 문제들은 문제에서 제시하지 않더라도 항상 교과 교사로서의 지도 방안과 담임 교사로서의 지도 방안을 모두 고민해보는 것이 좋습니다.

즉답형

답변드리겠습니다. AI의 발달로 인해 학습 동기가 떨어진 학생들에게 다음과 같이 조언하겠습니다.

첫째, **AI가 완벽하지 않음을 상기**시키겠습니다. 아무리 기술이 발전해도 아직까지 AI는 완벽하지 않고 잘못된 정보나 편향된 정보를 제공하기도 합니다. 따라서 AI를 효율적인 도구로 활용할 수는 있지만, 이를 점검하고 필요에 맞게 가공하기 위해서는 자신의 지식과 능력이 필요함을 학생에게 인지시키겠습니다.

둘째, **AI는 도구일 뿐, 비판적 사고와 창의력은 인간만의 영역임을 강조**하겠습니다. AI가 문제를 풀어주고 번역도 해줄 수 있지만, 복잡한 상황에서 무엇이 문제인지 판단하고, 창의성을 발휘하는 능력인 인간의 고유한 영역입니다. 따라서 AI에 지나치게 의존하고 스스로 사고하지 않으면 미래 사회에서 살아가기 힘들다는 것을 학생들에게 알려주겠습니다. 우리가 학교에서 하는 공부는 지식과 정보의 습득 그 자체보다도 사고력과 판단력을 기르고 문제 해결력을 키우는 과정임을 강조하겠습니다.

셋째, **미래 진로는 '직업'이 아닌 '역량' 중심으로 바뀌고 있음을 안내**하겠습니다. 이미 현대 사회에서도 평생 직장이라는 것은 없다고 흔히 말합니다. 미래 사회에는 모든 것이 더욱 빠르게 변화할 것입니다. 따라서 학생들에게 지금의 학습은 하나의 직업을 위한 준비가 아니라 다양한 변화에 유연하게 대응할 수 있는 힘을 기르기 위한 것이라고 조언하겠습니다. 따라서 지금 하는 진로 고민이 헛된 것이 아니라 자신의 흥미와 강점을 파악하여 이와 관련된 역량을 잘 길러낸다면 미래 사회에서도 진로 선택의 폭이 넓어짐을 학생에게 알려주겠습니다. 이상입니다.

> **※ 기품 아이디어**
> AI의 대중화는 우리 사회의 많은 것을 변화시키고 있습니다. 학생들은 AI 의존도가 높아지면서 학습 동기가 낮아지기도 합니다. 이러한 상황에서 교사로서 해줄 수 있는 조언이 무엇인지 고민해 보고, 더 나아가 자신의 교과 과목을 학생들이 미래에 왜 공부해야 하는지도 생각해 보시기 바랍니다.

추가질문 2번

답변드리겠습니다. 저는 디벗을 활용하여 다음과 같은 교육활동을 실시하고 싶습니다.

국어	첫째, **AI 글쓰기 첨삭 활동**을 하겠습니다. 학생들이 주어진 주제에 대해 자신의 글을 작성한 후 디벗을 통해 문법 오류, 문장 표현, 논리 흐름 등에 대한 피드백을 받게 합니다. 이후 수정 과정을 통해 자기 주도적인 글쓰기 역량을 키워주겠습니다. 둘째, **모둠 토론 활동**을 하겠습니다. 학생들이 수업 시간에 디벗을 활용하여 자료를 조사하고 모둠원과 함께 패들렛에 찬성 및 반대 의견의 자료와 근거를 정리하여 생각을 구조화하고, 댓글로 의견을 나누어 효율적으로 토론 준비를 하도록 하겠습니다. 디벗을 활용하면 목소리가 큰 학생만 토론을 이끌어가는 것이 아니라 소극적인 학생도 자신의 의견을 글로 남길 수 있고, 역할을 나누어 모든 학생의 적극적인 참여를 유도할 수 있습니다.
영어	첫째, **AI 파트너와 말하기 연습 활동**을 하겠습니다. 학생들에게 각자 디벗에 이어폰을 꽂고 일상적인 상황에 대한 영어 대화 연습을 시키고, 피드백을 통해 어휘와 문법 오류를 교정받도록 하겠습니다. 이를 통해서 말하기에 대한 자신감이 부족하고 불안도가 높았던 학생들의 부담을 줄일 수 있습니다. 둘째, **작문 첨삭과 재작성 활동**을 하겠습니다. 학생들에게 주어진 주제에 대해 짧은 영어 에세이를 작성하게 한 후, 디벗을 이용하여 AI에게 피드백을 받고 개선 방향에 따라 다시 작성하게 할 것입니다. 이를 통해 학생들의 영어 문장 구조 이해도를 향상시킬 수 있으며, 교사가 모든 에세이를 직접 채점하는 것보다 효율적으로 수업 시간을 활용할 수 있습니다.
수학	첫째, **도형 및 함수 그리기 활동**을 하겠습니다. 학생들에게 디벗을 활용하여 지오지브라, 데스모스, 알지오매스 등의 사이트에 접속하여 직접 다양한 도형과 함수를 그리게 하여 학생들이 어려워 하는 개념을 직접 다루고 익힐 수 있도록 하겠습니다. 둘째, **AI를 이용하여 개별 맞춤형 학습**을 시키겠습니다. 학생들이 자주 틀리는 문제를 사진으로 찍어 AI에게 유사 문제나 유형을 만들어 달라고 하면, AI가 숫자와 일부 조건을 변형하여 문제를 제공할 수 있습니다. 이러한 문제들을 자주 풀고 연습함으로써 학생들은 개별 맞춤으로 자신의 약점을 보완하며 학습을 수행할 수 있습니다.

이상입니다.

3회 영역별 모의고사 - 교육 정책

구상형 1번

구상형 1번 답변드리겠습니다. 김 교사가 실시한 역지사지 공존형 토론수업의 문제점과 해결 방안은 다음과 같습니다.

첫째, **토론 전 준비 과정이 미흡했다**는 것입니다. 역지사지 공존형 토론수업은 일반 토론 수업과 다르기 때문에 학생들에게 토론 전 사전 교육을 철저히 시키는 것이 중요합니다. 그 과정이 부족했기 때문에 학생들이 상대의 말을 끊거나 이기기 위한 토론을 진행하게 된 것입니다. 이를 해결하기 위해서는 **토론 전 토론의 목적 및 경청과 존중의 자세를 교육**해야 합니다. 이 토론의 목적은 이기는 것이 아니라는 점을 사전에 잘 인식해야 하며, 내 입장만 고수하지 않고 상대방의 이야기를 경청하고 합의해 나가는 것이 중요하다는 것을 사전에 지도해야 합니다. 예를 들어, 토론할 때 반대 의견에 대해서도 "의견 잘 들었습니다."라고 말한다거나 상대방의 말을 중간에 끊지 않도록 해야 합니다. 또한 상대방의 의견에 동의할 수 없어도 "이 부분에 대한 생각을 말씀해 주시겠습니까?" 등과 같은 말을 통해 경청과 존중의 자세를 익히도록 가르쳐야 합니다.

둘째, **학생들이 사실에 근거한 정보 탐색을 하지 않았다**는 것입니다. 토론을 준비하는 과정에서 학생들이 부정확하거나 출처가 불분명한 자료를 사용함으로써 토론의 정확도가 떨어졌습니다. 이를 해결하기 위해서는 **정보 문해력 교육을 실시**해야 합니다. 최근 AI와 SNS 알고리즘 기술에 의해 가짜 뉴스가 쉽게 확산되므로 학생들에게 다양한 매체를 통해 정보를 수집할 때는 모든 정보를 그대로 수용하기보다 사실 확인을 한 번 더 해야 하며, 믿을 수 있는 출처의 정보인지를 점검해야 한다는 것을 가르치고 이를 통해 사실에 근거한 토론이 될 수 있도록 지도해야 합니다.

셋째, **교사가 합의 과정을 주도했다**는 것이 문제입니다. 역지사지 공존형 토론의 최종 목적은 '시민적 합의'입니다. 다수결이나 목소리가 큰 소수에 의한 무조건적 합의가 아니라, 토론자들 간의 의견을 조정하는 과정입니다. 그런데 교사가 결론의 방향을 유도함으로써 일부 학생들의 불만이 생긴 것입니다. 이를 해결하기 위해서 **교사는 적극적으로 개입하기보다 민주적인 합의가 형성되도록 학생들을 도와야 합니다.** 교사는 학생들이 만장일치 합의를 이루도록 강제할 필요가 없습니다. 학생들이 다양한 관점을 채택해 보고 의견을 형성할 수 있도록 돕는 역할만 수행해야 합니다. 학생들이 최종 합의에 이르지 못하더라도 합의가 어려웠던 부분을 성찰해 보고 그 이유를 논의해 보는 것만으로도 의미가 있습니다. 합의의 내용뿐만 아니라 그 합의를 도출하는 방법에 있어서도 민주적일 수 있도록 지도해야 합니다. 이상입니다.

> ※ **기품 아이디어**
>
> 역지사지 공존형 토론수업은 민주시민역량 함양을 위해서 서울시교육청에서 실시하는 교육입니다. 이 문제는 서울교육 2025 여름호에 실린 「실천하는 학생시민을 키우는 역지사지 공존형 토론수업」 글을 참고하여 만들었습니다. 해당 호에는 '앎이 삶으로 이어지는 민주시민교육'이라는 특별 기획이 실렸습니다. 서울교육 잡지는 봄, 여름, 가을, 겨울호로 1년에 4번 발행되며 온라인으로 누구나 무료로 볼 수 있습니다. 시간 여유가 되신다면 최신 호를 살펴보는 것도 서울 교육 트렌드를 파악하는 데 도움이 될 것입니다.

구상형 2번

구상형 2번 답변드리겠습니다. [가]를 참고할 때, 독서교육이 중요한 이유는 다음과 같습니다.

첫째, **기초 학습 능력을 향상**시키기 때문입니다. 독서는 어휘, 문해력, 표현력 등 언어 능력의 기초를 길러줍니다. 언어 능력이 부족하면 모든 교과 학습에 어려움이 생깁니다. 국어 지문뿐만 아니라 과학, 사회, 도덕 등 모든 교과 학습에서도 독해가 기본이기 때문입니다. 따라서 독서교육을 통해 학생들의 문해력을 키우는 것이 중요합니다.

둘째, **학생들의 사고 능력을 키워주기 때문**입니다. 요즘 청소년들은 숏폼과 릴스 등 짧은 호흡의 영상들에 익숙해지면서 긴 호흡의 영상이나 글에 집중하는 데 어려움이 있다고 합니다. 이는 학생들의 집중력뿐만 아니라 스스로 생각하는 힘도 약하게 만듭니다. 반면, 독서를 통해서는 학생들이 긴 글의 전개와 맥락을 따라가며 자연스럽게 논리적 사고, 추론 능력, 문제 해결 능력을 키울 수 있습니다. 또한 다양한 관점과 세계관을 접하면서 비판적 사고 능력과 창의력도 키워줄 수 있으므로 학생들의 사고력을 키워주기 위해 독서교육이 필요합니다.

셋째, **정서 발달과 공감 능력 향상**에 도움이 되기 때문입니다. 특히 문학 작품이나 다른 인물의 이야기를 읽으면 타인의 감정과 상황에 공감하는 경험을 하게 됩니다. 이는 학생의 정서적 발달로 이어지며 자신의 감정을 돌아보며 자기 이해에도 도움이 됩니다. 따라서 정서 발달과 인성 교육을 위해서도 독서교육이 중요합니다.

다음으로 [나]에서 박 교사의 독서교육 지도 방안의 문제점과 해결 방안은 다음과 같습니다.

첫째, **학생들에게 제한된 도서 목록을 제공한 것**이 문제입니다. 학생들이 자신의 관심과 흥미에 맞는 책을 스스로 선택하는 것이 아니라 교사가 제공하는 목록에서만 독서를 해야 한다면 독서에 대한 흥미가 떨어지게 됩니다. 따라서 이를 해결하기 위해서 **학생들에게 도서 선택의 자유를 주어야 합니다.** 어떤 책을 읽어야 하는지 모르는 학생들을 위해서 추천 도서 목록을 제공할 수는 있지만, 그 목록에만 한정해서 독서를 강요해서는 안됩니다.

둘째, **독서의 목적을 생활기록부 기재로 한정한 것**입니다. 독서의 목적을 생활기록부 기재라는 외적 보상에만 한정함으로써 학생들이 독서 자체의 즐거움과 자기 성장이라는 내적 보상을 경험할 수 없게 만들었습니다. 이를 해결하는 방법은 **학생들과 다양한 독서 활동을 실시**하는 것입니다. 생활기록부 기재 외에도 학생들과 독서 토론 또는 창작 활동 등 다양한 활동을 함께 한다면 학생들에게 독서의 즐거움을 가르쳐줄 수 있습니다.

셋째, **학기 말에만 독서 상황을 점검한 것**이 문제입니다. 학기 초에 과제를 제시하고 학기 말에만 결과물을 확인한 것은 독서 과정에 대한 피드백이 없었기 때문에 학생들의 지속적인 독서를 이끌어내지 못했으며, 베껴 쓰기와 같이 결과물만 중시하는 비윤리적인 태도도 나타났습니다. 이를 해결하기 위해서는 **학생들의 독서활동을 주기적으로 점검**해야 합니다. 학생들에게 한 줄 독서 기록을 작성하게 하거나 매주 읽은 부분에 대한 소감을 나누게 함으로써 함께 독서 상황을 공유하는 즐거움을 느끼고, 서로 완독에 대한 동기를 북돋아 줄 수 있습니다. 이상입니다.

※ 기품 아이디어
독서교육에 관한 문제는 서울시교육청에서는 아직 출제된 적이 없지만, 경기도, 세종, 그리고 평가원에서 2차 면접 기출로 출제된 적이 있습니다. 타지역에서 출제된 기출과 비슷한 문제가 간혹 나오기도 하므로 세종시의 문제를 변형하여 출제해 보았습니다.

추가질문 1번

답변드리겠습니다. 저는 저의 교과와 연계하여 다음과 같이 독서교육을 실시하겠습니다.

체육	첫째, **스포츠 선수의 자서전을 읽고 진로 교육과 연계**하겠습니다. 유명 선수들의 책을 읽고 그 선수들이 어떻게 운동 목표를 설정하고 힘든 시절을 극복했는지 정리하도록 하여, 학생들도 자신의 꿈을 어떻게 이룰 것인지 고민해 보고 자기관리 역량을 기르도록 하겠습니다. 둘째, **건강 관련 도서를 읽은 후 생활 속 실천 계획을 세우게 하겠습니다.** 시중에는 건강이나 운동과 관련된 책이 많습니다. 학생들에게 각자 책을 읽고 자신의 건강 계획을 세워보게 하고, 실생활에서 실천할 수 있도록 지도하겠습니다.
음악	첫째, **유명 작곡가의 생애에 관한 책을 읽은 후 음악 감상문을 작성**하겠습니다. 베토벤, 쇼팽 등의 전기를 읽은 후 그들의 작품을 들으면 그들의 생애에 대해 몰랐을 때와 다른 느낌을 받을 것입니다. 따라서 학생들에게 독서 후 음악 감상문을 작성하며 책의 내용이 어떤 영향을 미쳤는지 감상문을 나눠볼 것입니다. 둘째, **세계 음악에 관한 책을 읽고 지역별 음악을 비교**할 것입니다. 여러 나라의 음악에 대해 읽으며 예술과 문화가 어떻게 발전했는지 다각도로 학생들과 탐색해 볼 수 있습니다.
영어	첫째, **영어 원서를 읽은 후 요약 및 발표 활동**을 하겠습니다. 학생들의 수준에 맞는 영어 책을 읽고 내용을 직접 요약해 봄으로써 독해력과 영어 실력을 모두 키울 수 있습니다. 또한 이를 발표함으로써 말하기, 읽기, 쓰기 영역을 골고루 발전시킬 수 있습니다. 둘째, **영어 대본집 읽기 활동**을 하겠습니다. 시중에는 유명 영화나 드라마의 영어 대본 책이 많이 있습니다. 이를 함께 읽음으로써 학생들에게 실생활에 사용되는 현장감 있는 영어 표현을 가르칠 수 있습니다. 또한 독서 활동 후 함께 해당 영화나 드라마의 일부 장면들을 함께 시청하여 학생들의 영어 듣기 연습도 실시할 수 있습니다.

이상입니다.

※ 기품 아이디어
교과와 연계한 독서교육 방법은 경기도에서 즉답 문제로 2019년과 2021년 두 번 출제된 문제입니다. 자신의 교과와 연계한 답변을 꼭 정리해 보시기 바랍니다.

> 기품있는 서울 심층면접

즉답형

답변드리겠습니다. 먼저 제가 생태전환교육 동아리를 운영한다면 다음과 같은 활동을 실시하겠습니다.

첫째, **학교 텃밭을 함께 운영**하겠습니다. 학생들이 씨앗에서부터 직접 작물을 키우는 과정에서 생명의 순환 구조를 체득하고 생태 감수성을 기를 수 있습니다. 또한 작물을 수확하여 함께 샌드위치나 허브티를 만드는 활동을 통해서 로컬푸드의 개념을 익히고 탄소발자국 줄이기를 실천할 수 있습니다. 음식이 어디서 오는지 몰랐던 아이들이 일 년 동안 직접 채소를 기르면 음식의 소중함을 배우고 더 이상 음식도 남기지 않게 됩니다. 음식, 소비, 쓰레기, 생태계 등 삶의 전반이 환경과 긴밀히 연결되어 있음을 몸소 배울 수 있기 때문입니다.

둘째, **제로웨이스트 챌린지**를 실시하겠습니다. 동아리 학생들과 매달 플라스틱 없는 달, 비닐 대신 장바구니 사용하는 달, 일회용품 사용하지 않는 달 등 주제를 정해서 일상 속 쓰레기를 줄이고 제로웨이스트를 실천할 것입니다. 학생들이 자신의 실천 내용을 매일 공책에 기록하여 얼마나 실천했는지 서로 점검하면서 재밌는 챌린지처럼 생태전환교육을 할 수 있습니다.

다음으로 생태전환교육의 필요성은 다음과 같이 설명하겠습니다.

첫째, **기후 위기와 환경 문제는 미래 세대의 생존과 직결된 문제**입니다. 기후 변화, 생물 다양성 감소, 미세 플라스틱, 환경 재난 등은 미래 세대의 삶을 직접적으로 위협하고 있습니다. 따라서 학생들이 지속 가능한 삶의 방식을 학교에서 배우지 않으면, 미래의 환경 문제를 해결할 수 없습니다.

둘째, **생태전환교육은 삶에 대한 올바른 가치관과 태도를 길러줍니다.** 생태전환교육은 단순히 환경에 관한 지식과 정보만 가르치는 것이 아니라 올바른 생활 방식, 소비 습관, 자연과의 공존, 인간과 사회에 대한 윤리적 성찰 등을 가르칩니다. 따라서 학생들이 미래 사회를 살아가는 올바른 시민으로 자라게 하기 위해서 생태전환교육은 필요합니다. 특히, 생태 문제는 개인이 아닌 공동체의 노력과 협력이 필수적이기 때문에 모든 학생의 시민의식과 실천력을 키우는 것이 중요합니다. 이상입니다.

> ※ **기품 아이디어**
> 생태전환교육에 관한 문제는 서울시 기출로 22년에 한 번 출제되었습니다. 그때는 구체적은 교육 프로그램의 문제점과 개선 방안을 물었는데, 인천에서는 21년에 생태전환교육 관련 동아리 운영에 대해 물었고, 세종에서는 22년에 생태전환교육의 필요성을 물었기 때문에 모의고사로 변형하여 출제해 보았습니다.
> 생태전환교육에 관한 서울 기출에서는 활동의 지속성과 실생활에서의 실천 가능성을 강조했습니다. 따라서 동아리 운영 방식도 지속성과 실천 가능성을 고려하여 답해야 합니다.

추가질문 2번

답변드리겠습니다. 자유학기제는 단순히 시험을 쉬는 학기가 아니라 학생들이 학생 참여형 수업을 통해 배움의 즐거움을 느끼고, 자기주도적 학습을 실천하며, 다양한 진로 탐색 활동을 하는 학기입니다. 따라서 자유학기제가 여전히 필요한 이유는 다음과 같습니다.

첫째, **진로 탐색 및 자기 이해의 기회가 제공**되기 때문입니다. 자유학기제는 다양한 진로탐색 활동을 통해 학생이 자신의 흥미와 강점을 탐색하게 도와줍니다. 이는 앞으로 학생이 고입과 고교학점제를 준비하는 데도 바탕이 되기 때문에 꼭 필요한 시기입니다.

 둘째, **학습의 즐거움과 배움의 의미를 경험하는 기회가 제공**되기 때문입니다. 시험 위주의 교육에서 벗어나, 다양한 학생 참여형 수업을 들으면서 학생들이 학습을 경쟁이 아닌 즐거움과 성장의 과정으로 인식하게 됩니다. 이는 장기적으로 내적인 학습 동기를 키워주고, 학교에 대한 긍정적인 태도를 형성하는 데 도움이 됩니다.

 셋째, **자기주도적 학습 능력을 키울 수 있기 때문**입니다. 자유학기제는 학생 참여형 수업과 과정중심 평가를 통해 학생이 스스로 배우고 생각하는 학습 태도를 길러줍니다. 시험 성적에 얽매이지 않고 스스로 여러 공부법을 적용하여 시행착오를 겪어보고, 중학교 과정을 다양한 참여형 수업으로 배우며 교사의 피드백을 통해 약점을 보완함으로써 앞으로 공부하는 데 필요한 자기주도적 학습 능력을 1학년 때 키울 수 있습니다. 이상입니다.

4회 영역별 모의고사 – 교과수업

구상형 1번

구상형 1번 답변드리겠습니다.

먼저 박 교사 수업의 문제점 4가지를 말씀드리겠습니다.

첫째, **학생 수준을 고려하지 않고 학습 주제 및 수업 방식을 결정**하였다는 것입니다. 한 학급 내에는 서로 다른 학력 수준을 지닌 학생들이 섞여 있으므로, 이를 고려하여 학습 주제와 수업 방식을 정해야 합니다.

둘째, **학습 주제에 대한 학생 성찰의 기회가 없는 수업**이라는 점입니다. 2022 개정 교육과정에서 강조하는 깊이 있는 학습을 이끌어 내기 위해서는 학생들이 스스로 자신의 학습 과정과 전략을 점검하고 개선할 기회를 제공해야 합니다.

셋째, **개별 학생에 대한 평가 기준이 마련되어 있지 않은 점**입니다. 모둠 활동이라 하더라도, 모둠 내 개별 학생에게 역할을 부여하고 개별 학생의 수행 과정과 평가도 평가해야 합니다.

넷째, **학생의 질문이 없는 교사의 일방적인 내용 전달식 수업**이라는 점입니다. 학생들이 스스로 문제를 설정하고 해결하는 수업을 활성화해야 학생들이 학습의 즐거움을 경험할 수 있습니다.

다음으로, 박 교사가 지녀야 할 역량 3가지를 말씀드리겠습니다.

첫째, **학생들의 자기주도 학습 능력을 길러주는 역량**이 필요합니다. 공부를 잘한다는 것은 학생이 학습의 즐거움을 느끼면서 스스로 학습을 해나갈 때 가능하다고 생각하기 때문입니다.

둘째, **학생들의 성취 수준을 정확하게 진단하는 역량**이 필요합니다. 노력한 만큼 점수가 나온다는 것은 학생의 성취 수준을 평가에 정확하게 반영한다는 것입니다. 이러한 역량은 학생들의 학습 수준을 정확하게 파악하여 적절한 피드백을 통해 학생이 성장하도록 돕는 데에 꼭 필요합니다.

셋째, **다양한 학생들이 의견을 제시할 수 있도록 공론의 장을 마련하고 의견 제시를 격려하는 역량**이 필요합니다. 학생들은 자신의 생각을 표현하는 기회를 얻게 되면서 수업에 능동적으로 참여하고 학습의 즐거움을 경험할 수 있기 때문입니다.

이러한 역량을 바탕으로 구체적인 수업 방안 3가지를 말씀드리겠습니다.

첫째, **자신의 학습 과정을 기록하는 자기 학습 성찰지를 작성하고 이를 모둠별로 검토하는 활동**을 마련합니다. 이를 통해 학생은 자신의 학습 과정에서 어떤 점이 좋고 어떤 점을 보완해야 하는지 알 수 있게 되고, 또 모둠 내 다른 친구들의 학습 과정을 검토함으로써 더 나은 학습 방법을 알게 될 수도 있습니다.

둘째, **성취 기준을 수업 도입에서 명확하게 제시하고 교사의 관찰 평가와 동료평가, 교사와 동료의 피드백 활동을 강화**합니다. 학생들은 성취 기준을 미리 알게 되므로 어떻게 해야 학습 목표에 도달할 수 있는지 알 수 있을 것입니다. 또한 교사가 순회 지도를 통해 꼼꼼하게 학생들의 학습 상황을 체크하고, 교사가 미처 확인하지 못한 부분을 동료 학생들이 확인하게 함으로써 보다 정확하게 학생들의 성취 수준을 확인할 수 있습니다. 그리고 교사뿐 아니라 동료 학생들의 피드백도 함께 제공하여 학생들이 자신의 어느 부분을 보완해야 학습 상황을 개선할 수 있을지 더욱 정확하게 알게 되어, '노력한 만큼 점수가 나오는 수업'이 가능하게 될 것으로 생각합니다.

셋째, **패들렛과 같은 온라인 토론장을 적극적으로 활용**합니다. 손을 들고 발표하지 않더라도 언제든지 즉시 자신의 의견을 게시할 수 있으므로, 다양한 학생들이 의견을 활발하게 교류할 수 있게 될 것입니다. 이상입니다.

> ※ 기품 아이디어
> **최근 서울에서는 점차 묻는 가짓수를 늘리는 방향으로 출제 경향이 변화**하고 있습니다. 따라서 짧은 시간 내로 최대한 많은 아이디어를 떠올리는 것이 관건이며, **답변 시간도 지나치게 길어지지 않도록** 조절하는 것이 중요합니다.
> 해당 예시 답안의 경우 말 그대로 '예시 답안'이므로 예비 선생님들의 답변 사례 공부를 위해 자세하게 작성하였으나, 실제 면접장에서는 **굵은 글씨와 같은 큰 꼭지(주장) 위주로 답변을 구상**하시고 꼭 필요한 경우에만 구체적인 사례나 근거를 제시하시는 것이 좋습니다.
> 해당 문항의 경우 제시문 속 상황이 매우 많이 제시되고 있지만, **답변의 개수가 제시문 속 상황의 개수 이하이므로 답변을 구성하기에는 비교적 수월**한 편이라고 할 수 있습니다.(제시문 속 상황의 개수보다 답변 개수가 많을 경우, 짧은 시간 안에 많은 아이디어를 구상해야 하므로 난이도가 어려워집니다.) 특히 **박 교사 수업의 문제점의 경우 상황의 개수와 답변의 개수가 같으므로, [나]의 문제 상황을 답변으로 그대로 재구성**하면 된다는 점에서 구상 시간을 절약할 수 있습니다.
> 한편 해당 문항의 특징은, [나]와 [다]의 설문조사의 응답자가 동일하다는 것입니다. 따라서 구체적인 수업 방안을 제시할 때 이 부분을 활용한다면 좀 더 돋보이는 답변이 가능할 것입니다. 예를 들어, '다른 친구가 나의 학습 일지를 검토하는 과정에서 나의 학습에 도움을 줄 수 있으므로, 수업 내용에 어려움을 느낄 때 친구들과 서로 도움을 주고 받을 수 있다'는 식의 답변을 덧붙이는 것입니다. 다만 답변에 필수적인 내용은 아니므로, 구상 시간이나 답변 시간이 충분할 때 활용하시면 도움이 될 것입니다.

구상형 2번

구상형 2번 답변드리겠습니다.
두 교사의 수업에서 나타난 문제의 공통적인 원인은 다음과 같습니다.
첫째, **학생들이 수업에 몰입하지 못하면서 문제가 발생**하고 있습니다. 최 교사 수업의 경우, 학생들이 다른 교사의 수업과는 달리 집중을 하지 않는 모습을 보입니다. 성 교사 수업의 경우, 수업에 몰입하지 못한 특정 학생이 다른 학생들의 학습마저 침해하고 있습니다. 이는 학생들이 해당 수업을 자신의 삶과 관련이 없다고 생각하거나 느끼고 있어서 일어나는 일이라고 생각합니다.
둘째, **학생들의 학습 상황에 대해 교육 주체 간 정보 교환과 소통이 이루어지지 않고 있습니다.** 최 교사의 경우 동료 교사와 대화를 하면서 비로소 학생들의 문제행동이 자신의 수업 방식에서 비롯되었을 수 있다는 자기 성찰을 하게 되었습니다. 성 교사의 경우 심각한 수업 방해 행동을 하는 학생을 어떻게 지도할 것인지 담임교사 및 학부모와 소통하지 않아, 결국 학부모의 항의까지 불러일으키게 되었습니다.
제시문의 문제를 해결할 방안을 [다]를 고려하여 말씀드리고자 합니다.
먼저 최 교사의 입장에서 말씀드리겠습니다.

▶ 기품있는 서울 심층면접

  첫째, **동료 선생님들과의 논의를 통해 학생들의 특성과 관심사를 파악한 후 이에 맞춰 수업 내용과 방식을 재구성**하고자 합니다. 이를 통해 내가 미처 알지 못한 학생들의 모습을 확인할 수 있고, 동료 선생님들로부터 해당 학생들에 대한 수업 방식 및 학습지도의 팁을 얻을 수도 있습니다.
  둘째, **학생들의 실생활과 관련이 있는 학습 내용과 활동을 학생들에게 제공**하고자 합니다. 예를 들어, 자신의 경험을 친구들에게 공유하고 소감을 나누거나, 지역 사회의 이슈에 대해 토론하는 활동 등이 있습니다. 이를 통해 학생들은 최 교사의 수업도 자신들의 삶에 의미가 있다고 느낄 수 있을 것입니다.
  셋째, **학습한 내용을 스스로 되짚어볼 기회를 학생들에게 제공**하고자 합니다. 예를 들면, 친구들과 서로 문제를 내고 맞히는 퀴즈 활동, 자기 성찰문과 동료 평가지를 작성하는 활동 등이 있습니다. 교사가 교실 앞에서 혼자서 내용을 정리하지 않고, 학생들이 다양한 활동을 통해 스스로 얼마나 학습했는지를 점검하고 성찰함으로써 수업에 자기 주도적이고 적극적인 태도로 참여할 동기를 얻을 수 있을 것입니다.
  다음으로 성 교사의 입장에서 말씀드리겠습니다.
  첫째, **담임 선생님과의 논의를 통해 해당 학생의 행동 및 심리 특성을 파악한 후 학부모님과 대면 상담**을 나누고자 합니다. 학부모님과 대면 상담을 통해 학부모님의 오해를 풀고, 가정 환경적 요인을 함께 확인한 후 학교와 가정에서 함께 학생을 지도할 방안을 마련하고자 합니다.
  둘째, **이렇게 파악하고 마련한 학생 특성과 지도 방안을 바탕으로 해당 학생에게 적합한 수업 방식을 마련**하고자 합니다. 예를 들어 해당 학생의 관심사를 학습 주제와 연관시켜 동기유발을 하거나, 만화 그리기처럼 해당 학생이 좋아하는 활동을 학생 활동으로 구성하는 방법이 있습니다. 이를 통해 해당 학생이 성 교사의 수업을 자신의 삶과 관련이 있다고 생각하고 흥미를 가지면서, 문제행동을 멈추고 수업에 참여할 동기를 얻게 될 수 있습니다.
  셋째, **자기 성찰문과 동료평가를 활용한 미션 활동**을 하고자 합니다. 해당 학생이 문제행동 없이 학습 내용을 스스로 자기 성찰문에 잘 정리하고 주변 친구들도 해당 학생의 학습 상황을 긍정적으로 인식하면, 긍정적인 보상을 해당 학생에게 제공합니다. 이를 통해 해당 학생의 문제행동도 줄이면서, 자기 성찰적이고 자기 주도적인 학습 태도를 함께 기를 수 있을 것입니다.
  이러한 방안들을 통해, 최 교사와 성 교사의 수업을 듣지 않았던 학생들에게도 **깊이 있는 학습**이 일어나도록 이끌고자 합니다. 이상입니다.

> ※ **기품 아이디어**
> 구상형 1번과 마찬가지로 해당 예시 답안 또한 예비 선생님들의 답변 사례 공부를 위해 자세하게 작성하였으나, 실제 면접장에서는 굵은 글씨와 같은 큰 꼭지(주장) 위주로 답변을 구상하시고 꼭 필요한 경우에만 구체적인 사례나 근거를 제시하시는 것이 좋습니다.
> 해당 문항의 경우 제시문이 길게 나와 있지만, **핵심은 '학생이 수업을 안 듣고 있고, 교사는 혼자서 이를 해결하지 못하고 있다'**는 것입니다. 두 사례 간 차이는 최 교사의 경우 이 사안을 동료 교사와 논의하고 있고, 성 교사의 경우 담임교사(그리고 학부모)와 논의하고 있다는 것뿐이죠.
> 그런데, 이렇게 긴 글 속에서 문제 상황의 **핵심을 어떻게 빠르게 파악할 수 있을까요? 힌트는 해당 문항 문두에 있는 '문제 해결 방안을 [다]를 고려'하라는 말에 있습니다.** 그렇다면 문제 상황의 핵심

이 '깊이 있는 학습이 이루어지지 않고 있다'와 '교육 주체들의 협조가 이루어지지 않고 있다'는 것에 있음을 포착할 수 있습니다.
즉 답변을 구성하실 때, 아래와 같은 구조로 구성하시면 해당 문항에 대한 논리적인 답변이 쉽고 빠르게 가능합니다.
'깊이 있는 학습이 이루어지지 않고 있다. → 학생의 삶과 연계된 학습, 학습에 대한 성찰을 강화한다.'
'교육 주체들의 협조가 이루어지지 않고 있다. → 동료 교사, 학부모와 협조하여 교육과정을 재구성한다.'

추가질문 1번

답변드리겠습니다. 먼저 수업 방안 2가지를 말씀드리겠습니다.

첫째, **학생의 흥미와 관심사를 활용하여 참여를 유도**하고자 합니다. 예를 들어 경쟁형 게임 활동 등 해당 학생이 좋아하는 활동을 구성하거나, 해당 학생과 친하면서 수행 수준이 높은 친구와 같은 모둠에 편성하여 활동을 진행하는 방법 등이 있습니다.

둘째, **활동에 대한 긍정적인 피드백을 제공**하고자 합니다. 예를 들어 활동 참여 도장 등 점수 외적 보상을 제공하거나, 학생의 활동 수행 정도에 대해 교사가 구체적으로 코멘트를 제공하여 학생이 활동에 관심을 갖게 하는 방법 등이 있습니다.

다음으로, 유의 사항 2가지를 말씀드리겠습니다.

첫째, **해당 학생을 일정 시간 동안 수업 상황에서 분리해선 안 됩니다.** 떠들거나 문제행동을 하는 학생과 달리, 해당 학생은 수업 상황에서 분리하는 것이 오히려 해당 학생의 활동 불참 행동을 강화할 수 있기 때문입니다.

둘째, **점수에 반영하지 않기로 한 활동을 갑자기 갑자기 점수에 반영하겠다고 해선 안 됩니다.** 평가는 사전에 학생들에게 충분히 안내되어야 하기 때문입니다. 이상입니다.

> ※ **기품 아이디어**
> 해당 문항에서는 **'수업 방안'을 묻고 있으므로, 일반적인 생활지도 방안을 제시해선 안 됩니다.** 또한 **유의 사항은 수업 방안과 연계**가 되면 좋습니다. 예를 들어 수업 방안에서는 '참여'를 강조한다면, 유의 사항에서는 '참여 배제(분리)'를 하지 말 것을 강조하는 것입니다.(예시 답안의 경우 다음과 같이 논리 구성이 되어 있습니다. '참여 유도 → 분리 금지', '점수 외적 보상 → 갑자기 점수에 반영하는 행위 금지')
> 한편, 해당 문항은 단순히 수업에 참여를 안 하는 학생이 아니라 '점수와 상관없는 활동에만' 참여를 안 하는 학생이므로, **점수와 관련된 내용이 답변에 반드시 들어가야 합니다.** 만약 일반적인 수업 미참여 학생에도 적용할 수 있는 내용으로만 답변이 구성된다면 감점이 될 수 있으니 주의해야 합니다.

즉답형

답변드리겠습니다. 먼저 학습적 측면의 지도 방안 2가지를 말씀드리겠습니다.
　첫째, **교사가 해당 학생들을 대상으로 방과후 보충학습지도 등을 통해 학습코칭**을 하도록 하겠습니다. A학생의 경우 수업 시간에 제대로 학습하는 방법과 자세를 익힐 수 있고, B학생의 경우 수업 미참여로 인한 기초학력 부족 현상을 방지할 수 있을 것입니다.
　둘째, **또래 도우미를 두어 해당 학생들을 대상으로 학생 간 멘토링을 유도**하겠습니다. A학생의 경우 또래 도우미의 학습 자세를 관찰하면서 어떠한 자세로 수업과 학습에 임해야 하는지를 배울 수 있고, 또래 도우미와 함께 학습을 하는 시간이 늘어나므로 교사의 말을 끊거나 다른 학생과 다투는 경우도 줄어들 수 있습니다. B학생의 경우 또래 도우미와 수업 시간을 함께 보내면서 또래 도우미와의 래포를 쌓게 된다면 조금씩 수업 시간에 말과 행동을 하는 빈도가 늘어날 수 있습니다. 또한 또래 도우미의 시범이나 학습지도 등을 통해 학습하는 방법을 자연스럽게 익혀나갈 수 있습니다.
　하지만 이러한 학습적 측면의 지도 방안이 효과적으로 이루어지려면, **정서적 측면의 지도가 선행되어야 합니다.**
　정서적 측면의 지도 방안 2가지를 말씀드리겠습니다.
　첫째, **정서행동환경검사와 같은 정서·심리 진단활동을 실시**하겠습니다. 이를 통해 A학생이 돌발 행동을 하고 B학생이 어떠한 행동도 하지 않는 정서·심리적 근거를 파악하여, 체계적인 지원 계획을 세우고자 합니다.
　둘째, **학생 상담 및 학부모 상담을 진행**하겠습니다. 학생들에게는 수업 시간에 그렇게 행동하는 이유를 조심스럽게 물어보고, 학부모님과는 해당 학생의 상황을 차분하면서도 정확하게 전달드려 가정 환경적 요인도 파악할 것입니다. 이후 학생 및 학부모님과 논의하여 필요한 경우에는 전문가나 외부 기관 등과 연계하여 정서·심리적 지원을 받을 수 있도록 하겠습니다. 이상입니다.

> ※ 기품 아이디어
> 해당 문항은 수업 시간에 전혀 다른 태도를 보이는 두 학생의 사례를 제시하고 있지만, **둘 다 수업 시간에 정서·심리적으로 불안해 보이는 행동을 하고 있고, 제대로 된 학습을 하고 있지 못하다는 공통점**이 있습니다. 따라서 지도 방안은 전자와 관련하여 2가지, 후자와 관련하여 2가지를 제시하면 됩니다.
> 이때 지도 방안을 단순 나열하는 것도 좋지만, '**정서적 측면의 지도가 선행되어야 학습적 측면의 지도도 효과적으로 이루어질 수 있다**'는 내용을 답변 중간에 넣는다면 논리적으로 자연스러우면서도 좀 더 **실현 가능성이 있는 구체적인 답변**이 만들어질 수 있습니다.

추가질문 2번

답변드리겠습니다. 기초학력 미도달 학생을 지원하기 위해 교사는 다음과 같은 역량이 필요합니다.
　첫째, **기초학력 미도달 학생이 누구인지 파악할 수 있는 진단 역량**입니다. 간혹 진단검사를 통해서도 확인이 잘 되지 않는 기초학력 미도달 학생이 있을 수 있습니다. 교사는 세심한 관찰을 통해 이러한 학생들을 빠르게 파악해 내어 학습지원대상학생으로 선정하고 적절한 지원을 할 필요가 있습니다.

둘째, **학생에게 친밀감과 신뢰감을 줄 수 있는 역량**입니다. 학습지원대상학생을 선정하고 적절한 지원 방법을 마련하더라도, 해당 학생이 지원을 거부하면 실질적인 기초학력 책임지도가 이루어지기 어렵습니다. 이때 필요한 것이 학생과의 라포 형성입니다. 교사는 상담, 사제 동행 등 다양한 활동을 통해 학생에게 친밀감과 신뢰감을 형성하여, 학생이 교사의 지원을 받아들이고 자신감과 학습의 즐거움을 얻을 수 있게 도와야 합니다.

한편 **학생역량이란, 기초소양을 바탕으로 다양한 상황과 맥락에서 문제를 해결하는 능력**입니다. 이를 강화할 방안을 말씀드리겠습니다.

먼저 담임교사 측면에서, **아침 책 산책 프로젝트**를 실시하고자 합니다. 조회 시간 등을 활용하여 학급의 모든 학생이 자율적으로 책을 읽는다면, 문해력과 같은 학생역량도 기르면서 자기 주도적인 학습 태도도 기를 수 있을 것입니다.

다음으로 교과교사 측면에서, '**생각을 쓰는 교실**'을 수업에 적용하고자 합니다. 생각을 쓰는 교실이란 학생 스스로 질문하고 탐구하면서 생각을 쓰는 과정을 통해 비판적이고 창의적인 사고를 기르는 서울형 수업 평가 혁신 방안입니다. 학생이 질문과 탐구를 일상적으로 하면서 문제 해결 능력을 기를 뿐 아니라 2022 개정 교육과정에서 강조하는 깊이 있는 학습도 함께 실현할 수 있을 것으로 생각합니다. 이상입니다.

> ※ **기품 아이디어**
>
> 해당 문항은 크게 단위학교 기초학력 책임지도와 서울 학생역량 강화로 나누어 답변을 구성할 수 있습니다.
>
> 먼저 기초학력 미도달 학생 지원에 필요한 교사의 역량을 제시하실 때는, **기초학력 책임지도의 절차에 따라 교사가 어떤 역할을 해야 하는지를 확인하셔야 합니다. 그리고 그 역할에 맞게 역량을 제시**하시면 됩니다. 예를 들어 진단활동 절차에서는 교사가 누가 미도달 학생인지 잘 관찰해야 하고, 실제 지도를 할 때는 어떤 프로그램이나 자료가 학생에게 필요한지 파악해야 합니다. 그리고 해당 학생의 참여를 이끌어내고, 참여가 계속 이어질 수 있도록 격려해야 합니다. 이때 필요한 교사의 역량은 진단 역량, 파악 역량, 설득 역량 등 다양할 수 있고, 이를 답변에 반영하실 때는 좀 더 부연해 주시면 됩니다.
>
> 한편 학생역량 강화의 경우, **서울특별시교육청에서 말하는 학생역량이 무엇인지 간단히 먼저 언급**해 주면 좋습니다. 그리고 일반적인 방안(독서 활동, 토론 활동 등)을 제시하셔도 되지만, 서울특별시교육청의 학생역량 개념을 언급하였으므로 **관련 시책을 함께 활용하시면 더욱 풍부한 답변**이 될 것입니다. 이때 주의할 점은 **시책을 단순히 외워 답변을 하기보다, 시책 내용을 학교 현장에 적절히 녹여내어 제시**하면 좋습니다. 예를 들어 아침 책 산책 프로젝트의 경우, 조회 시간을 통해 진행하겠다는 내용을 간단하게라도 덧붙이면 답변의 구체성과 현장성이 강화될 것입니다.

5회 영역별 모의고사 – 학급경영

구상형 1번

구상형 1번 답변드리겠습니다. 학급생활협약을 제정하기 위한 방법은 다음과 같습니다.

첫째, 학급회장의 의견을 반영하여 **학급생활협약을 제정하기 위한 학급자치회의를 개최**해야 합니다. 학급 학생들이 학급 목표와 규칙을 지키기 위해 해야 할 일, 하지 말아야 할 일에 대해서 충분히 생각하고 의견을 자유롭게 제시하고 의견에 대해 이해하며 공감대를 형성하여 협약의 내용을 정할 수 있습니다.

둘째, 최○ 학생과 박○ 학생의 의견을 참고하여 학급담임이 학교 교칙과 학급생활협약의 차이점에 대해 설명해야 합니다. 학급생활협약은 상과 벌 위주가 아닌 개별 학급의 분위기와 특성을 고려하고 보완하여 학급의 실정을 잘 반영할 수 있다는 것을 이해시켜야 합니다. 그 후 개별 학급의 특성을 반영하여 학생 스스로 학급자치회의를 거쳐 학급생활협약을 제정한다면 학생들 스스로 학급생활협약의 내용을 잘 지키기 위해 자발적으로 노력할 수 있습니다. 또한 노력하는 과정에서 본인의 행동을 스스로 절제하며 타인을 배려하고 언쟁보다는 소통을 통해 평화로운 학급을 만들 수 있기 때문에 학급생활협약이 필요합니다.

학급생활협약을 정한 후 적용하기 위한 원칙을 다음과 같이 정하도록 하겠습니다.

첫째, 학급생활협약이 잘 지키지 못하는 학급 학생이 있다면 그 **학생을 처벌하는 것보다 학급 구성원 모두 다 같이 학급생활협약을 잘 지킬 수 있도록 도울 수 있는 방법을 찾도록** 하겠습니다. 이를 통해 학급 친구들이 자신을 비난한다는 느낌보다는 응원한다는 느낌을 받아 학급생활협약의 내용을 더 잘 지키려고 노력할 것입니다.

둘째, 학급생활협약을 어긴 학생이 있다면 **스스로 실수를 고칠 방법을 성찰하고 찾아볼 수 있는 기회를 제공**하겠습니다. 실수의 원인을 분석하는 과정에서 왜 협약의 내용을 지키지 않았는지 생각해보며 이유를 찾고 성찰한다면 다시 비슷한 상황에서 학급생활협약의 내용을 지키지 않는 일이 없어질 것입니다.

셋째, **학급에 문제나 갈등 상황이 발생했을 때 학급자치회의를 통해 해결 방안을 찾도록** 하겠습니다. 갈등 상황이 불거졌을 때에는 학급자치회의에서 문제해결 서클을 운영하여 해결방안을 찾겠습니다. 학급 학생들 전원이 한 사람씩 문제해결 방안을 제안하고 합의를 거쳐 해결방안을 실행하겠습니다. 문제해결 서클을 통해 학급생활협약으로 발생한 문제나 갈등 상황을 잘 매듭짓고 협약의 내용을 보완해야 할 경우 학급자치회의를 다시 개최하여 협약 내용을 개정하도록 하겠습니다. 이상입니다.

> **※ 기품 아이디어**
>
> 새학년 학기 초 3월, 학급자치회의에서 학급생활협약을 얼마나 정교하게 만드는지에 따라 1년 동안의 학급 분위기가 결정됩니다. 모든 학생들이 적극적으로 참여하여 학급생활협약을 제정하는 과정에서 협약을 지켜야 한다는 의무감을 갖게 되고 지키려는 노력을 할 수 있습니다. 학급생활협약 제정 과정에서 담임 교사는 개입이 필요한 상황에서 적극적인 개입을 하여 조정을 할 수 있습니다.

> 하지만, 협약 내용에 대해서는 깊게 관여하지 않고 학생들의 좋은 의견이 잘 반영될 수 있도록 조언을 해주어야 합니다.

구상형 2번

구상형 2번 답변드리겠습니다.

먼저 교과수업에서 할 수 있는 인성교육 방안은 다음과 같습니다.(체육교과 예시)

첫째, 스포츠 경기를 할 때 학생들에게 **스포츠맨십과 페어플레이 정신**을 가르쳐 인성교육을 하겠습니다. 스포츠 경기에서 스포츠 종목의 규정과 규칙을 지키기 위해 노력하는 자세를 갖고 공정한 경기를 할 수 있도록 하겠습니다. 또한, 승리를 위해 상대 팀 선수에 대해 거친 파울보다는 정정당당한 플레이를 하며 상대 선수들을 존중하고 우리 팀 선수들을 배려하며 팀 내 갈등 상황 속에서도 비속어 대신 바른 언어로 소통을 할 수 있도록 하겠습니다. 궁극적으로는 학생들에게 스포츠 경기에서 승리보다 더 중요한 가치는 서로를 존중하는 것이라는 것을 가르치겠습니다.

둘째, 스포츠 경기 운영에 관한 **프로젝트 학습을 통해 인성교육**을 하겠습니다. 스포츠 경기를 운영하기 위해 다양한 학생들이 모여 다양한 아이디어를 제시했을 때 부정적인 평가보다는 아이디어를 이야기하는 동안 경청하고 중간에 말을 끊지 않으며 좋은 아이디어를 제안했을 경우 칭찬해주도록 교육하겠습니다. 학생들이 프로젝트 학습을 통해 스포츠 경기 운영 결과를 만들고 나서 학생들에게 동료평가를 서술하게 하여 고마웠던 점이나 칭찬하고 싶은 점을 서술하게 하고, 미흡했던 점에 대해서는 상대방을 비난하는 것이 아닌 응원하며 고칠 수 있도록 배려하는 내용을 작성할 수 있도록 가르치겠습니다.

다음으로 학부모가 인성교육을 하기 위해 가장 중요한 준비는 **자녀의 담임 교사와 지속적인 소통을 통해 인성교육의 방법과 방향을 결정**하는 것입니다. 학생의 상황을 공유하고 학부모 상담주간에 방문상담 또는 전화상담을 통해 자녀의 학교생활 전반에 대한 정보를 받고 인성교육이 필요한 부분에 대해 교사에게 조언을 구해야 합니다.

학부모가 가정에서 할 수 있는 인성교육 방안은 다음과 같습니다.

첫째, **학부모 간 서로 존중하는 모습을 항상 자녀에게 보이며 학부모가 자녀를 사랑하고 존중하고 있다는 신뢰감을 형성**하는 것이 가장 중요합니다. 이러한 친밀한 관계를 바탕으로 가족 대화의 시간을 운영합니다. **가족 대화의 시간을 통해 부모가 자녀에게 올바른 대화 방법과 예절 교육, 갈등 상황에 처했을 때 친구에게 물리력을 행사하거나 거친 말 보다는 지혜롭게 갈등 상황을 풀어가는 방법**에 대해 가르칠 수 있습니다. 또한 올바른 생활 습관을 형성하기 위한 계획을 학부모와 자녀가 소통하며 만들어 볼 수 있습니다.

둘째, 올바른 디지털 기기 사용 방법을 교육하고 학부모와 자녀가 약속을 정할 수 있습니다. 먼저, 핸드폰은 적정한 사용 시간을 정합니다. 너무 부족하지 않고 과하지 않은 시간을 대화로 정하고 그 다음에 **SNS에서 바른 언어를 사용하며 악플을 달지 않고 사이버 폭력에 해당하는 범주에 대해 학부모가 교육**을 할 수 있습니다. 또한, 요즘 사회적으로 이슈가 되고 있는 딥페이크와 같은 디지털 성범죄를 하지 않도록 사이버 윤리 교육도 병행하여 실시할 수 있습니다. 이상입니다.

> ※ 기품 아이디어
> 2022개정 교육과정의 적용을 받는 모든 교과는 인성교육 요소를 포함하고 있습니다. 응시하는 교과에서 인성교육적 요소를 미리 파악하고 어떻게 교육을 할 것인지 생각해보시면 좋습니다. 인성교육 중 학교 현장에서 가장 중요하다고 생각하는 내용은 **언어습관(욕설, 부모님 비하, 장애인 비하 발언), 올바른 SNS 사용방법(악플, 명예훼손), 수업시간 휴대폰 사용 및 과의존, 타인 배려 등**이 있습니다. 학교와 가정에서 인성교육을 통해 학생들이 바른 인성을 함양할 수 있도록 다양한 방법을 생각해 보세요.

추가질문 1번

　추가질문 답변드리겠습니다. 제가 생각하는 서울인성교육의 공동체형 인성의 핵심가치 중 가장 중요하게 생각하는 핵심 가치는 포용입니다. 서로의 차이와 다양성을 존중하고 입장을 바꾸어 서로 배려하고 공감하며 지속적으로 나눔을 실천할 수 있도록 교육하고 싶습니다. 첫째, 포용의 핵심가치 중 존중을 가르치기 위해 학생들이 서로 다른 배경을 가지고 있음을 인정하고 공감하며 다른 친구와 동등한 관계 속에서 존중하고 배려하며 학교에서 생활할 수 있도록 교육하겠습니다. 둘째, 나눔을 가르치기 위해 학생들 서로 존중하고 공감하는 심리 정서적 역량을 바탕으로 다른 친구가 어려움에 처해 있을 때 자발적이고 지속적으로 남을 돕는 일에 의미와 책임감을 갖도록 교육하겠습니다. 이상입니다.

> ※ 기품 아이디어
> 서울인성교육의 방향과 각 교과별로 인성교육을 어떻게 실시할 수 있는지, 교과 수업에서 학생 중심, 학생 활동형 인성교육 요소를 어떻게 실천할 수 있을지 생각해보시기 바랍니다.

즉답형

　즉답형 답변드리겠습니다.
　담임 교사가 ADHD 학생에게 지지적인 자세와 적절한 교육적 개입을 할 경우 학급 구성원들이 ADHD 학생을 배척하거나 무시하지 않고 긍정적 상호작용을 해나갈 수 있다고 생각합니다. ADHD 학생이 교과 수업에 집중할 수 있도록 다음과 같은 방법을 사용하겠습니다.
　첫째, **교사와 가까운 자리, 긍정적인 역할 모델이 되며 집중력이 높은 학생 주변으로 자리를 배정**하도록 하겠습니다. ADHD 학생과 가까운 자리에 앉게 될 학생들은 충분히 반발을 할 수 있습니다. 학생들과 상담을 진행하여 너희가 주변에 앉아서 긍정적인 지지를 해주고 수업에 집중하는 모습을 보인다면 ADHD 학생 또한 너희를 모델링하여 수업에 집중할 수 있고 결과적으로 학급 전체가 ADHD 학생으로부터 수업 방해를 받지 않게 된다는 점을 말하며 설득하여 자리를 배정하겠습니다.
　둘째, 교과 수업 선생님들께 **ADHD 학생의 과제는 더 작은 단계로 나누고 과제에 대한 여러 가지 지침을 한꺼번에 사용하기보다는 한 번에 하나씩 구체적인 지침을 제공할 수 있도록 협조를 요청**하겠습니다. ADHD 학생의 과제만 따로 제공해야 하는 번거로움이 있을 수 있지만, 교과 선생님들의 작은 노력으로 ADHD 학생이 과제를 수행하며 학습된 무력감에서 벗어날 수 있고 교과 수업에 참여하고자 하는 의지가 높아질 수 있음을 말씀드리겠습니다. 또한, ADHD 학생이 과제를 수행한다면 교과 수업 중 수업 방해 행동을 하기보다는 수업에 집중할 수 있게 된다는 점을 말씀드리며 협조를 요청하겠습니다. 이상입니다.

> **※ 기품 아이디어**
> ADHD학생, 우울증을 겪고 있는 학생, 자해 행동을 하는 학생 등 심리·정서적으로 위기를 겪고 있는 학생이 늘어나고 있습니다. 학급 담임교사는 이 학생들에 대한 지도·교육방법에 대해 알고 있어야 합니다. 위기 학생들의 학부모님과 지속적으로 소통하며 정신과 전문적인 치료가 필요한 경우 학부모에게 자녀의 치료를 권고할 수 있습니다. 또한 등교 전 공격행동 억제 약물을 복용하고 등교할 것을 학부모에게 요청할 수 있습니다. 정서·심리적 문제를 겪고 있는 학생은 치료와 함께 학교에서 적절한 교육을 통해 개선될 수 있습니다.

추가질문 2번

추가질문 2번 답변드리겠습니다.

먼저 특수교육대상학생과 비장애학생을 따로 불러 왜 갈등 상황이 발생했는지 파악하겠습니다. 필요 시 주변에 있었던 목격 학생들의 이야기를 들어 전체적인 상황을 구체적으로 파악하겠습니다. 먼저 비장애 학생에게 위로의 말을 전하고 특수교육 대상학생의 행동특성과 성향을 설명하겠습니다. 그리고 특수교육 대상학생에게는 갈등의 상황과 비장애 학생의 입장을 설명하도록 하겠습니다. 또한 자신의 잘못에 대한 책임을 질 수 있도록 교육하겠습니다. 친구에게 필통을 집어 던지는 행위는 학교폭력 사안이 될 수 있음을 정확하게 인지시키고 자신의 잘못된 행동에 대해 비장애 학생에게 진심으로 사과할 수 있도록 교육하겠습니다.

상황이 종료된 후에 **특수교사와 갈등 상황을 공유하고 특수교육 대상학생의 어머니에게도 전화로 내용을 전달하여 가정에서도 지도**가 이루어질 수 있도록 하겠습니다. 이상입니다.

> **※ 기품 아이디어**
> 학교 현장에서 특수교육대상학생과 비장애학생 간 갈등상황이 많이 발생합니다. 통합학급의 담임교사가 된다면 적응기간을 운영하여 학생들 간 또래 관계 등을 공유하고 특수교육대상학생의 특성과 행동 패턴 등을 학생들에게 안내하여 통합학급의 통합교육 분위기를 조성해야 합니다. 또한, 특수교사와 긴밀한 소통관계를 유지하며 갈등상황 등 사안 발생 시 공유하고 협조를 통해 문제를 해결해야 합니다.

6회 영역별 모의고사 - 생활지도

구상형 1번

구상형 1번 답변 드리겠습니다.

학교폭력 피해 학생을 보호하기 위해 학교에서 가해학생에게 할 수 있는 조치 3가지는 다음과 같습니다.

첫째, 학급 내 7명의 피해 학생을 보호하고 가해 학생의 학습권을 보장할 수 있도록 가해 학생을 교실 밖으로 분리하여 별도의 학습공간을 마련하여 학습권을 보장하겠습니다. 피해 학생은 가해 학생에게 강제전학 처분이 내려졌음에도 행정절차상의 이유로 곧바로 전학가지 못하여 같은 교실에 있는 것 자체로 상당한 불안함과 압박감을 느낄 수 있습니다. 피해 학생의 심리적 피해를 막기 위해 가해 학생을 별도의 공간에 분리시키고 교실 교탁 위에 노트북을 설치하여 교사가 수업하는 내용을 실시간 원격 수업의 형태로 가해 학생이 수업을 들을 수 있도록 하겠습니다.

둘째, 학교폭력 조치결정사항이 내려진 이후부터 강제전학을 가기 전날까지 생활 공간을 분리시키고 이동 동선을 겹치지 않게 하여 학교에서 학교폭력 가해 학생과 피해 학생이 마주치지 않도록 조치하겠습니다. 학교폭력 가해 학생이 등교 시 별도의 정해진 공간에서 가까운 계단을 이용하고 급식 시간을 피해 학생과 겹치지 않도록 조정하겠습니다. 또한 쉬는 시간에는 2호 처분인 접촉금지를 적용하여 피해학생이 생활하는 교실과 화장실, 홈베이스 등의 장소를 가지 못하도록 하겠습니다.

셋째, 해당 교육지원청에 빠른 전학 조치를 요청하겠습니다. 한 학급에 피해 학생이 7명이 있고 가해 학생이 등교하고 있는 상황이며 해당 사안이 언론으로 보도되어 피해 학생과 가해 학생 모두 고통을 받고 있다는 점을 호소하며 최대한 빠른 시일내로 강제 전학조치가 이행될 수 있도록 요청하겠습니다.

다음으로 가해학생 아버지와 전화 상담에 대해 말씀드리겠습니다. 가해학생 아버지의 억울한 감정은 수용하되 학교폭력 심의위원회에서 확인된 사실에 근거하여 가해학생의 폭력 행동에 대해서는 정확히 알려주어 학교폭력 상황을 객관적으로 수용할 수 있도록 하겠습니다. 또한 장난이라도 학교폭력이 될 수 있음을 알려드리겠습니다. 그리고 학교폭력 심의위원회의 조치결정 중 2호에 따라 가해 학생이 교실 이외의 별도 공간에서 실시간 원격 수업을 들어야 한다는 점과 피해 학생과 접촉하지 않도록 이동 동선을 분리하는 조치에 대해 알려드리겠습니다. 이번 학교폭력 조치 결정을 성실하게 이행하고 가해 학생이 다시는 학교 폭력 행위를 하지 않도록 추수지도 할 것을 약속드리고 가정에서도 학교폭력에 대한 교육을 해줄 것을 요청하겠습니다. 이상입니다.

> ※ 기품 아이디어
>
> 학교와 교육청의 학교폭력 예방 노력에도 불구하고 뉴스와 같은 심한 학교폭력은 지속적으로 일어나고 있습니다. 또한, 학부모의 인식도 학교 폭력을 단순 장난으로 받아들이고 있어 학교폭력에 대한 인식 개선이 필요합니다. 학교폭력 조치결정 사항이 내려오면 학교에서는 조치결정 사항을 가해 학생이 철저히 이행할 수 있도록 지도하고 온라인 또는 학교에서 2차 가해가 발생하지 않도록 지속적인 교육을 해야 합니다. 피해학생의 보호를 위해 학교는 가능한 모든 방법을 모색해야 합니다. 수업 시간 중 물리적 분리, 쉬는 시간 및 이동 수업 간 이동 동선 분리, 급식 시간 분리 등 피해학생이 가해학생과 접촉하는 상황을 최소화시켜야 합니다. 그리고 피해학생의 심리적 안정을 위해 외부 전문기관에서 지속적인 상담 및 심리치료를 받을 수 있도록 조력하고 매일 종례 후에 담임교사와 짧은 면담을 통해 하루를 어떻게 보냈는지, 2차 가해는 없었는지 파악하여 학교생활에 다시 적응할 수 있도록 해야 합니다.

구상형 2번

구상형 2번 답변드리겠습니다.

학생들이 도박에 참여했을 때 정서적으로 발생할 수 있는 문제점 2가지는 다음과 같습니다.

첫째, **청소년의 발달 특성상 온라인 불법 도박 자체가 갖는 자극과 보상, 중독성에 취약하여 도박에 중독되게 되어 정상적인 학교생활이 불가능**해집니다. 인터넷 도박 사이트에서 게임 결과를 조작하여 처음에는 소액으로 배팅하여 큰 수익을 올려 도박에 지속적으로 참가하게 합니다. 학생들은 성인보다 절제력이 낮아 지속적으로 도박에 참여하여 큰 돈을 잃게 됩니다. 결과적으로 큰 돈을 잃었다는 우울감과 불안감, 다시 돈을 배팅하여 원금을 찾아야겠다는 강박에 잡혀 수업에 집중할 수 없게 됩니다.

둘째, 온라인 불법 도박 커뮤니티에서 **같이 도박하는 청소년과 또래문화가 형성되어 도박 중독에서 벗어날 수 없게 됩니다.** 커뮤니티에서 친해진 또래와 불법 도박 사이트에서 승률을 높이는 방법, 신규 가입을 권유하여 무료 쿠폰을 얻는 방법 등을 공유하게 되면서 도박에서 벗어나야 되겠다는 생각보다는 불법 도박에 참여 정도와 빈도가 많아지게 됩니다. 결과적으로 도박 중독으로 이어져 전문적인 정신과 치료를 받아야 하는 상황에 직면하게 됩니다. 또한 학교 내에서 쉬는 시간 또는 방과 후에 불법 도박을 하는 친구를 보고 호기심에 도박에 참여하는 학생들이 생길 수 있습니다. 이 학생들도 호기심에 도박에 참여해서 중독될 수 있는 악순환이 발생할 수 있습니다.

온라인 불법 도박을 경험한 학생의 도박 참여를 예방하기 위한 학교 차원의 교육방안을 말씀드리겠습니다. **학교전담경찰관(SPO)에게 교육을 요청**하겠습니다. 도박에 참여한 학생이 학교전담경찰관과 만나 청소년이라도 온라인 불법 도박에 참여하게 된다면 형사처벌을 받을 수 있음을 알게 해주겠습니다. 또한 일회성 면담에 그치지 않고 지속적인 면담이 이루어질 수 있도록 하겠습니다. 필요 시 도박참여 학생의 학부모와 경찰관과 지속적인 면담을 통해 학생을 관리하고 교육하여 도박에서 벗어날 수 있도록 하겠습니다.

아직 도박에 참여하지 않은 학생들의 도박 참여를 예방하기 위한 교육방안을 말씀드리겠습니다. 한국도박문제예방치유원에 학생들의 교육을 의뢰하고 창의적 체험활동 시간에 학생들이 전문 강사의 도박 예방 교육을 들을 수 있도록 할 수 있습니다. 이상입니다.

> **추가질문 1번**

추가질문 1번 답변드리겠습니다. 불법 도박 참여로 발생할 수 있는 학교폭력 유형 3가지는 다음과 같습니다. 첫째, **금품갈취**가 발생할 수 있습니다. 불법 도박을 위한 원금을 만드는 과정에서 다른 학생들의 돈을 빼앗거나 물건을 절도하여 중고거래 앱을 통해 판매할 수 있습니다. 둘째, **강요**가 발생할 수 있습니다. 본인의 불법 도박 계좌로 자신의 돈을 대신 다른 학생의 이름으로 입금하게 하거나, 다른 학생에게 본인의 개인정보를 이용하여 계정을 생성하게 하여 불법 도박을 하고 불법 도박을 해서 얻은 수익금을 계좌로 인출하게 하여 현금을 확보할 수 있습니다. 셋째, **신체폭력**이 발생할 수 있습니다. 대리입금, 금품갈취, 강요 과정에서 비협조적으로 나올 경우 폭력을 행사하여 대리입금과 금품갈취를 할 수 있습니다. 이상입니다.

> ※ **기품 아이디어**
> 최근 학생들이 스마트폰을 사용하여 온라인 불법 도박을 많이 하고 있습니다. 불법 도박의 문제로 선량한 학생들이 대리 입금 또는 계정 생성에 동원되는 등 피해를 받고 있습니다. 불법 도박의 원금을 만드는 과정에서 돈을 빼앗고, 돈을 빼앗는 과정에서 신체폭력, 언어폭력, 사이버 폭력 등이 발생하는 사안이 매년 증가하고 있습니다. 또한 또래가 도박을 통해 돈을 손쉽게 버는 것을 목격한 학생들이 호기심과 일확천금의 생각을 가지고 도박에 참여하는 경우도 생각보다 많습니다. 이제 온라인 불법 도박은 성인들만 참여하지 않고 그 연령대도 초등학생까지 낮아지고 있는 것이 현실입니다.

> **즉답형**

즉답형 답변드리겠습니다. 학교문화 책임규약에 넣고 싶은 테마는 학교폭력입니다. 요즘 학생들의 학교폭력 수준이 성인의 범죄와 유사하여 큰 피해를 입는 학생들이 발생하고 있습니다. 저는 학교는 가장 안전한 공간이 되어야 한다고 생각하고 학생들이 학교에서 행복하게 지낼 수 있기 위해서는 학교폭력으로부터 자유로워야 한다고 생각하기 때문에 학교폭력으로 선택했습니다.

학교문화 책임규약에 넣고 싶은 내용은 다음과 같습니다. 첫째, 학생의 책임규약에 넣고 싶은 내용은 "내가 농담이라고 생각하는 것이 다른 친구에게는 괴롭힘과 언어폭력이 될 수 있으므로 말과 행동을 신중히 하겠습니다."입니다. 둘째, 학부모에 넣고 싶은 내용은 "자녀를 인격적으로 존중하며 고운 말로 소통을 하고 친구들과의 관계에서도 타인을 존중하며 고운 말로 소통하도록 지도하겠습니다."입니다. 셋째, 교사에 넣고 싶은 내용은 "학생의 바람직한 성장을 위해 학부모와 협력하고 학교폭력이 없는 학교 환경을 만드는 데 힘쓰겠습니다."입니다. 이상입니다.

> ※ **기품 아이디어**
> 새로운 학년도의 시작점에서 학교문화 책임규약을 통해 교육3주체가 서로 지켜야 할 내용을 확인하고 교사, 학생, 학부모 모두 책임 규약에 서명하여 책임감을 갖고 교육활동에 참여하고 있습니다. 교재 본문 내용에 있는 학교문화 책임규약의 예시를 통해 규약에 추가로 들어가면 좋을 내용들을 생각해보시기 바랍니다.

추가질문 2번

추가질문 2번 답변드리겠습니다. 다른 학생들의 학습권을 지키기 위해 저는 다음과 같이 학생을 분리하겠습니다. 수업 중 **교실 내 다른 좌석으로 이동**을 시켜도 수업 방해가 중단될 것 같지 않기에 **교실 내 지정된 장소인 교실 뒤편**으로 좌석을 옮기게 하겠습니다. 그럼에도 수업 방해가 지속될 경우 **교실 밖 지정된 장소**로 이동시키겠습니다. 만약, 교실 밖 지정된 장소로의 이동을 거부할 경우 보호자에게 전화하여 교실 밖 지정된 장소로 분리를 거부하였으며 다른 학생들의 학습권 보호를 위해 **가정학습**을 요청하겠습니다. 이상입니다.

> **※ 기품 아이디어**
>
> 교실에서 통제가 되지 않는 학생들은 교사의 교육활동 침해와 다른 학생들의 학습권을 침해합니다. 교원의 학생생활지도에 관한 고시에서 수업 중 학생 분리에 대한 구체적인 내용을 제시하였고 모든 학교가 이 내용을 학칙에 반영했습니다. 교실 내에서 지속적으로 수업을 방해할 경우 교사는 교실 이외의 다른 공간에 학생을 분리시킬 수 있게 되었습니다. 또한, 지속적으로 교실 외 공간으로 분리되었을 경우 학부모를 학교로 불러 학생을 가정으로 데려가 가정학습을 시킬 수 있도록 할 수 있는 권한이 생겼습니다. 단, 교실 이외의 공간으로 분리가 된 학생에게도 학습권을 보장해야 하기 때문에 학습지 제공 및 쉬는시간 개별 지도와 같은 학습지도는 이루어져야 합니다.

7회 영역별 모의고사 - 창의적 체험활동과 학교 교육 공동체

구상형 1번

구상형 1번 답변드리겠습니다.

[가]에서 말하는 서울미래교육지구와 지역연계 교육과정은 모두 지역 교육자원을 활용한다는 공통점이 있습니다. 그리고 [다]에서는 학교 단독으로 운영하기 어려운 교육과정이 있음을 보여주고 있습니다. 따라서 [가]의 내용과 [다]의 상황을 고려한다면, 지역 교육자원을 활용하여 [나]의 B, C학생을 지원할 방안을 탐색해야 합니다.

그럼, B, C학생을 지원할 방안을 각각 말씀드리겠습니다.

먼저 B학생을 지원할 방안 2가지를 말씀드리겠습니다.

첫째, **웹툰 관련 학과가 개설되어 있는 대학과 연계**하여 스토리 구성 수업을 들을 수 있도록 지원하고자 합니다. 해당 수업은 직접 대학교에서 특강을 듣는 방식일 수도 있고, 해당 학과 재학생의 방과후 멘토링 수업 방식일 수도 있습니다.

둘째, **지역 내 센터와 연계**하여 웹툰 관련 수업을 들을 수 있도록 지원하고자 합니다. 지역 내 청소년 센터나 진로직업체험지원센터 등을 통해 해당 지역의 웹툰 작가를 직접 만나 방과후나 방학 기간을 활용하여 수업을 들을 수 있도록 하고자 합니다.

이 두 가지 방안을 통해 학교는 자유학기 과목 개설 등 학교 내 교육과정 재편성을 하기 힘든 상황에서도 B학생을 지원할 수 있을 것입니다.

다음으로 C학생을 지원할 방안 2가지를 말씀드리겠습니다.

첫째, **3D 프린터 사용이 가능한 지역 과학관**에서 동아리 활동을 할 수 있도록 지원하고자 합니다. 이를 통해 학교 내 예산이 부족한 상황에서도 C학생을 지원할 수 있을 것입니다.

둘째, 3D 프린터 사용이 가능한 과학관이 지역 내에 없는 경우, **지역 청소년 센터 및 대학과 연계**하여 방과후 자율 동아리 활동을 할 수 있도록 지원하고자 합니다. **대학뿐 아니라 지역 청소년 센터와도 연계함으로써 다른 학교의 과학 동아리와도 교류 및 협업**을 할 기회가 생길 수 있어, 더욱 풍부한 경험을 쌓는 동아리 활동을 할 수 있을 것입니다.

한편 이렇게 지역 교육자원을 활용한 지원들이 지니는 교육적 효과를 말씀드리겠습니다.

첫째, **배움의 공간을 학교 밖 지역사회에까지 확장**할 수 있습니다. 학교에서는 예산 등 현실적인 제약으로 인해 제공하기 힘든 경험들을 지역사회에서는 충분히 제공할 수 있습니다.

둘째, **학생들이 자신의 적성과 진로를 파악하는 데 중요한 경험을 제공**합니다. 학생들이 관련 전공자나 종사자, 전문가와 직접 교류할 수 있고 관련 활동을 직접 체험할 수 있기 때문입니다.

셋째, **학생의 삶과 밀접한 관련이 있는 교육이 가능**합니다. 학생들은 교과서를 통해 배우는 것이 아니라 관련 현장에서 직접 체험하고 경험함으로써 배우기 때문에, 자신이 배운 것들이 실제로 자신의 삶 속에 또는 삶 근처에 존재함을 체감할 것입니다. 이를 통해 학생들의 학습 동기 및 의지와 깊이 있는 학습을 끌어낼 수 있을 것입니다. 이상입니다.

> ※ **기품 아이디어**
> 해당 문항은 **학교의 힘만으로는 교육과정 운영이 어려울 때 지역 교육자원을 활용하면 좋다는 내용이 핵심**입니다. 따라서 학생 지원 방안은 생각보다 쉽게 도출할 수 있습니다. 이때 주의할 점은 **'어떻게 지역 교육자원을 활용할 것인지'를 구체적으로 언급하는 것**입니다. 예를 들면, 단순히 '대학과 연계하겠다'가 아니라 '대학의 어느 학과와 연계하여 어떤 방식으로 교육을 진행하겠다'는 식의 답변을 하셔야 한다는 것입니다.
> 또한 주의해야 할 부분은, **학생 지원 방안을 말씀하실 때 [다]에서 할 수 없다고 이미 제시된 방법은 언급하시면 안 된다**는 것입니다. 예를 들면 다음과 같습니다. 시험장에서 짧은 시간 내에 다양한 지원 방안을 정신없이 구상하다 보면, '웹툰 작가를 학교에 강사로 섭외하겠다'와 같은 비교적 쉬운 방안을 떠올릴 수 있습니다. 하지만 이는 이미 [다]에서 예산 문제 등으로 하기 어렵다고 밝히고 있으므로, 지역 교육자원을 활용한 방안이라고 할지언정 큰 감점의 원인이 될 수 있습니다.

구상형 2번

구상형 2번 답변드리겠습니다.
 [나]에서는 교사들이 담임교사의 업무 부담 증가와 학교폭력 발생을 우려하고 있습니다. 그리고 [다]에서는 매점 설치로 인해 예상되는 급식 결식 현상과 관련하여 학부모 간 의견이 엇갈리고 있습니다. 이러한 상황이 발생한 공통적인 원인 2가지를 말씀드리겠습니다.
 첫째, 매점 설치에 대한 학교 구성원들의 사전 의견 수렴이 이루어지지 않았습니다. 학생회장 선거 과정에서 매점 설치 공약의 존재를 어느 정도 알고 있었을 학생들과 달리, 교사들과 학부모들은 이를 갑자기 알게 된 상태입니다. 그러다 보니 교사들과 학부모들은 자신의 의견을 관철하기 위해 다급하게 업무 담당 교사인 B교사에게 연락을 하고 있는 상황입니다.
 둘째, 매점 설치에 대한 학교 구성원들의 숙의 과정이 존재하지 않았습니다. 매점은 운영에 장소, 인력, 비용이 상당히 소요되고, 학생의 급식 결식이나 담임교사 및 학교폭력 담당 교사의 생활지도 등 학생과 교사의 생활에 미치는 영향도 크기 때문에 설치 여부를 결정하기 전에 학교 구성원들의 숙의가 필수적입니다. 사전 의견 수렴 결과를 바탕으로 학교 구성원들이 매점 설치의 장단점, 구체적인 운영 방법 등에 대해 검토하고 서로 의견을 교환할 만한 시간이 주어졌다면 [나], [다]와 같이 교사들과 학부모들이 다급하게 B교사에게 연락을 취하는 혼란스러운 상황이 발생하지 않았을 것입니다.
 그럼, [라]를 바탕으로 해결 방안 4가지를 말씀드리겠습니다.
 첫째, 가정통신문을 배포하고 온라인 플랫폼을 활용하여 교직원, 학생, 학부모의 사전 의견을 수렴하고자 합니다. 학교자치협의회에서 교직원, 학생, 학부모 대표 등이 참여하여 매점 설치 안건에 대해 토의하고 조정하려면 먼저 각 주체 내에서 의견 논의가 이루어져야 합니다. 그 의견 논의의 바탕 자료로서 사전 의견을 수렴하고자 합니다.
 둘째, 교직원 회의, 학급회 및 학생 대의원회, 학부모회 회의를 마련하여 해당 안건에 대해 숙의 과정을 거치게 하고자 합니다. 해당 과정에서 학교 구성원들이 매점 설치의 장단점, 구체적인 운영 방법 등에 대해 충분히 논의하고 검토할 수 있어야 하며, 회의 진행 및 결과는 모든 학교 구성원들에게 공유되어야 합니다. 한편 제시문 [가]에 따르면 학생들 또한 55%만 A학생을 지지하고 있으므로 학생들 간 의견 논의도 반드시 행해져야 합니다.

셋째, **학교자치협의회를 구성**하여 교직원, 학생, 학부모 대표가 각 주체의 정리된 논의 사항을 바탕으로 의견을 조정하여 매점 설치 여부를 확정하고자 합니다. 이때 협의회 회의 과정과 결과 또한 모든 학교 구성원에게 공유해야 합니다. 이를 통해 어떤 방향으로 결정이 나든, 해당 결정은 학교의 모든 구성원이 숙고하여 내린 결정이면서 소통과 협력의 결과임을 모든 학교 구성원이 인지할 수 있게 합니다.

넷째, 학교자치협의회 회의 결과를 **학교운영위원회 심의 안건으로 올려 재검토**하고자 합니다. 협의회 회의 결과가 무리하게 도출된 것은 아닌지, 만약 매점 설치가 결정되었다면 소요 예산은 어느 정도이며 어느 정도의 규모로 운영이 가능한지 등을 학교운영위원회에서 검토할 수 있게 합니다.

이러한 내용들을 바탕으로, A학생에게 조언할 내용 2가지를 말씀드리겠습니다.

첫째, **구체적인 매점 설치 및 운영 방안을 학생회에서 수립**하도록 조언하겠습니다. 학생회에서 수립한 구체적인 방안을 모든 학교 구성원에게 공유한 후 사전 의견 수렴을 한다면, 매점 설치 및 운영에 대한 현실적이고 유의미한 의견을 확보할 수 있기 때문입니다. 이때 학생회에서는 학생자치참여 예산제 등을 활용하여 필요한 예산을 일부 확보할 수 있을 것입니다.

둘째, **학생 대토론회를 개최하게 하여 학생 의견을 최종적으로 수렴**하도록 조언하겠습니다. 이렇게 수렴된 학생 의견을 바탕으로, A학생은 학생대표로서 학교자치협의회에서 대표성을 갖춘 학생 발언을 할 수 있을 것입니다. 이상입니다.

> ※ **기품 아이디어**
>
> 해당 문항은 제시문이 길고 답변 구성 조건도 많아 복잡해 보이지만, **조건이 많을수록 답변을 구조화하기 좋습니다.** 제시문의 내용을 간단히 정리하자면 [가]는 학생회장의 매점 설치 공약 이행 주장, [나]는 매점 설치에 대한 교사들의 부정적 의견, [다]는 매점 설치로 인한 급식 결식에 대한 학부모들의 의견, [라]는 학교자치협의회에 대한 설명입니다. 이 중 **[나]와 [다]는 좀 더 간단하게 정리하자면, 매점 설치 공약을 둘러싼 학교 구성원 간의 논란**이라고 볼 수 있습니다.
>
> 매점 설치는 우산 대여 사업이나 학교 축제 학급 부스 지원 사업과 같이 간단하게 시행할 수 있는 사업이 아닙니다. 예산, 인력, 공간이 상당히 많이 드는 매우 큰 사업으로, 이런 큰 사업은 학생회장 한 명이 단독으로 진행할 수도, 진행해서도 안 됩니다. 이렇게 **큰 사업을 이행하려면** 사업의 주체가 학생이건, 교직원이건, 학부모건 간에, **모든 학교 구성원의 숙의가 필요합니다.** 해당 문항의 핵심은 여기에 있습니다.
>
> 따라서 **문제의 원인은 모든 학교 구성원의 숙의가 없었던 것**이고, 문제의 해결방안이나 조언도 학교 구성원의 숙의를 마련하는 방향으로 구성되어야 합니다. 이때 **[라]를 활용**하라고 하였으므로, 학교자치협의회와 관련한 시책의 내용을 예시 답안과 같이 적절하게 담아내면 됩니다.
>
> 한편, **답변이 지나치게 일반화된 내용으로 구성되지 않도록 제시문 속 상황을 적절하게 활용**할 필요가 있습니다. 예를 들어 A학생의 득표율이 55%이므로 학생 간 토론과 숙의도 필요하다거나, 급식 결식이나 학교폭력 이슈가 발생하지 않기 위해 사전에 충분한 숙의가 필요하다는 등의 내용을 답변에 덧붙이는 방법이 있습니다.

추가질문 1번

답변드리겠습니다. 먼저 학교 차원의 방안을 말씀드리겠습니다.

첫째, **학부모 총회나 학부모 대의원회 회의를 온라인으로도 함께 병행**하는 방법이 있습니다. Zoom과 같은 애플리케이션을 활용한다면, 직장 생활 등으로 인해 회의에 참석하기 힘든 학부모님도 회의에 참석하셔서 안건을 함께 논의하실 수 있을 것입니다.

둘째, **다수의 학부모님이 소통하고 의견을 제시할 수 있는 온라인 플랫폼을 마련**하는 방법이 있습니다. 패들렛이나 오픈 채팅 등을 활용한다면, 시간과 장소의 제약 없이 학부모님들께서 학교 교육이나 자치 활동에 대한 다양한 의견을 제시하고 서로 소통하실 수 있을 것입니다.

다음으로 교사 개인 차원의 방안을 말씀드리겠습니다.

첫째, **정기적으로 온라인 공간에서 수업을 공개**하는 방법이 있습니다. 온라인으로라도 실제 수업을 참관하는 것이기 때문에 자녀의 수업 태도, 같은 반 학생들의 모습, 교실 환경, 실제 수업 방식 등을 확인할 수 있어, 학교 교육활동에 대한 학부모님의 관심이 커질 수 있습니다.

둘째, **학부모님께서 교사와 편하게 소통하실 수 있는 온라인 창구를 마련**하는 방법이 있습니다. 카카오톡 채널 등을 활용한다면 학부모님께서는 편하신 시간대에 의견이나 질문을 남기실 수 있고, 교사 또한 답변할 수 있는 시간대에 답변을 드릴 수 있어 학부모님의 교육활동 참여에 대한 부담감이 낮아질 수 있습니다.

한편 이러한 방안들은 개별 학생들에 대한 관심을 지속적으로 학부모님께 표현하는 것이 선행되어야 합니다. 학교의 다양한 활동에 대한 학부모의 진정한 관심은, 학교가 자신의 자녀에게 관심을 두고 진심으로 교육을 하고 있다는 믿음에서 나오는 것이라고 생각하기 때문입니다. 이상입니다.

> ※ **기품 아이디어**
> 해당 문항의 핵심은 학부모가 학교의 다양한 활동에 직접 (오고 싶어도) 오지 못한다는 것입니다. 즉, '(어떤 방식으로든) 학교에 자주 올 수 있도록 격려한다'는 류의 답변은 전부 감점입니다.
> 물론 참여할 수 없는 상황과 더불어 참여하기가 꺼려지는 마음 역시 학부모 참여 부족의 원인 중 하나일 것입니다. 따라서 **답변의 핵심 키워드는 '온라인'과 '부담 없는 참여'**라고 할 수 있습니다.

즉답형

답변드리겠습니다.

첫째, **학생들이 직접 진로 체험장을 선택할 수 있도록 선택권을 부여**하고자 합니다. 학생들이 전부 같은 체험장을 간다면, 해당 진로에 관심이 없는 학생들은 무의미한 시간을 보내게 될 것입니다. 또한 다양한 진로를 탐색할 기회도 사라지게 될 것입니다.

둘째, **설문조사를 실시한 후 결과에 따라 직업인 초청 특강을 실시**하고자 합니다. 유튜브를 보는 것보다 실제 직업인과 만나 소통하는 것이 학생들에게는 더 큰 동기 부여가 될 것입니다. 또한 설문조사 결과에 따라 다양한 직업인을 초청하고, 자신이 선택한 직업인의 특강을 들을 수 있도록 학생들에게 선택권을 제공하는 것이 좋습니다.

셋째, **동아리 배정 전 수요 조사를 실시**하고자 합니다. 이에 따라 학생들의 인기가 많은 동아리는 추가로 개설하는 등 학생들의 선택권이 가위바위보와 같은 우연에 의해 결정되는 일을 최소화해야 합니다.

　넷째, **학생들이 매시간 다음 동아리 활동 계획을 주도적으로 세울 기회를 제공**하고자 합니다. 예를 들면 동아리 종료 30분 전부터는 다음 동아리 시간에 무엇을 할지 그룹별로 현실성 있는 계획을 세운 후, 전체 동아리원을 대상으로 그룹별로 계획을 발표한 후 가장 많은 득표를 한 계획에 따라 다음 시간 활동을 하는 것입니다. 이를 통해 학생의 흥미와 적성에 맞는, 학생 주도의 동아리 활동이 가능할 것입니다. 이상입니다.

> ※ 기품 아이디어
> 응답 내용 1의 문제 상황은 '유튜브로 대체된 진로 활동'과 '체험장 선택권이 없는 진로 활동'이며, 응답 내용 2의 문제 상황은 '동아리 선택권의 부재'와 '교사 중심의 동아리 운영'입니다. 따라서 답변은 이러한 문제 상황에 대응하여, **응답 내용 1에 대한 내용 2가지와 응답 내용 2에 대한 내용 2가지로 구성**하시면 됩니다.

추가질문 2번

　답변드리겠습니다. 먼저 대처 방안을 말씀드리겠습니다.
　첫째, **해당 학생과 상담하여 동아리 교체를 원하는 이유를 파악**하겠습니다. 학교폭력 의심 정황이나 학교 부적응 등 교체가 시급한 경우일 수 있기 때문입니다.
　둘째, 창의부 부장님 등 **업무 담당 선생님들과 논의한 후 관련 협의회를 거쳐 교체 여부를 결정**하겠습니다. 동아리 교체뿐 아니라 추가적인 지원이 필요할 수도 있고, 동아리 교체 대신 더 적절한 지원이 있을 수 있기 때문입니다.
　다음으로 주의 사항을 말씀드리겠습니다.
　첫째, **학생이 원한다고 해서 동아리를 무조건 바꿔주어선 안 됩니다**. 만약 학생이 단순 변심을 이유로 동아리 교체를 요구한다면, 다양한 관심사를 탐색해 볼 수 있는 좋은 기회이므로 스스로 선택한 동아리를 포기하지 말고 잘 해나갈 것을 조언하겠습니다.
　둘째, 학생이 **동아리를 교체하게 되었을 때 그 사유에 대한 비밀을 유지**해야 합니다. 특히 학교폭력이나 학교 부적응 등이 사유라면, 해당 사유가 학생들에게 알려졌을 경우 해당 학생의 학교 부적응을 더욱 심화할 수 있기 때문입니다. 따라서 동아리 교체 사유를 궁금해하는 학생이 있더라도 절대 알려주지 않아야 하며, 계속 질문한다면 '학교에서 인원 조정이 필요했다' 등 추상적이고 관련성 낮은 답변만 해주어야 합니다. 이상입니다.

> ※ 기품 아이디어
> 실제로 학교 현장에서 자주 있는 사례입니다. **동아리 교체를 해주어야 하는 경우와 그렇지 않은 경우**로 나누어 생각하신다면 좀 더 빠르게 답변을 구상하실 수 있습니다.

PART 10.
기품있는 심층면접(IN SEOUL) 실전 모의고사

Ⅰ 문제
Ⅱ 정답 해설(예시답안)

기품있는 심층면접(IN SEOUL) 실전 모의고사

심층면접 실전 모의고사 1회

구상형 1번

[가]에서 나타난 문제의 원인 2가지를 제시하고, [나]를 위해 필요한 교사의 역량 2가지를 제시하시오. 그리고 [나], [다]를 바탕으로 [가]의 문제들을 해결할 방안 4가지를 제시하시오.

[가] ○○ 지역 수업·평가 나눔 교사단 분임 모임에 참석한 세 교사의 대화 내용

> **박 교사 :** 선생님 안녕하세요? 저는 최근 제 수업의 의미에 대한 고민이 깊어져, 수업·평가 나눔 교사단 활동에 참여하게 되었습니다. 얼마 전 어떤 학생이 "선생님, 그런데 저희 세계사는 굳이 왜 배우는 거예요? 배워도 실생활에서 쓸 수 없는 것 아닌가요?"라고 묻는데, 저도 대답을 하기가 어렵더라고요.
>
> **성 교사 :** 저도 비슷한 고민이 있습니다. 저희 학교의 한 학생도 "선생님, 전 중국에 갈 일도 없고 중국인을 만날 일도 없으니까 수업 시간에 학원 숙제를 해도 되나요? 어차피 중국어는 수행평가 다 끝나면 시험도 안 보니까 그때는 정말 학원 숙제를 해도 되는 것 아닌가요?"라고 묻더라고요. 처음에 이 질문을 받았을 땐 괘씸하다고 생각해서 타이르기도 했는데, 학생의 마음가짐 자체가 변하려면 수업에 변화가 있어야겠다는 생각이 들었어요.
>
> **최 교사 :** 저는 학생에게 이런 말도 들었어요. 수업이 끝난 후 어떤 학생이 찾아와 수업 시간에 배운 과학 원리에 대해 질문을 해서 자세하게 설명을 해주었더니, "선생님, 결론은 외워야 하는 것 맞죠?"라고 묻더라고요. 과학 원리 자체에 관심이 있는 게 아니라, 시험에 나오는지에 더 관심이 있는 것 같았어요.

[나] ○○ 지역 수업·평가 나눔 교사단 분임 모임에 참석한 세 교사가 패들렛에 작성한 '내가 희망하는 수업의 모습'

> - 자신의 삶을 스스로 개척하는 사람을 길러내는 수업
> - 학생들이 비판적이고 창의적인 사고를 키울 수 있는 수업
> - 학생들의 협력적 소통 역량과 공동체 역량을 기를 수 있는 수업

[다]

> - 서울특별시교육청에서 강조하고 있는 개념기반 탐구수업(학습)이란 학습자들이 탐구 과정을 통해 개념적 이해를 획득하고 삶에 전이 가능한 지식과 역량을 갖추도록 설계된 수업(학습) 방식으로, 학생 참여 및 문제 해결 능력의 향상을 강조한다.
> - 한국형 바칼로레아(KB)란 학생의 미래 핵심역량을 키우기 위해 학습자 주도성 및 비판적·창의적 사고력 신장 중심의 교육과정·수업·평가를 운영하는 서울 미래형 학교교육 체제이다. 서울특별시교육청에서는 미래 역량 중심 교육과정·수업·평가를 실천하는 IB 학교 운영, IB 교육전문가 양성, 협력체제 구축 등을 바탕으로, IB 연구·운영 결과의 체계화를 통한 한국형 바칼로레아(KB)를 구현하고자 한다.

구상형 2번

다음 [A]는 담임교사의 면담 일지이고 [B]는 보건복지부에서 발간한 2024년 아동학대 연차 보고서 중 일부인 아동학대 통계 현황이다. [A]와 [B]를 참고하여 교사가 아동학대 정황을 인지했을 때 대처 방법 3가지를 말하시오.

[A]

> 7.5.(월)
> 오늘 우리반 학생이 더운 날씨에도 동복 체육복을 입고 등교했다. 학생에게 감기가 걸렸는지 물어봤는데 학생은 우울한 표정으로 몸살이 났다고 이야기 했다. 1교시 수업 내내 그 학생의 표정이 마음에 걸렸다. 1교시 쉬는시간 학생을 따로 불러 걱정이 있는지, 무슨 일이 있는지 솔직히 말해달라고 하였고 선생님이 적극적으로 돕겠다고 했다. 학생은 그때서야 어제 아버지로부터 폭행을 당해 팔과 다리에 멍이 들어 체육복을 입고 왔다고 말했다. 나는 아버지에게 왜 맞았냐고 물어보았다. 학생은 아버지가 술에 취해 밤늦게 들어왔고 핸드폰 게임을 하고 있는 자신을 한심하게 쳐다보며 잔소리를 하던 중 말싸움으로 번져 폭행을 했다고 이야기했다.

[B]

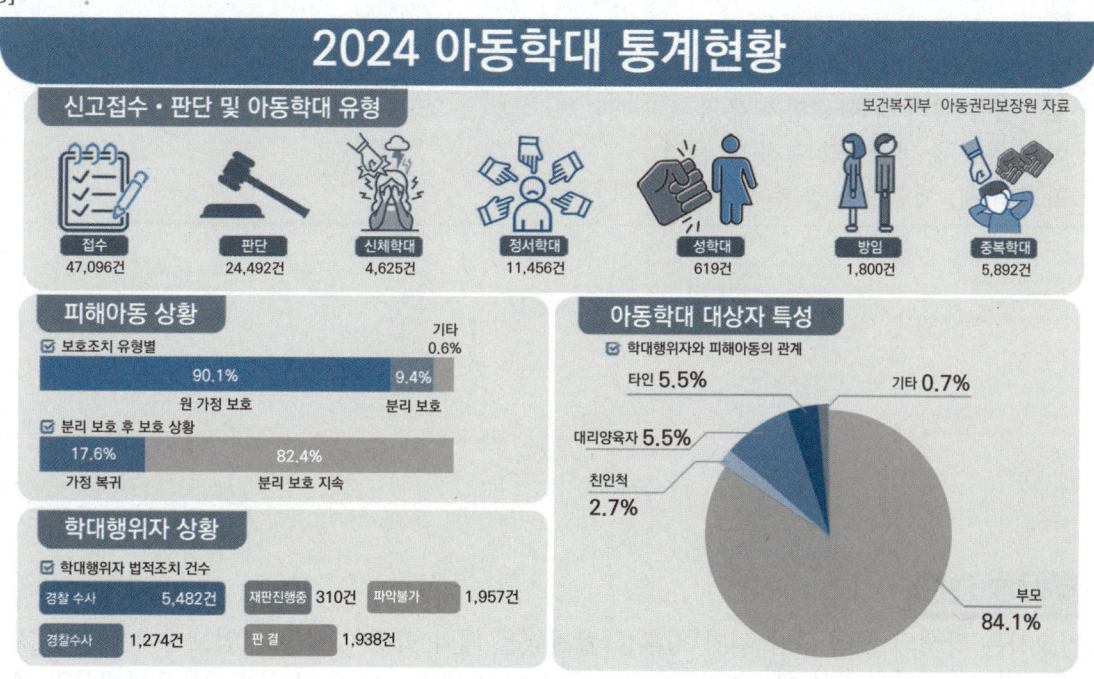

추가질문 1번

교과 수업 중 수업에 집중하지 않고 다른 학생의 수업을 방해하는 학생이 있다. 그 학생에게 주의를 주었지만 수업 방해 행동을 멈추지 않고 계속 수업을 방해했다. 그 학생에게 주의를 주고 훈육을 했음에도 나아지지 않아 훈계를 하며 반성문을 작성하게 하였다. 그러자 학생이 교사에게 정서적 아동학대로 고발하겠다고 했다. 이 상황에서 교사가 할 수 있는 행동에 대해 말하시오.

즉답형

다음은 학교자치협의회에서 논의할 수 있는 주제이다. 해당 내용들을 '학교자치협의회'에서 논의할 때 발생할 수 있는 교육적 효과와 예상되는 장점 및 문제점, 문제점을 해결할 방안을 제시하시오.

- 학교 교육과정 설계 및 운영
- 학교자율시간(학교 자율적 교육활동) 개발 및 운영
- 교육활동 평가 등 학교평가 운영
- 학교 공동체 생활협약 추진 및 운영
- 학교 축제, 체험활동 등 추진

추가질문 2번

담임교사는 학생의 학업 중단 위기 징후를 발견했을 때와 학생이 직접 담임교사에게 학업 중단 의사를 밝혔을 때 상담을 해야한다. 담임교사의 학업 중단 위기학생 상담 시 유의해야할 사항 3가지를 말하시오.

심층면접 실전 모의고사 2회

구상형 1번

다음 제시문에서 김 교사가 간과하고 있는 것을 사례당 1개씩 말하고, 각 사례별 교사로서 올바른 행동 및 자세를 설명하시오.

> 사례 1: 김 교사 학급의 A 학생과 B 학생 사이에 작은 다툼이 있었다. 김 교사는 학생들을 원만하게 화해시켰고 양쪽 학부모에게 연락하여 상황을 설명하였다. 그러자 A 학생의 학부모가 B 학생의 학부모에게 직접 사과하고 싶다며 김 교사에게 연락처를 물었다. 김 교사도 B 학생의 학부모가 직접 사과받으면 좋을 것 같아서 B 학부모의 연락처를 A 학부모에게 알려주었다. 그리고 김 교사도 자신의 교무수첩에 양쪽 학부모의 연락처를 적어두었다. 다음날, C 학생이 출석부를 가지러 왔다가 김 교사 책상에 펼쳐진 교무수첩을 보고 A 학생과 B 학생 사이에 무슨 일이 있었냐며, 교실에서 다른 학생들과 떠들고 있었다.
>
> 사례 2: 김 교사는 스스로 MZ 교사라고 자부한다. 개인주의적 생활을 선호하며 수업 준비도 동교과 선생님과 함께 논의하기보다는 철저히 단원을 나누어 각자 맡은 부분만 준비하자고 제안하는 편이다. 워라밸을 중시하여 칼퇴는 필수이며, 얼마 전 동료 교사가 방과 후 급한 일을 부탁했지만 근무 시간이 끝났기 때문에 할 수 없다고 거절했다.

구상형 2번

[다] 상황 속 문제의 원인을 [가], [나]를 바탕으로 2가지 제시하고, 최 교사에게 필요한 자질 2가지를 제시하시오. 그리고 학생 자치 활동을 활성화할 방안을 담임 교사와 교과 교사 측면에서 2가지씩 제시하시오.

[가]

최 교사 :	A 왔니? 이번에 학급 회장 선거에 출마하는구나. 정말 잘 했어.
A 학생 :	감사합니다, 선생님.
최 교사 :	선생님이 네가 작성한 출마 사유서를 꼼꼼하게 봤어. 그런데 네가 제시한 공약 중에 한번 고민해 봐야 할 부분이 있는 것 같아. 특히 학급 내 이슈를 정리한 숏폼 영상을 제작하겠다는 공약은 선생님 생각에는 실현 가능성이 낮아 보이는데, 다른 공약으로 바꿔보는 건 어떠니? 차라리 학급 문집을 만들겠다고 하는 건 어떨까?
A 학생 :	한번 고민해 보겠습니다.
최 교사 :	그래. 수정하고 난 뒤에 선생님에게 알려줘.

[나]

최 교사 :	오늘 학급 조회 시간에는 학급 규칙을 만들 거예요. 1번부터 번호 순서대로 차례로 자신의 생각을 말해볼까요?
B 학생 :	선생님, 학급 규칙에 대한 아이디어가 있는 친구들부터 발표하는 건 어떨까요?
C 학생 :	저도 B의 의견에 동의합니다.
최 교사 :	그렇지만 그렇게 하게 되면 모두가 골고루 발언권을 얻지 못할 것 같은데? 일단 1번부터 의견을 말해보자.

[다]

최 교사는 1학기 중간고사가 끝난 후 학생들이 기운이 없어 보여 학생들의 기운을 북돋아 주고자 학급 단합대회를 구상하였다. 그래서 최 교사는 학생들에게 가정통신문을 나눠주면서 학급 단합대회 참가에 대한 학부모 동의서를 받아오게 하고, 학생들에게 학급 단합대회 날 어떤 행사를 할 것인지 아이디어를 구상해오라고 하였다. 그러나 학급 단합대회에 참가하겠다고 한 학생은 소수였고, 아이디어를 구상해 온 학생도 없었다.

추가질문 1번

2022 개정 교육과정에서는 자기관리 역량, 지식정보처리 역량, 창의적 사고 역량, 심미적 감성 역량, 협력적 소통 역량, 공동체 역량을 강조하고 있다. 이 중 현재의 학생들에게 제일 필요하다고 생각되는 역량 2가지를 키울 수 있는 자율활동을 각각 2가지씩 말하시오.

즉답형

딥페이크(Deepfake) 성범죄를 예방하기 위한 교육 내용을 다음 뉴스 기사의 헤드라인을 참고하여 말하시오.

SBS NEWS	YTN 사이언스	뉴시스
'딥페이크 성범죄' 특별단속… 잡고 보니 대부분 10대 청소년	'딥페이크 성범죄' 피의자 474명 검거… 80%가 10대	'초중고교까지' 딥페이크 성범죄 공포 전방위 확산… 경찰 실태 파악 나서
2024.09.04. SBS 뉴스	2024.10.16. 사이언스 투데이	2024.08.27. 뉴시스
SBS NEWS	서울경제	MBN
'딥페이크 제작' 10대 잇따라 검거… '보복방'까지 등장	인천서 고등학교 교사 '딥페이크 사진' 제작한 고등학생 검거	"여학생 12명 피해"… 딥페이크 성착취물 만든 고교생 2명 입건
2024.08.30. SBS 뉴스	2024.08.28. SBS 뉴스	2024.11.11. mbn뉴스

추가질문 2번

학교에서 혁신미래학교 공모를 신청하는 과정에서 학부모들의 반대가 심하다. 왜 학교에서 혁신미래학교 공모를 신청하려고 하는지 묻는 민원이 온다면 어떻게 대답할 것인지 말하시오.

심층면접 실전 모의고사 3회

구상형 1번

다음 글은 3년차 교사의 학급 경영에 대해 학생과 학부모가 민원을 제기하여 교감 선생님이 학급을 관찰한 후 작성한 것이다. 이 글을 읽고 학교 교칙이 학생과 교사에게 주는 의미를 각각 2가지를 말하고 담임 교사가 보완해야 할 학급운영 방안 3가지를 말하시오.

김○○ 교사 학급 관찰 일지

김○○ 교사는 담임교사의 통제보다 학생들 스스로 학급자치회를 구성하여 학생들이 자율적으로 학급을 운영하기를 바라며 학급을 경영해 온 것 같다. 하지만, 김○○ 교사의 학급은 책임없는 자율로 인해 학급 규칙도 없으며 학교 교칙도 지켜지지 않는다. 교실 뒤편에 있는 쓰레기통에는 쓰레기가 넘쳐 흐르고 교실 바닥은 음료수가 흘러 굳어져 끈적하다. 칠판에는 각종 가정통신문과 수행평가 기준이 무질서하게 붙여져 있으며 칠판은 낙서로 얼룩져 지워지지 않는 지경에 이르렀다.

교과 수업 시간 복도 순시를 하던 중 김○○ 교사의 반을 지나가는데 수업 중 산만한 분위기로 교과 교사가 힘들어하는 모습이 보였다. 학년부실에 들어가 김○○ 교사 학급 분위기를 물어봤는데 다들 수업을 하기 힘든 학급이라고 말했다. 또한, 교실에 있어야 할 출석부가 학급함에 있어서 펼쳐보니 미인정결석과 미인정지각 학생들이 많은 것이 보였다.

김○○ 교사 및 학급 학생 면담 내용

그 후에 김○○ 교사의 학급 학생 중 학급 분위기를 힘들어 하는 몇몇 학생을 불러 면담했다. 아침조회도 잘 들어오지 않고 자율성을 빙자한 방치를 하여 담임선생님이 원망스럽다고 했다. 학급 분위기가 너무 산만하여 학교에 등교하기 싫다고 호소하는 학생도 있었다.

학생들 면담을 끝내고 김○○ 교사를 교감실로 불러 이렇게 학급운영을 하는 이유에 대해 물었다. 김○○ 교사는 학생의 자율성을 위한 학급운영이라고 답을 했다.

구상형 2번

[가]. [나]를 참고하여 교사로서 학생의 꿈을 어떻게 키워주고, 부모의 신뢰를 어떻게 얻으며, 교사의 긍지를 어떻게 키울 것인지 각각 설명하시오.

[가]

> [미래를 여는 협력교육]
> 학생들이 스스로 미래를 열어가는 역량을 갖출 수 있도록 교육공동체 모든 구성원들과 시민들이 공동의 책무성 아래 참여와 소통, 자치와 협력, 협력적 문제 해결 등을 통해 교육을 실천해 나가는 서울교육을 의미합니다.

[나]

학생의 꿈 :	학생들은 창의적인 교육을 통해 자신만의 특별한 꿈을 꾸고, 또 꿈을 현실로 만들어가며 희망의 미래를 열어감.
부모의 신뢰 :	부모를 포함한 시민사회의 교육에 대한 굳건한 신뢰는 교육공동체 회복의 핵심으로 협력 교육의 든든한 기반임.
교사의 긍지 :	학교자치의 실현을 통해 교사들은 긍지를 가지고 학생 성장을 위한 다양한 교육활동을 실현하며 당당한 교육 주체가 됨.

추가질문 1번

본인의 교육철학을 제시하고, 그 철학을 학교 현장에서 어떻게 실천할 것인지 2가지를 말하시오.

즉답형

○○중학교에는 학습지원 대상학생이 많아 지원에 우선순위가 필요한 상황이다. 다음 학생 중 어떤 학생을 먼저 지원할 것인지 이유를 말하고, 지원 방안 2가지를 제시하시오. 그리고 해당 학생을 지원하는 동안 나머지 학생을 어떻게 지도할 것인지 방안을 제시하시오.

A학생	B학생
• 가정 환경 및 교우관계 양호 • 진단검사 결과 기초학력 미도달 판정	• 가정 환경 및 교우관계 어려움 • 진단검사 결과 기초학력 도달 판정 • 학교생활 부적응으로 학력 저하 우려

추가질문 2번

학습지원대상학생 수에 비해 지도할 교사가 부족한 경우, 해결 방안 4가지를 제시하시오.

심층면접 실전 모의고사 4회

구상형 1번

마을교육공동체의 필요성 2가지를 말하고, [가], [나]의 문제 상황을 해결할 방안을 각각 2가지씩 제시하시오. 또한 마을교육공동체를 활용하여 하고 싶은 교과 수업과 이를 통해 기르고 싶은 학생의 역량을 설명하시오.

[가] 학교 교육활동에 대한 학교 구성원들의 의견

A 학생 :	저는 동아리 활동으로 오케스트라 활동을 하고 싶어요. 그런데 우리 학교는 오케스트라를 구성하기에는 필요한 악기가 많이 부족한 것 같아요. 방과후에 따로 취미 생활로 하기에는 시간적인 여유가 부족해서, 그냥 마음속에만 담아두어야 하나 싶어서 많이 아쉬워요.
B 학생 :	학교 축제 때 밴드 공연을 하려고 하는데, 학교에 합주를 하면서 연습할 만한 공간이 없어요. 외부 시설을 따로 이용해 보려고 했는데, 비용이 생각보다 커서 고민이에요.
C 교사 :	협력종합예술활동 시간에 영화 제작을 하려고 하는데, 학생들의 의욕이 넘쳐서 학생들의 활동을 제대로 지원해 주고 싶어요. 그런데 전문적인 연출 기법을 알지 못하고, 촬영 장비도 부족해서 어떻게 해야 할지 막막합니다.

[나] 진로 교육을 위해 모인 교원학습공동체에서 교사들이 나눈 대화 내용

D 교사 :	이제 학생들이 3학년이다 보니, 진로에 대한 고민을 상담하러 많이들 찾아 오고 있습니다. 그런데 사실 저도 진로에 대해 알고 있는 것이 많지 않아, 제대로 된 상담을 하지 못 하고 있는 것 같아 마음이 무겁습니다. 그리고 저는 학창 시절부터 교사만 꿈꿔왔기 때문에 다른 직업에 대해 잘 알지도 못하고 경험해 본 적도 없어서, 제가 진로 상담을 해주는 것이 맞는지 스스로 의문이 들기도 합니다.
E 교사 :	흔히들 '다양한 진로를 탐색해 본 후, 자신의 진로를 결정하라'고 하잖아요? 그런데 1년에 몇 번 안 되는 진로 체험의 날이나 진로 교육 시간만으로는 학생들이 진로에 탐색할 시간이 매우 부족한 것 같습니다. 해당 시간에 체험할 수 있는 직업의 종류도 매우 제한적이고요.

구상형 2번

[가], [나]를 읽고 AI 교육에 대한 시사점과 이에 따른 교사의 역할을 제시하고, 이러한 역할을 어떻게 실천할 것인지 계획을 말하시오.

[가]

> A 교사 : 학생들이 영상 자료를 조사할 때 스스로 찾지 않고 AI 추천 영상만 봐요.
> B 교사 : 동료 장학 때 생성형 AI에 학생 질문을 입력했는데 그럴싸하지만, 틀린 답이 나왔어요.

[나]

> 기사 1 : 디지털교과서 논쟁 "맞춤형 학습 가능" vs "독해력 해칠 수도"
> 기사 2 : 미국 기술 융합학교 ALT 스쿨의 실패… 반면교사 삼아야

추가질문 1번

최근에는 교사들도 생활기록부 작성과 행정 업무에 AI를 많이 사용한다고 한다. 이에 따른 문제점 2가지와 해결 방안 2가지를 말하시오.

즉답형

학교 현장은 교사와 학생 모두 성인지 감수성에 대한 교육이 충분히 이루어지고 있지 않은 실정이다. 성인지 감수성 부족으로 학교 내에서 발생할 수 있는 문제 상황과 이에 대한 개선 방안을 교사와 학생 측면에서 각각 말하시오.

추가질문 2번

다음은 청소년 자살 수치를 보여주고 있는 신문 기사 내용 중 일부이다. 학생들이 생명존중에 대한 인식을 바로 잡을 수 있는 자살예방 및 생명존중 교육을 어떻게 할 것인지 말하시오

작년 초중고 학생 자살 214명, 역대 최고치...8년 만 두 배 늘었다.

26일 국회 교육위원회 소속 조정훈 국민의힘 의원이 교육부와 전국 교육청에서 받은 자료에 따르면, 지난해 초중고생 자살 사망자 수는 214명으로 집계됐다. 역대 가장 높았던 2009년 (202명)보다 12명 많은 역대 최고 수치다.

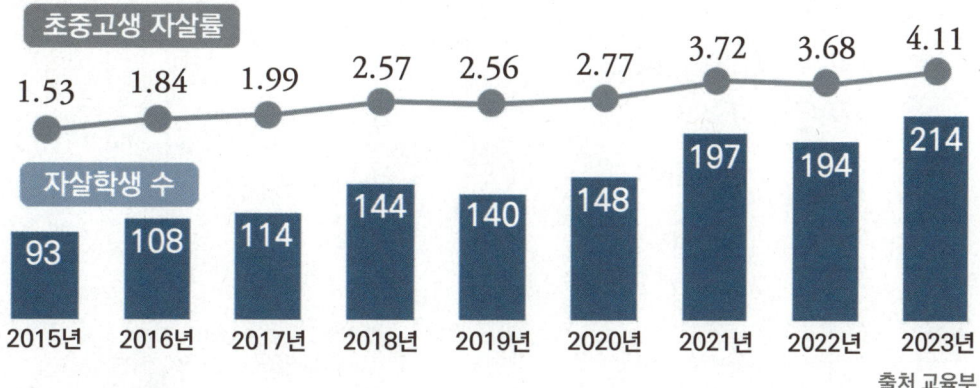

조정훈 의원은 "우리의 아이들이 위기에 처해 있다"며 "교육부와 지역사회, 가정이 손을 맞잡고 자살 예방 정책을 강화해야 하고, 특히 학교-가정 연계 프로그램과 정신건강 지원 인프라 확충이 절실하다"고 강조했다.

한국일보 2024. 9. 26.

심층면접 실전 모의고사 5회

구상형 1번

[가]의 교육활동에서 나타난 문제점 3가지와 3가지 문제점에 대한 해결방안을 각각 제시하고 [나]를 참고하여 다문화 교육의 필요성 2가지를 말하시오.

[가]

> 이 교사는 학급 내 다문화 학생들의 학교 적응을 돕기 위해 특별 활동을 계획하였다. 방과후 다문화 학생들만 모아서 함께 한국 음식을 먹으며 한국 전통 노래를 배우는 활동을 하루 진행했다. 일부 학생들은 즐거움을 느꼈지만, 일부 학생들은 자신들의 문화가 존중받지 못하고 단순히 한국 문화에 맞춰야 한다는 인상을 받았다.

[나]

> [다문화교육]
> 여러 나라의 다양한 생활양식 및 문화에 대한 가치와 차이를 인정하고 차별을 배제하는 등 다문화가족에 대한 이해를 증진시키고, 다문화학생의 학교생활적응을 도모하기 위한 교육
> (「서울특별시교육청 다문화교육 진흥 조례」 제2조(정의))

구상형 2번

[나]와 같은 상황이 발생한 이유를 [가]와 관련지어 3가지 제시하시오. 또한 A학생과 C학생을 지도할 방안을 각각 말하고, 토론 활동의 측면에서 [다]의 밑줄 친 '더 나은 수업'을 하기 위한 방안을 [다], [라]를 토대로 3가지 제시하시오.

[가]

> 최 교사는 학부모 공개수업일을 맞이하여 수업을 어떻게 해야 할지 고민 중이다. 최 교사는 평소 강의식으로 수업을 하는 편인데, 학부모 공개수업일에는 참관하는 학부모들을 위해 학생 활동을 해야 할 것 같다고 생각했기 때문이다. 결국 최 교사는 학습 주제에 대한 강의 후, 주어진 주제에 관한 토론 활동과 학습 성찰 활동을 하기로 결정하였다.

[나]

> 학부모 공개수업 시간, 많은 학부모가 참관한 상황에서 학생들은 최 교사의 수업을 잘 따라가는 듯했다. 하지만 문제는 토론 활동에서 일어났다. 평소 사이가 좋지 않던 A학생과 B학생이 서로 다른 의견으로 인해 모둠 내에서 말다툼하게 된 것이다. 최 교사는 순회 지도 중 이를 발견하고 해당 모둠으로 가서 두 학생의 행동을 말린 후 진정시켰는데, 그때 다른 모둠에 있던 C학생이 주변 모둠의 친한 학생들과 큰 소리로 잡담하며 떠들기 시작했다. 이에 최 교사가 C학생에게 가서 행동을 중지시킨 후 학습 성찰 일지를 작성하라고 하였다. 그러자 C학생은 "토론 다 해서 쉬고 있는 거였는데 왜 그러세요? 그리고 학습 성찰 일지는 다음에 쓰면 안 돼요?"라며 최 교사에게 되물었다. 최 교사가 C학생을 타이르려 한 순간, 진정된 줄 알았던 A학생과 B학생이 다시 말다툼을 시작하였고 A학생은 "내 말이 무조건 맞다고!"라며 크게 소리를 질렀다. 결국 A학생의 어머니가 A학생에게 다가가 직접 달래면서 상황은 종료되었다.

[다] 학부모 공개수업 후 수업나눔 중 교사들 간의 대화 내용

> 성 교사 : 공개수업 하시느라 고생 많으셨습니다. 오늘 수업 때 힘드셨던 일이 많았다면서요?
> 최 교사 : 제가 생각하지 못한 돌발 상황들이 일어나 너무 당황스러웠습니다. 특히나 학부모님들 앞에서 일어난 일이라 부끄럽기도 했습니다. 오늘의 경험을 계기로, 같은 일이 반복되지 않도록 **더 나은 수업**을 하고자 노력해야겠어요.
> 박 교사 : 저도 강의식 수업을 하다가 갑자기 학생 활동을 하면 비슷한 일들이 있곤 했었어요. 저는 그래서 새로운 수업 방식으로 '생각을 쓰는 교실'을 참고하기로 했어요.

[라] 서울특별시교육감 2025년 신년사 중 일부 내용

> 학생들이 … 상대를 존중하며 토론하는 문화가 자리 잡도록 하겠습니다.

● 기품있는 서울 심층면접

추가질문 1번

평가 기준과 채점 내용을 공개하였음에도 불구하고 자신의 수행평가 점수에 문제가 있다며 항의하러 온 학생에게 교사가 해야 할 행동과 해서는 안 될 행동을 각각 2가지씩 말하시오.

즉답형

학생들이 아래의 기사에서 밑줄 친 3가지 어휘의 의미를 이해하지 못하는 문제 상황이 발생하는 이유와 담임교사로서 해결 방안과 교과교사로서 해결 방안을 제시하시오.

> … 지난번 혼선에 대해서 ①심심한 사과의 말씀을 드립니다. 이를 바로 잡기 위해 ②금일 새로운 안내문을 게시하였습니다. 새로운 규칙은 ③사흘 후부터 시행된다는 점 참고해 주시기를 바랍니다. …

추가질문 2번

갈등과 불신으로 무너지고 있는 교육공동체를 회복하려면 학교자치가 활성화되어야 한다. 학교자치를 활성화할 방안 2가지와 이를 위해 교사가 지녀야 할 자질 2가지를 말하시오.

심층면접 실전 모의고사 6회

구상형 1번

다음 [A]는 2025학년도 언론에서 보도된 교육활동 침해행위이고 [B]는 교원지위법 제19조의 내용이다. 응시자를 생활교육부 교사라고 가정한다. [A]와 [B]를 보고 폭행 범죄의 교육활동 침해행위를 당한 동료교사를 목격했을 때 대응 방법 3가지를 말하고 교육활동 침해행위를 예방하기 위해 학생과 학부모를 대상으로 하는 교육활동 침해행위 예방 교육 내용을 각각 1가지씩 말하시오.

[A]

① 서울 양천구 S고등학교에서 휴대폰을 사용하는 학생을 제지하자 교사의 얼굴을 주먹으로 가격 한 사건
② 경기도 화성시 A초등학교에서 화성시청 6급 공무원의 자녀가 조퇴할 때 담임교사가 정문까지 데려다 주지 않았다는 이유로 학교를 찾아가 폭언과 협박성 발언, 특수폭행한 사건
③ 대구 B중학교에서 학부모가 자녀 상담을 위해 학교를 방문했는데 교장이 자신을 기다리지 않고 식사를 한 것에 격분해 급식실로 가서 교장선생님의 식판을 들어 음식물을 머리에 쏟고 멱살을 잡고 흔들어 특수상해 등의 혐의로 징역 1년 6개월에 집행유예 3년을 받은 사건

[B]

근거	교육활동 침해행위 유형	
「교원지위법」 제19조	「형법」 공무방해에 관한 죄, 무고의 죄, 상해와 폭행의 죄, 명예에 관한 죄, 업무방해, 손괴의 죄에 해당하는 범죄 행위	
	성폭력 범죄 행위	
	불법정보 유통 행위	
	그 밖에 다른 법률에서 형사처벌 대상으로 규정한 범죄 행위로서 교원의 교육활동을 침해하는 행위	
	교원의 교육활동을 부당하게 간섭하거나 제한하는 행위로서	목적이 정당하지 아니한 민원을 반복적으로 제기하는 행위
		교원의 법적 의무가 아닌 일을 지속적으로 강요하는 행위
		그 밖에 교육부장관이 정하여 고시하는 행위

구상형 2번

다음 제시문은 중학교에 발령받은 초임교사가 3월 초 학급자치회 조직 중 학급회장 선출을 하루 앞두고 겪은 내용이다. 제시문을 보고 학급회장 후보자들의 문제점을 각각 1가지씩 이유와 함께 말하시오. 그리고 담임교사로서 바람직한 학급자치회 학급회장을 선발하기 위한 방법 3가지를 말하시오.

A 학생 :	나는 꼭 학급회장이 되어야 해!! 왜냐하면 학급회장을 하면 전국단위 자사고를 지원할 때 리더십이 있다고 자기소개서에 쓸 수 있고 면접에도 도움이 되거든. 그래서 나를 좀 뽑아줬으면해.. 뽑아주면 정말 잘할게!
B 학생 :	우리반 친구들이 교실에 꼭 있었으면 하는 물티슈, 곽티슈, 전자형 벽걸이 시계 등등 내가 부모님께 말씀드려서 교실에 비치할게. 나를 뽑아주면 중간고사와 기말고사 준비기간에 간식도 돌릴게!
C 학생 :	나는 우리학교에서 잘나가는 선배들이랑 친해. 물론 학생회 선배들이랑도 친하고. 나를 뽑으면 우리반이 학교에서 다양한 혜택을 가장 많이 받는 반으로 만들 수 있어. 근데 내가 우리반 학급회장이 되지 않는다면 이 모든 혜택을 받지 못하도록 할 수도 있지.

추가질문 1번

당선된 학급회장이 자신의 공약을 이행하지 않고 학급 일에 관심이 없으며 학급자치회의 진행도 대충하려는 모습을 보인다면 담임 교사로서 어떻게 지도할지 말하시오.

즉답형

내가 A 교사라면 어떻게 할 것인지 이유와 함께 설명하시오. 또한 내가 업무 분장 담당 교사라면 A 교사에게 어떤 업무를 줄 것인지 이유와 함께 설명하시오.

> A 교사는 올해 비담임 행정 업무를 하며 바쁘게 보냈다. 맡은 업무를 잘 해냈다며 동료 교사들의 칭찬도 많이 들었다. 그러나 내년에는 오랜만에 담임을 하며 학생들과 어울리는 활동들을 많이 하고 싶다. 내년에 담임을 하고 싶다고 했으나, 올해 맡았던 업무에 공백이 생길까 봐 주변에서 걱정하는 상황이다.

추가질문 2번

요즘 신규 교사들은 자신이 맡은 업무만 하고 그 이상은 하지 않는다고 한다. 이러한 현상의 원인과 해결 방안을 2가지씩 제시하시오.

기품있는 심층면접(IN SEOUL) 실전 모의고사 정답 해설

심층면접 실전 모의고사 1회 예시 답안

구상형 1번

구상형 1번 답변드리겠습니다.

먼저, 제시문 [가]에서 나타난 문제의 원인을 말씀드리겠습니다.

첫째, **학생들이 수업을 자신의 삶과 무관한 것으로 인식**하고 있습니다. 학생들이 박 교사의 수업을 '실생활에서 쓸 수 없다'고 표현하고, 성 교사의 수업에서 '전 중국에 갈 일도 없고 중국인을 만날 일도 없다'고 말하는 것이 이를 잘 보여줍니다.

둘째, **학생들이 수업의 목적이 암기식 시험에 있다고 인식**하고 있습니다. 학생들이 성 교사의 수업을 '시험이 없으니 안 들어도 되는 것'이라고 생각하고, 최 교사에게 '결론은 외워야 하는 것 맞냐'고 묻는 것이 이를 잘 보여줍니다.

다음으로, 제시문 [나]를 위해 필요한 교사의 역량을 말씀드리겠습니다.

첫째, **교육과정을 재구성할 수 있는 역량**이 필요합니다. 학생들의 비판적, 창의적 사고를 길러내려면 교사가 교육과정 속 핵심 아이디어와 개념에 대해 잘 알고 이를 서로 유기적으로 연계하여 학생들의 발달 단계에 따라 적절하게 수업을 설계할 수 있어야 하기 때문입니다.

둘째, **학생의 개별 특성을 파악할 수 있는 역량**이 필요합니다. 학생들의 자기 주도성을 길러내려면 해당 학생이 지닌 내적 동기가 무엇인지 먼저 파악할 수 있어야 합니다. 또한 협력적 소통 역량과 공동체 역량을 기르기 위해 모둠형 수업을 설계할 때, 개별 학생들의 학습 출발점이나 성격적 특성을 고려한다면 학습에 최적화된 모둠 구성을 할 수 있습니다.

한편, 제시문 [가]의 문제를 해결할 방안을 말씀드리기 전에 제시문 [다]에 대해 말씀드리고자 합니다.

일단 제시문 [다]의 **개념기반 탐구수업은 지식의 전이를 촉진하는 탐구 중심 수업과 개념 기반 탐구학습 실천 전략**을 강조합니다. 또한 **학생의 삶과 연계되는 역량 중심 교육과정-수업-평가 일체화**를 구현하고자 합니다.

한편 **한국형 바칼로레아의 바탕이 되는 국제 바칼로레아에서는 탐구 기반, 개념 이해 강조, 지역과 세계적 맥락에 연결, 효과적인 팀워크와 협력 강조, 평가 정보 활용 등의 교수 접근 방법**을 강조하고 있고, 사고 기능, 조사 기능, 의사소통 기능, 대인관계 기능, 자기관리 기능 등의 학습 접근 방법을 제시하고 있습니다.

이제 제시문 [나], [다]를 바탕으로, [가]의 문제를 해결할 방안을 말씀드리겠습니다.

첫째, **교사가 제시한 질문과 학생들이 스스로 만든 질문을 바탕으로 핵심 개념을 이해할 수 있도록 수업을 구성**하겠습니다. 교과서에 나온 개념을 단순히 암기하는 대신에 개념과 관련된 질문을 스스로 계속 던지고 답을 구하면서 개념에 대해 이해한다면, 개념을 다른 개념이나 영역에 적용할 수 있는 **창의적 사고력**을 기를 수 있는 바탕이 될 뿐 아니라 **수업의 목적이 암기에 있다는 학생들의**

인식도 변화시킬 수 있을 것입니다.

둘째, 개념에 대한 이해를 바탕으로 **학생들이 모둠을 이루어 문제를 설정하고 탐구를 통해 해결하는 수업을 구성**하겠습니다. 이를 통해 학생들의 **비판적 사고력, 자기 주도적 학습 능력, 협력적 소통 역량과 공동체 역량**을 기를 수 있을 것입니다. 또한 탐구가 수업의 핵심 활동이 되므로 **평가 또한 암기식 시험이 아닌 탐구의 과정과 결과를 성찰하는 과정 중심 평가**가 될 수 있을 것입니다.

셋째, **수업 속 핵심 아이디어와 개념을 학생들의 실생활과 밀접하게 연관** 짓는 수업을 구성하겠습니다. 학생들이 탐구 문제를 실생활과 관련하여 설정하도록 유도하고, 이해한 개념을 앞으로 삶에서 어떻게 적용할 수 있을지 학생들에게 질문한다면 학생들은 더 이상 수업을 자신의 삶과 관련이 없는 것으로 인식하지 않을 것입니다. 한편 **개념을 삶에 적용하는 과정에서 자신의 삶을 스스로 설계하는 태도**도 기를 수 있을 것입니다.

넷째, **평가를 통해 얻은 학생들의 학습 상황과 정보를 활용하여 학생들의 학습을 다시 지원**하는 수업을 구성하겠습니다. 평가를 본 후 학생의 어떤 부분이 강점이고 약점인지 파악하여 학생에게 피드백을 해준다면 **교육과정-수업-평가가 일체화**된 수업이 될 것이며, 이는 평가로 모든 것이 끝나는 **암기식 시험 중심 수업과도 구별**될 것입니다. 또한 자기 성찰일지 작성 등을 통해 **피드백을 교사뿐 아니라 학생 스스로**도 하게 한다면, **자기 주도적 학습 능력과 비판적 사고**를 키울 수 있을 것입니다. 이상입니다.

> ※ **기품 아이디어**
> 해당 문항의 핵심은 개념기반 탐구수업과 IB에 대해 얼마나 알고 있는가입니다. 개념기반 탐구수업은 서울특별시교육청뿐 아니라 2022 개정 교육과정에서도 강조하고 있는 수업 방식입니다. 또한 IB는 서울에서는 출제된 적이 없으나, KB가 강조되고 있으므로 IB의 내용을 어느 정도는 알고 계시는 것이 좋습니다. 특히 IB의 내용 중 **학습자상, 교수 접근 방법, 학습 접근 방법**은 숙지해 두시길 바랍니다.
> 해당 문항의 [다]와 같이 **이론적인 내용이 있는 경우, 해당 내용으로부터 역순으로 답변의 논리적 구조를 구상**하시는 것이 시간 단축에 도움이 됩니다. 즉 개념기반 탐구수업과 IB의 특징을 먼저 뽑아낸 후, 그 특징 중 [나]에 부합하는 것들만 추려내어 [가]의 상황과 연관 짓는 방식으로 구상하시는 것이 좋습니다.

구상형 2번

구상형 2번 답변드리겠습니다.

아동학대 정황을 인지한 경우 학생에게 선생님은 아버지의 행동이 아동학대로 보인다고 이야기하고 선생님은 아동학대를 인지하는 즉시 신고해야 할 의무가 있음을 이야기합니다. 그리고 선생님이 끝까지 학생을 안전하게 보호해줄 수 있다는 믿음을 주어 안심시켜야 합니다.

아동학대 정황을 인지했을 때 대처 방안은 다음과 같습니다. 첫째, **보고 체계에 의해 학년부장, 생활교육부장, 교감, 교장선생님께 구두로 사안 내용에 대해 보고**합니다. 아동학대 사안의 내용을 정확히 부장교사와 관리자에게 전달하여 아동학대 여부를 판단할 수 있도록 해야 합니다.

둘째, **아동학대 증거확보를 위해 멍이 든 신체 부위를 사진으로 촬영하고 112 또는 아이지킴이 콜에 신고합니다.** 아동학대 행위자가 보호자이기 때문에 보호자인 아버지에게는 이 내용을 알리지 않고 혹시 학대를 당한 학생이 어머니에게도 신고 사실을 알리지 않기를 원할 경우 경찰관에게 이 내용을 말해야 합니다. 경찰과 아동학대전담공무원이 학교로 출동하게 되면 장소와 시간을 정하고 담임교사의 협조를 받아 피해 학생을 도울 수 있는 방법을 찾을 수 있도록 해야 합니다.

셋째, **피해 학생을 대할 때 이전과 크게 다르지 않은 태도를 유지하여 심리적으로 위축되지 않도록 해야 합니다.** 또한 학생의 심리를 파악하며 집에서 또 다른 학대가 있었는지 세심하게 관찰해야 하고 지속적인 면담을 통해 아동학대 신고 이후 상황이 어떻게 전개되고 있는지 파악하고 특이사항이 생기는 즉시 담당 경찰관과 공무원에게 내용을 공유하여 아동학대가 재발하지 않도록 선제적으로 조치를 해야 합니다. 이상입니다.

> ※ **기품 아이디어**
> 2024년 보건복지부에서 조사한 아동학대 통계 현황에 따르면 아동학대 발생 건수 중 84%가 부모에 의한 학대로 나타났습니다. 단순 훈육과 교육을 위한 체벌이 아닌 폭행 범죄의 학대가 매년 증가하고 있습니다. 실제 학교 현장에서도 부모의 폭행으로 멍이 들어 더운 날씨에도 긴팔을 입고 체육복을 끝까지 올려 입어 멍을 숨기는 학생들이 있습니다. 아동학대는 교사의 지속적인 관심과 관찰로 예방할 수 있습니다. 아동학대 발생 시 신고절차와 후속조치는 반드시 숙지해 두시고 문제로 출제될 경우 신고절차를 생각하며 답변하시면 됩니다.

추가질문 1번

추가질문 1번 답변드리겠습니다.

학생에게 교사가 지도하는 것은 교사의 의무이며 **교원의 학생생활지도에 관한 고시에 근거하여 주의와 훈육에 이어 훈계를 한 것**이라고 말하겠습니다. 훈계를 하고 나서 반성문을 작성하게 한 이유는 학생을 정서적으로 괴롭히기 위한 것이 아니라 반성문을 작성하면서 수업 중 수업방해를 한 자신의 행동을 다시 한번 돌아보고 반성할 수 있게 하기 위한 것이라고 설명하겠습니다. 따라서 본인이 수업시간에 했던 행동에 대해 반성문을 작성해보고 다음 수업시간부터 수업에 열심히 참여할 수 있을 것이라는 믿음을 학생에게 주며 격려하여 수업에 열심히 참여할 수 있도록 하겠습니다. 이상입니다.

> ※ **기품 아이디어**
> 교사의 정당한 생활지도와 아동학대는 정말 한 끗 차이입니다. 주의와 훈육, 훈계를 할 때에도 학생을 공감하며 이해해주고 수용하려는 자세를 유지하면서도 잘못된 언행에 대해서는 정확하게 짚어야 합니다. 훈육과 훈계를 할 때 교원의 학생생활지도에 관한 고시에 나와있는 예시처럼 성찰문 및 반성문 작성 등의 방법을 활용하는 것이 바람직한 교육방법입니다.

즉답형

답변드리겠습니다. 먼저 교육적 효과를 말씀드리겠습니다. 제시된 내용들은 학교의 중요한 교육활동들입니다. 학교자치협의회를 통해 **학생들이 학교의 중요한 교육활동들에 대해 직접적인 의사결정을 할 수 있게 됨으로써 권리와 책임을 갖춘 민주 시민성을 함양**할 수 있습니다.

다음으로 예상되는 장단점을 말씀드리겠습니다. 먼저 장점은, **교육을 받는 학생과 학부모의 의사를 학교 교육활동에 직접 반영할 수 있다는 점에서 더욱 합리적인 의사결정을 내릴 수 있다**는 것입니다. 교사에 의해서만 의사결정이 내려질 경우, 학생과 학부모의 교육적 필요나 요구사항을 교육활동에 제대로 반영하지 못하는 경우가 발생할 수 있기 때문입니다.

한편 문제점은, **학생과 학부모의 대표성이 제대로 갖춰지지 않는다면 학생과 학부모의 의사나 요구가 왜곡되어 교육활동에 반영될 수 있다**는 것입니다. 특히 기존의 학교문화가 소수의 학생과 학부모만 의견 제시를 하는 분위기였다면, 이러한 왜곡 현상이 일어날 가능성이 더 클 것입니다.

이러한 문제점을 해결할 방안을 말씀드리겠습니다. **온라인 플랫폼을 활용하여 학교 운영에 대해 학교 구성원들이 항상 자유롭게 의견을 제시하고 공유할 수 있게** 하겠습니다. 일반적인 회의 등 대면 환경에서는 시간적 제약이나 말주변의 부족함 등으로 인해 의견 제시나 공유, 참여가 제대로 이루어지지 못할 수 있습니다. 온라인 플랫폼을 활용한다면 시공간의 제약 없이 누구나 편하게 의견을 제시할 수 있으며, 이렇게 제시된 의견들을 토대로 협의가 이루어진다면 대표성 문제를 해결할 수 있을 것입니다. 이상입니다.

> ※ 기품 아이디어
> **학교자치협의회는 서울특별시교육감의 주요 공약** 중 하나로, 소통과 협력의 학교 공동체를 만들겠다는 목표에 따라 신설한 협의회입니다. 학교의 자율과 자치를 계속 강조하고 있으므로, 학교자치협의회에 대해 숙지하시는 것이 좋습니다.
> 해당 예시 답변은 학생 자치, 민주적 학교문화 등의 내용을 함께 녹여내어 작성되었습니다. 이처럼 답변을 구상하실 때, **본문에서 문항 속 주제와 유사한 내용을 찾아 응용하여 답변을 구상하는 연습**도 함께 하시는 것이 좋습니다.

추가질문 2번

추가질문 2번 답변드리겠습니다. 담임교사는 학업중단 위기 학생과 개별 상담을 통해 진심을 담아 학생을 걱정하며 학생이 학업 중단 위기에 놓이게 된 근본적인 원인을 찾아야 합니다. 첫째, 일회성 상담이 아닌 **지속적인 상담**을 통해 많은 대화를 하고 대화에서 학업을 이어갈 수 있는 실마리를 찾기 위해 노력해야 합니다. 둘째, **위클래스에서 지속적인 상담과 학교 내 대안교실 또는 외부기관과 연계한 프로그램에 참여할 것을 권유**해야 합니다. 만약 이런 노력에도 학생이 학업 중단을 하겠다는 의사를 명확하게 표현할 수 있습니다. 셋째, 이런 경우 학업을 중단하고 사회에 진출한 졸업한 제자의 사례를 말해주겠습니다. **성공사례와 실패사례를 모두 있는 그대로 전달**하여 학생에게 생각할 수 있는 기회를 부여해야 합니다. 이상입니다.

> **※ 기품 아이디어**
> 학업중단 위기 학생이 학업 담임 교사에게 학업 중단에 대한 이야기를 한다면 담임교사는 학생과 상담하고 내용을 위클래스 상담교사에게 전달하여 지속적인 상담이 이루어질 수 있도록 해야 합니다. 그럼에도 불구하고 학업중단을 계속 하고싶다고 할 경우 학업중단 숙려제를 실시해야 합니다. 학업중단 숙려제 기간동안 학업중단 학생을 외부기관과 연계하여 교육지원청의 위(Wee)센터와 서울시교육청 청소년 지원센터의 다양한 프로그램에 참여하여 학업 중단을 예방할 수 있습니다.

심층면접 실전 모의고사 2회 예시 답안

구상형 1번

구상형 1번 답변드리겠습니다.

첫째, 사례 1에서 김 교사는 개인정보 보호의 중요성을 간과하였습니다. B 학부모의 동의 없이 개인 정보인 연락처를 A 학부모에게 전달하였고 A, B 학부모의 개인 정보를 적은 교무수첩을 열람 가능한 상태로 방치함으로써 C 학생에게 사적인 정보가 노출되었습니다. 이에 대한 올바른 행동은 다음과 같습니다. **먼저 B 학부모에게 A 학부모가 직접 사과를 하고 싶다며 연락처를 묻는데, 연락처를 전달해도 되는지 동의를 먼저 구한 후 A 학부모에게 연락처를 전달하는 것입니다.** 또는 A 학부모가 B 학부모의 연락처를 물을 때, 개인 정보 때문에 연락처를 알려드리기는 곤란한데 대신 B 학부모가 연락할 수 있도록 A 학부모의 연락처를 전달해도 괜찮은지 물어본 후, B 학부모에게 A 학부모의 연락처와 함께 상황을 공유하는 방법이 있습니다. 또한 **개인 정보가 적힌 교무수첩은 타인이 우연히 볼 수 없도록 보안에 신경을 써야 합니다.** 펼쳐진 채로 책상에 두고 이동하지 않으며, 이동할 때는 서랍 안에 넣는 것이 바람직합니다. 교무수첩뿐만 아니라 학생들의 성적표나 상담 일지와 같이 개인정보가 담긴 자료는 모두 보안을 철저히 하는 것이 교사의 의무입니다.

둘째, 사례 2에서 김 교사는 협업과 공동체 정신을 간과하고 있습니다. 개인주의적 업무 방식은 동료 교사와의 소통 부족을 초래하고, 이는 같은 학년 또는 같은 교과의 교육과정 운영에 차질을 줄 수 있습니다. 또한 근무 시간 이후라도 긴급한 상황에서는 유연하게 협조할 수 있는 태도가 필요합니다. 학교 업무는 서로 유기적으로 연결되어 있기 때문에 김 교사 한 사람의 비협조가 학교 운영에 어려움을 초래하고 결국 학생들에게 질 좋은 교육을 제공하는 데 방해가 될 수 있기 때문입니다. 이에 대한 올바른 행동은 다음과 같습니다. 먼저 **동교과 교사와의 원활한 소통이 필요합니다.** 협업을 통해 수업의 질을 높이고 일관성 있는 지도가 가능하다는 점을 인식하고, 단원 분담뿐만 아니라 수업 목표나 지도 방법에 대한 협의도 정기적으로 해야 합니다. 또한 **개인의 워라밸도 중요하지만, 학생과 학교 공동체 전체의 이익을 고려하여 긴급한 상황에서는 협조적인 자세를 유지해야 합니다.** 교사는 자율성과 공동체 의식을 조화롭게 발휘하는 성숙한 전문가의 자세를 갖추어야 합니다. 이상입니다.

> **※ 기품 아이디어**
> 최근 개인정보보호법이 강조되면서 학교 현장에서도 조심해야 하는 부분입니다. 그래서 2020년 경기도 면접으로 개인정보보호법 관련 문제가 나오기도 했습니다. 학교에서는 타인의 정보를 함부로 전달하지 않도록 각별히 주의를 기울여야 합니다. 개인정보보호법 준수 외에도 교사의 신고 의무도 참고로 알아두시기 바랍니다(이론 PART1-II 참고). 교사는 긴급복지 신고 의무와 아동학대 신고 의무가 있는데, 특히 아동학대 또는 성범죄를 알게 되었을 때는 반드시 교감 선생님께 알리고 신고할 수 있도록 절차를 논의해야 합니다.
> 이 문제에서 사례1은 교사의 의무와 관련된 내용이며, 사례2는 교사의 자질과 관련된 것입니다. 사례 2에 대한 답은 '공동체적 자세 부족', '협력적 자세 부족', '학교 전체의 유기적 관계를 소홀히 한 것' 등 표현을 다양하게 할 수 있습니다. 협업 또는 공동체 정신이 부족했다는 내용이 들어가면 됩니다.

구상형 2번

구상형 2번 답변드리겠습니다.

먼저 [다] 상황 속 문제의 원인을 말씀드리겠습니다.

첫째, 최 교사는 **학생의 의견을 존중하지 않는 태도**를 보였습니다. 최 교사는 [가]에서도 A학생의 공약을 사전에 검토한 후 자신의 의사에 따라 고치고자 하였고, [나]에서도 B, C학생의 합리적인 의견을 수용하지 않고 반박하는 모습을 보였습니다. 그 결과 [다]에서 학생들은 아이디어를 구상해 와도 반영되지 않을 것으로 생각하였을 것입니다.

둘째, 최 교사는 **학생의 희망이나 의사와 상관없이 행사를 계획**하였습니다. [나]에서 학생들은 나름대로 학급 규칙 제정에 대한 계획과 의견을 갖고 있었으나 결국 최 교사의 의지대로 학급 규칙 제정이 진행되었습니다. 또한 [다]에서도 학생들이 학급 단합대회를 하고 싶은지 여부와 상관없이 최 교사의 의지대로 학급 단합대회가 계획되었습니다.

이를 바탕으로, 최 교사에게 필요한 자질을 말씀드리겠습니다.

첫째, **학생의 자율성과 책임을 존중**하는 자질이 필요합니다. 학생의 의견이나 주장을 실현 불가능하거나 문제가 있는 것으로 단정하지 않고, 학생이 직접 실천에 옮기면서 자신의 결정을 판단할 기회를 제공해야 합니다.

둘째, **학생이 주도하여 학급 행사를 계획하고 활동할 기회를 지속적으로 제공**해 주는 자질이 필요합니다. 누구나 처음부터 잘할 수는 없습니다. 교사는 학생들의 의견을 직접 수정하고 반박하는 방식 대신, 학생들이 스스로 시행착오를 거쳐 가면서 학급 행사를 기획하고 운영하는 것에 익숙해지도록 학급 행사 계획 및 활동의 기회를 적극적으로 제공해야 합니다.

이러한 내용들을 바탕으로, 학생 자치 활동을 활성화 방안을 말씀드리겠습니다.

먼저, 담임 교사 측면에서 말씀드리겠습니다.

첫째, **학급회장 후보들의 공약을 학생들이 직접 검토**할 수 있게 하겠습니다. 예를 들면 학급회장 후보를 대상으로 학급 내 토론회를 개최하여, 학생들이 학급회장 후보들에게 직접 공약에 관해 묻고 답할 수 있는 기회를 제공하고자 합니다. 이를 통해 학생들은 **민주시민으로서 자율성과 책임 의식을 함양**할 수 있을 것입니다.

둘째, **정기적으로 학급 회의를 개최**하겠습니다. 교사의 개입을 최소화한 상태에서 학생들이 스스로 안건을 내보고 결정하는 연습을 지속적으로 하여, 학생들이 **학급 운영에 참여하는 것에 익숙**해지도록 도와줄 수 있습니다.

다음으로, 교과 교사 측면에서 말씀드리겠습니다.

첫째, **학습 주제에 대한 토의 학습**을 하고자 합니다. 교사도 학생의 의견을 존중해야 하지만, 학생들에게도 **서로의 의견을 존중**하는 자세가 필요합니다. 학생들은 토의 학습을 통해 경청, 존중, 자신감, 책임감 등 타인과 의견을 주고받을 때 필요한 기본적인 자세들을 습득할 수 있습니다. 한편 토의 학습을 지속적으로 하게 된다면 학생들이 **자신의 의견을 공유하는 것에 익숙**해지면서 학생 자치 또한 활성화가 될 것으로 생각합니다.

둘째, **수업 시간에 지켜야 할 규칙을 스스로 만들게** 하고자 합니다. 학생들이 직접 만든 규칙이므로, 학생들은 그렇지 않을 때보다 규칙을 지키고자 하는 동기가 더욱 강해지는 등 **자율성과 책임 의식을** 기를 수 있을 것입니다. 이상입니다.

> ※ **기품 아이디어**
> 해당 문항은 **모든 답변을 2가지씩 구성하라고 요구하고 있으므로, 원인-자질-방안을 모두 논리적으로 연계**하여 답변을 구상하시는 것이 좋습니다. 이때 **자질의 경우 원인과 정반대의 내용으로 대응하여 구상**하시면 됩니다. 예를 들어 문제의 원인이 '학생의 의견을 존중하지 않아서'라면, 필요한 자질은 '학생의 의견을 존중하는 것'이 됩니다. 한편 **방안은 자질의 내용을 실현하는 방향으로 구상**하시면 됩니다. 예를 들어 '학생이 주도적으로 활동할 기회를 지속적으로 제공한다'는 자질의 경우, '정기적인 학급 회의 개최'라는 방안을 통해 실현될 수 있습니다.

추가질문 1번

답변드리겠습니다. 제가 생각하는 현재 학생들에게 가장 필요한 역량은 [역량 1] 과 [역량 1] 입니다. 그 이유는 [이유 1] 이고, [이유 2] 입니다.

역량	이유
자기관리 역량	사회의 불확실성이 커지면서 주변에 흔들리지 않고 자신의 삶을 주도적으로 설계하는 역량이 중요해졌다고 생각하기 때문
지식정보처리 역량	사회의 복잡성이 커지면서 우리가 직면하는 문제도 복잡해졌고, 이를 합리적으로 해결하려면 다양한 정보를 비판적으로 활용하는 역량이 중요하다고 생각하기 때문
창의적 사고 역량	사회의 다양성이 커지면서 여러 측면에서 사회 현상과 문제를 바라볼 필요가 생겼고, 이에 따라 다양한 경험을 융합적으로 활용하여 새로운 것을 창출하는 역량이 중요해졌다고 생각하기 때문
심미적 감성 역량	사회의 복잡성과 다양성이 커지면서 사회적 문제 해결을 위한 협력의 필요성도 커졌고, 이에 따라 다양한 삶의 의미와 가치를 성찰함으로써 다원적 가치를 존중하는 역량이 중요해졌다고 생각하기 때문
협력적 소통 역량	불확실하고 복잡한 사회 문제들을 공동으로 대응할 필요가 많아졌고, 이에 따라 상호협력적인 관계에서 공동의 목적을 구현하는 역량이 중요해졌다고 생각하기 때문
공동체 역량	사회의 복잡하고 다양한 문제들을 함께 해결하려면 개방적이고 포용적인 자세로 서로 적극적이고 책임감 있게 행동하는 역량이 중요하다고 생각하기 때문

이러한 역량을 길러 내기 위한 자율활동을 말씀드리겠습니다.

먼저, [활동 1-1] 활동을 통해 [역량 1] 을 길러내고자 합니다. [추가 설명 1-1]
그리고 [활동 1-2] 활동을 통해 [역량 1] 을 길러내고자 합니다. [추가 설명 1-2]
한편, [활동 2-1] 활동을 통해 [역량 2] 을 길러내고자 합니다. [추가 설명 2-1]
그리고 [활동 2-2] 활동을 통해 [역량 2] 을 길러내고자 합니다. [추가 설명 2-2]
이상입니다.

역량	활동	추가 설명
자기관리 역량	학급 나무	학급 나무 활동이란 학급 전체가 스스로 정한 특정한 생활 습관을 지켜나갈 때마다 학급 나무 열매에 도장을 부여하고, 일정 개수 이상의 도장이 모이면 학급 전체에 교사가 보상을 지급하는 활동입니다. 이를 통해 학생들이 삶의 작은 영역에서 삶을 스스로 설계하고 실천하는 기쁨과 경험을 쌓아갈 수 있게 하고자 합니다.
	1인 1역할	학생들이 자신이 한 학기 동안 학급 내에서 맡을 역할을 스스로 정하고 활동하면서, 학급 생활을 주도적으로 해나가는 역량을 기르고자 합니다.
지식정보처리 역량	지역 문화재 탐방	이 활동은 자신이 맡은 우리 지역 문화재에 대한 정보들을 수집하고 정리하여, 해당 문화재를 탐방할 때 해당 문화재를 학급 친구들에게 소개하는 활동입니다. 수집한 문화재 정보의 정확성을 검토하고 필요한 내용만 활용하는 과정에서, 다양한 정보를 비판적으로 탐구하고 활용하는 능력을 기를 수 있을 것입니다.
	모의 법정	우리 주변의 주요 이슈에 대해 법정 형태로 찬반 또는 합의에 이르는 활동으로, 변론의 근거 자료를 수집하는 과정에서 여러 가지 정보를 적절하게 탐색하고 필요에 따라 합리적으로 다룰 수 있는 능력을 기르게 하고자 합니다.
창의적 사고 역량	독서 마라톤	이 활동은 1년 동안 꾸준히 책을 읽고, 토론을 통해 서로의 생각을 공유한 후 이를 바탕으로 자신의 일상생활, 삶, 진로 등과 연관 지어 글을 쓰는 활동입니다. 이를 통해 학생들은 특정 주제를 자신의 삶으로 응용하고 확장하여 적용하는 능력을 기를 수 있을 것입니다.
	학급 숏폼 제작	이 활동은 한 학기 동안 학급 내에서 있었던 주요 사건들을 정리하여 숏폼(짧은 동영상) 형태로 제작하는 활동입니다. 학생들은 주요 사건들을 정리하고, 관련 사진이나 영상을 모으고, 콘티나 대본을 작성하는 과정에서 다양한 정보와 경험을 융합하여 창의적으로 표현하는 능력을 기를 수 있을 것입니다.
심미적 감성 역량	또래 도우미	이 활동은 학교생활 적응에 어려움을 겪는 다문화 학생들을 교과 및 쉬는 시간에 도와주는 또래 도우미를 자원 받아(또는 순번을 정하여) 진행하고 활동 노트를 작성하는 활동입니다. 이를 통해 학생들이 나와 생활 모습이나 문화가 다른 사람들을 깊게 이해할 수 있는 기회를 얻을 수 있게 하고자 합니다.
	식문화 체험의 날	학급 단합대회 날이나 학급 자치 시간을 활용하여, 학생들이 다양한 문화권의 간식을 챙겨와서 서로 나눠 먹는 시간을 가집니다. 이를 통해 학생들이 의식주 중 식사와 관련하여 다양한 삶의 모습을 경험하고 존중하는 자세를 기를 수 있게 하고자 합니다.

협력적 소통 역량	우리 반 정원 만들기	이 활동은 자신이 가져온 식물들을 학교 화단에 심어, 학기 말에 여러 식물이 조화롭게 공존하는 학급 화단을 만드는 활동입니다. 비록 가져온 학생들은 제각각이지만, 식물을 돌보는 것을 깜빡하거나 결석으로 인해 하지 못하는 경우가 있을 수 있으므로 결국 모두가 신경 쓰고 돌봐주어야 학급 화단이 완성될 수 있습니다. 따라서 이를 통해 생태환경에 대한 책임감을 기르면서도 식물 관리에 대해 서로 대화를 나누고 학급 화단 완성이라는 목표를 추구해 나가면서 소통과 협력의 자세를 기를 수 있을 것입니다.
	학급 단합대회	모둠별로 맡은 게임이나 활동을 준비해 오는 과정에서, 학급 모두의 즐거움을 위해 노력하면서 모둠 내에서 서로 협력하는 태도를 기를 수 있을 것입니다.
공동체 역량	안전 캠페인	이 활동은 학교 및 지역 사회의 안전을 위협(저해)하는 요소를 학생들이 모둠별로 직접 찾아내어, 개선 방안을 제안하고 안전 포스터를 제작하는 활동입니다. 안전 포스터를 제작하는 과정에서 모둠 내에서 서로 책임감 있게 행동하는 태도를 기르고, 안전 저해 요소를 주변에 알림으로써 마을공동체와 더불어 사는 자세를 함양할 수 있습니다.
	학교폭력 예방 뮤지컬	뮤지컬을 만드는 과정에서 갈등을 해결하고 서로 협력하는 경험을 쌓을 수 있고, 뮤지컬의 주제인 '학교폭력 예방'에 대해 다시 한번 성찰함으로써 학교에서 함께 지내는 친구들을 포용적인 자세로 대하는 태도를 기를 수 있습니다.

> ※ **기품 아이디어**
>
> 해당 문항은 구상형 문제가 아니라 즉석에서 대답하는 추가질문이므로 답변 구성이 지나치게 세밀할 필요는 없지만, **'역량'과 '자율활동' 간의 논리적 연관성**은 반드시 갖추고 있어야 합니다. 또한 **자신이 제시한 '자율활동'이 어떻게 '역량'을 길러낼 수 있을지 그 이유도 살짝 덧붙인다면** 더욱 완벽한 답변이 될 것입니다.
>
> 한편 **해당 문항에서 요구하는 것이 '자율활동'임에 유의**해야 합니다. 예를 들어 창의적 사고 역량을 기르는 방법으로 '국어 시간과 기술 시간에 학습한 내용을 활용하여 메타버스로 문학 속 세계를 구현하는 활동'을 제시한다면, 이는 자율활동이 아닌 교과 시간 활동이므로 감점이 될 수 있습니다. **동아리 활동이나 진로 활동과 관련된 내용을 제시하는 것 역시 감점**이 될 수 있으니 주의해야 합니다.

즉답형

즉답형 답변드리겠습니다. 딥페이크 성범죄를 예방하기 위해 다음과 같이 교육하겠습니다. 장난과 호기심으로 친구의 사진으로 딥페이크 사진 또는 영상을 만들고 유포될 경우 **피해 학생은 평생 지울 수 없는 상처와 트라우마**를 겪게 된다는 것을 교육하겠습니다. 이러한 딥페이크는 범죄 행위이며 **딥페이크 기술로 사진이나 영상을 만드는 것 뿐만 아니라 공유하고 같이 보는 것 만으로도 처벌**될 수 있음을 교육하겠습니다. 특히, 딥페이크 범죄를 저질렀을 때 형사 고소 진행 절차에 대해 교육하여 경각심을 갖게 하겠습니다. 딥페이크 범죄로 형사 고소가 되었을 때 피의자 신분으로 전환되어 강도 높은 경찰 조사를 받고 이 내용이 학교와 학부모님께 전달이 된다고 알려주겠습니다. 또한, 범죄 혐의가 인정되면 소년보호재판에서 소년원 수감 등과 같은 강력한 보호처분을 받을 수 있기 때문에 절대로 딥페이크 성범죄에 연루되지 않도록 교육하겠습니다. 이상입니다.

추가질문 2번

답변드리겠습니다. 혁신미래학교 공모를 왜 신청하는지 민원이 들어온다면 다음과 같이 대답하겠습니다.

첫째, **혁신미래학교의 개념을 설명하며 학생들의 핵심역량 교육을 강조**하겠습니다. 혁신학교는 교육혁신을 통해 학생의 전인적 성장을 돕고 미래 교육을 실현하기 위한 교육공동체입니다. 프로젝트 수업, 협력 학습, 토론 수업 등 학생 중심 교육을 실시함으로써 학생들의 자기주도성, 비판적 사고력, 창의력 등 미래 핵심역량을 길러주어 주체적인 미래 인재로 키울 수 있음을 강조하여 설명하겠습니다.

둘째, **혁신미래학교와 일반 학교의 운영상 차이를 설명**하겠습니다. 혁신미래학교로 지정이 되면 예산과 인력이 지원되며 교실당 학생 수를 적게 편성할 수 있습니다. 따라서 현실적으로 더 다양한 교육 활동이 가능하며 학생들 개개인에게 맞춤형 교육을 제공하기 용이함을 설명하겠습니다.
이상입니다.

※ 기품 아이디어

혁신(미래)학교 문제는 출제 가능성이 높지는 않습니다. 하지만 「한눈에 보는 2025 서울교육」에도 '혁신학교(혁신미래학교) 역할을 강화합니다.'라는 내용이 있으므로 혁신미래학교(명칭이 혁신학교에서 혁신미래학교로 바뀌었습니다. 아직 사람들에게 혁신학교라는 명칭이 익숙하여 서울시교육청 블로그에도 괄호를 사용하여 두 명칭을 병기하고 있습니다.)가 혹시라도 출제된다면 당황하지 않도록 개념을 한번 정리하고 가자는 의미해서 모의고사를 출제하였습니다.

심층면접 실전 모의고사 3회 예시 답안

구상형 1번

구상형 1번 답변드리겠습니다.

학교 교칙이 학생에게 주는 의미는 다음과 같습니다. 첫째, **학교 규칙은 학생들이 삶의 기본 원칙과 규범을 지키게 하여 학생들의 안전 보장과 질서가 유지되며 서로 존중할 수 있도록 하는 일련의 장치**입니다. 학교 규칙을 지키기 위한 노력을 통해 학교 구성원의 행복한 배움과 성장을 도모할 수 있습니다. 둘째, **학교 규칙은 학생들이 정한 최소한의 약속**입니다. 학생들의 의견이 반영된 학교 규칙을 준수하려는 노력을 통해 민주적인 학교 문화를 형성하고 공동체 역량을 기를 수 있습니다. 또한 사회의 건강한 구성원으로 성장할 수 있도록 필요한 소양을 함양할 수 있습니다.

학교 교칙이 교사에게 주는 의미는 다음과 같습니다. 첫째, **교사에게 교육활동의 기준을 제시하고 학생 지도에 대한 명확한 근거를 제공하여 학교의 질서와 안정을 유지하는 데 중요한 역할**을 합니다.

둘째, **모든 교사들이 한 방향으로 일관성 있게 학생을 지도할 수 있는 지침을 제공**합니다. 교사들마다 교육철학, 교육관이 달라도 학교 규칙을 모든 학생에게 일관성 있게 적용할 때 학생들이 교사의 지도가 일관성 있고 예측 가능하여 정당하다고 인식할 수 있습니다.

담임교사가 보완해야 할 학급운영 방안은 다음과 같습니다. 첫째, **자율에는 책임이 따른다는 것을 학생들에게 명확하게 교육해야 합니다.** 자율이라는 명목으로 해야 할 일을 하지 않고 책임지지 않는다면 교사는 학생들을 방임하게 되는 것입니다. 청소는 학생들이 자율적으로 하되, 깨끗하게 청소가 되지 않을 경우 학생들이 책임을 지고 다음날 아침조회 시간을 활용하여 청소지도를 하며 교육을 해야 합니다. 또한, 미인정 결석과 지각을 하면 성찰문을 작성하게 하여 학생 스스로 깨닫고 책임을 질 수 있도록 교육해야 합니다. 둘째, **학급생활협약 제정이 필요**합니다. 학급조회시간 또는 학급회의시간에 학생생활협약 제정에 대한 회의를 통해 학급 내에서 반드시 지켜야 할 규칙을 만들고 학급 구성원 모두가 협약의 내용을 지키기 위해 노력하는 분위기를 조성해야 합니다. 셋째, **교과 수업 시간에 교사의 수업권과 학생들의 학습권을 지키기 위해 학급 전체가 노력**해야 함을 강조하여 교육해야 합니다. 교사의 수업권과 학생의 학습권은 법으로 보장받는 기본적인 권리이므로 자율이라는 명목을 빙자하여 타인의 학습권을 침해하지 않도록 교육해야 합니다. 이 내용 또한 학급생활협약에 명시하여 수업시간에 수업 분위기 조성을 위해 학급 구성원 모두가 노력할 수 있는 분위기를 형성해야 합니다. 이상입니다.

> ※ **기품 아이디어**
>
> 교사는 학교 교칙을 토대로 일관성 있는 지도를 해야 합니다. 하지만 학교 현장에는 본인만의 교육관을 펼치기 위해 다수의 선생님과 다른 방향으로 학생들을 지도하기도 합니다. 이럴 경우에 학생 지도에 혼선이 생기게 됩니다. "왜 선생님은 안 봐주세요?", "○○선생님은 엘리베이터 타도 벌점 안주시던데.." 등과 같은 일이 발생합니다. 이렇게 되면 학교 교칙의 일관성이 없어지게 되며 학생들의 신뢰를 잃게 됩니다. 또 한편으로는 특수한 상황에 있는 학생에게 일반 학생들과 같이 교칙을 적용하기 어려운 경우도 있습니다. 예를 들어 심한 우울증을 겪고 있어 학교를 잘 나오지 않는 학생이 엘리베

이터 허가증 없이 엘리베이터를 탔을 경우 교사가 지도하여 벌점을 부여하게 되면 다시 학교에 나오지 않을 가능성이 있습니다. 이렇게 예외의 경우에는 교칙을 일관성 있게 적용하기 어렵습니다. 따라서 교사는 학생의 특성과 상황에 따라 융통성 있게 교칙을 적용하여 지도해야 하며, 모든 교사가 이러한 내용을 공유하고 있으면 융통성 있게 일관된 지도가 가능합니다.

구상형 2번

구상형 2번 답변드리겠습니다. '미래를 여는 협력교육'의 철학을 바탕으로 학생, 학부모, 교사 모두 함께 성장하는 교육을 다음과 같이 실천하고자 합니다.

첫째, **학생의 꿈을 키워주기 위해서 학생 중심 수업을 자주 실시하겠습니다.** 학생들이 꿈을 꾸고 이를 현실로 만들어가기 위해서는 자신의 삶을 주도적으로 설계하는 힘이 필요합니다. 따라서 학생들이 스스로 문제를 탐구하고 비판적으로 생각하는 힘을 길러주기 위해서 학생들이 주도적으로 이끄는 수업을 할 것입니다. 예를 들어 학생들에게 팀 과제를 제시하여 모둠별로 문제를 해결하는 경험을 제공할 것입니다. 교사가 직접 지식을 전달하는 것보다 스스로 문제를 해결하면서 문제 해결 능력을 키울 수 있으며, 다른 학생들과 협력하고 소통하는 과정에서 함께 배우고 성장할 수 있습니다.

둘째, **학부모의 신뢰를 얻기 위해서 학부모들과 주기적으로 소통을 하겠습니다.** 저는 매달 학교와 학급에서 어떠한 행사가 있었는지 간단한 카드 뉴스를 만들어서 학부모들에게 전송할 것입니다. 또한 필요한 경우 주기적으로 전화 상담을 실시하여 학생들의 학교생활을 공유할 것입니다. 이러한 정기적인 소통을 통해서 학부모는 학교에서 학생들을 위해 어떠한 노력과 교육을 하고 있는지 알게 되고 학교와 교사에 대한 신뢰를 쌓게 됩니다. 교사 또한 학부모를 통해 학교에서 보지 못했던 학생들의 정보를 얻고 학교와 가정의 협력을 통해 학생들의 성장을 더 잘 지원할 수 있습니다.

셋째, **교사의 긍지를 키우기 위해서 교원학습공동체를 활용하겠습니다.** 교사는 수업 및 생활지도에서 학생들의 변화를 이끄는 긍정적인 영향력을 체감할 때 교사로서 보람과 긍지를 느낀다고 생각합니다. 따라서 교사로서의 전문성을 키우기 위해서 동료 교사들과 교원학습공동체를 운영하겠습니다. 동료 교사들과 함께 연구하고 성찰하며 수업과 생활지도 면에서 전문성을 갖춘 교사로 지속적으로 성장하고 있다고 스스로 느낄 때 교사로서의 긍지를 느낄 수 있습니다. 이상입니다.

※ 기품 아이디어

2022 개정교육과정 또는 서울시교육청의 교육 방향을 제시한 후, 수험자가 이를 어떻게 구체적으로 실천할 것인지 묻는 문제가 작년 서울시교육청 중등 및 초등 임용 면접에 출제되었습니다. 이를 변형하여 서울시 교육의 비전[가]과 교육 지표[나]를 제시하고, 그에 맞는 교육활동을 묻는 문제를 출제하였습니다. [가]에서 제시한 협력교육이 큰 비전이므로 3가지를 제시할 때 협력적인 내용이 묻어나면 좋습니다. 또한 면접의 답변은 구체적이어야 합니다. 너무 추상적인 답변보다는 구체적으로 학교 현장에서 바로 실천할 수 있는 방안들을 제시해야 좋은 점수를 얻을 수 있습니다.

추가질문 1번

답변드리겠습니다. **저의 교육철학은 "교육은 삶을 위한 준비가 아니라, 삶 그 자체다."입니다.**

즉, 학생들이 교실이라는 작은 사회 속에서 실제 삶을 경험하고 있으며, 그 과정에서 배우고 성장한다고 믿습니다. 따라서 저는 교육을 단순한 지식 전달이 아닌 삶과 연결해서 보고자 합니다. 구체적인 실천 방안은 다음과 같습니다.

첫째, **실생활과 밀접한 수업을 진행하겠습니다.** 예를 들어, 교과서의 내용을 설명할 때 우리 지역 사회의 문제나 최근 뉴스와 연결하여 학생들에게 우리가 배우는 것들이 삶과 밀접하게 연관되어 있음을 인지시킬 것입니다. 또한 학생 주도형 프로젝트를 실시할 때도 학생들이 자신의 경험이나 주변의 문제를 주제로 발표하도록 과제를 설정하여 학생들의 실제 삶과 수업을 연결할 것입니다.

둘째, **민주적인 학급 자치 활동을 하겠습니다.** 학생들이 스스로 학급 규칙과 1인 1역을 정하도록 지도하여 각자 책임감과 공동체 의식을 갖고 학급 생활을 하도록 지도할 것입니다. 이를 통해 교실 안에서 작은 사회를 경험하며 학생들이 올바른 민주 시민으로 자랄 수 있도록 도울 수 있습니다. 이상입니다.

> **※ 기품 아이디어**
>
> '교육철학'이라는 단어를 너무 어렵게 생각하실 필요 없습니다. 내가 생각하는 교육은 어떤 것이며, 내가 어떤 교육을 하고 싶은지를 풀어서 설명하면 됩니다. 교육철학은 포괄적이고 큰 개념일 수 있지만, 이에 대한 실천 방안은 반드시 구체적으로 제시해야 함을 꼭 기억하시기 바랍니다.
> 위의 답변 외에도 다양한 교육철학을 답변으로 제시할 수 있습니다. (예: "학생은 스스로 성장할 수 있는 잠재력을 지닌 존재이며, 교사는 그 가능성을 이끌어내는 촉진자다.", "교육은 혼자서 하는 것이 아니라 함께 하는 것이다.", "모든 학생은 배우는 속도와 방법이 다르다.")

즉답형 1번

(A학생 지원) 답변드리겠습니다. 저는 A학생을 먼저 지원하겠습니다. **B학생도 학력 저하가 우려되는 상황이지만, A학생은 현재 기초학력 미도달 학생으로 이미 학력 저하로 인해 학습에 어려움을 겪는 중**이기 때문입니다.

그럼, A학생을 지원할 방안을 말씀드리겠습니다.

첫째, **키다리샘 프로그램**을 통해 학습지도를 실시하겠습니다. 이때 **A학생과 친밀한 학생 중 학습에 의지가 강하고 학습 능력도 있는 학생을 프로그램에 함께 참여**시켜 A학생의 프로그램 참여를 유도하고, 관찰학습을 통한 학력 성장도 함께 끌어내고자 합니다.

둘째, **교과 수업 중 맞춤형 수업**을 강화하겠습니다. 학생이 방과후에 학원 등으로 인해 시간을 내기 어려운 경우, 교과 수업 중 학습지도가 불가피합니다. **에듀테크**를 활용하여 맞춤형 학습지를 제작하고, 수시로 순회 지도를 함으로써 맞춤형 학습지도를 하고자 합니다. 또한 학습 수준을 고려하여 모둠을 구성하고, 모둠 내에서 **또래 멘토링**이 이루어지도록 지도하고자 합니다.

한편, B학생을 지도할 방안을 말씀드리겠습니다. **B학생과 수시로 상담과 사제 동행 활동을 하며 래포**를 꾸준히 쌓아놓겠습니다. B학생은 학교생활에 어려움을 겪고 있고, 가정에서의 지지를 얻기도 어려운 상황입니다. 따라서 **상담을 통해 학생의 정서·심리적 상황을 꾸준히 파악하면서 학생의 학교생활을 격려**하고, **서울 희망교실과 같은 사제 동행 활동을 통해 선생님을 정서적 지지자로 인식**할 수 있게 하겠습니다. 이러한 래포를 바탕으로 추후 기초학력 책임지도제 지원이 가능할 때 프로그램 참여를 제안한다면, B학생도 교사를 믿고 기초학력 책임지도제 프로그램에 적극 참여할 수 있을 것입니다. 이상입니다.

(B학생 지원) 답변드리겠습니다. 저는 B학생을 먼저 지원하겠습니다. **B학생은 기초학력 미도달 학생은 아니지만, 가정 환경이 불안정하고 학교생활에 어려움을 겪고 있어 정서·심리적 어려움으로 인해 A학생보다 더욱 심각한 학력 저하**가 나타날 수도 있기 때문입니다.
그럼, B학생을 지원할 방안을 말씀드리겠습니다.
첫째, 정서·심리·사회성 회복 지원 프로그램을 운영하겠습니다. 현재 제일 시급한 것은 **위축된 심리를 회복하여 학교생활에 잘 적응**할 수 있도록 돕는 것입니다. 따라서 **B학생의 흥미와 특성을 상담을 통해 파악하여, 이에 적합한 프로그램을 운영**하고자 합니다. 예를 들어, 학생이 만화를 그리는 것을 좋아한다면 교내에서 만화 그리기 활동을 진행하거나 교외의 만화와 관련된 체험관 등을 방문할 것입니다. 이때 학습지원대상학생 중 B학생과 **공통된 흥미나 취미를 지닌 학생들을 활동에 함께 참여시킨다면 학생의 사회성 회복에도 도움**이 될 것입니다.
둘째, 방과후 보충학습지도를 하겠습니다. **가정 환경이 어렵다면, 학생이 교과 수업 시간 외에는 학습과 관련된 활동을 할 기회가 전혀 없을 수도 있습니다.** 따라서 방과후 보충학습지도를 통해 학생의 학력이 저하되지 않고 유지 또는 향상될 수 있도록 지속적으로 학습지원을 할 것입니다. 이때 정서·심리·사회성 회복 지원 프로그램에 함께 참여했던 학생들을 함께 지도한다면, 학생의 사회성 회복과 학교생활 적응력 향상에 도움이 될 것으로 생각합니다.
한편, A학생을 지도할 방안을 말씀드리겠습니다. **교과 수업 시간에 순회 지도와 또래 멘토링을 활용**하여 학습지도를 하고자 합니다. A학생의 경우 **가정과 교우관계를 통해 정서적 지지를 얻고 있을 가능성이 커, 학습 측면에서의 지원이 제일 필요**한 상황이라고 생각합니다. 따라서 교사가 지속해서 순회 지도를 통해 학습코칭을 해주고, A학생과 친한 학생 중 학습 능력이 뛰어난 학생을 짝으로 붙여줘 또래 멘토링을 진행한다면 A학생의 기초학력 향상에 도움이 될 것으로 생각합니다. 이상입니다.

> ※ 기품 아이디어
> 해당 문항의 핵심은 '제시된 학생의 상황이 답변에 얼마나 녹아있는가'입니다. 즉 **단순히 알고 있는 기초학력 미도달 학생 지원 방안을 나열하는 것이 아닌, A학생 또는 B학생에게 적합한 지원 방안을 제시**해야 합니다. 예를 들면, 가정 환경이 안정적인 A학생의 경우 방과후에는 학원에 갈 가능성이 크기 때문에 방과후보다는 교과 시간 동안 학습지원을 하는 것이 유효할 수 있습니다. 또한 교우관계도 양호하므로 또래 멘토링의 효과가 클 가능성이 높습니다. 한편 B학생의 경우 교우관계가 불안정하므로 또래 멘토링은 부적절한 지원 방안일 수 있습니다.
> 한편 나머지 학생을 지도하는 방안을 제시할 때, 기초학력 책임지도제 프로그램을 통한 지도 내용

을 제시하지 않도록 주의해야 합니다. 해당 문항에서는 다른 학생을 지원하느라 나머지 학생은 지원하지 못하는 상황을 가정했기 때문입니다.

추가질문 2번

답변드리겠습니다.

첫째, **교과 시간 내 학습지도를 적극 활용**하겠습니다. 학습지원대상학생 지원협의회와 각 교과협의회를 통해 학생들의 특성을 고려하여 교수학습 방법과 교육과정을 재구성한다면, 추가적인 지도교사 없이도 일상적인 교과 시간 동안 기초학력 지원이 가능할 것입니다. 이때 에듀테크를 활용해서 학습지원대상학생에게 적절한 퀴즈나 학습 자료, 피드백을 제공하고, 가능한 경우 협력강사 분의 도움을 받는다면 기초학력 지원의 효과는 더욱 커질 수 있습니다.

둘째, **에듀테크를 활용하여 방과후 보충학습지도를 진행**하겠습니다. 교사는 기본적인 개념 및 원리, 학습 방법만을 학생들에게 안내해 주고, 학생들은 디지털 기기와 에듀테크를 활용하여 스스로 자신에게 적합한 수준의 문제를 해결하고 피드백을 받습니다. 이를 통해 교사는 더 많은 학생을 지도할 수 있게 되고, 학생들은 기초학력을 향상할 뿐 아니라 자기 주도적으로 학습하는 태도도 기를 수 있을 것입니다.

셋째, 대학생 멘토링, 전문 기관 연계 등 **외부 자원을 활용한 프로그램을 운영**하겠습니다. 예를 들어 학생들은 기초탄탄 랜선야학과 같은 대학생 멘토링을 통해 자연스럽게 진학에 대한 지원도 받을 수 있을 것이고, 복합특수 요인으로 학교에서 지원하기 어려운 학생의 경우 서울지역학습진단성장센터를 통해 맞춤지원을 받을 수 있을 것입니다.

넷째, **더 많은 선생님께서 지도교사로 활동하실 수 있도록 협조를 요청**드리겠습니다. 학습지원대상학생 지원협의회를 통해 선생님들께 현재 학습지원대상학생들의 특성과 해당 학생들에 대한 지원 및 지도의 필요성을 말씀드리고, 지도 선생님들의 부담을 줄이기 위해 학습 자료와 도구, 관련 교원학습공동체 구성 등을 적극 지원해 드릴 것을 말씀드리면서 협조를 요청드리고자 합니다. 이상입니다.

> ※ **기품 아이디어**
>
> 학습지원대상학생을 지도하는 것은 생각보다 품이 많이 드는 일입니다. 특히 대부분의 활동이 방과후에 이루어지므로 지도교사의 시간 소모가 매우 큽니다. 그렇다 보니, 실제 학교 현장에서는 학습지원대상학생을 지도하지 않으려고 하는 경우가 많아 해당 문항과 같은 상황이 자주 있습니다. 따라서 **지도교사 수가 부족한 경우에는 교사들의 품을 줄여주는 것이 제일 중요**합니다. 예를 들면 교과 시간을 활용하여 **교사의 시간을 절약**해 주거나, 에듀테크 및 외부 자원을 활용하여 **교사의 업무 부담을 경감**시켜 주는 것이 필요합니다.

PART 10. 기품있는 심층면접(IN SEOUL) 실전 모의고사

심층면접 실전 모의고사 4회 예시 답안

구상형 1번

구상형 1번 답변드리겠습니다.

먼저 마을교육공동체의 필요성을 말씀드리겠습니다.

첫째, 학교에서 제공하지 못하는 교육 환경을 제공할 수 있습니다. 마을교육공동체를 활용한다면 한 학교에서 겪는 시간, 공간, 예산 등의 한계를 극복하여 학생들에게 필요한 교육 환경을 마련할 수 있을 것입니다.

둘째, 배움의 경험을 확대할 수 있습니다. 마을교육공동체는 학교에서 하지 못하는 다양한 경험을 학생들이 직접 체험할 수 있게 도와줌으로써, 학생들의 배움의 폭을 확장할 수 있을 것입니다.

그럼, 제시문 [가], [나]의 문제 상황을 해결할 방안을 각각 말씀드리겠습니다.

먼저 제시문 [가]의 문제 상황을 말씀드리겠습니다. [가]에서는 학생들이 예술 활동을 할 장소와 도구가 부족한 데다가 예술 활동을 하는 방법도 잘 모르는 상황을 겪고 있습니다. 이와 관련하여 해결 방안을 말씀드리겠습니다.

첫째, 인근 학교 및 창의예술센터와 연계하여 예술교육 활동에 필요한 도구와 장소를 마련하고자 합니다. 악기공유마당을 통해 인근 학교에 있는 악기를 대여하여 A학생이 오케스트라 활동을 할 수 있도록 돕고, 서울창의예술센터에서 장소를 대여하여 B학생이 밴드 공연을 연습할 수 있도록 돕고자 합니다.

둘째, 창의예술센터 및 대학, 전문 인력과 연계하여 협력종합예술활동을 지원하고자 합니다. 연출 전공을 한 직업인 특강이나 대학생 멘토링을 통해 전문적인 연출 기법을 학생들이 경험할 수 있도록 하고, 창의예술센터 및 연극영화과와 협력하여 촬영 장비도 대여하여 전문적인 영화 촬영 및 제작을 경험할 수 있게 하겠습니다.

다음으로 제시문 [나]의 문제 상황을 말씀드리겠습니다. [나]에서는 학생들의 진로 탐색과 결정을 도와줄 자원이 학교에 부족한 상황을 보여주고 있습니다. 이와 관련하여 해결 방안을 말씀드리겠습니다.

첫째, 다양한 학교 밖 자원을 활용하여 학생들에게 전문적인 진로 정보를 제공하겠습니다. 커리어넷, 서울진로진학정보센터, 진로직업체험지원센터 등과 연계하여 진로 정보를 소개하고, 해당 기관에서 상담받을 기회도 제공하고자 합니다.

둘째, 전환기 기간을 활용하여 다양한 진로 및 직업을 체험할 기회를 제공하고자 합니다. 2학기 기말고사가 종료되고 방학이 시작하기 전까지 약 1달 동안, 꿈길 또는 진로직업체험지원센터 등과 연계하여 학생들이 **직접 자신이 희망하는 체험처에 방문하여 진로 및 직업을 체험하고 자신의 진로에 대해 탐색**할 시간을 가질 수 있게 하고자 합니다.

마지막으로, 마을교육공동체를 활용하여 하고 싶은 교과 수업을 말씀드리겠습니다. 저는 **영어 교과 시간에 인근 대학 외국인 교환학생과 인터뷰하는 활동**을 하고자 합니다. 특히 **한국에서 생활하면서 자국 생활과 가장 크게 차이를 느꼈던 부분, 한국 생활의 장단점, 자신이 생각하는 우리 지역의 특징 등을 질문 내용에 포함**해서, 학생들이 인터뷰하는 과정에서 **삶의 다양한 형태와 가치를 이해하고 돌아보는**

● 기품있는 서울 심층면접

심미적 감성 역량을 키우고자 합니다. 이를 통해 학생들은 문화적 소양과 다원적 가치에 대해 자연스럽게 이해하는 교양 있는 사람으로 성장할 수 있을 것입니다. 이상입니다.

> ※ 기품 아이디어
> [가], [나]의 내용을 각각 종합하여 마을교육공동체의 필요성을 각각 1가지씩 먼저 뽑아낸 후 답변을 구상하시면 구상 시간을 단축할 수 있습니다. 이는 곧 **[가], [나]의 문제 상황을 해결할 방안을 제시할 때에는 마을교육공동체의 필요성이 반영된 방안을 제시**해야 한다는 뜻이기도 합니다. 각각 2가지씩 제시하라고 하였으므로, [나]에서는 D교사와 E교사의 사례에 각각 대응되도록 답변을 구상하시면 됩니다. 문제는 사례가 3가지가 있는 [가]인데, [가]는 크게 정리하자면 도구와 장소 같은 물리적 조건이 부족하다는 점과 전문적인 연출 기법 등 활동 방법을 알지 못한다는 점으로 나눌 수 있습니다. 따라서 물리적 조건 부족을 보완할 방법 1가지와 활동 방법 숙지 문제를 보완할 방법 1가지를 각각 제시하시면 될 것입니다.
> 한편 하고 싶은 교과 수업과 역량에 대한 질문은, **먼저 역량을 떠올리신 후 거기에 맞춰 교과 수업을 구상**하시면 훨씬 답변 구성이 수월할 것입니다.

구상형 2번

구상형 2번 답변드리겠습니다. [가], [나]를 통해 얻을 수 있는 AI 교육에 대한 시사점은 **AI는 도구일 뿐이며, 이를 어떻게 사용하느냐에 따라 교육적 효과가 달라진다는 것**입니다. AI는 완벽하지 않습니다. 틀린 답을 제공하기도 하며, 알고리즘으로 인해 기존 신념을 강화하는 정보만 제공함으로써 확증 편향의 문제가 발생하기도 합니다. 따라서 AI를 어떻게 사용하느냐에 따라 맞춤형 학습과 교육 격차 극복이라는 장점이 있을 수도 있지만, 학생들의 독해력 감소나 AI 의존도 증가 등 교육적 문제가 발생할 수도 있습니다.

이러한 상황에서 교사의 역할은 다음과 같습니다.

첫째, **안내자**입니다. 학생들이 AI의 문제점과 올바른 사용법을 인지할 수 있도록 AI의 오류, 편향, 윤리적 문제 등을 설명해 주어야 합니다. 학생들이 AI라는 도구를 올바르게 사용할 수 있도록 AI에 대한 정확한 정보를 제공하고 학생들을 바르게 안내할 수 있어야 합니다.

둘째, **학습 촉진자**입니다. AI를 효과적으로 교육에 사용하기 위해서는 학생들의 학습을 촉진할 수 있는 방향으로 교사가 수업을 설계해야 합니다. 예를 들어, 학생들이 영상 자료를 조사할 때도 추천 영상만 보지 않도록 학습지에 여러 키워드를 제시하여 학생들이 다양하게 정보를 찾아볼 수 있게 해야 합니다. 또한 학생들이 AI에 지나치게 의존하여 독해력이나 사고력이 떨어지지 않도록 AI를 통해 정보는 수집하되, 스스로 생각할 수 있는 답이 정해지지 않은 복잡한 문제를 과제로 제시해야 합니다.

이러한 역할을 잘 수행하기 위해서 저는 다음과 같이 실천할 것입니다.

첫째, **AI 관련 연수를 수강**하겠습니다. AI를 비롯한 디지털 도구들은 빠르게 변화하고 있습니다. 따라서 학생들에게 정확하게 정보를 제공하고 안내하기 위해서는 교사도 발맞추어 새로운 기술을 배워야 합니다. 따라서 공문을 참고하며 AI 관련 연수들을 수강하여 최신 정보들을 습득하도록 노력할 것입니다.

둘째, **에듀테크 교원학습공동체를 운영**하겠습니다. AI를 활용한 수업을 내실 있게 운영하기 위해서는 혼자서 연구하기보다 동료 교사들과 함께 협력해야 합니다. 에듀테크 교원학습공동체를 운영하여 주기적으로 동료 교사들과 사례를 나누고 어떻게 각 교과에 적용할지 의견을 나누며 수업 전문성을 키우겠습니다. 이상입니다.

> ※ **기품 아이디어**
> AI가 교육 현장에 도입되면서 AI의 문제점과 관련된 문제가 자주 출제되고 있습니다. AI를 어떻게 교육현장에 긍정적으로 사용할 것인지, 주의점이 무엇인지, 나의 교과와 연계는 어떻게 할 것인지 등 2차 면접을 준비하면서 계속 고민해 보시기 바랍니다.
> 문제에는 개수 조건이 없지만, 답변을 두 개 이상 한다면 '첫째, 둘째'로 구조화하여 면접관이 키워드를 잘 들을 수 있도록 전달력을 높여야 합니다.

추가질문 1번

답변드리겠습니다. 최근 교사들이 AI를 업무에 사용하면서 발생할 수 있는 문제점과 해결 방안은 다음과 같습니다.

첫째, **AI의 오류로 인해 업무의 정확도가 떨어질 수 있습니다.** AI는 부정확하거나 틀린 정보를 제공하기도 합니다. 이로 인해 생활기록부에 의도와 다르게 기재될 수도 있으며, 업무의 정확도가 떨어지는 실수가 발생할 수 있습니다. 이를 해결하기 위해서는 **AI의 결과에 대해 철저하게 검토해야 합니다.** AI의 사용은 업무의 효율성을 높일 수 있지만, 보조 도구로 참고할 뿐 이에 대한 검토, 수정 및 최종 결정은 교사의 전문적 판단과 책임에 따라야 합니다.

둘째, **개인 정보 유출에 관한 문제가 발생할 수 있습니다.** 학교의 많은 자료는 학생들의 개인정보를 담고 있습니다. AI에 학생 이름, 행동 특성, 상담 내용 등 민감한 정보를 입력하면 개인정보 유출이나 보안 상의 문제가 발생할 수 있습니다. 이를 해결하기 위해서는 **교사를 대상으로 한 AI 윤리 및 보안 연수를 정기적으로 실시해야 합니다.** 교사는 개인정보보호법을 준수할 의무를 가지고 있습니다. 따라서 AI를 사용하며 이를 위반하지 않도록 AI 윤리와 개인정보 보호에 대한 보안 교육을 학교 차원에서 정기적으로 실시해야 하며, 교사들은 이를 명심하며 AI에 함부로 개인정보를 입력하지 않아야 합니다. 이상입니다.

즉답형

즉답형 답변드리겠습니다.

먼저 교사 측면에서 답변드리겠습니다. 교과 수업 시간에 모둠을 편성할 때 **교사가 성비를 기준으로 남자 2명, 여자 2명을 한 모둠으로 편성**하는 것이 성인지 감수성 부족으로 발생하는 문제입니다. 이에 대한 개선 방안은 다음과 같습니다. 성별로 모둠을 편성하는 것이 아니라 진단평가 자료를 토대로 한 학습능력이나 평소 수업 참여도, 리더십 등을 토대로 모둠을 편성해야 합니다.

다음으로 학생 측면에서 답변드리겠습니다. **학급 1인 1역을 정할 때 성별에 대한 고정관념이나 편견**

이 반영되는 것입니다. 즉, 남학생은 힘든 역할을, 여학생은 비교적 덜 힘든 역할을 지원해야 한다는 고정관념입니다. 이에 대한 개선 방안으로는 성별로 나누지 않고 자신이 가지고 있는 특성을 최대한 발휘해서 잘할 수 있는 역할을 할 수 있도록 해야 하며 성별보다는 특성과 능력을 토대로 1인 1역을 정해야 합니다. 이상입니다.

> ※ 기품 아이디어
> 일회성 성평등 교육은 교사 및 학생들의 성인지 감수성을 배양시키지 못합니다. 먼저 교사들의 성인지 감수성이 제고될 때 학교 교육에서 성평등 교육이 이루어질 수 있습니다. 학교 생활 중 교사가 무의식적으로 성별 고정관념과 관련된 의식과 태도가 나타납니다. 따라서 교사의 성평등 가치관에 대한 태도와 가치, 관행이 변해야 합니다. **서울특별시교육청의 성평등 학교문화 실천문**이 핵심적인 내용이므로 본문에서 다시한 번 확인해주시기 바랍니다.

추가질문 2번

추가질문 2번 답변드리겠습니다.

학생을 대상으로 생명존중 및 자살예방 교육을 다음과 같이 하겠습니다. 먼저 자신의 소중함과 그 소중함을 지킬 수 있는 방법에 대해 알아보고 자신이 소중한 사람이라 생각했던 경험을 확인하는 시간을 갖겠습니다. 그 다음으로 **자살 위기의 친구를 도울 수 있는 말과 행동을 알려주고 모둠을 구성하여 역할극**을 기획해보겠습니다. 자살위기 친구에게 도움이 되는 말과 생각을 대본으로 작성하여 역할극을 통해 생명의 소중함과 자살이라는 잘못된 선택을 하지 않도록 교육하겠습니다.

> ※ 기품 아이디어
> 청소년 자살률이 해가 갈수록 늘어가고 있습니다. 청소년 자살률의 원인으로는 성적과 가족 및 친구사이의 갈등, 스트레스 등이 있습니다. 교사의 작은 관심과 위로가 자살 위기의 학생을 구할 수 있습니다. 학생의 자살 징후를 포착하면 학생에게 직접적으로 물어보는 것이 자살 예방에 효과가 크다는 연구 결과가 있습니다. **"자살을 왜 하고 싶니?", "어떻게 자살을 하려고 계획했었니?" 등 이렇게 물어서 확인하는 과정은 자살 위험성을 줄일 수 있으며 자살 충동에 대해 표현하도록 하는 기회를 제공하여 긴장감을 해소하는데 도움을 줄 수 있습니다.** 그 이후에는 학교 생명존중위원회 담당 교사에게 보고하여 자살 위기 학생 관리 매뉴얼에 따라 조치하고 자살 위기 학생의 학부모를 학교에 모셔 대책회의를 하는 등 적극적으로 대응해야 합니다.

심층면접 실전 모의고사 5회 예시 답안

구상형 1번

구상형 1번 답변드리겠습니다. 먼저 [가]의 교육활동에 나타난 문제점은 다음과 같습니다.

첫째, **다문화 학생들만 대상으로 실시**한 것입니다. 다문화 교육은 다문화 학생만 대상으로 하는 것이 아니라 모든 학생을 대상으로 하여 학생들이 다양한 문화에 관심을 갖고 그 차이를 인식하고 존중하도록 가르쳐야 합니다.

둘째, **지속성이 없다는 것**입니다. 다문화 교육은 일회성 교육으로는 효과가 미미합니다. 단 하루의 문화 체험활동으로는 학생들의 태도와 행동을 바꿀 수 없습니다. 따라서 연간 계획을 세우고 교과 수업이나 창의적 체험활동 시간을 활용하여 내실있게 운영되어야 합니다.

셋째, **한국 문화 중심으로 구성되어 다양한 문화가 존중되지 않았다는 것**입니다. 다문화 교육은 특정 문화만 부각하거나 강요해서는 안 됩니다. 특히 다문화 학생들의 개별적인 배경과 고유한 문화를 존중해야 하며, 학생들이 자신의 문화에 대해서도 자부심을 갖도록 지도해야 합니다. 그리고 모든 학생들이 다양한 문화의 가치와 차이를 인정하고 이를 존중하며 수용하도록 가르쳐야 합니다.

다음으로 [나]를 참고할 때, 다문화 교육이 필요한 이유는 다음과 같습니다.

첫째, **미래 사회에 적응하기 위해서**입니다. 요즘에는 다문화 배경의 학생과 외국에서 이주한 학생의 수가 꾸준히 늘고 있습니다. 한국뿐만 아니라 세계적으로도 다양한 문화의 사람들이 함께 살아가고 있으며 다문화사회는 앞으로도 확대될 것입니다. 따라서 학생들이 개개인의 문화적 배경을 존중하고 이해하면서 다양한 사람들과 함께 어울려 살 수 있도록 세계시민의식, 포용력, 협력적 태도 등을 가르쳐야 합니다.

둘째, **편견과 차별을 예방하기 위해서**입니다. 학생들은 무의식적으로 다른 문화를 어색해하거나 부정적으로 인식할 수 있습니다. 따라서 다문화 교육을 통해 다른 문화에 대한 올바른 지식과 태도를 가르쳐 편견과 혐오, 왕따 등을 예방하고 모두가 안전하고 존중받는 학교 분위기를 조성할 수 있습니다. 이상입니다.

> ※ **기품 아이디어**
> 서울의 다문화 학생 비율도 매년 높아지고 있습니다. 아직 비교과 외에는 다문화 관련 문제가 출제되지 않았으므로 앞으로 출제 가능성이 있는 주제입니다. 2022년 생태전환교육 관련 서울 기출 문제에서도 지속성이 없는 교육이 부정적으로 제시되었습니다. 다문화교육, 시민교육, 독서교육 등 모든 교육은 지속성을 지니고 학생들의 삶에 유의미하게 작용할 수 있도록 계획되어야 합니다.

구상형 2번

구상형 2번 답변드리겠습니다.

먼저 문제 상황의 원인을 말씀드리겠습니다.

첫째, **학부모들을 의식하여 교육과정을 갑작스럽게 변경한 것**입니다. 교육과정은 학습의 출발점 등 학생의 특성에 따라 재구성되어야 하고, 특히 학생의 삶과 연계된 수업을 계획하여 학생들의 능동적인 참여를 끌어내야 합니다. 그러나 최 교사는 강의식 수업 후 교사가 정한 주제에 따라 **토론 및 학습 성찰을 하도록 수업을 계획하는 등, 학부모에게 보기 좋은 수업을 하기 위해 공개수업일 직전에 학생의 필요와 무관하게 수업을 재구성**하였습니다. 그 결과 학생들이 학습에 대한 흥미를 잃어 C학생과 같이 활동을 빨리 끝내고 잡담을 하면서 쉬거나 다음으로 미루어버리려 하게 되었습니다.

둘째, **평소 학생 활동 등 학생 중심 수업을 하지 않은 것**입니다. 학생들은 토론 활동 등 학생 활동에 익숙하지 않은 상태였고, 그 결과 A, B학생처럼 토론이 아닌 싸움을 하는 학생이 나타나거나 C학생처럼 활동이 끝나면 마음대로 쉬어도 된다고 생각하는 학생이 나타나게 되었습니다.

셋째, **학생의 성향을 고려하지 않고 모둠별 토론 수업을 계획**한 것입니다. 평소 다툼이 많을 것 같거나, 서로 잡담을 많이 할 것 같은 학생들은 모둠 구성 시 미리 다른 모둠으로 배치하거나 자리를 멀리 떼어 놓는 것이 좋고, 부득이하게 같은 모둠으로 구성할 경우 활동 전에 주의를 철저하게 당부하여야 합니다. 그러나 **최 교사는 강의식 수업을 해왔기 때문에 학생들의 성향을 잘 알지 못한 채로 모둠을 배치하였을 가능성이 크고**, 사전에 주의 사항도 안내하지 않았습니다.

다음으로, A학생과 C학생을 지도할 방안을 말씀드리겠습니다.

먼저 **A학생**의 경우, 상대를 비난하거나 공격해선 안 된다는 **활동 규칙을 다시 한번 안내**하고, 토론을 통해 승자를 가리는 것이 아니라 함께 합의안을 만들어나가는 것이 **활동의 목표임을 주지**시킬 것입니다. 또한 화를 내지 않고 차분하게 문제를 해결하려고 노력할 때 칭찬 도장을 부여하는 등 **긍정적인 피드백을 제공**할 것입니다.

한편 **C학생**의 경우, 해당 학생에게 직접 다가가 **조용하고 차분하지만 단호한 말투**로 수업과 무관한 말을 하지 말고 활동에 집중할 것을 주지시킬 것입니다. 또한 해당 학생에게 토론 내용에 대한 의견을 질문하는 등 **개별적인 질문을 활용하여 수업에 집중하도록 유도**할 것입니다. 그리고 교사의 지도에 따라 잡담을 하지 않고 학습 성찰 일지까지 진지한 자세로 작성할 경우 칭찬 도장을 부여하는 등 **긍정적인 피드백을 제공**할 것입니다.

마지막으로 토론 활동의 측면에서 더 나은 수업을 하기 위한 방안을 말씀드리겠습니다.

첫째, **학생들이 토론 주제를 직접 설정하게 하겠습니다.** '생각을 쓰는 교실'은 학생이 스스로 질문하고, 탐구하며, 생각을 쓰는 과정으로 이루어져 있습니다. 이에 학생들이 스스로 토론 주제를 만들고, 주장을 뒷받침하는 근거를 찾고, 토론을 하면서 깨닫게 된 점을 학습 성찰 일지에 작성하는 토론 수업을 계획하겠습니다. 이러한 수업 방식은 토론의 첫 단계부터 학생이 주도적으로 이끌어 나가기 때문에, 학생들의 능동적인 참여를 자연스럽게 끌어낼 수 있을 것입니다. **만약 사회 현안 중 토론 주제를 선택하도록 하게 한다면, 삶과 연계된 수업도 할 수 있을 것입니다.**

둘째, **서로 찬반 입장을 바꿔서 토론하고, 모둠 내에서 만장일치 합의를 시도**하도록 하겠습니다. '내 말이 무조건 옳다'는 식의 자세 대신 상대방을 존중하는 자세를 기르려면, 상대방의 입장이 되어보는 연습이 필요합니다. 또한 모두가 동의하는 합의안을 도출하려는 시도를 통해, **사람들의 입장은 승자와 패자로 구분되는 것이 아니며 모두 존중받을 가치가 있다는 것을 깨달을 수 있을 것입니다.**

셋째, **학생들의 성향을 고려하여 토론 모둠 및 개별 역할을 구성**하도록 하겠습니다. 예를 들면 잡담이나 심한 다툼이 예상되는 학생들은 서로 다른 모둠으로 분리하고, 학습 능력이 뛰어난 학생과 그렇지 못한 학생은 한 모둠 내에서 또래 멘토-멘티 역할을 하도록 할 수 있습니다. 또한 이러한 구성 과정에서 상호 존중과 협력이라는 활동 규칙을 숙지시키고 모둠 내 모든 학생에게 개별 역할을 부여하여, **토론의 방향이 상호 존중과 합의로 이어지고 모든 학생이 능동적으로 토론에 참여하도록 유도**하겠습니다. 이상입니다.

> ※ **기품 아이디어**
> 해당 문항은 학생 중심 수업, 수업 중 문제행동에 대한 대처, 상호 존중의 토론 수업 등 다양한 주제들이 복잡하게 얽혀 있습니다. 해당 문항 역시 구상형 1번과 마찬가지로 **[다], [라]의 내용을 먼저 검토한 후 [가], [나]의 문제 상황을 분석하는 것이 구상 시간 단축에 좋습니다.** 예를 들어 [다], [라]로부터 '학생이 스스로 학습을 주도해 나가는 수업'과 '서로 존중하는 수업'을 도출했다면, [가], [나]로부터 '교사가 주도하여 학생의 흥미와 능동성이 사라진 수업'과 '서로 다투는 수업'이라는 문제점을 쉽게 확인하실 수 있습니다. 이렇게 **문항의 구조를 먼저 파악하시면, 문제 원인과 해결 방안을 이러한 구조에 맞추어 쉽게 구상**하실 수 있습니다. (해당 문항에서는 A학생과 C학생을 지도할 방안도 이러한 구조로부터 구상하실 수 있습니다. 예를 들어 A학생은 '상호 존중의 자세'에, C학생은 '수업에 성실하게 참여하는 자세'에 초점을 두어 지도 방안을 마련할 수 있습니다.)
> 한편 해당 문항에서는 문제 원인과 개선 방안이 각각 3가지씩 제시되어야 하므로, 이러한 구조로부터 1가지 내용이 추가되어야 합니다. 이는 구체적인 문제 상황인 [나]로부터 뽑아내어, [가]의 내용과 적절히 이어 붙이면 됩니다. 예를 들면, [나]의 원인은 학생 성향을 고려하지 못한 모둠 구성에서 비롯한 측면이 있고 이는 [가]에 나온 것처럼 최 교사가 강의식 수업을 줄곧 해왔기 때문에 일어난 일일 것이라고 답변을 구성하시는 방법이 있습니다.
> 그런데 A학생, C학생에 대한 지도 방안을 제시하실 때 주의할 점이 있습니다. 일반적으로는, 문제 상황 대처법으로 자리 이동이나 타임아웃 등의 비교적 강경한 방법을 사용하실 수 있습니다. 문제는 **해당 문항 속 상황이 해당 학생들의 학부모가 지켜보고 있는 참관 수업 상황이라는 점**입니다. 이러한 점을 고려한다면 **부정적인 행동을 차단하는 것보단 긍정적인 행동을 강화하는 방향으로 지도를 하시는 것이 더욱 적절**할 것입니다.

추가질문 1번

답변드리겠습니다. 먼저 교사가 해야 할 행동을 말씀드리겠습니다.

첫째, **학생의 주장을 경청**합니다. 학생이 어떤 부분에서 채점이 잘못되었다고 생각하는지 학생의 주장을 끝까지 듣고 확인해야 합니다.

둘째, **교과협의회를 개최하여 해결 방안을 모색**합니다. 혹시 교사가 잘못 판단하여 평가를 잘못한 부분은 없는지 교과교사와 함께 다시 검토하고, 필요한 경우에는 학업성적관리위원회의 검토를 거친 후 학생에게 검토 결과를 안내해야 합니다.

셋째, **학생에게 학업성적관리규정의 이의신청 절차 및 후속 조치에 대해 안내**해야 합니다. 학생의 주장이 타당하거나, 또는 학생의 주장이 타당하지 않아 교사가 충분한 설명을 했음에도 학생이 받아들이지 못한 경우에는 학생이 공식적인 이의신청 절차를 거칠 수 있도록 해야 합니다.

다음으로, 교사가 해서는 안 될 행동을 말씀드리겠습니다.

첫째, **학생의 주장에 대한 공식적인 검토 없이 성적을 확정해선 안 됩니다.** 학생이 학업성적관리규정에 따라 이의신청 절차를 밟은 것은 아니지만, 이의신청의 의사를 표현하고 있으므로 이를 무시하고 성적을 확정한다면 민원 및 분쟁의 소지가 될 수 있습니다.

둘째, **교사 단독으로 학생 주장의 타당성 여부를 판단하고 결정해선 안 됩니다.** 교사가 잘못 판단한 부분이 있을 수 있으므로, 반드시 교과협의회와 학업성적관리위원회의 검토를 거쳐야 합니다.

셋째, **채점이 잘못되었을 경우 해당 학생만 점수 정정을 해선 안 됩니다.** 다시 수정된 평가 기준과 채점 내용을 전체 학생에게 안내하고 양해를 구한 후 재채점하여, 재채점한 성적과 이의신청 절차를 전체 학생에게 다시 안내해야 합니다. 이상입니다.

> ※ **기품 아이디어**
> **성적 관련 민원이 들어왔을 때 제일 중요한 원칙은 '혼자 판단하지 않는다'와 '절차대로 진행한다' 입니다.** 따라서 해당 문항의 경우 학생의 주장을 듣고, 교과교사들이 함께 고민하고, 학업성적관리규정상 절차에 따라 진행하는 것이 교사가 해야 할 행동이라고 할 수 있습니다. 반대로 교사가 하면 안 되는 행동은 이의신청 및 점수 정정 절차를 무시하고, 혼자 판단하여 행동하는 것이라고 할 수 있습니다.
> 한편 '평가 기준과 모범 답안을 투명하게 공개한다'는 적절한 답이 될 수 없습니다. 이는 문항에서 이미 '평가 기준과 채점 내용을 공개하였음에도 불구하고' 학생이 항의하러 왔다고 명시하였기 때문입니다.

즉답형

답변드리겠습니다. 학생들이 기사를 읽으며 일부 어휘를 이해하지 못하는 이유는 **문해력 부족** 때문입니다. 요즘 학생들은 스마트폰 사용 증가로 인해 짧은 영상 콘텐츠에 익숙해지면서, 긴 글을 집중해서 읽는 데 어려움을 겪고 있습니다. 또한 독서량이 줄면서 다양한 어휘를 접할 기회가 줄고, 문장 간의 맥락을 파악하는 능력도 약화되고 있습니다. 이는 곧 어휘력 저하와 문해력 부족으로 이어지며, 학습 전반에 부정적인 영향을 미치고 있습니다. 따라서 학생들의 문해력을 향상시키기 위해서 담임교사와 교과 교사로서 다음과 같이 지도하겠습니다.

첫째, **담임교사로서는 아침 조회 시간에 학급 독서 활동**을 하겠습니다. 구체적으로 학생들에게 도서관에서 원하는 책을 하나씩 고르게 한 후 매일 아침 조회 시간에 읽도록 합니다. 그리고 매일 돌아가며 자신이 고른 책을 소개하거나, 인상 깊은 구절을 읽거나, 지금까지 읽은 부분을 요약하도록 하여 학생들이 즐겁게 같이 독서하며 문해력을 키울 수 있도록 하겠습니다.

둘째, **교과교사로서는 단어장 만들기 활동**을 하겠습니다. 학생들이 교과서를 읽으며 모르는 단어를 각자 노트에 정리하고 짝과 함께 그 단어를 사용한 예시 문장을 만들도록 하겠습니다. 그리고 학기 말에는 단어장의 단어들을 모두 사용하여 교과서에서 배운 내용을 다시 정리해보는 활동을 함으로써 학생들의 어휘력과 문해력을 향상시키겠습니다. 이상입니다.

> **※ 기품 아이디어**
> 직접적으로 독서 교육이 문제에 언급되지 않았으나, 문해력과 관련해서는 독서교육을 연관지을 수 있습니다. 아직 독서교육이 서울에서는 기출로 출제되지 않았으나, 2025년 경기도에서 면접 문제로 이와 같은 문해력 향상 문제가 나왔습니다. 다른 지역에서 나온 문제가 변형되어 서울에서도 출제될 수 있으므로 자신의 교과 또는 학급과 연계하여 독서교육 또는 문해력 향상 교육 실천 방안을 정리해 보시기 바랍니다.

추가질문 2번

답변드리겠습니다. 먼저 학교자치 활성화 방안을 말씀드리겠습니다.

첫째, **학생참여 선순환 체제를 정착**시키는 것이 중요하다고 생각합니다. 학급 회의를 정기적으로 개최하고 중요한 안건은 학생회를 통해 학교장 선생님과 의견을 나누고, 이를 학교 교육활동에 반영하면서 회의 결과를 전체 학교 구성원에게 투명하게 공개하는 것입니다. 이를 통해 학생들은 **학교에 대한 불신과 학교와의 불필요한 갈등에서 벗어나 자신들의 관심과 참여가 학교를 직접 변화시킬 수 있다는 자기효능감**을 얻고, 학교 운영에 적극적으로 참여하게 될 것입니다.

둘째, **학부모의 학교 교육 모니터링 활동을 확대**하는 것이 중요하다고 생각합니다. 물론 직장 생활로 인해 직접 학교에 오시기 힘들기 때문에, 모니터링 대상을 항목별로 분류하여 온라인 설문 형태로 모니터링을 진행하는 것도 하나의 방법이라고 생각합니다. 예를 들어 체험활동 모니터링의 경우 사진과 영상을 첨부한 체험활동 실시 보고서를 온라인상으로 학부모님께 공유한 후 설문조사를 실시하고, 설문조사 결과와 학교의 피드백 사항을 전체 구성원에게 투명하게 공개하는 방식으로 진행하는 것입니다. 이를 통해 학부모님들은 **학교 운영 사항을 상세히 알게 되고 이에 대한 의견도 자유롭게 개진할 수 있어, 학교에 대한 오해와 불신, 교사와의 갈등에서 벗어나 학교 교육 및 운영에 더욱 관심을 가지면서 적극적으로 참여**하게 될 것입니다.

다음으로 교사가 지녀야 할 자질을 말씀드리겠습니다.

첫째, **학교 구성원의 의견을 경청하고 존중**하는 자질이 필요합니다. 학생의 의견을 '반항'으로 간주하거나 학부모의 제안을 '악성 민원'으로 간주하지 않아야 하고, 학교 구성원들의 의견 수렴 및 반영을 '업무 과중'으로 인식해선 안 됩니다. 또한 학교 구성원들이 제안한 의견을 중요하지 않은 것이나 가벼운 것으로 간주하지 않고, 다 같이 진지한 태도로 **숙론**할 필요가 있습니다. **이를 통해 학생, 학부모 등 학교 구성원은 학교에 대한 신뢰감을 형성하고, 갈등 대신 협력의 자세를 갖게 될 것**입니다.

둘째, **논의한 내용을 모든 학교 구성원에게 투명하게 공개하고 공유**하는 자질이 필요합니다. 의견 수렴 절차가 있더라도 회의 내용과 결과를 학교 구성원들에게 공유하지 않는다면, 학교 구성원들은 학교에 대해 오해와 불신을 갖게 될 수 있고 이가 갈등의 원인이 될 수 있습니다. 또한 논의 사항의 투명한 공개와 공유는 **회의 참여자들이 미처 확인하지 못한 사항을 다른 구성원들이 재검토**할 수 있게 함으로써, **다음 논의를 더욱 발전**시키는 방법이 될 수 있습니다. 따라서 개인 정보나 민감정보가 포함되어 있지 않은 한, 어떤 의견들이 있었으며 해당 의견들을 반영 또는 미반영한 이유는 무엇인지 등 논의 사항을 상세히 공개하는 것이 중요합니다. 이상입니다.

> **※ 기품 아이디어**
> 갈등과 불신으로 무너지고 있는 교육공동체를 회복하려면 학교자치의 실질적인 실현이 중요하다는 내용은 「2024~2026 서울교육방향」에도 나와 있습니다. 따라서 학교자치에 대한 내용은 학교자치협의회와 함께 숙지해 두시면 좋습니다.
> 해당 문항에서 주의할 점은 단순히 학교자치 활성화 방안을 묻는 것이 아닌, '갈등과 불신으로 무너지고 있는 교육공동체를 회복'하기 위한 학교자치 활성화 방안을 묻고 있다는 점입니다. 따라서 답변을 구성하실 때 **해당 방안이 '갈등과 불신' 문제를 어떻게 해결하는지를 간단히 덧붙여주시면 논리적으로 좋은 답변**이 될 것입니다.

심층면접 실전 모의고사 6회 예시 답안

구상형 1번

구상형 1번 답변드리겠습니다.

동료 교사가 폭행 범죄의 교육활동 침해를 목격했을 때 대응 방법 3가지는 다음과 같습니다.

첫째, 피해 교사에게 더 이상 피해가 가지 않도록 **동료 교사를 데리고 사건 현장에서 신속하게 벗어나겠습니다.** 그 뒤에 주변에 큰 소리로 도움을 요청하고 보호하겠습니다.

둘째, 폭행을 당한 동료 교사의 **응급처치**를 위해 보건실로 부축하여 가겠습니다. 보건교사의 응급처치 후 병원 이송이 필요할 경우 즉시 119를 부르거나 자차에 태워 병원으로 같이 가며 위로와 함께 진정을 시키겠습니다.

셋째, 폭행의 정도가 심각한 경우 **안심공제회 변호사를 선임하여 법률상담** 등을 통한 대처 방안을 논의하고 **지역교권보호위원회 개최를 요청**하여 피해 교원을 적극적으로 지원하겠습니다.

학생을 대상으로 하는 교육활동 침해행위 예방 교육은 다음과 같습니다. 창의적 체험활동 시간을 활용하여 **교육활동 침해행위 예방에 대해 토의·토론을 하는 학생 활동 중심의 예방교육**을 하겠습니다. 학급에서 교육활동 침해행위를 예방할 수 있는 다양한 아이디어를 공유하고 예방 방안을 도출한 후에 학생회 임원과 학급회장을 대상으로 학생자치회의를 개최하겠습니다. 학생회장의 주도하에 토의를 하여 교육활동 침해행위의 유형과 교육활동을 침해하지 않기 위한 내용을 정리하고 교육활동 침해예방 캠페인을 할 수 있습니다.

학부모를 대상으로 하는 교육활동 침해행위 예방 교육은 다음과 같습니다. 학교교육과정 설명회 또는 학부모총회와 같이 많은 학부모들이 참석하는 공식 석상에서 교육활동 침해 예방 교육을 할 수 있습니다. 교육 내용으로는 **언론에 보도된 교육활동 침해 사례를 알려주고 교육활동 침해를 당한 교원의 아픔을 이야기 할 수 있습니다.** 또한 교육 3주체가 협력하여 교육활동 침해를 하지 않기 위한 노력을 한다면, 교사들이 학생들과 소통하며 학생들의 바른 성장을 도울 수 있다는 점을 강조하며 교육할 수 있습니다.

> **※ 기품 아이디어**
>
> 2023년 서이초 교사 순직 사건을 시작으로 교육활동 침해 사례는 매년 증가하고 있습니다. 그 이전에도 교육활동 침해 사례는 있었지만 해가 지날수록 그 정도가 더욱 심해지고 있는 추세입니다. 학생과 학부모에 의한 교육활동 침해 사례가 매년 증가하여 2024년부터 교권침해 사안을 단위학교에서 심의하지 않고 교육지원청의 지역교권보호위원회에서 전문적으로 사안을 심의하고 있습니다. 또한 범죄 또는 범죄에 준하는 침해 행동에 대해 교육지원청과 단위학교는 기관이 직접 형사고소를 진행하거나 안심공제회 변호사를 통해 형사소송과 민사소송을 지원해주고 있습니다. 교육 3주체가 서로 존중하는 문화를 만들어 교육활동 침해 사례가 더 이상 발생하지 않도록 학교 차원에서 **학교문화 책임규약에도 교육활동 침해 예방에 대한 문구를 넣고** 내실있는 교육활동 침해 예방교육을 해야 합니다.

구상형 2번

구상형 2번 답변드리겠습니다.

A 학생의 문제점은 자신의 전국단위 자사고 입시를 위해 학급회장을 수단으로 사용하려고 하는 것입니다. 학급회장은 학급과 학급 학생들에게 봉사하고 담임교사와 소통하는 역할입니다. 그러나 고등학교 입시에서 자기소개서에 학급회장 이력을 작성하고 면접의 소재로 사용하는 것은 학급자치회 학급회장을 입시의 수단으로 사용하는 것으로 매우 부적절 하다고 판단됩니다. B 학생의 문제점은 선심성 공약을 내세우고 있다는 것입니다. 아버지의 경제력을 앞세워 학급회장이 되면 교실에 필요한 물품 지원과 시험 기간에 간식을 돌리는 것은 교육적으로 매우 부적절합니다. 왜냐하면 집안 경제력으로 학급회장 당선이 결정될 경우 학급회장 후보 중 집안 경제력이 좋지 못한 학생들은 좌절감을 느낄 수 있고 민주주의의 꽃이라 불리우는 선거의 본질을 훼손하며 선심성 공약이 좋은 것이라고 잘못 인식할 수 있기 때문입니다. C 학생의 문제점은 어떠한 공약 제시도 없이 학급회장 선거에서 자신의 인맥을 활용하여 인맥 공약을 내세우고 있고 자신이 당선되지 않을 경우 모든 혜택이 박탈당할 것이라는 협박성 발언을 하는 것입니다. 학급을 넘어 학교에서 영향력이 큰 학생이 이러한 발언을 하며 학급회장 선거에 출마를 하면 학급 학생들은 공포와 두려움에 의해 투표를 하게 될 것입니다. 또한, 선거와 투표에 대한 부정적인 인식이 생길 수 있습니다.

담임교사로서 바람직한 학급자치회 학급회장을 선발하기 위한 방법 3가지에 대해 답변하겠습니다.

첫째, **학급회장 선거의 의미와 중요성에 대해 교육**하겠습니다. 학급회장 선거는 학생이 학급의 대표자를 뽑는 학생 민주주의의 핵심 제도로, 학생 주권을 실현하고 민주적 정당성을 부여하며 학급 통합을 이루는 중요한 수단입니다. 학생들이 선거를 통해 자신과 학급의 의견을 대변할 회장을 선택함으로써 학급 운영에 직접 참여하며, 학생들의 민주주의를 발전시키는 원동력이 된다는 것을 교육하겠습니다. 둘째, 학급자치회 주체로서 **학생 스스로 선거관리위원회를 구성하고 주관하여 민주적인 선거를 운영**할 수 있도록 지도하겠습니다. 선거위원장과 투표관리, 기표 및 집계를 할 학생들을 선발하여 민주적인 선거가 진행될 수 있도록 하겠습니다. 셋째, **후보자 청문회 및 토론회**를 진행하겠습니다. 후보자들을 대상으로 인사청문회와 같은 방법으로 학생들이 공약에 대해 질문하고 후보자가 답을 하며 후보자들을 알아가는 시간을 갖겠습니다. 또한, 후보자들 간 공약 토론회를 진행시켜 학급회장으로서의 자질과 인성을 판단하여 학생들 스스로 소중한 한표를 투표할 수 있도록 교육하겠습니다. 이상입니다.

> ※ 기품 아이디어
>
> 학교에서 선거의 본질이 훼손되는 경우를 많이 목격합니다. 문제에서 나온 학생들의 말은 실제 학교 현장에서 나왔던 내용입니다. 학교에서는 학생회장, 부회장 선거, 1년에 2회 학급회장 선거, 총 3번의 선거가 있습니다. 이 3번의 선거과정에서 학생들은 민주주의의 핵심제도인 선거를 배우게 됩니다. 따라서 학급 담임교사로서 2번의 선거를 실제 선거와 같은 환경에서 치르게 해 주어야 합니다. 본문에 있는 학급자치회 임원 선발(예시)를 잘 살펴보시면 됩니다. 학급자치회와 학생자치회는 큰 맥락에서 동일하므로 학교 학생회장, 부회장 선거에서도 선발(예시)를 활용할 수 있습니다.

추가질문 1번

추가질문 1번 답변드리겠습니다. 학급회장이 그러한 모습을 보일 때 면담을 통해 교육하겠습니다. 학급회장에 출마하기로 했던 그 순간에 어떤 심정으로 출마를 결심하게 되었는지, 학급을 위해 어떤 역할을 하고 싶었는지, 출마 당시 왜 그러한 공약들을 준비했는지 등을 질문하며 초심을 되찾을 수 있도록 하겠습니다. 학급회장은 학급의 대표로서 담임교사와 학생들의 가교 역할을 수행하고 학급자치회의에서 나온 의견을 종합하여 대의원회의에서 전달하는 역할을 성실하게 해야 한다고 조언하겠습니다. 공약 이행은 학급 구성원들과의 약속이기도 하지만 자신과의 약속이기 때문에 공약을 반드시 지키지는 못하더라도 지키기 위해 최선의 노력을 다해야 함을 교육하겠습니다. 공약 이행시 어려움에 직면하게 될 경우 담임교사와 의논하고 공약을 지켜 그 공약이 학급 구성원들에게 이롭게 쓰일 수 있도록 조력하겠습니다. 이상입니다.

> ※ 기품 아이디어
> 학급회장은 물론이고 학생회장도 자신의 공약을 이행하기 어려운 경우가 많습니다. 이러한 문제점이 있어 출마 시 **공약이행 계획서를 작성**하는 학교들도 있습니다. 공약을 정하고 관련된 부서의 선생님께 실현 가능성에 대해 검토를 받아 1점(매우 가능성 없음)~5점(매우 가능성 있음)까지 확인받고 공약을 수립할 수 있습니다. 학생들도 학급회장과 학생회장의 공약 이행에 대해 관심이 많습니다. 몇몇 학생들은 담임교사 또는 학생회 지도 교사에게 찾아와 회장이 공약을 이행하지 않는다고 불만을 털어놓기도 합니다. 따라서 공약을 수립할 때 실연 가능성이 있는지 없는지 담임교사가 어느정도 조언을 해 주는 것이 필요합니다.

즉답형

답변드리겠습니다. **제가 A 교사라면 내년에는 한 번 더 비담임 행정 업무를 맡겠습니다.** 해당 업무에 대해 동료들의 신뢰를 받고 있고, 학교 전체의 운영과 업무의 연속성을 고려하여 내년까지는 행정 업무를 맡겠습니다. 학생들과 함께하는 시간도 소중하지만, 행정 업무 역시 학생들의 교육 환경을 뒷받침하는 중요한 기반이기 때문입니다. 대신, 자율동아리를 담당하거나 서울희망교실을 활용하여 담임이 아니더라도 학생들과의 친밀한 활동을 더 적극적으로 실시하겠습니다.

반면 제가 **업무 분장 담당 교사라면 A 교사에게 담임 업무를 배정하겠습니다.** A 교사가 올해 행정 업무를 잘 해냈으며 그의 공백이 우려되지만, 담임을 하고 싶은 그의 의견도 존중해야 하기 때문입니다. 업무 능력도 검증된 교사이기 때문에 그 역량과 열정을 살려서 담임으로서도 좋은 역할을 해낼 것이라고 믿습니다. 다만, 학교 운영에 공백이 발생하지 않도록 적절한 후임자를 배정하고 A 교사에게 인수인계 자료와 업무 매뉴얼을 꼼꼼하게 남겨주십사 부탁을 꼭 할 것입니다. 이상입니다.

> ※ 기품 아이디어
> 업무 분장 관련해서 실제 현장에서 자주 볼 수 있는 상황입니다. 어떠한 선택을 하든 답변은 학교 전체 공동체를 위한 '협력'을 고려하여 설명해야 합니다. 비담임 업무를 맡든, 담임 업무를 맡든 업무에 공백이 생기지 않도록 어떻게 대처할 것인지를 생각하며 답하시기 바랍니다.

추가질문 2번

답변드리겠습니다.

첫째, **신규 교사들이 맡은 업무만 하고 그 이상은 하지 않는 것은 과도한 업무 부담 때문**입니다. 신규 교사들은 수업 준비, 생활지도, 학부모 상담 등 기본 업무만으로도 충분히 벅찬 상황입니다. 게다가 최근에는 학교에 학부모 민원도 늘면서 각 업무에 대한 교사의 책임 또한 증가하고 있습니다. 그런데 명확한 기준 없이 추가적인 업무가 생긴다면 신규 교사 입장에서는 부담이 되고 업무에 선을 긋게 될 수 있습니다. **이에 대한 해결 방안은 주기적인 교과 협의회와 학년 협의회입니다.** 교과 협의회를 통해서 동교과 교사들이 함께 협력하여 수업을 준비하고 계획하여 신규 교사의 수업 준비 부담을 덜어줄 수 있습니다. 또한 학년 협의회를 통해 동료 교사들과 함께 생활지도를 논의하고 협력하여 생활지도나 학부모 상담에 대한 신규 교사의 고민을 덜어줄 수 있습니다.

둘째, **신규 교사들이 많이 교직을 관두는 이유는 회복 탄력성이 부족하기 때문**입니다. 어떠한 직장에서든 처음에는 누구나 서툴고 부족할 수 있습니다. 하지만 회복 탄력성이 부족하면 실수에 집중하고 자존감이 떨어지며 교직을 금방 그만두는 경우까지 생길 수 있습니다. **이를 해결하기 위한 방안은 저경력 교사들의 교원학습공동체를 만드는 것입니다.** 학교의 저경력 교사들이 주기적으로 함께 모여서 자신의 경험을 나누면 신규 교사들은 자신의 실수나 경험이 누구나 겪는 것임을 깨닫게 되며 공감을 통해 상처를 치유할 수 있습니다. 또한 생활지도나 학급 경영에 대해 함께 연구함으로써 교사로서의 전문성을 키우고 자신감을 회복할 수 있습니다. 이상입니다.

> ※ **기품 아이디어**
> 협력하지 않는 교사, 책임감이 없는 교사, 긍지가 부족한 교사 등은 요즘 자주 출제되는 주제 중 하나입니다. 교사뿐만 아니라 최근 MZ세대 관련해서도 종종 뉴스에 나오는 내용이므로 이러한 사회 현상에 대해 고민해 보고 올바른 교사의 자세에 대해 생각해 봅시다.

참고 문헌

교육부, 「(2022 개정 교육과정) 창의적 체험활동 교육과정」, 2022.
교육부, 「2022 개정 교육과정 초·중등학교 교육과정 총론」, 2022.
교육부, 「2022 개정 교육과정 총론 해설 : 초등학교」, 2022.
교육부, 「2022 개정 교육과정 총론 해설 : 중학교」, 2022.
교육부, 「2022 개정 교육과정 총론 해설 : 고등학교」, 2022.
교육부, 「학교폭력 사안처리 가이드북」, 2025.
교육부, 「2025학년도 이후 고교학점제 학점이수 인정기준 및 최소 성취수준 보장지도 운영 계획」(2024.9.12.)
교육부, 한국교육과정평가원, 「2024학년도 학생평가의 이해(중학교)」, 2024.
교육부, 한국교육과정평가원, 「2024학년도 학생평가의 이해(고등학교)」, 2024.
한국교육과정평가원, 「2022 개정 교육과정에 따른 고등학교 학생평가 톺아보기」, 2025.
한국교육학술정보원, 「AI디지털교육 기반 창의적 체험활동 프로그램 자료집」, 2024. 12.
서울특별시교육청, 「2025 서울교육 주요업무」, 2025.
서울특별시교육청, 「AI 시대 역지사지 공존형 토론수업 심화교재」, 2024. 12.
서울특별시교육청, 「서울통합형 회복적 생활교육 학교 시스템 구축 메뉴얼」, 2017. 1.
서울특별시교육청, 「2025 서울교육 주요업무」, 2025. 1.
서울특별시교육청, 「2025 서울인성교육 시행계획」, 2025. 1.
서울특별시교육청, 「2025 통합교육 기본계획」, 2025. 1.
서울특별시교육청, 「2025학년도 학업중단 숙려제 운영 계획 안내」, 2025. 1.
서울특별시교육청, 「2025 학교 안 교원학습공동체 길라잡이」, 2025. 1.
서울특별시교육청, 「ADHD 학생 지도를 위한 교사용 안내서(내지)_최종」, 2025. 1.
서울특별시교육청, 「2025년 수업평가나눔 교사단 구성 및 운영 안내」, 2025. 2.
서울특별시교육청, 「2025년 학생자치 길라잡이」, 2025. 2.
서울특별시교육청, 「2025학년도 서울형 교육복지사업 기본계획」, 2025. 3.
서울특별시교육청, 「2026학년도 서울특별시 고등학교 입학 사회통합전형 추진 계획」, 2025. 5.
서울특별시교육청, 「2023 서울희망교실 기본 계획」, 2023. 2.
서울특별시교육청, 「2023 「디벗」 학부모 안내자료」, 2023. 6.
서울특별시교육청, 「디벗 기기 이해하기 : 윈도우북 매뉴얼북」, 2025. 1.
서울특별시교육청, 「교원을 위한 인공지능(Ai) 첫걸음」, 2023. 2.
서울특별시교육청, 「2025 한 권으로 보는 자유학기」, 2024.
서울특별시교육청, 「2025 혁신학교(혁신미래학교) 운영 기본 계획」, 2025.
서울특별시교육청, 「(10년의 성찰, 도약하는 미래) 서울교육 10년 연속포럼 종합자료집」, 2024. 8.
서울특별시교육청, 「2025 학교민주시민교육 활성화 기본 계획」, 2025. 3.
서울특별시교육청, 「2024 학교민주시민교육 활성화 기본 계획」, 2024. 2.
서울특별시교육청, 「역지사지 공존형 토론수업 안내서」, 2023. 12.
서울특별시교육청, 「2025 세계시민교육 기본 계획」, 2025.

서울특별시교육청, 「2021 서울시교육청 다문화이해교육 자료집」, 2021.
서울특별시교육청, 「2025학년도 다문화교육 기본 계획」, 2025.
서울특별시교육청, 「2025 독서·토론·인문소양교육 기본 계획(안내용)」, 2025.
서울특별시교육청, 「2025 생태전환교육 기본계획」, 2025.
서울특별시교육청, 「2025 학교문화 책임규약 리플릿」, 2025.
서울특별시교육청, 「2025 학생정신건강지원센터_학교 위기대응안내서」, 2025.
서울특별시교육청, 「2025 교사를 위한 성평등교육 안내서」, 2025.
서울특별시교육청, 「2025 아동학대 예방 및 사안처리가 이드북」, 2025.
서울특별시교육청, 「2025 [중학교]_7대 안전교육 표준안(통합본)」, 2025.
서울특별시교육청, 「2025 [학생도박 예방교육에 관한 기본 계획」, 2025.
서울특별시교육청, 「2025 학생 마음건강 지원 가이드북」, 2025.
서울특별시교육청, 「AI 기반 융합 혁신미래교육 중장기 발전 계획['21~'25」, 2021.
서울특별시교육청, 「'민주시민교육 논쟁수업' 학교 안내 리플렛」, 2017.
서울특별시교육청, (2022 개정 교육과정 반영) 성취기준에 근거한 학기 단위 평가 설계하기 도움자료」, 2025.
서울특별시교육청, 「[마을결합형 청소년 자치배움터] 2022 다가치학교 기본 계획(안)」, 2022.
서울특별시교육청, 「2021 배움과 성장이 있는 교과융합 프로젝트 수업 도전하기」, 2021.
서울특별시교육청, 「2022 교육후견인제 운영 계획(안)」, 2022.
서울특별시교육청, 「2024 학생자치활동 운영사례집」, 2024. 12.
서울특별시교육청, 「2025 서울희망교실 기본 계획」, 2025.
서울특별시교육청, 「2025 서울 기초학력 보장 시행계획」, 2025.
서울특별시교육청, 「2025 서울 학생역량 신장 추진 계획」, 2025.
서울특별시교육청, 「2025 중등 단위학교 기초학력 책임지도 지원 계획(송부용)」, 2025.
서울특별시교육청, 「2025 학교예술교육 활성화 기본 계획」, 2025.
서울특별시교육청, 「2025 학교자치 지원 계획」, 2025.
서울특별시교육청, 「2025학년도 서울진로교육 시행 계획」, 2025.
서울특별시교육청, 「2025학년도 협력종합예술활동 2.0 운영 계획」, 2025.
서울특별시교육청, 「2025학년도 학생생활규정 길라잡이」, 2025.
서울특별시교육청, 「교복 입은 시민 학생자치활동(중등)(2019 개정판)」, 2019.
서울특별시교육청, 「교실 속 문제행동 빠르게 예방하고 바르게 가르치기!(초등)」, 2024. 12.
서울특별시교육청, 「교실 속 문제행동 빠르게 예방하고 바르게 가르치기!(중등)」, 2024. 12.
서울특별시교육청, 「깊이 있는 배움과 성장을 위한 2025 중등 학생평가 내실화 계획(안내용)」, 2025.
서울특별시교육청, 「수업 및 삶과 만나는 협력적 독서·토론·인문소양교육 활성화 : 2025 독서·토론·인문소양교육 기본 계획(안내용)」, 2025.
서울특별시교육청, 「수업 시간에 정의적 영역 평가 실천하기」, 2021.
서울특별시교육청, 「질문과 탐구로 함께 성장하는 교실 2025 중등 교수학습 기본 계획」, 2025.
서울특별시교육청, 「질문과 탐구로 함께 성장하는 교실 : '개념기반 탐구수업 실천 전문가 양성

직무연수' 운영 계획」, 2025.
서울특별시교육청, 「학생시민 실천 프로젝트 : 2025 학생자치활동 활성화 지원 계획」, 2025.
서울특별시교육청, 25개 서울특별시자치구, 「2025~2026 서울미래교육지구 기본 계획」, 2025.
한국교육과정평가원, 「그린스마트 미래학교 공간 활용 수업 설계 가이드북」, 2022
서울특별시교육청 미래학교추진단, 「'서울형' 그린스마트 미래학교 사업안내서(개정판)」, 2023.
보건복지부, 「2025년도 아동학대 [신고의무자] 교육 안내」, 2025. 4.
보건복지부, 「2025년 긴급복지지원 신고의무 교육 안내」, 2025
서울특별시교육청, 「2025학년도 AI 에듀테크 선도교사단 신청 안내」, 2025
서울특별시교육청교육연구정보원, 「서울교육 2021 겨울호(245호)」, 2021.
대구광역시교육청, 「2023년 IB 프로그램 안내 리플릿」, 2023.
대구광역시교육청, 「대구 IB DP 고등학교 수업-평가 안내」, 2025.
전북특별자치도교육청, 「2025 국제 바칼로레아(IB) 프로그램 운영 계획(안)」, 2025.
한진호, 임유나(2024), 「호주의 일반 능력 기준 문서 분석을 통한 우리나라 기초소양 교육의 시사점 탐색 연구」, 교육과정연구 42(1), 한국교육과정학회, 53-81.(서울특별시교육청, 「2025 서울 학생역량 신장 추진 계획」, 2025에서 재인용)
고려대학교 교육문제연구소, 『알기 쉬운 교육학용어사전』, 원미사, 2007
황규덕 외, 『중학교 지구촌과 함께하는 세계시민』, 2021
김묘은 외, 『디지털 리터러시』, 성안당, 2021

참고 사이트

서울특별시교육청 (https://www.sen.go.kr/)
교육부 (https://www.moe.go.kr)
서울특별시교육청 고교학점제지원센터 (https://seoulhsc.sen.go.kr/)
찾기쉬운 생활법령정보 (https://www.easylaw.go.kr/CSP/Main.laf)
서울시교육청 블로그 (https://blog.naver.com/seouledu2012)
서울특별시교육청TV, 「스마트기기 휴대 학습 – 궁금해요, 디벗」
(https://youtu.be/6rBHdPiDzoU?si=7dXw661ksgSujT4A)
대구광역시교육청 – 국제바칼로레아(IB) – IB 프로그램 – IB 프로그램 소개
(https://www.dge.go.kr/ib/cm/cntnts/cntntsView.do?mi=4279&cntntsId=4510)
울산창의적체험활동플러스 – 창의적 체험활동 – 2015 개정 교육과정
(https://use.go.kr/crm/creative/creative2/2015process/2015process_1.jsp)
커리어넷(https://www.career.go.kr)